창의 · 인성 교육 및 문제해결력 증진을 위한

TOCfE 생각도구

Theory of Constraints for Education

최원준 지음

UUP

창의·인성 교육 및 문제해결력 증진을 위한 TOCfE 생각도구

■

- 2021년 11월 10일 1판 3쇄 발행
- 2019년 9월 02일 1판 2쇄 발행
- 2018년 8월 20일 1판 1쇄 발행
- 지은이 최원준
- 펴낸이 오연천
- 펴낸곳 UUP(울산대학교출판부) 680-749 울산광역시 남구 대학로 93(무거동) 울산대학교 출판부
- 전화 (052)259-2488 팩스 (052)277-3011 ▪ 홈페이지 http://uup.ulsan.ac.kr
- 출판등록 제370-1996-000001호(1996.3.13)
- ₩ 18,000

■

ISBN 978.89.7868.434.7 (03320)

서문

어떻게 하면 논리적이면서 창의적으로 사고할 수 있을까? 또한 상대방의 입장을 배려하는 사고를 할 수 있을까? 더욱이 어떻게 하면 자기 생각을 효과적으로 타인에게 전달할 수 있을까?

이러한 역량을 우리 모두가 갖출 수 있다면 세상은 달라질 것이고 더 나은 세상을 다음세대에게 남겨줄 수 있을 것이다. TOCfE (TOC for Education) 생각도구는 사람들로 하여금 생각하게 만들자는 비전을 실현하기 위해 제시된 도구이다.

TOC(Theory of Constraints, 제약이론)는 이스라엘의 유명한 랍비 가문 출신의 물리학자 엘리 골드랫 박사가 복잡한 회사 경영과 조직 문제 해결을 위해 개발한 혁신 철학과 방법론을 말하는데, TOC의 생각법을 학생들의 교육현장에 맞게끔 단순화시킨 것이 TOCfE (TOC for Education, 교육을 위한 TOC) 생각 도구이다.

TOCfE에서는 간단한 그래픽 도구들을 사용한다. 이 도구들은 상식적이고 아주 단순하여 어린이도 쉽게 배울 수 있는 반면에 그 성능은 기업의 핵심문제를 푸는 데에도 부족함이 없을 정도로 강력하다. TOCfE 방법론은 이미 여섯 대륙 20여 개 국가에서 8백만 명이 넘는 학생들에게 전파되었고, 교육 현장뿐만 아니라 상담, 코칭, 협상 과정 및 개인과 조직의 문제를 해결하는 데에도 많이 활용되고 있다.

우리나라에 TOCfE가 도입된 것은 골드랫 박사가 2004년 3월 방한했을 때 동반한 Khaw Choon Ean 아시아 TOCfE 디렉터가 전세계의 TOCfE 활동 현황을 역동적으로 소개한 후에 (사)한국TOC협회가 활동의 한 축으로 뜻을 세운 데에서 시작되었다. 필자가 2005년 8월 시애틀에서 열린 TOCfE 국제컨퍼런스에 참석하여 Kathy Suerken 국제 TOCfE협회 회장과 Khaw Choon Ean 디렉터를 만나 TOCfE의 국내 도입 지원을 요청하였고, 이를 계기로 Khaw Choon Ean 디렉터를 초빙하여 2006년 1월 국내 최초로 한양대학교에서 TOCfE 연수를 개최하게 되었다. 그 결과 (사)한국TOC협회의 산하단체로 한국TOCfE연구회(초대 회장: 김학천 홍은중학교장)가 결성되고 국제TOCfE협회에 가입하였다. 그 이후 국내에서 TOCfE 활용 및 보급 활동이 전개되어 서울, 인천, 울산 지역을 중심으로 TOCfE가 퍼져가고 있다.

그간 TOCfE 보급 활동을 하며 느낀 점은 연수에 참석한 많은 교사 및 수강생들이 연수를 받을 때는 깊이 감동하고 곧바로 교육현장에서 TOCfE 생각법을 적용할 것 같은 소감을 말하는데, 시간이 지나 확인하면 적극적으로 적용하는 분들이 소수에 그친다는 것이다. 그 점이 참으로 안타까웠다. 여러 원인 중 중요한 한 가지가 국내에 TOCfE 생각법에 관한 한글 도서가 부족하다는 것이다. TOCfE에 관한 기본 설명서를 제작하려고 한국TOCfE연구회에서도 노력했었는데, 여러 사정으로 출간에 이르지 못하였다. 이 책은 그간 바람의 결실이기도 하다.

이 책은 지금까지 국내에서 시행된 TOCfE 생각도구 기본연수의 교재에 논리적 완결성을 더하여 만들어졌다. TOCfE에 대해 사전 지식이 없더라도 별 어려움 없이 이해할 수 있도록 차근차근 논리적으로 설명하려고 하였다. 이 책이 그간 TOCfE 생각법에 관한 한글 도서 부족으로 인한 어려움을 조금이나마 해소하여 주기를 기대하여 본다.

이 책에서는 TOCfE 생각법의 기본 도구인 구름(Cloud), 가지(Branch), 야심찬 목표나무(Ambitious Target Tree) 각각에 대해 일반적 원리를 먼저 소개하고 이 생각도구들이 학교 교육 현장과 자녀 교육, 상담, 행정 등 여러 분야에 어떻게 활용될 수 있는지 응용 방법과 사례를 소개한다. TOCfE 생각도구에는 앞의 세 가지 기본 도구 외에 이행 나무 (Transition Tree), 만성적 갈등 구름 (Chronic Conflict Cloud)가 있는데 여기에서는 기본 도구만을 다룬다. 추가적인 생각도구들에 관한 설명서와 여러 활용 영역에서의 상세한 워크북은 앞으로 추가 제작될 것이다. 그런 점에서 이 책은 TOCfE 생각법 설명서로 미완이라고 볼 수 있고 지속적인 보완적 출간을 통해 TOCfE 지식체계가 온전히 구축되기를 바란다.

이 책이 나오기까지 많은 분의 도움이 있었다. 우선 Kathy Suerken 국제TOCfE협회 회장님과 Khaw Choon Ean (전) 아시아 TOCfE 디렉터의 적극적인 지지와 TOCfE 자료 지원이 있었기에 이 책 집필이 가능하였다. 깊은 감사를 드린다. 또한 국내에 TOCfE를 도입하고 보급하는 데 함께 한 (사)한국TOC협회와 한국TOCfE연구회의 임원 여러분들의 동역이 많은 힘이 되었다. 협회의 윤덕균 초대회장님과 정남기 현 회장님의 적극적인 지지와 여러 협회 임원 여러분의 도움에 감사를 드린다. 특히 정남기 회장님은 TOCfE Seoul의 일반인 대상 사고교육을 통해 국내 TOCfE 토양을 가꾸는데 많은 기여를 하셨기에 남다른 감사를 드린다. 그리고 지난 10여 년간 국내 교육현장에서 필자와 함께 TOCfE를 보급하는 데 애를 쓰신 한국TOCfE연구회의 김학천, 백현흠 전 회장님, 윤병육 회장님, 조병희, 황중숙, 이삼우 선생님 등 여러 임원분께 감사를 드린다. 이분들이 아니면 국내 교육현장에 TOCfE가 뿌리를 내리지 못하였을 것이다. 이삼우 선생님은 특별히 이 책 원고를 세밀하게 검토하고 오류 지적과 개선점을 제시해 주셔서 감사를 드린다. 이 책 출간을 받아준 울산대학교 출판부에 감사하며 수많은 논리나무 그림을 다시 그리는 등 편집에 수고를 많이 한 출판부의 김혜지, 김설희 님께도 감사를 드린다. 마지막으로 TOC에 대하여 항상 긍정적으로 생각하고 오랜 기간 지지를 마다않는 사랑하는 반려 현우 님에게 깊은 감사를 보낸다.

2018년 8월
울산 무거동에서
최원준

목차

제6장. 야심찬 목표나무 (Ambitious Target Tree) _ 291

제7장. 구름-가지-목표나무의 통합 활용 _ 341

참고문헌 _ 389

제1장

『TOCfE 생각도구란?』

1. TOCfE 생각도구의 필요성

교육이란 무엇인가? 사전적 의미에 의하면 교육은 "지식과 기술 따위를 가르치며 인격을 길러 줌[1]"이라고 되어 있다. 조금 더 구체적으로 설명하자면 교육은 학생으로 하여금 자신의 삶을 스스로 책임지고 또 사회에 기여할 수 있는 능력을 잘 키우도록 돕는 것이라고 볼 수 있다.[2]

그런데 우리는 교육의 이러한 목적을 제대로 달성하고 있는 것일까? 몇 가지 서베이 결과로 이를 판단하여 보자.

국제 비교에서 우리나라 청소년의 사회적 상호작용 역량이 아주 낮은 것으로 나타났다. 사회적 상호작용 역량이란 이질적 상대와 조화롭게

---

1) 표준국어대사전

2) 우리나라 교육기본법에서 정의하는 교육이념은 다음과 같다: 제2조(교육이념) 교육은 홍익인간(弘益人間)의 이념 아래 모든 국민으로 하여금 인격을 도야(陶冶)하고 자주적 생활능력과 민주시민으로서 필요한 자질을 갖추게 함으로써 인간다운 삶을 영위하게 하고 민주국가의 발전과 인류공영(人類共榮)의 이상을 실현하는 데에 이바지하게 함을 목적으로 한다.

살아가는 능력을 말한다. 국제교육협의회(IEA)가 2009년 36개국 중학교 2학년생 14만600여 명에게 물어 정리한 결과에 의하면 우리나라 학생들의 사회적 상호적 상호작용 역량이 가장 낮은 것으로 나타났다.3)

사회

2011년 3월 28일 월요일
ⓐ 제27887호 **동아일보**

공부만 하는 한국 청소년 '더불어 살기 의식' 세계 꼴찌

국제교육협, 국가지수 발표

정부-학교신뢰도 평균이하

한국 청소년은 주변 사람과 조화롭게 살아가는 능력이 매우 낮다는 연구결과가 나왔다.

한국청소년정책연구원은 36개국 청소년의 사회적 상호작용 역량을 계산한 결과 한국이 1점 만점에 0.31점으로 35위에 그쳤다고 27일 밝혔다. 국제교육협의회(IEA)가 2009년 세계 중학교 2학년생 14만600여 명에게 물은 '국제 시민의식 교육연구(ICCS)'에 나온 내용.

조사팀은 사회역량 지표를 관계지향성, 사회협력, 갈등관리의 3가지로 나눴다. 한국 청소년은 지역사회와 학내 단체의 자율적 활동실적을 파악한 관계지향성 항목과 사회적 협력 항목의 점수가 0점으로 36개국 중 최하위였다. 갈등의 민주적 해결 절차와 관련한 지식을 묻는 갈등관리 항목만 덴마크(1점)에 이어 0.94점으로 점수가 높았다.

사회역량 지표가 가장 높은 나라는 태국(0.69점), 인도네시아(0.64) 아일랜드(0.60) 과테말라(0.59)도 상위권에 속했다.

김기헌 연구위원은 "사회적 상호작용 역량은 이질적인 상대와 조화롭게 살아가는 능력과 연관된다. 세계화 다문화 시대의 주역인 청소년에게 시사하는 바가 크다"고 강조했다.

정부와 학교에 대한 청소년의 신뢰도 역시 다른 나라보다 매우 낮았다. ICCS 설문에서 정부를 신뢰한다고 밝힌 한국 청소년은 20%에 불과했다. 참여국 평균은 62%였다. 학교를 믿느냐는 질문에도 한국 청소년은 45%만 그렇다고 답해, 전체 평균(75%)보다 훨씬 낮았다.

우경임 기자 woohaha@donga.com

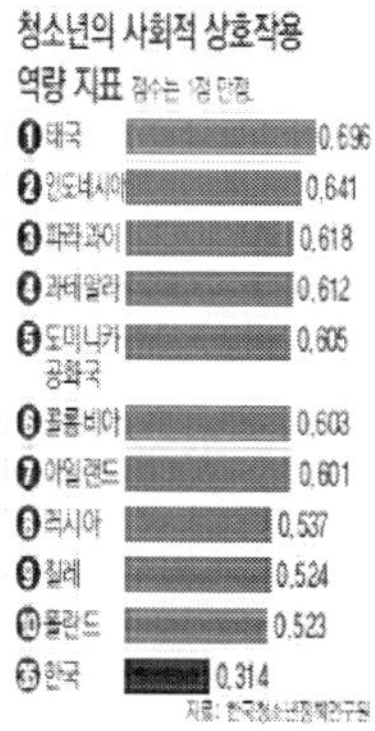

그리고 PISA(Programme for International Student Assessment, 이하 PISA) 평가 결과도 시사하는 바가 크다. PISA는 OECD가 주관하는 국제 학업성취도 평가로서 만 15세 학생들을 대상으로 현대 사회의 시민으로 살아가는 데 필요한 지식과 기술의 활용 능력을 측정한다. 읽기, 수학, 과학 소양이 기본 평가영역이다. PISA 2015의 경우 72개국 학생들을 대상으로 평가하였는데, 우리나라의 경우 성취 평균점수 기준으로 과학 영역은 9~14위, 읽기 4~9위, 수학 6~9위 수준으로 나타났다. 매년 순위에 약간의 등락은 있지만 우리나라는 PISA 순위에서 상위권에 속하여 기본 평가 영역에서 학생들의 학업성취도는 매우 높다고 볼 수 있다.

3) 2011년 3월28일 동아일보 기사

반면에 우리 학생들이 학교에서의 삶에 대해 만족하고 있는 정도는 어떠할까? PISA 2012의 경우 한국 학생들이 학교에서의 삶에 만족하는 정도가 조사대상국 중 가장 낮은 순위를 차지하였다. 다른 곳에서의 조사 결과도 비슷한 내용을 보이고 있다.

우리나라 학생들의 학업성취도는 높으나 더불어 사는 역량과 행복감을 느끼는 정도는 아주 낮다는 이런 평가에 대해 우리는 무엇을 어떻게 해야할까?

교육현장에서 학생들이 겪는 전형적 문제점을 들어 보면 다음과 같다:

- 자신의 문제를 해결하는 방법을 모른다.
- 자신감이 부족하다.
- 동기부여가 잘 되지 않는다.
- 목표를 설정하고 추진하는 방법을 모른다.
- 의사소통을 효과적으로 할 줄 모른다.
- 자신들의 행동과 생각의 결과에 대하여 책임을 회피한다.
- 배우는 것을 그냥 암기하려 한다.

요약하면, 많은 학생이 스스로 문제를 해결하고, 책임 있는 의사결정을 하고, 계획을 작성하며, 자신의 아이디어를 소통하는 데 어려움을 겪고 있다는 것이다.

Percentage of students who reported being happy at school

<출처 : OECD, PISA 2012 Database;Figure Ⅲ.1.2>

어떻게 하면 이러한 학생들을 평생 자신의 삶을 스스로 책임지고, 올바른 시민의식을 함양한 인간으로 살아갈 수 있도록 준비시킬 수 있을까?

만약 학생들의 상태를 다음과 같도록 바꿀 수 있다면 이러한 목표를 달성하기가 아주 수월해지지 않을까?

- 논리적이고 창의적으로 생각할 수 있게 된다.
- 갈등상황을 이해하고 해결하는 win-win 능력을 얻는다.
- 자신의 생각을 상대방에게 효과적으로 전달할 수 있는 능력을 키운다.
- 스스로 책임감 있게 생각하고 행동하게 된다.
- 자주적인 생각과 행동을 하게 된다.
- 교과에서 중심 개념을 쉽게 찾아내어 이해할 수 있게 된다.
- 지속적인 개선 능력이 배양된다.

그렇다면 어떻게 우리 학생들에게 논리적이면서 창의적으로 사고하고 문제를 해결할 수 있는 능력을 갖도록 할 수 있을까? 동시에 어떻게 하면 자기 생각을 효과적으로 타인에게 전달하는 능력을 갖출 수 있도록 할 수 있을까?

TOCfE (TOC for Education) 생각도구는 이러한 질문에 대한 해답으로서 제시된 도구이다.

2. TOCfE 생각도구란?

TOCfE(TOC for Education) 생각도구는 TOC의 생각 프로세스(Thinking Process)를 교육 현장에 맞도록 간소화시킨 것이다. TOC(Theory of Constraints, 제약이론)는 유대인 물리학자인 Eliyahu Goldratt 박사가 개발

한 생각 프로세스를 중심으로 한 경영혁신 철학과 방법론을 말한다.

TOC 생각 프로세스는 조직이나 개인의 핵심제약을 찾고, 이를 혁신적 방식으로 해결하는 방법이다. TOC 생각 프로세스에서는 조직이나 개인 성과에서의 지속적 개선을 위해 세 가지 질문들, 즉

1. 무엇을 변화시킬 것인가? (What to Change?)
2. 어떤 방향으로 변화시킬 것인가? (What to Change to?)
3. 어떻게 변화를 추진할 것인가? (How to Cause the Change?)

에 대한 답을 하기 위해 생각도구를 사용하고 있다.

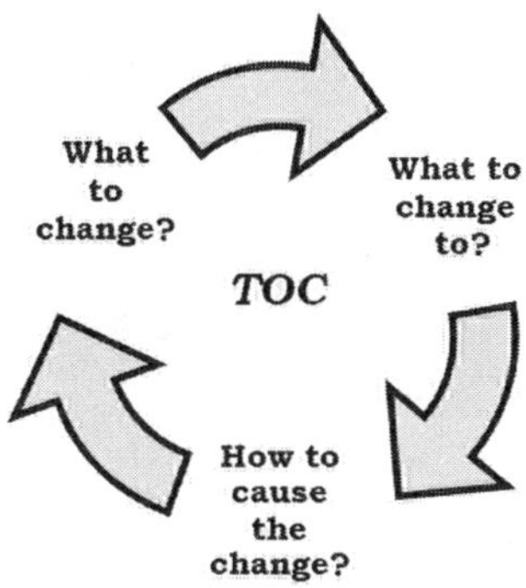

1. 무엇을 변화시킬 것인가?(What to Change?)
   이것은 현재의 여러 문제 증상에 대하여 그 핵심 원인, 즉 제약이 무엇인지를 찾아내는 과정을 말한다.
2. 어떤 방향으로 변화시킬 것인가?(What to Change to?)
   이것은 핵심 원인을 해소할 해결의 아이디어를 찾아내고 점검하는 과정을 말한다.
3. 어떻게 변화를 추진할 것인가?(How to Cause the Change?)
   이것은 그 해결의 아이디어를 실행에 옮기기 위해서 걸림돌을 조사하고 이를 극복할 수 있는 디딤돌들과 이를 실행하는 데 필요한 구체적 행동들을 설계하고 그 근거를 정리하는 과정을 말한다.

TOC 생각 프로세스는 논리적 추론과 검증 체계를 적용하고 있는데, 구현의 과정에서 그래픽 논리 나무들을 이용하고 있다. (그래픽 논리 나무에는 구름, 현재 상황 나무, 미래 상황 나무, 전제 조건 나무, 이행 나무 등이 있다.) TOC 생각 프로세스는 기업 경영, 군대 운영, 병원 운영 뿐만 아니라 개인 삶의 문제를 푸는 데 광범위 하게 적용되고 있다.

TOCfE는 TOC의 생각 프로세스를 핵심원리는 유지하되 학생들의 교육현장에 맞게끔 단순화시킨 것이다. 기본 도구로서 구름(Cloud), 가지(Branch), 야심찬 목표나무(Ambitious Target Tree)를 사용하고 있다. 이 생각도구들은 간단명료한 그래픽 도구들이다.

구름은 개인이나 상호간의 딜레마, 의견 불일치, 논쟁, 찬반 결정 문제와 같은 갈등상황을 표현하고 해결책을 찾는 데 사용되는 생각도구다.

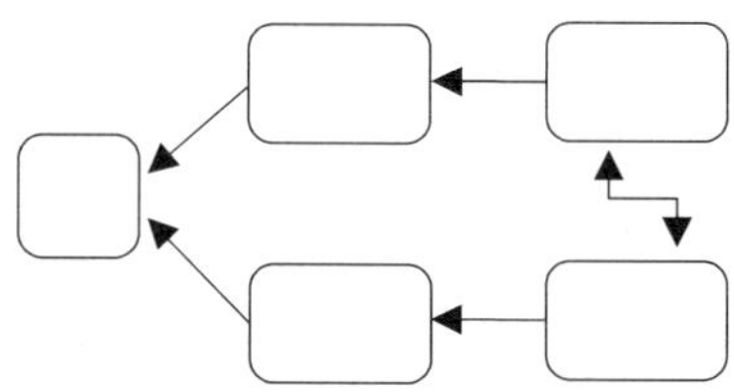

가지는 인과 관계를 이용하는 생각도구다. 가지를 이용하면 행동의 결과를 예상함으로써 책임감 있는 의사결정을 할 수 있게 되며, 교과 내용을 더욱 깊게 이해할 수 있게 된다.

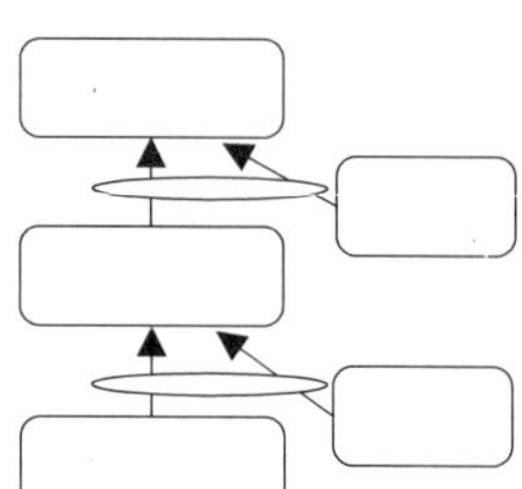

야심찬 목표나무는 목표 달성을 위해 체계적으로 기획하고, 목표와 현재 상태 사이에 상세한 중간 단계의 행동 계획을 만드는 생각도구이다.

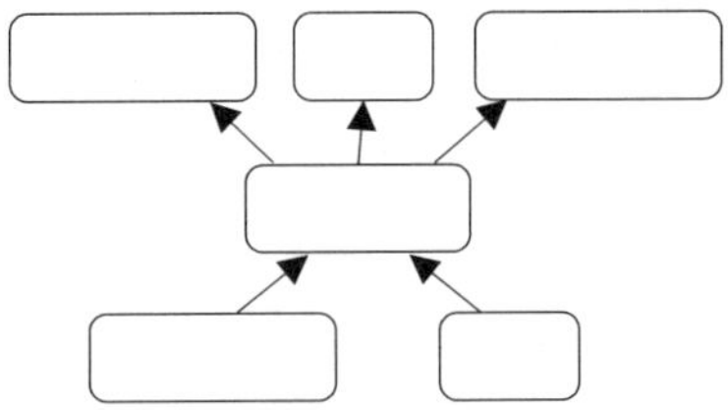

이러한 TOCfE 생각도구들을 활용하면 단기간 내에 학생들이 체계적이고 창의적으로 생각하고, 동시에 자신의 생각을 효과적으로 다른 사람에게 전달하는 능력을 갖추게 된다.

이 책은 이러한 TOCfE 생각도구가 무엇이고 이 생각도구를 어떻게 교과 내용의 교육과 행동 지도에 활용할 수 있는지를 다룰 것이다.

[참고: TOCfE 생각도구에는 기본 도구인 구름, 가지, 야심찬 목표나무 외에 이행 나무 (Transition Tree), 만성적 갈등 구름 (Chronic Conflict Cloud)가 있다. 이 책에서는 기본 도구만을 다루기로 한다.]

3. TOCfE 생각도구의 활용 현황

TOCfE는 미국, 영국, 싱가포르, 이스라엘, 멕시코 등 전 세계 20여 개국에서 활발히 적용되고 있으며, 그 중 4개국에서는 국정교과과정에 도입되었다. TOCfE는 또한, 논술 프로그램, 리더십 능력 배양 과정, 상담 프로그램, 영재 특별과정, 독서 장애 학생 특별 프로그램 등에도 응용되고 있다.

활용 현황의 몇 가지 예를 들어보면 다음과 같다.

미국의 미시간주 조이중학교는 TOCfE 도입 후 3년 동안 학생의 주 학력고사 성적이 40% 향상되었고, 텍사스 주 허치슨중학교의 경우 학생 탈락률이 6개월 만에 20% 감소하였다.

영국은 초·중·고 교사들이 TOCfE 훈련을 받을뿐더러 유치원에서도 원생들이 TOCfE 생각도구들을 직접 사용하고 있다.

말레이시아는 2001년도에 전국 초등학교 35,000명의 교사가 훈련을 받아 TOCfE를 교육에 도입하였고, 초등학교와 중등학교의 사회과목 및 도덕과목의 교과서에 TOCfE 생각도구들이 포함되었다.

필리핀에서 TOCfE는 마닐라 수도권 지역의 800만 어린이 교육을 총괄 감독하는 필리핀 교육부 교육담당관으로부터 전폭적인 지지를 받고 있다. 매년 5,000명 이상의 교사가 TOCfE관련 교육과정을 이수하고, 매년 35,000명 이상의 학생이 특별히 제작된 TOCfE 워크북을 학교 수업에서 사용하고 있다. Quezon 시에서는 초·중등학교 교장의 95% 이상이 TOCfE 교육을 이수하였으며 TOCfE 생각도구가 수업시간에 정규적으로 다루어지고 있다. 또한 학생회 간부들이 TOCfE 훈련을 받고 또래 카운셀링을 이끌고 있다.

이스라엘에서는 TOCfE가 모든 교육대학에서 주요 정규교과과정으로 채택되었으며 매년 수백 명 이상 교사들의 교사 연수교육과정 프로그램 교과목으로 사용되고 있다.

콜롬비아는 성교육 프로젝트에 참여한 상담원들과 교사들이 성범죄 예방을 위하여 TOCfE 생각도구를 사용하고 있으며, 어린이들이 성범죄 상황이 발생한 후 올바른 결정을 하도록 도와주고 있다.

폴란드는 유아교육, 난독증 장애자 지도, 장애자들의 통합교육에 많은 응용을 하고 있다.

일본은 2011년도에 TOCfE가 도입된 후에 일반 성인들을 대상으로 TOCfE 교육이 진행되어 가정, 학교, 직장 등에서 활발히 활용되고 있고 전국적으로 다양한 형태의 스터디 모임과 커뮤니티가 운영되고 있다.

이 외에도 전 세계적으로 TOCfE 생각도구의 활용사례는 매우 많으며, 국제TOCfE협회의 홈페이지(http://www.tocforeducation.com)에 잘 정리되어 있다.

국제TOCfE협회는 학생들의 행동 지도와 사고력 증진에 TOCfE 생각도구가 널리 활용되도록 하기 위하여 1995년에 TOC 창시자인 Eli Goldratt 박사에 의해 설립된 비영리 단체로서, 미국 플로리다 주 중학교 사회과 교사 출신 Kathy Suerken여사가 대표를 맡고 있다. 국제TOCfE협회는 TOCfE 사명선언문의 정신에 따라 여섯 대륙 20여 개 국가에서 8백만 명이 넘는 어린이에게 TOC생각 도구 프로그램을 개발, 전파하여 왔다. 국제 TOCfE협회에는 한국, 미국, 영국, 이스라엘, 일본, 필리핀, 싱가포르 등 24개국이 가입하였다. 국제TOCfE협회는 TOCfE영역의 표준을 정하고 최신 지식 체계(Body of Knowledge)를 공유하는 역할을 한다.

한국은 (사)한국TOC협회(http://www.tockorea.org)를 통하여 2006년 이후 TOCfE가 소개된 후에 한국TOCfE연구회(http://www.tocfekorea.org)가 결성되고 국제TOCfE협회에 가입하였다.

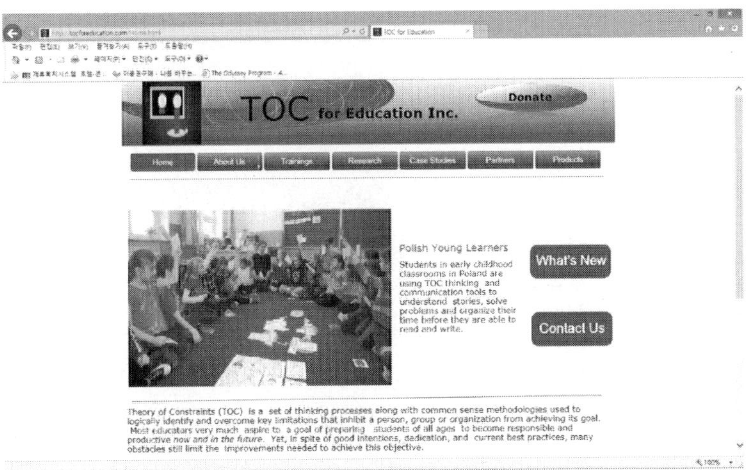

<국제TOCfE협회 홈페이지(http://www.tocforeducation.com)>

TOCfE 사명 선언문

TOCfE는 TOC 사고 도구를 통하여 전 세계의 비전을 가진 교육자들과 함께 아이들이 스스로 생각하고, 효과적으로 의사소통을 할 수 있도록 함으로써 어린이 교육을 현저히 개선할 것이다. TOCfE와 모든 어린이 지킴이들은 이 공동 목표를 향해 힘을 합하여 일함으로써 더욱 나은 세상을 만들고자 한다.

4. 이 책은 누구를 위해 쓰였나?

이 책은 우선 논리적 사고, 창의적 사고, 배려적 사고를 하며 또한 의사소통 능력을 키우는 데 관심이 있는 사람들을 위해 쓰였다. 또한 학생이나 자녀, 또는 다른 이가 그러한 사고 및 의사소통 역량을 배양하도록 돕는 것에 관심이 있는 사람들을 위해서도 쓰였다. 자신은 물론 학생/자녀들이 자기의 삶에 대해 스스로 책임지고 올바른 시민의식을 함양할 수 있도록 돕는다는 교육 이념을 효과적으로 이루고자 하는 것이 이 책의 집필 목적이다.

구체적으로는

· 초중등 교사 및 유치원교사, 대학교수, 교육관계자
· 학부모, 상담/코칭 전문가, 논술지도교사
· 명확한 사고의 훈련이 필요한 대학생

을 주요 대상으로 한다.

앞으로 TOCfE 생각도구인 구름, 가지, 야심찬 목표나무 각각에 대해 일반적 원리를 먼저 소개하고 이 생각도구들이 학교 교육 현장과 자녀 교육, 상담, 행정 등 여러 분야에 어떻게 활용될 수 있는지 응용 방법과 사례를 소개하도록 한다.

제2장

『구름(Cloud)』

구름 생각도구는 갈등을 이해하고 그 해결책을 찾는 데 사용하는 TOCfE 생각도구이다. 갈등은 중요한 의사결정을 내려야 할 때마다 거의 다 발생한다. 의사결정을 할 때 가장 좋은 방안에 아무런 문제가 없다면 그 방안을 택하면 될 것이겠지만, 대부분의 경우 그렇지 않아 그 방안을 택할 것인가 아니면 다른 대안을 고려해야할 것인가 고민하게 된다. 마찬가지로 조직이나 개인의 핵심문제도 깊이 살펴보면 해결하는 데 고민이 내재하여 있는 경우가 대부분이다. 그렇지 않았다면 그 문제는 진작 풀렸을 터이니 말이다.

많은 사람은 보통 갈등은 해결하기 어렵다고 생각하고 그래서 어쩔 수 없이 갈등이 가져다주는 어려움을 당하고 있다. 만약 갈등을 해결할 수 있는 능력을 갖출 수 있다면 우리 삶은 무척 달라질 것이다. 그래서 갈등을 잘 이해하고 해결할 수 있는 사고능력을 갖는 것은 무척 중요하다.

1. 갈등이란?

갈등이란 낱말은 갈(葛, 칡)과 등(藤, 등나무)을 합쳐 놓은 단어이다. 칡과 등나무 모두 넝쿨 식물인데 넝쿨이 올라가는 방향이 서로 반대라서 둘이 엉키면 풀어낼 수가 없다고 한다. 이렇게 갈등이란 말은 풀기 어렵다는 것을 의미하고 있다. 또한, 갈등을 나타내는 영어 단어 conflict는 라틴어 conflictus에서 왔는데 이는 (con- 함께 + fligere 때리다 + -tus 과거 분사 어미) 충돌의 뜻을 갖고 있어, 갈등은 심각한 부정적 결과를 유발한다는 의미를 갖고 있다.

친구 사이의 갈등, 가족 간의 갈등, 노사갈등, 세대 간의 갈등 등 우리는 많은 갈등을 경험하며 살고 있다. 갈등은 피할 수가 없지만, 갈등 해결의 방법을 모르면 우리는 갈등은 어쩔 수 없다는 인식을 하게 되고 또한 상황이 어렵게 된 것을 상대편 탓으로 돌리는 경향에 빠지게 된다. 또한 갈등은 풀기 어렵고 갈등으로 고통을 느끼기 때문에 우리는 종종 갈등이 존재하지 않는 것처럼 행동하거나 갈등처리를 회피하려고까지 한다.

그러나 만약 갈등을 잘 이해하고 이를 해소할 수 있는 방법을 우리가 알고 있다면 어떠할까? 그러면 갈등이 발생하는 경우에도 갈등 해결을 통하여 상대방과 조화(harmony)로운 관계를 가질 수 있고 그 결과 새롭게 발전할 수 있는 기회를 얻을 수 있다. 그렇다면 갈등을 부정적으로만 볼 것이 아니라, 오히려 발전을 위해 긍정적으로 활용할 수 있는 계기로 여길 수 있을 것이다.

그러면 갈등에 대해 조금 더 세부적으로 알아보도록 하자. 갈등 상황에서는 반드시 대립되는 두 가지의 주장이 표면에 나타나게 된다.

대립되는 주장의 예:
"싸드 배치를 해야한다." vs "싸드 배치를 해서는 안 된다."

"미국과 쇠고기 협상을 다시 해야만 한다." vs "미국과 쇠고기 협상을 다시 해서는 안 된다."

이 대립되는 주장이 개인의 내부적인 주장인가 아니면 다른 사람 또는 조직 사이의 주장인가에 따라 내부적 갈등과 외부적 갈등으로 구분될 수 있다. 내부적 갈등은 개인 내면에서 발생하는 갈등을 말한다. 이때에는 대립되는 주장을 하는 쪽이 동일 인물이다. 예를 들어 어떤 사람이 거지를 만났을 때 이 거지에게 돈을 주어야 할 것인가 아니면 돈을 주지 말아야 할 것인가와 같이 대립되는 두 주장을 하는 쪽이 같은 사람인 경우이다. 반면에 외부적 갈등은 두 주장이 대립될 때 각 주장을 하는 쪽이 같지 않을 때이다. 예를 들면 지역주민은 그린벨트를 해제하기를 원하는데 환경단체는 이에 대해 반대하는 경우이다.

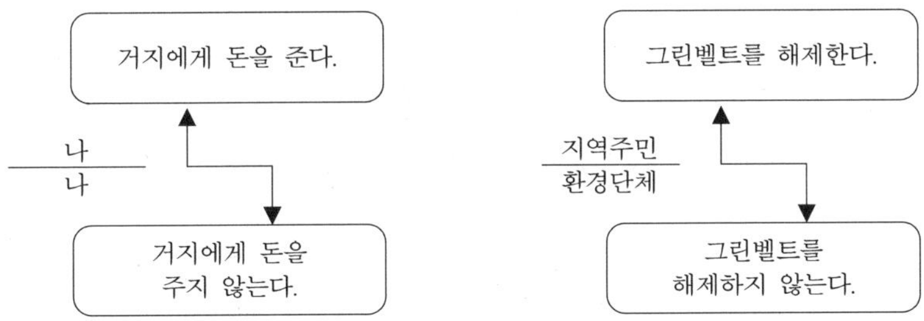

내부적 갈등 외부적 갈등

또 다른 예로서 2007년 우리나라의 사회를 시끄럽게 했던 미국과 쇠고기 문제의 재협상하는가 하는 문제이다. 시민단체들은 재협상을 하여야 한다는 주장을 하였고, 정부 측은 재협상을 해서는 안 된다는 주장을 하였는데, 이것도 외부적 갈등의 예라고 볼 수 있다.

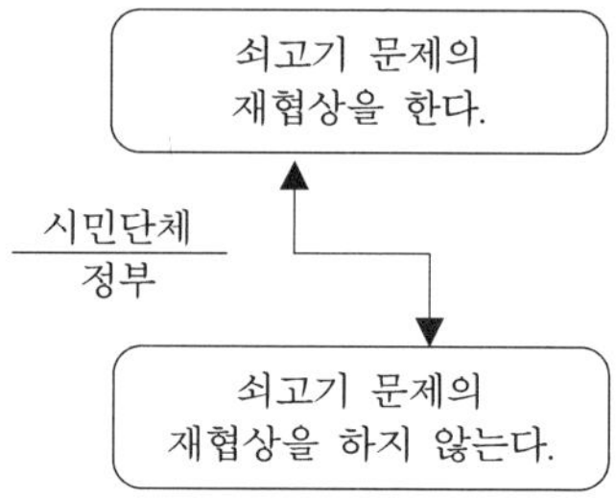

외부적 갈등

우리가 주목하여야 할 점은 누가 무엇을 주장(want)할 때에 거기에는 어떤 동기가 있기 마련이다. 다시 말해 어떤 주장을 할 때에는 그 주장대로 했을 때에 꼭 만족시키고 싶은 어떤 필요(need)가 있다는 것이다.

앞에서 예로 든 미국과의 쇠고기 협상 여부 문제를 보면 시민단체들은 쇠고기 문제의 재협상을 하여야 한다는 주장을 하였고, 정부 측은 재협상을 해서는 안 된다는 주장을 하였다. 이 상황에서 두 가지 주장이 대립되고 있다. 그런데 각자의 주장에는 무언가 만족시키고자 하는 필요가 있다. 쇠고기 문제의 재협상을 해야 한다는 주장은 이를 관철함으로써 국민의 건강권을 지키고 싶은 필요가 있는 것이고, 반면에 재협상을 해서는 안 된다는 주장에는 국가 경제를 좋게 하고 싶다는 필요가 있는 것이다.

갈등의 구성요소	주장(요망사항, Want)	필요(Need)
표현방식	"…을 해야만 한다." "…을 하기 원한다."	"…을 이루기 위해서" "…을 만족시키기 위해서"
예)	쇠고기 문제의 재협상을 해야만 한다.	국민의 건강권을 지키기 위해서
예)	쇠고기 문제의 재협상을 하지 않아야만 한다.	국가 경제를 좋게 하기 위해서

구름이라는 생각 도구는 갈등 상황에서 대립이 되는 주장뿐만 아니라 그 이면에 있는 필요에 대하여 관심을 두고 양쪽의 필요를 모두 충족시킬 수 있는 해결방안을 효과적으로 찾아내도록 도와준다. 구체적 설명은 이후에 하기로 한다.

|연습|

문제1.

내부적 갈등의 예를 들어 보자.

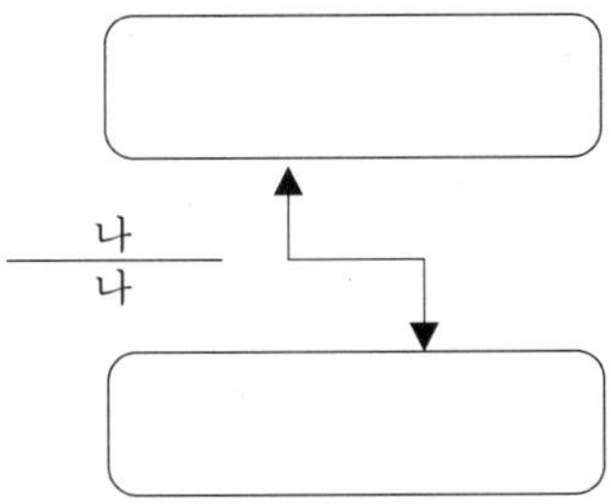

내부적 갈등

문제2.

외부적 갈등의 예를 들어 보자.

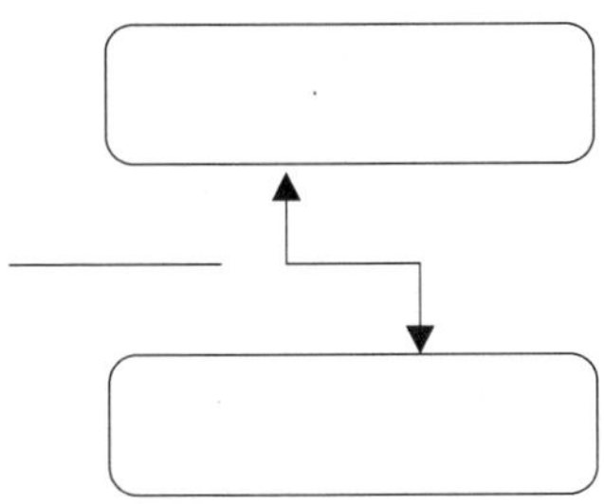

문제3.

회사 A에서는 제품 광고를 하려고 한다. 대안으로 최종적으로 고려되고 있는 것은 신문 광고와 포털 사이트 광고이다. 그런데 회사의 예산 부족으로 두 가지를 다 할 수는 없다. 어떠한 갈등을 겪고 있는가?

2. 구름을 이용하여 갈등 정의하기

1) 구름 작성하기

구름은 갈등(내부적, 외부적)의 세부적인 내용을 간결하면서도 자극적이지 않는 방식으로 분석하는 도구이다.

예를 들어 구름 도구를 소개하기로 한다.

이야기 줄거리[4)]

올해 고등학교에 입학한 영순이는 고등학생 친구들이 모이는 송년 파티에 초대를 받았다. 영순이는 아빠께 말씀을 드려 허락을 받았다. 아빠는 허락하면서 너무 늦으면 교통편이 끊어지니 10시까지는 귀가하라고 하였다. 그런데 영순이는 친구들 사이에서 인정받기 위해서는 파티 도중에 나오고 싶지 않았다. 파티는 12시쯤 끝나기로 되어 있고 다른 친구들은 파티에 끝까지 참여하는데 자신만 부모 때문에 파티 중간에 나온다면 다른 친구들이 자신을 우습게 보고 왕따를 시킬 수도 있기 때문이다. 그런데 파티에 끝까지 참여하고 집에 온다면 자정을 훨씬 넘길 것이다.

위의 갈등 예에서 갈등을 다루는 방식은 여러가지가 있을 수 있다. 아빠가 권위적일 경우 영순이가 아빠의 주장대로 따르거나, 아니면 어떤 경우에는 영순이가 자신의 주장을 관철시킬 수도 있을 것이다. 혹은 해결책으로서 '아빠가 영순이를 태우러 간다.'를 생각해 볼 수 있을지도 모르겠다. 이것이 갈등 해결의 전부일까? 우리는 갈등을 어떻게 이해하여야 하고 또 갈등을 어떻게 해결하는 것이 올바른 방향일까? 이에 대해 알아보기로 한다.

---

4) Goldratt, E.M., *It's Not Luck*, North River Press, 1944 제2장에 나오는 딸 샤론과 아빠 사이의 갈등 상황을 각색한 것임.

모든 갈등에서는 관계된 양쪽이 있기 마련이다. 위의 예에서 관계된 양쪽은 아빠와 딸이다. 여기에서의 갈등은 양 당사자가 서로 다르므로 외부적 갈등이라고 할 수 있다. 구름으로 갈등을 이해하는 과정은 기본적으로 외부적 갈등, 내부적 갈등 모두 동일하다.

요망사항(want)

갈등 상황에서 양쪽은 대립되는 주장을 하고 있다. 아빠는 '딸이 10시까지 귀가하여야 한다.'고 주장하고 딸은 '12시까지 파티에 참여하여야 한다.'고 주장하고 있다. 이 두 가지 주장은 서로 공존하기 어렵다. 구름에서는 주장을 요망사항(want)이라고 부른다.

그러면 관계된 양쪽과 함께 각자의 요망사항을 그림으로 다음과 같이 나타낼 수 있다. 이 그림에서 꺾어진 화살표는 두 가지 요망사항이 서로 대립하고 있다는 것을 나타낸다.

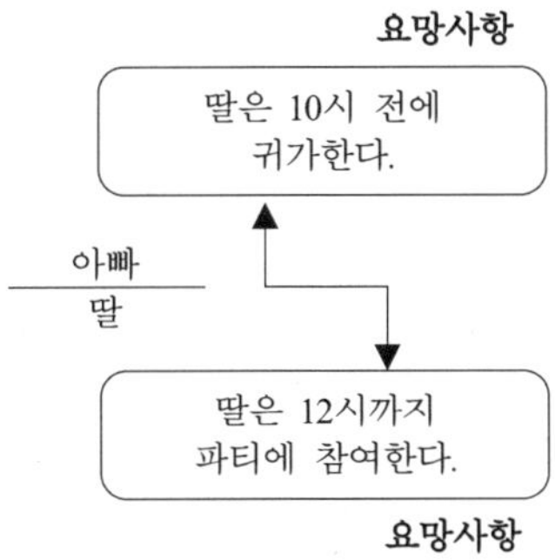

필요(need)

앞에서도 설명했지만 양쪽의 주장에는 각각 만족시키고자 하는 어떤 필요(need)가 있게 마련이다. 필요는 양쪽이 각자 주장을 하는 동기를 말한다.

아빠는 왜 딸이 10시 전에 귀가해야 한다고 주장하는 것일까? 그것은 어떤 필요를 만족시키기 위해서이다. "무엇… 하기 위해서 딸은 10시 전에 귀가해야 한다."에서 '무엇…'이 아빠가 주장을 통해서 만족시키고 싶어 하는 것이다. 마찬가지로 딸의 경우 '12시까지 파티에 참여하여야 한다.'고 주장하는 이면에는 만족시키고자 하는 어떤 필요가 있기 때문이다. 앞의 이야기 줄거리를 보고 판단하여 볼 때 아빠가 "딸은 10시전에 귀가해야 한다."고 주장하는 것은 "딸의 안전이 보장되기" 위해서 일 것이다. 한편 딸이 "자신이 12시까지 파티에 참여해야 한다."고 주장하는 것은 "자신이 친구들에게 인정받기" 위해서일 것이다.

필요는 요망사항이라는 수단을 통해 만족시키고 싶은 그 무슨 욕구라고 할 수 있다. 다시 말해 필요는 요망사항을 통해 이루려는 동기, 또는 목적이다.

필요까지 그림으로 나타내면 다음과 같다.

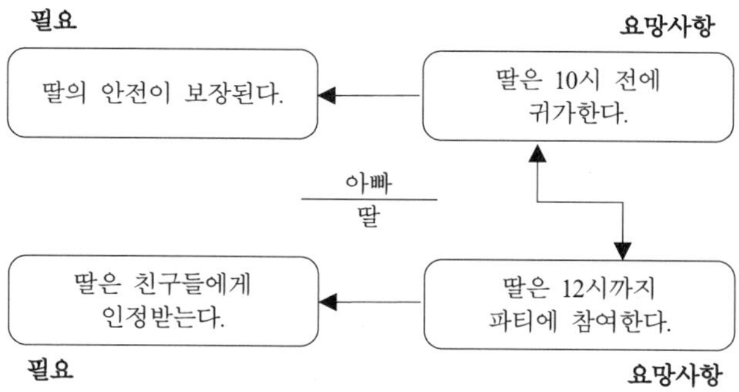

위의 갈등 예에서 지금까지 우리가 본 것은 양쪽이 어떠한 대립적 주장(요망사항)을 하고 있는 상황에서 양쪽은 각자 자기의 주장을 통하여 만족시키고 싶은 어떤 필요가 있다는 것이다.

우리는 보통 갈등 상황에서 자신의 필요를 충족시키기 위해 자기의 주장을 관철시키는 데 많은 힘을 쏟고 상대방의 필요에 대해 무관심한 경우가 있다. 구름 도구를 이용하게 되면 각자의 주장뿐만 아니라 각 주장을 통해 만족시키고 싶은 필요에 대해 관심을 두게 된다. 갈등 당사자가 서로의 필요를 이해하게 되면 갈등 해결에 크게 다가서게 된다. 갈등 해결을 어떻게 할 것인가는 나중에 다루겠다.

우리가 또 알아야 할 점은 각 주장은 대립적인 관계에 있으나 두 가지 필요는 서로 대립될 관계에 있는 것이 아니라는 것이다. 다만, 현재 두 가지 필요를 어떻게 모두 충족시킬 수 있는지 그 방법은 아직 잘 모르겠지만, 두 가지 필요가 다 충족되었으면 좋겠다는 점은 분명하다.

공동목표(common goal)

만약 양쪽의 필요가 모두 만족될 수 있다면 어떤 상태에 놓여 있을지 생각하여 보자. 이 상태는 양쪽이 모두 도달하기를 바라는 것이다. 이것을 공동목표(common goal, 공동목적이라고도 함)라고 부른다. 이것은 갈등이 해소된다면 양쪽이 모두 누릴 수 있는 상황을 말한다.

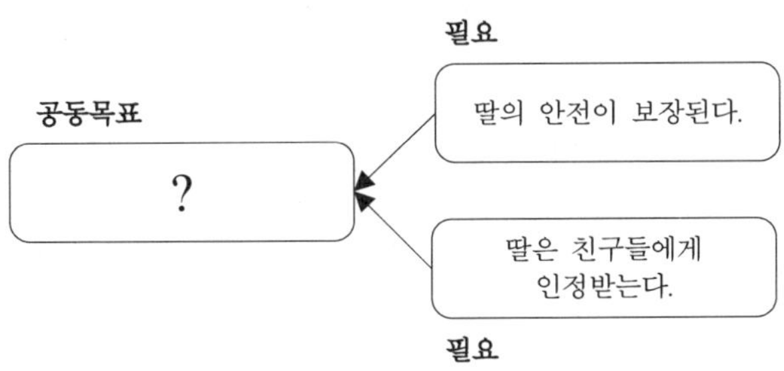

이 예제에서는 '딸의 안전이 보장 된다'는 것은 아빠의 주된 필요이지만 딸의 입장에서도 긍정적인 것이고, 또한 '딸이 친구들에게 인정받는다.'는 것은 이 갈등상황에서 딸의 주요한 관심사항이지만 아빠도 이를 마다할 것이 없다. 다시 말해 딸의 안전이 보장되고 딸이 친구들에게 인정을 받을 수 있는 것은 아빠와 딸 모두가 바라는 것이라고 할 수 있다. 물론 현재 어떻게 두 가지 필요를 모두 이룰 수 있을까하는 것은 모르지만 말이다. (두가지 필요를 모두 이룰 수 있는 길을 찾는 방법은 추후 다루도록 한다.)

그러면 이 두 필요를 모두 이루어야 도달할 수 있는 상태는 어떠하다고 말할 수 있을까? "부녀가 행복하게 지낸다." 또는 "행복한 가정생활을 한다."는 정도가 될 것이다. 여기에서는 "행복한 가정생활을 한다."를 공동목표로 택하기로 하자. 이 공동목표까지 함께 그림으로 나타내면 다음과 같다.

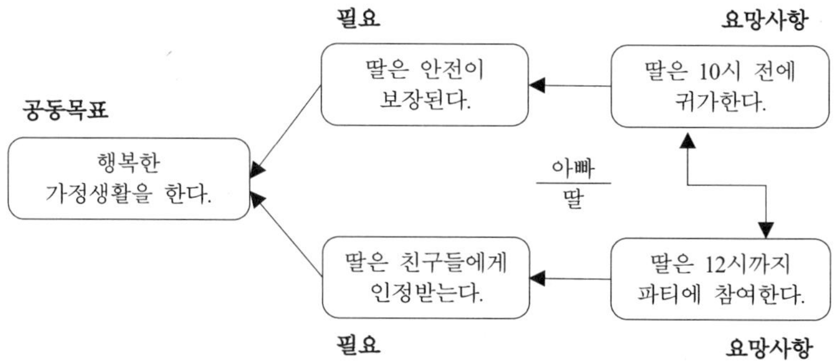

많은 경우 갈등상태에 놓여 있는 양쪽은 이러한 공동 목표의 상황이 있다는 것을 깨닫지 못할 수 있다. 어느 한쪽의 요망사항을 실행한다면 다른 쪽의 필요는 충족되지 않아 공동 목표에 도달할 수 없게 되는 것이다. 그런데 갈등 당사자들이 서로의 공동 목표가 있다는 것을 인정한다면, 해결책을 찾아내려는 동기부여가 더 될 수 있을 것이다. 어떤 의미에서는 지금의 갈등도 양측이 공동 목표에 도달하려고 하는데 양측 모두 만족하며 도달할 수 있는 방법에서 의견이 다르기 때문에 발생하는 것이라고 볼 수 있다.

구름 도구는 어떠한 갈등 상황에서도 공동목표가 있음을 알려준다. 갈등의 당사자들이 서로 대립해야만 하는 것이 아니고 같이 추구하여야 할 방향이 있음을 아는 것은 갈등 해소에서 매우 중요한 요소이다.

공동목표는 해결책이라고 할 수는 없다. 그러나 공동목표가 있다는 것을 인정하게 되면 그렇지 않은 경우와 비교해서 갈등을 바라보는 자세가 많이 달라질 것이다.

위와 같이 작성된 그림을 구름이라고 부른다.

구름의 작성과정

구름의 작성과정을 일반화하여 정리하면 다음과 같다.

1. 관계된 양쪽은 누구인가?
2. 양쪽 각자의 요망사항을 파악한다.
   양쪽 각각의 요망사항을 위아래로 적고 꺾임 화살표로 서로 연결한다.
3. 양쪽 각자의 요망사항 배후의 '필요'는 무엇인가?
   '필요'를 왼쪽에 작성하고 요망사항에서 '필요'로 향하는 화살표를 기입한다.
4. 공동목표는 무엇인가?
   공동목표를 '필요' 왼편에 작성하고 '필요'에서 공동목표로 향하는 화살표를 기입한다.

구름을 구성하는 상자에 A, B, C, D, D' 기호를 붙여보자.

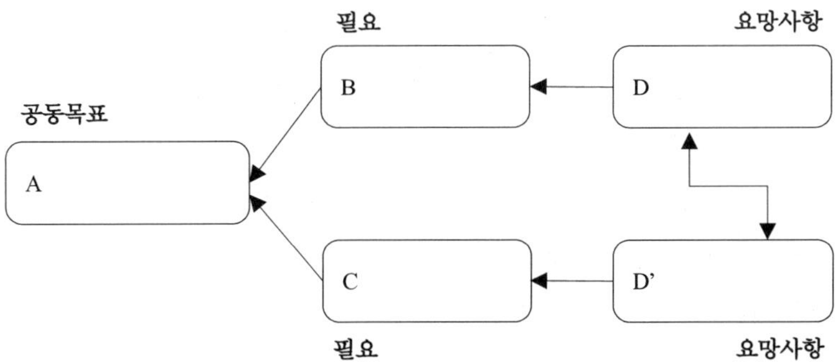

D'(D 프라임)은 D의 반대를 의미하는 기호이다. (수학에서 D의 여집합과 같은 의미임.)

앞의 구름 작성의 일반적 과정에 따라서 구름의 상자를 문장으로 채울 때 D, D', B, C, A 순서로 한다. 이것이 보통의 방법이다. 구름 작성이 능숙해지면 반드시 이 순서를 따를 필요는 없다.

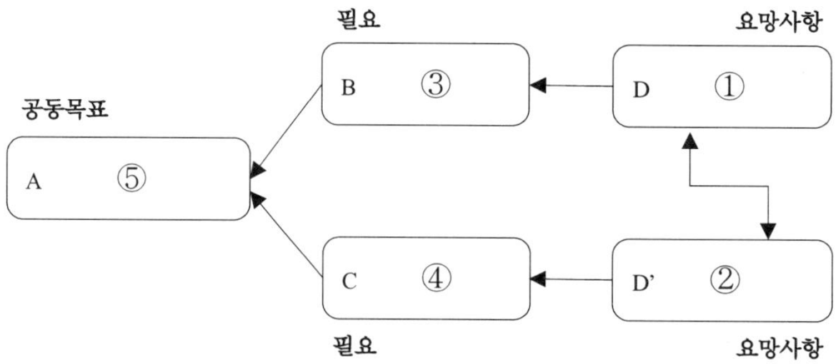

구름(Cloud) 이름의 유래

TOC의 창시자인 Goldratt 박사는 Richard Bach의 베스트셀러인 갈매기의 꿈(Jonathan Livingston Seagull)을 좋아하였다. Bach는 그 후 Illusions: The Adventures of a Reluctant Messiah를 저술했다. Illusions에서 주인공들은 생각에서 지워냄으로써 폭풍 구름을 하늘에서 없애버린다. "당신이 당신의 삶에서 구름을 없애버리기를 진정 원한다면, 그것으로 소동을 벌이지 말고 대신 긴장을 풀고 당신의 생각에서 그것을 지워내시오. 그것으로 끝입니다." Richard Bach, 1977. Illusions에서.

Goldratt 박사는 갈등해소의 도구를 만들고 그 이름을 Richard Bach를 기념하여 Evaporating Cloud (증발 구름)라고 지었다. Cloud는 Evaporating Cloud의 약칭이다.

2) 작성된 구름 검증하기

이렇게 작성된 구름이 제대로 된 것인지를 어떻게 확인할 것인가? 구름에서 화살은 상자 사이의 관계를 의미한다. 따라서 화살에는 논리가 연결되어 있다. TOCfE에서는 구름이 논리적으로 제대로 작성되었는가를 검증할 때 구름의 화살을 소리 내어 읽어 보는 방법을 제시한다. 왜 소리 내어 읽어 보라고 하는 것일까? 간단하게 검증할 수 있기 때문이다.

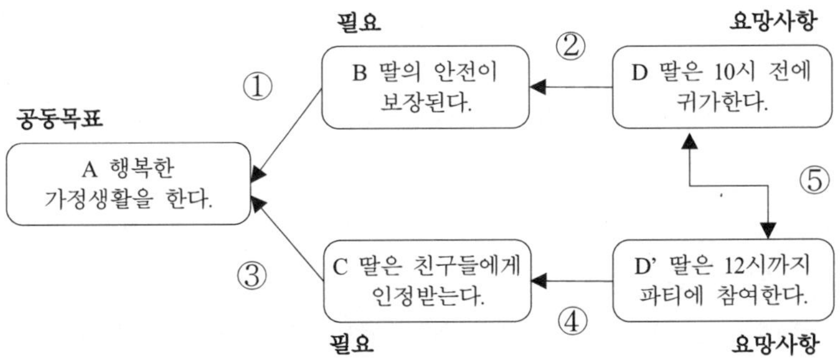

소리 내어 읽어 검증하는 방법

구름의 다섯 화살표를 다음과 같은 순서로 소리 내어 읽어서 어색함이 없어야 한다.

1. A하기 위해서는 B해야만 한다.
2. B하기 위해서는 D해야만 한다.

한편,

3. A하기 위해서는 C해야만 한다.
4. C하기 위해서는 D'해야만 한다.
5. D와 D'은 양립할 수 없다.

1에서 4까지 읽는 방식은 "…하기 위해서(in order to …) …해야만 한다(must …).”로 동일하다. 단지 5의 경우는 다른 것들과는 다르게 D와 D’은 양립할 수 없다(또는 동시에 이루어질 수 없다.)로 읽는다.

[참고: 위에서 각 화살표를 읽을 때에 각 문장의 끝은 약간 바꿀 필요가 있음에 유의하라.]

위의 예를 이처럼 읽어 보면 다음과 같다.

1. 행복한 가정생활을 하기 위해서는 딸의 안전이 보장되어야만 한다.
2. 딸의 안전이 보장되기 위해서는 딸은 10시 전에 귀가해야만 한다.

한편,

3. 행복한 가정생활을 하기 위해서는 딸은 친구들에게 인정받아야만 한다.
4. 딸이 친구들에게 인정받기 위해서는 딸은 12시까지 파티에 참여해야만 한다.
5. 딸이 10시 전에 귀가하는 것과 딸이 12시까지 파티에 참여하는 것은 양립할 수 없다.

위와 같이 읽어 보면 별다르게 이상한 점이 느껴지지 않을 것이다. 그러면 이 구름이 갈등 상황을 제대로 표현한다고 보아도 무방하다.

구름에서 갈등 상황을 추가로 확인하는 방법이 있다. 그것은 다음 사실에 기초하고 있다. D를 한다면 B를 만족시키기 수월하겠지만 C는 만족시키기는 어렵다. 그렇지 않다면 D와 D’이 대립할 필요도 없었을 것이다. 또한, D’을 한다면 C를 만족시키기 수월하겠지만, B는 만족시키기 어렵다. 그래서 다음과 읽어 보아 어색함이 없어야 한다.

6. D를 하면 C하기 어렵다.
7. D’을 하면 B하기 어렵다.

위의 예를 이처럼 읽어 보면 다음과 같다.

6. 딸이 10시 전에 귀가하면 딸은 친구들에게 인정받기 어렵다.
7. 딸이 12시까지 파티에 참여하면 딸의 안전은 보장되기 어렵다.

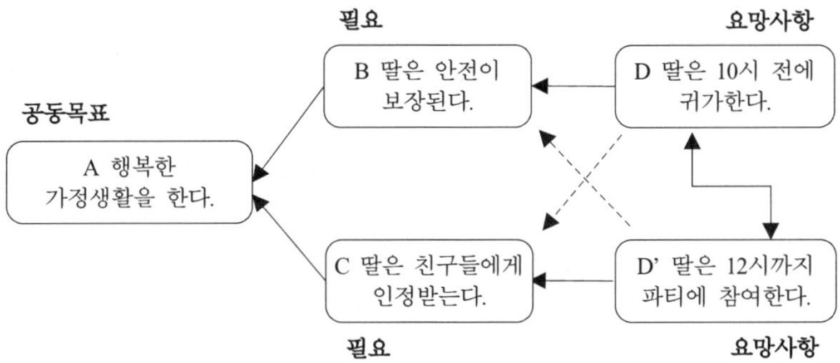

그러면 추가로 확인하는 방법을 포함하여 구름이 제대로 작성되었는지 읽어 확인하는 법은 다음과 같다:

1. A하기 위해서는 B해야만 한다.
2. B하기 위해서는 D해야만 한다.

한편,

3. A하기 위해서는 C해야만 한다.
4. C하기 위해서는 D'해야만 한다.
5. D와 D'은 양립할 수 없다.

그런데

6. D를 하면 C하기 어렵다.
7. D'을 하면 B하기 어렵다.

D-C 사이와 D'-B 사이의 추가 확인 과정은 갈등 상황이 구름으로 제대로 묘사되고 있는지를 점검하는 데 매우 유용한 방법이다.

그렇고 보면 구름에는 3가지 대립이 들어 있음을 알 수 있다.

D - D' 사이의 명시적 대립

D - C 사이의 묵시적 대립

D' - B 사이의 묵시적 대립

D-D' 사이의 대립은 갈등 상황에서 직접적으로 충돌하는 주장의 대립이라 명시적으로 드러난다. 또한 갈등 당사자에게는 이러한 명시적 대립 외에 D-C 사이와 D'-B 사이에도 대립이 존재함을 알 수 있다. 조금 더 구체적으로 말하면 갈등의 당사자들은 D를 받아들이면 C는 포기해야하고, D'을 받아들이면 B를 포기해야한다고 인지하고 있다. 구름에서의 3가지 대립 개념은 갈등을 이해하는 단계뿐만 아니라 갈등을 해결할 때에도 활용될 것이다. 이에 대해서는 추후 설명한다.

필요조건의 논리

구름의 화살을 읽을 때 'X이기 위해서는 Y해야만 한다.'라고 했다. 이렇게 X 상태를 만족하기 위해서는 Y 상태가 꼭 필요하다는 의미이다. 또는 Y 없이는 X를 만족하기 어렵다는 것이다. 다시 말해 Y는 X가 있기 위한 필요조건이라고 할 수 있다.

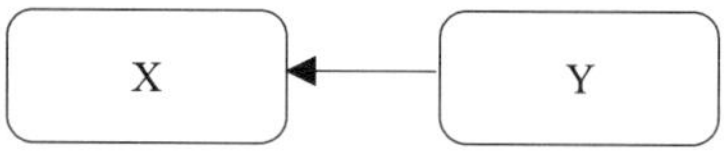

이러한 논리를 필요조건의 논리라고 한다.

TOCfE에서 사용하는 또 다른 논리는 충분조건의 논리인데, 이는 가지(Branch)에서 사용된다.

구름의 특성 - 감정을 자극하지 않고 갈등 이해하기

지금까지 구름을 이용한 갈등의 정의 과정을 통해 알 수 있듯이, 구름은 갈등 속에 있는 세부적인 내용을 간결하면서도 상대방을 감정적으로 자극하지 않는 방식으로 분석하는 데 탁월한 능력이 있다.

이것은 양쪽의 주장을 통하여 만족시키고자 하는 필요를 드러내어 확인하고 서로 인정하는 과정을 거치기 때문에 그렇다. 또한 공동목표를 확인하는 것도 양쪽이 감정을 자제하고 새로운 시각을 갖도록 하는 데 도움을 준다. 이에 못지않게 중요한 점은 생각하는 바를 문장으로 표현하여 그림으로 나타내는 과정을 통하여 양쪽이 감정에 휩싸이지 않고 문제에 집중할 수 있게 한다는 것이다.

|연습|

문제1.

영미는 체중이 많이 늘었다. 그래서 꾸준히 노력하여 날씬한 몸매를 되찾았다. 오늘도 헬스센터에서 오전 운동을 열심히 했다. 그런데 오늘따라 허기를 많이 느꼈다. 운동을 마칠 때쯤 헬스센터에서 같이 운동을 하는 친구가 간만에 맛있는 피자 한판을 들고 와서 같이 먹자고 권하였다. 피자를 보니 군침이 돌았다. 배가 고파서 얼른 한쪽을 들고 싶은 생각이 들었다. 한편으로는 피자를 먹으면 지금까지 노력해 가꾼 몸매를 망치지 않게 될까 걱정도 들었다. 잠시 고민이 된다.

영미의 갈등을 구름으로 정리하여 보자.
누구와 누구 사이의 갈등인가?
양쪽 각각의 요망사항은 어떠한가?
각 요망사항은 어떤 필요를 만족하려 하는가?
공동목표는 무엇인가?

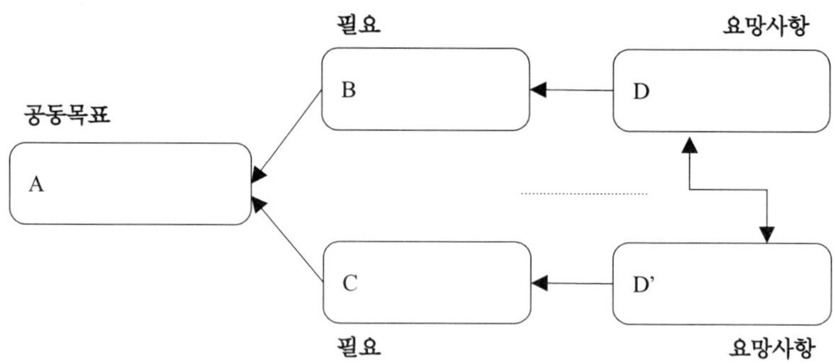

작성된 구름을 소리 내어 읽어 본다.

문제2.

그린벨트는 1971년 도시의 무질서한 확산을 방지하고, 도시주변의 자연환경을 보전하여 도시민의 생활환경을 쾌적하고 자연환경을 보존하기 위하여 법으로 지정한 것이다. 그린벨트 내에서는 건축물의 신축·증축, 용도변경, 토지의 형질변경 및 토지분할 등의 행위를 제한하고 있다. 따라서 그린벨트 내 토지 소유주의 재산권을 행사하는 데 어려움이 있었다. 그린벨트 내 토지 소유주들은 그린벨트가 해제되어 자신들의 재산권 행사를 자유롭게 할 수 있게 되기를 원한다. 반면에 많은 환경단체들은 그린벨트가 해제될 때 그린벨트 지정을 통해 얻을 수 있는 자원환경의 보전에 많은 문제가 있을 것이라고 보아 그린벨트 해제에 반대하는 입장을 갖고 있다.

그린벨트 해제 문제와 관련된 갈등을 구름으로 정리하여 보자.
누구와 누구 사이의 갈등인가?
양쪽 각각의 요망사항은 어떠한가?
각 요망사항은 어떤 필요를 만족하려 하는가?
공동목표는 무엇인가?

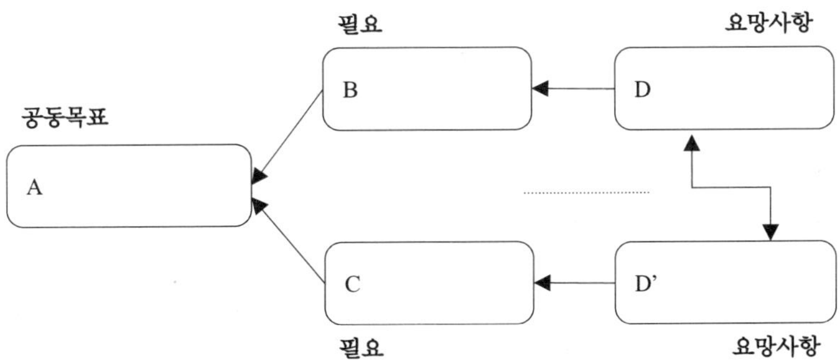

작성된 구름을 소리 내어 읽어 본다.

문제3.

나는 초등학생인데, 컴퓨터 게임이 너무 재미있다. 학교에서 집에 오면 나는 항상 컴퓨터 게임을 한다. 그런데 엄마는 학교 숙제부터 먼저 하라고 성화를 내신다.

구름으로 정리하여 보자.
누구와 누구 사이의 갈등인가?
양쪽 각각의 요망사항은 어떠한가?
각 요망사항은 어떤 필요를 만족하려 하는가?
공동목표는 무엇인가?

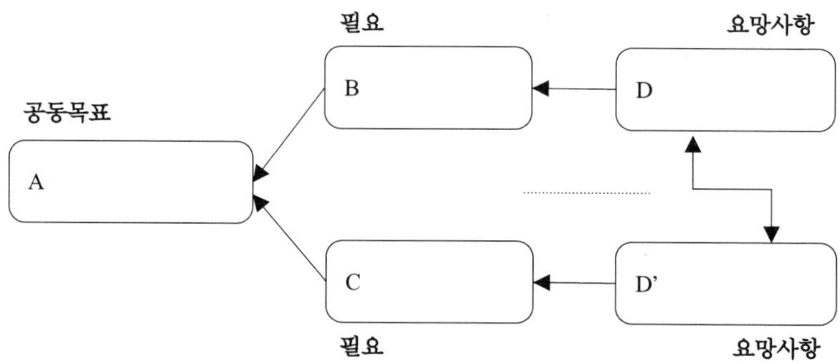

작성된 구름을 소리 내어 읽어 본다.

문제4.

중학생 상준이와 아빠는 상준이 머리 길이 문제로 갈등을 겪고 있다. 상준이는 개성 있게 보이려고 두발을 자유롭게 기르고 싶은데, 아빠는 모범적인 학생의 자세를 갖기 위해서는 중학생 머리는 단정해야 한다고 하신다.

구름으로 정리하여 보자.

누구와 누구 사이의 갈등인가?
양쪽 각각의 요망사항은 어떠한가?
각 요망사항은 어떤 필요를 만족하려 하는가?
공동목표는 무엇인가?

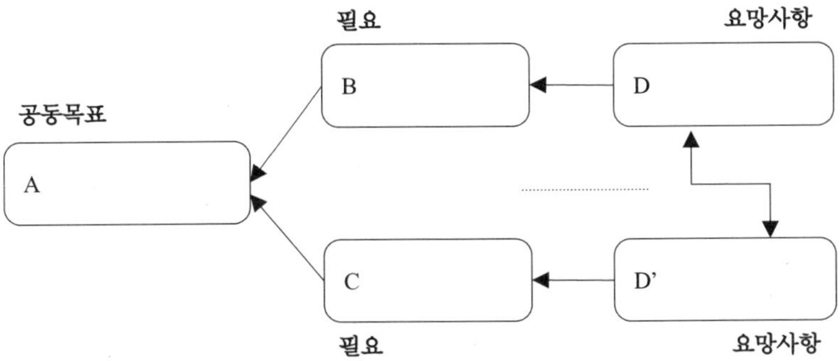

작성된 구름을 소리 내어 읽어 본다.

문제5.

사형은 인간으로부터 생명을 빼앗는 가장 무거운 형벌인 까닭에 문명화된 사회에서 형벌의 본질과 기능 등을 논거로 그 존폐에 관하여 폐지론자와 존치론자 사이에 격렬한 논쟁이 있어왔고 그 논쟁은 끝이 나질 않고 있다. 사형제도의 폐지론자는 사형은 개인의 인권을 침해하기 때문에 폐지되어야 한다고 하며, 존치론자는 사형제도가 있으므로 범죄 예방을 할 수 있다고 한다.

구름으로 정리하여 보자.
누구와 누구 사이의 갈등인가?
양쪽 각각의 요망사항은 어떠한가?
각 요망사항은 어떤 필요를 만족하려 하는가?
공동목표는 무엇인가?

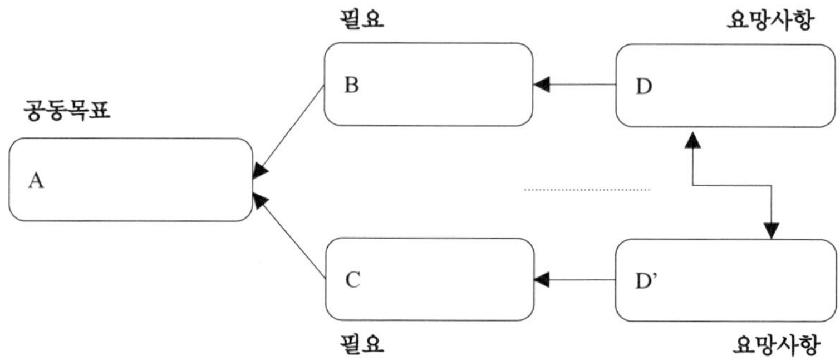

작성된 구름을 소리 내어 읽어 본다.

문제6.

홍길동은 A기업의 구매부서에 근무하고 있다. 시설 부분의 품목들의 주문을 담당하고 있다. 각 부서에서 필요로 하는 컴퓨터 구매 결정을 하는데, 구매처로부터 가격할인을 받기 위해서는 발주량이 많아야 한다. 그래서 각 부서에서 필요로 할 때마다 발주를 하는 것이 아니라 일년에 1번 몰아서 발주를 하는 정책을 시행하고 있다. 그런데 컴퓨터를 필요로 하는 부서들은 자기 부서가 필요로 하는 컴퓨터가 구매되는 시점이 늦어져 업무 추진에 지장을 받는다고 이 구매 정책에 대해 문제를 제기하고 있다.

구름으로 정리하여 보자.
누구와 누구 사이의 갈등인가?
양쪽 각각의 요망사항은 어떠한가?
각 요망사항은 어떤 필요를 만족하려 하는가?
공동목표는 무엇인가?

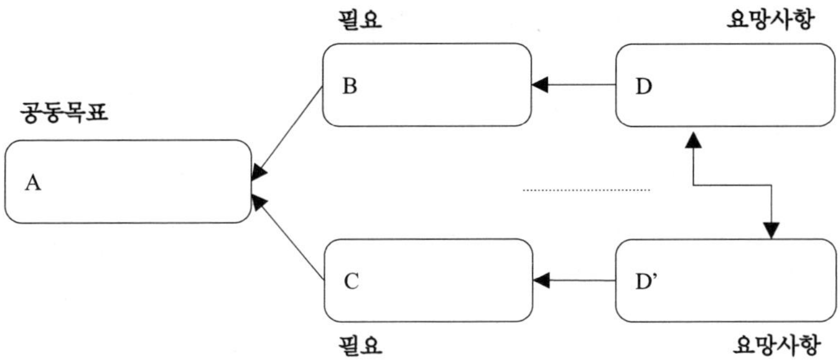

작성된 구름을 소리 내어 읽어 본다.

3. 구름을 이용하여 갈등 해결하기

1) 전통적인 갈등 해결 방법

갈등을 해결하는 보통의 방법에는 줄다리기, 강요, 회피, 포기, 타협 같은 것이 있다.

줄다리기(tug of war):
각자 자기의 요망사항을 고집스럽게 주장하고 힘으로 밀고 당긴다. 이런 경우는 양측의 힘이 크게 차이 나지 않아 각자의 주장을 내려놓지 않는 경우이다. 이런 구도에서는 한편의 요망사항이 더 많이 반영되면 상대편에서는 상황을 자신에게 유리한 쪽으로 바꾸기 위해 노력을 한다. 그 결과 관계된 양측은 지속적인 화목을 누리기 어렵다.

강요(imposing):
관계된 양쪽 중 한쪽의 힘이 다른 쪽에 비해 아주 강력할 때에 힘이 있는 쪽이 자신의 요망사항을 관철하는 경우이다. 그렇게 되면 힘이 약한 상대방의 필요는 충족되지 못하게 된다.

포기(giving in):
관계된 양쪽 중 힘이 약한 쪽이 자신의 주장을 포기하고 상대방의 주장을 수용하는 경우이다. 그렇게 되면 힘이 약한 쪽의 필요는 충족되지 못하게 된다. 강요와 포기는 동전의 양면과 같이 일어나는 경우가 종종 있다. 양쪽의 힘이 강력한 쪽에서는 강요를 하고, 약한 쪽에서는 포기를 하게 되는 것이다.

회피(avoidance):
갈등 문제가 풀릴 수 있을 가망이 보이지 않고 갈등 문제를 표면화하여 다루면 서로 간에 미칠 불이익과 불편함으로 인해 갈등 문제가 있는 것을 거론하지 않거나 애써 회피하는 경우이다. 그런데 회피를 하게 되면 갈등이 해결되기보다는 문제 상황이 악화되어 파국으로 끝날 수도 있다.

타협(compromise):

각자 주장하는 것에서 얼마를 양보하기로 합의한다.

줄다리기 강요 포기 회피 타협

갈등이 해결된다는 것은 양쪽의 필요가 충분히 만족된다는 것을 의미한다. 그런데 위의 어떤 방법을 택하든 간에 최소한 어느 한쪽이 만족스럽지 못한 결과를 얻게 된다. 줄다리기, 강요, 포기, 회피를 할 경우 양쪽의 필요가 충분히 만족되지 못하여 갈등의 상처가 양측의 관계를 지배하고 갈등은 풀리지 않은 상태로 남게 된다. 타협의 경우는 어떠할까?

타협은 좋은 해결 방식인가?

흔히 타협이 갈등 해결의 좋은 해결 방식이라고 알려져 있다. 예를 들어 사회과 교육은 '민주 시민의 양성'이라는 목표를 위해 그 중 '관용과 타협의 정신'을 강조하고 있다. 그런데 타협은 각자의 주장에서 얼마씩을 양보하는 것을 전제한다. 만약 각자의 주장에서 얼마씩을 양보하더라도, 각자의 필요가 충분히 만족된다고 한다면 갈등은 풀린다고 할 수 있다. 그러나 많은 경우 타협을 하면 각자의 필요가 만족되는 수준이 충분하지 않거나 전혀 만족스럽지 않은 상황이 발생할 수도 있다.

앞의 예에서 아빠의 요망사항은 딸이 10시 전에 귀가하는 것이고 딸의 요망사항은 12시까지 파티에 참여하는 것이었다. 이 경우 딸이 11시까지 귀가하는 것이 타협안의 하나라고 할 수 있다. 과연 이 타협안은 두 사람의 필요를 만족시킬 수 있는 것인가?

만약 딸이 11시까지 귀가한다면, 12시 이후에 귀가하는 것보다 덜 위험할 수 있겠으나 아빠의 입장에서는 여전히 불안할 것이다. 왜냐하면 11시에도 대중교통이 없을 터이니 말이다. 또한 딸이 11시까지 귀가한다면 딸의 입장에서도 파티가 끝나기 전에 나와야 하므로 자신이 친구들에게 충분히 인정받을 것 같지 않아 만족스럽지 않을 것이다. 다시 말해 딸이 11시까지 귀가하는 안은 그 어느 쪽의 필요도 충분히 만족시키지 못한다는 것을 알 수 있다. 이때의 타협안은 양쪽의 필요를 충분히 만족시키지 못하는 lose-lose 방안이다.

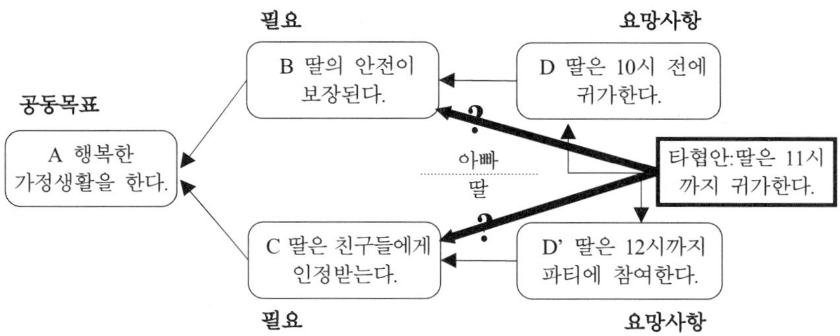

갈등 상황에서 타협안이 양쪽의 필요를 충분히 만족시키는 경우는 그 타협안은 해결책이 될 수 있겠으나 그렇지 못한 경우는 해결책이 되지 못한다.

그러면 양쪽이 모두 만족할 수 있는 win-win 해결책은 어떻게 찾을 수 있을까? 그것의 기본 출발점은 어떤 필요를 만족시키기 위한 요망사항이 지금의 구름에 나타나 있는 것과 다른 것이 있을 수 있지 않을까 하는 기대에 있다. 예를 들어 아빠는 "딸의 안전이 보장되기" 위해서는 "딸은 10시 전에 귀가해야만 한다"고 주장을 하고 있는데 딸이 파티에 12시까지 참석하면서도 딸의 안전이 보장될 수 있는 다른 길이 있다면 아빠는 "딸은 10시 전에 귀가해야만 한다"라는 주장을 내려놓을 수 있을 것이다.

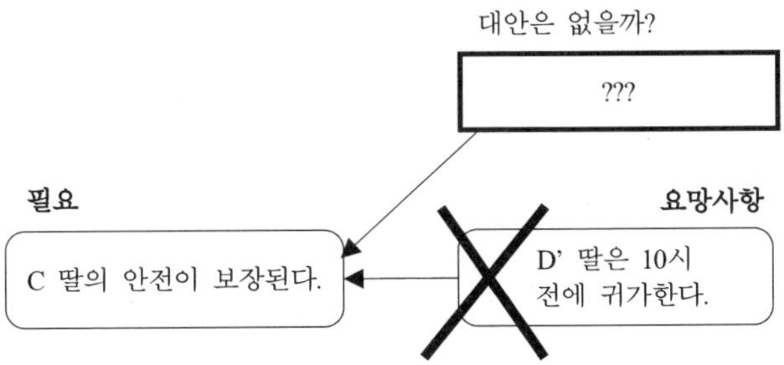

그러면 기존의 요망사항 대신에 필요를 만족시킬 수 있는 대안을 어떻게 체계적으로 찾을 수 있을까?

2) 가정 노출하기

갈등을 해소하기 위해 기존의 요망사항 대신에 필요를 만족시킬 수 있는 대안을 찾는 방법에 대해여 알아보자.

가정(assumption)

그 출발점은 모든 논리의 이면에는 가정(전제, 근거)이 있다는 것이다. 구름에서는 논리 관계가 다섯 개의 화살표로 표현된다. 그런데 각 화살표로 표현되는 논리에는 무엇인가 가정을 하고 있다. 두 상자 사이를 화살표로 그은 것은 그 사이에 어떠한 연관이 있다고 생각되기 때문이다. 이때 두 상자를 화살표로 연결하는 근거를 가정(전제, 근거)라고 한다.

예를 들어 '딸의 안전이 보장된다.'는 상자와 '딸은 10시 전에 귀가한다.'는 상자가 화살로 연결되어 있는데 '딸의 안전이 보장되기' 위해서 왜 '딸은 10시 전에 귀가해야만 하는지?' 그 주장의 근거가 가정에 해당한다.

필요를 만족시킬 수 있는 대안을 찾기 위해서 우리는 가정들을 말로 표현하여 드러낸 후에 이를 검토한다. 이러한 가정 중 어떤 것은 부족한 지식, 잘못된 고정관념, 타성, 전통에 근거한 것이 있을 수 있다. 이러한 것을 찾아 더 이상 의미가 없게 만들 수 있는 아이디어나 방안을 찾아낼 수 있다면, 이것은 갈등을 해결할 수 있는 (종종 획기적인) 출발점이 되는 것이다.

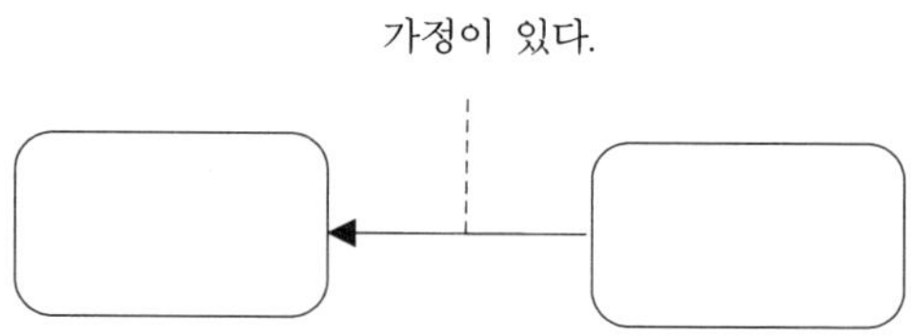

다섯 개의 화살표 각각에는 가정이 있는데, 여기에서는 필요-요망사항 사이의 화살표만을 다루기로 한다. (때로는 A-B, A-C, 또는 D-D'사이의 화살표를 다루어야 할 때도 있다. 그런데 이것은 기초편의 수준을 넘어선다. 대부분의 경우 B-D 또는 C-D' 화살을 다루는 것으로 충분하다.) 요망사항과 필요 사이를 화살표로 연결한 이유를 알아보도록 하자. 우리는 이미 구름을 정의하는 단계에서 B-D 사이의 화살표, C-D' 사이의 화살표를 읽는 방법에 대하여 알아보았다. 바로, "B하기 위해서 D해야만 한다."와 "C하기 위해서 D'해야만 한다."는 것이었다. 그런데 그 근거는 어디에 있는 것일까? 그 근거를 가정이라고 한다.

그러면 이러한 가정을 어떻게 찾을 수 있을까?

가정을 찾기 위한 질문법

B-D 사이의 가정은 B를 이루기 위해서 D를 해야만 하는 근거를 말한다. 한편 D와 D'이 대립되는 상황에서 굳이 D를 주장하는 이유는 D대신에 D'을 받아들인다면 B를 이루기 어렵기 때문이다.

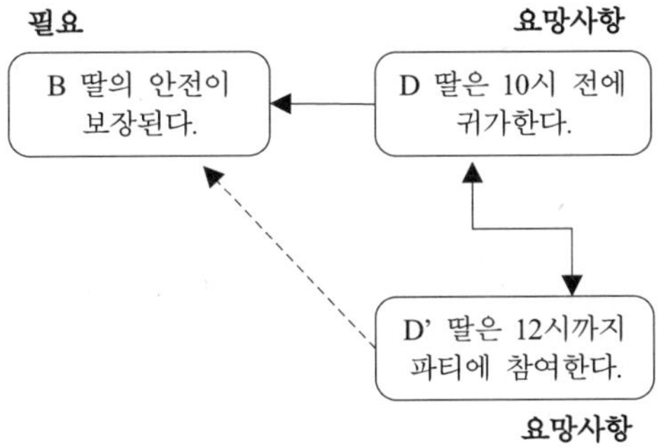

따라서 B-D 사이의 가정을 위해서는 다음과 같이 물어보아 답을 구해본다.

B이기 위해서는 D를 해야만 한다는데, 왜 그렇지?

D'을 하면 B를 하기 어렵다고 하는데, 왜 그렇지?

이 두 질문에 대한 답의 공통부분이 B-D 사이의 가정에 해당한다.

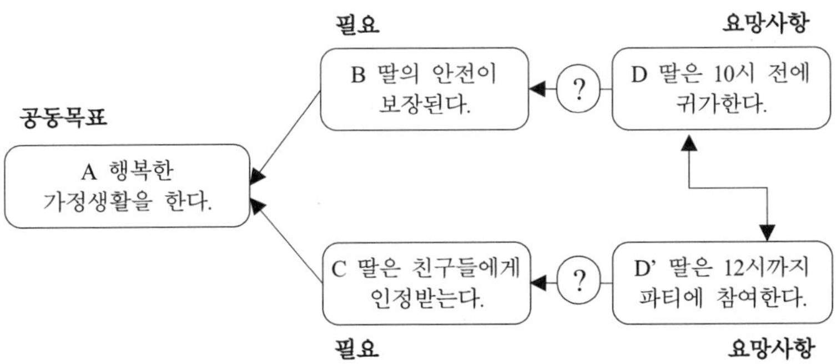

위의 예에서 아빠의 입장은 "딸의 안전이 보장되기 위해서는 딸은 10시 전에 귀가해야만 한다."는 것이었는데, 이때의 가정을 찾아보기 위해 다음을 물어본다.

"딸의 안전이 보장되기 위해서는 딸이 10시전에 귀가해야만 한다는데, 왜 그렇지?"

"딸이 12시까지 파티에 참여하면 딸의 안전이 보장되기 어렵다는데, 왜 그렇지?"

위의 질문에 대한 답으로 왜냐하면 … 때문이다 라고 할 때 …에 해당하는 내용이 B-D사이의 가정이 되는 것이다.

위의 예에서는 그 답의 하나로

"왜냐하면
10시 이후에는 교통편이 없다. 그리고
밤늦게 딸이 혼자 다니는 것은 위험하기
때문이다."

가 될 것이다

이때 아빠의 입장 B-D에서의 가정은

'10시 이후에는 교통편이 없다.'와

'밤 늦게 딸이 혼자 다니는 것은 위험하다.'는 것이 된다.

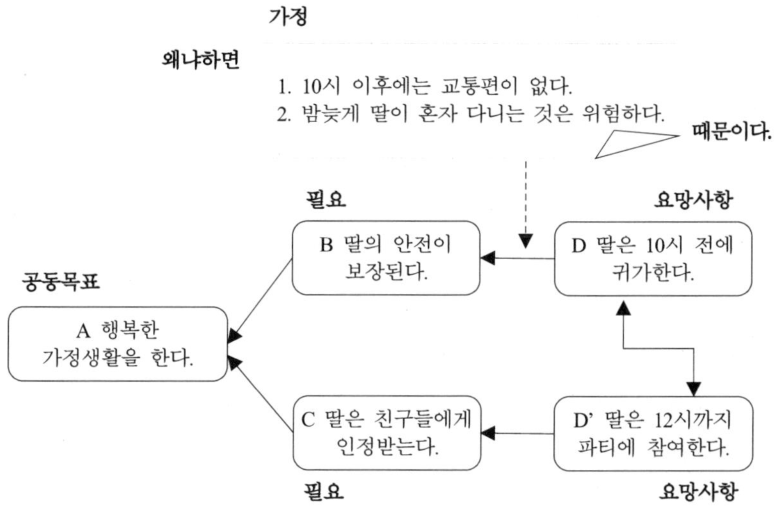

가정 검증하는 방법 – 소리 내어 읽기

가정이 제대로 찾아졌는지를 검증하기 위하여 TOCfE 생각도구에서는 또다시 실용적인 접근법을 사용한다.

B-D 사이의 가정은 "B하기 위해서는 D해야만 한다, 왜냐하면 … 때문이다."로 소리 내어 읽어 본다. 이렇게 읽을 때 어색함이 없어야 한다.

위의 예에서 B-D사이의 가정은

"딸의 안전이 보장되기 위해서는 딸은 10시 전에 귀가해야만 한다, 왜냐하면 10시 이후에는 교통편이 없고 밤늦게 딸이 혼자 다니는 것은 위험하기 때문이다."

라고 읽어본다. 귀에 거슬림이 없지 않은가? 그러면 B-D 사이의 가정은 제대로 찾아졌다고 볼 수 있다.

지금까지는 B-D사이의 가정 노출에 대해 설명했는데 C-D' 사이의 가정 노출도 마찬가지 방식으로 진행하면 된다.

그러면 이렇게 노출된 가정들을 갖고 어떻게 갈등의 해결방안을 찾을 수 있을까?

3) 가정 무효화하기

우리가 노출한 가정은 다음 세 가지 경우 중 하나에 해당할 것이다:

- 항상 맞는 경우
- 착각이나 부정확한 정보에 기초하여 오류가 있는 경우
- 현재의 상황에서는 맞다고 볼 수 있으나 상황을 변화시켜서 무효화 할 수 있는 경우

가정이 항상 맞는 경우가 아니라면, 우리는 가정이 더 이상 유효하지 않도록 만들 수 있는 대안을 찾을 수 있을 것이다. 만약 그러한 대안을 찾는다면, 필요를 만족시키기 위하여 더 이상 기존의 요망사항을 주장하지 않아도 될 것이다. 결국 그러한 대안은 갈등 해소 방안의 후보가 될 수 있는 것이다.

어떻게 앞에서 노출된 가정 중 하나 이상을 유효하지 않게 만들 수 있을까? 다음과 같은 질문을 던져 보면 도움이 된다.

가정을 무효화할 때 던지는 세 가지 질문:

- **실제 그런가?**

  '가정 속의 내용은 그 자체로 맞는 것인가?'를 물어본다. 만약 그 답이 그렇지 않다면 그 가정은 무력화되는 것이다. 사람들은 고정관념에 사로잡혀 있거나 잘못된 지식을 인용하여 잘못된 근거를 갖고 주장을 할 때가 있다. 그 근거가 잘못된 것임을 밝히면 주장을 내려놓을 수 있을 것이다.

  예를 들어 '밤늦게 딸이 혼자 다니는 것은 위험하다.'는 가정을

살펴보자. 실제 '밤늦게 딸이 혼자 다니는 것은 위험한가?'를 확인하여 그렇지 않다면 이 가정은 무력화되고 아빠는 '딸이 10시까지 귀가해야만 한다.'는 주장을 거두어들일 수 있을 것이다.

· 항상 그런가?

'이것은 항상 그래야 하나?', '어떤 때, 어떤 경우나 조건에는 안 그래도 되나?'를 물어본다. 만약 안 그래도 되는 경우나 조건이 찾아지면 그것을 기초로 대안을 만들어 낼 수도 있다.

예를 들어 '밤늦게 딸이 혼자 다니는 것은 위험하다.'는 가정에서 어떤 요일에는 늦은 밤에도 치안이 괜찮은 경우가 있는지 확인하여 만약 그런 경우가 있다면 역시 아빠가 주장을 내려놓을 수도 있을 수 있다.

· 그것은 또 왜 그러한가? (가정의 계층화)

'그것은 또 왜 그렇지?'를 물어본다. 가정이 근거하고 있는 또 다른 이유를 찾아 이를 무력화할 수 있는 길은 없는지 알아본다. 어느 가정 밑에 깔린 가정을 찾는 것을 가정의 계층화라고 한다. 밑에 깔린 가정을 무효화함으로써 위의 가정을 무효화하는 방법은 상당히 강력하다. 마치 탑에서 밑의 돌을 빼내어 위의 돌들 전체를 무너뜨리는 것과 유사하다.
앞의 예제에 가정의 계층화 방법을 적용하여 보자.

첫 번째 가정인 "10시 이후에는 교통편이 없다."는 가정에서 말하는 교통편은 대중 교통편만을 전제하고 있다. 즉 "대중 교통편만이 교통편이다."를 전제하고 있다는 것이다. 여기에서 하나의 가정은 또 다른 근거를 전제하고 있다는 것을 알 수 있다. 앞의 것을 1단계 가정, 뒤의 것을 2단계 가정이라고 부르자.

"10시 이후에는 교통편이 없다." --- 1단계 가정
"대중 교통편만이 교통편이다." --- 2단계 가정
"10시 이후에는 대중 교통편이 없다." --- 2단계 가정

위의 가정사이의 관계를 조금 더 명확하게 그림으로 나타내면 다음과 같다.

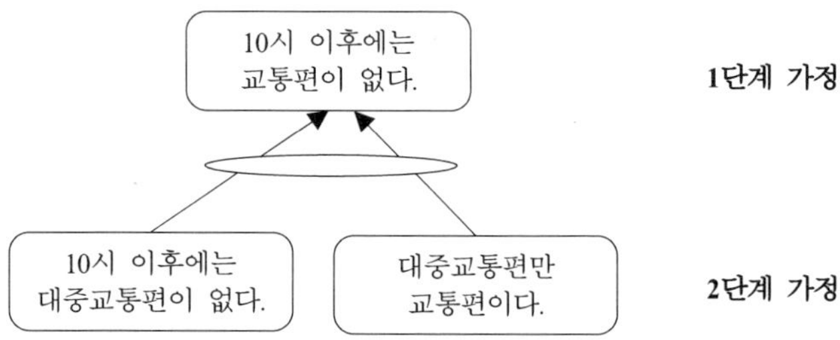

우리가 2단계 가정을 무력화할 수 있다면 1단계를 무력화할 수 있게 된다. (종종 2단계 가정을 노출시키지 않고서도 1단계 가정을 바로 무력화할 수 있는 경우도 있다. 또한, 2단계 가정을 직접 무력화하는 아이디어가 잘 보이지 않으면 3단계 가정을 노출시켜서 이 3단계 가정을 무력화하는 것도 생각해 볼 수 있다. 그런데 현실적 문제는 1단계 또는 2단계까지의 가정을 노출시키는 것만으로 충분한 경우가 많다.)

위의 예에서 보면, 대중 교통편만 교통편이라고 할 수 있는가? 아빠가 자가용으로 태우러 가는 것은 교통편이라고 할 수 없을까? 아빠의 자가용도 교통편이라는 사실에 의해 2단계 가정이 무력화되고 연이어 1단계 가정이 무력화될 수 있다. 왜냐하면, 1단계 가정은 2단계 가정을 전제하고 있기 때문이다. 아빠의 자가용도 교통편이라는 사실은 2단계 가정을 무력화하는 것이니 이 사실에 근거하여 1단계 가정을

무력화할 수 있는 방안을 제시할 수 있다. 그러한 방안의 하나가 "아빠가 딸을 태우러 간다."이다. "아빠가 딸을 태우러 간다."는 방안은 "딸은 10시 전에 귀가하여야만 한다."는 아빠의 주장을 내려놓으면서도 아빠의 필요를 만족시킬 수 있는 대안이 되는 것이다.

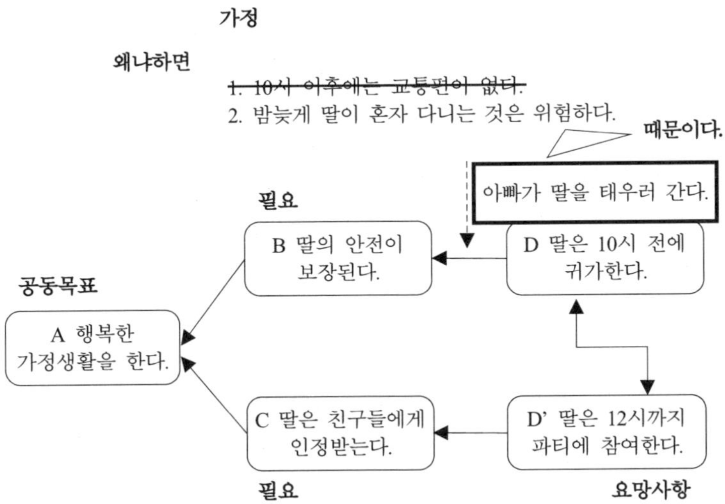

"아빠가 딸을 태우러 간다." 대안을 원래의 주장인 "딸은 10시 전에 귀가한다."를 대체하여 표시하면 다음과 같다.

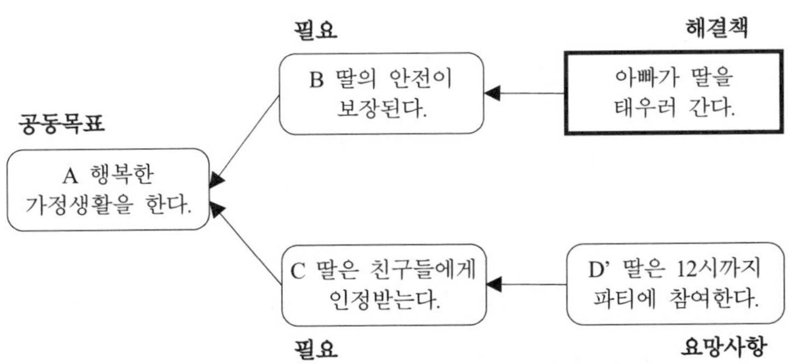

해결책은 쉽게 찾아지지 않을 수 있다.

갈등 상황의 해결책은 쉽게 찾아지지 않을 수 있다. 쉽게 찾아진다면 갈등 상황에 놓이지도 않았을 것이다. 가정의 반대되는 상태를 해결책으로 제시하는 것은 보통 통하지 않는다. 왜냐하면, 가정의 반대되는 상태로 만드는 과정에 또 다른 대립이 생길 수 있기 때문이다.

해결책이 쉽게 찾아졌다면, "왜 이렇게 쉬운 해결책이 이전에는 적용되지 못했을까?"라고 다시 생각해 볼 필요가 있다. 그 해결책이 어떤 고정관념이 무력화하는 것이 아니라면, 착각 속에서 엉터리 해결책을 찾은 것일 수도 있기 때문이다.

앞에서 소개한 방법에 따라 얻은 해결책이 과연 갈등의 해결책인지 어떻게 알 수 있을까? 우리에게는 해결책을 검증할 수 있는 방법이 필요하다. 이에 대해 알아보자.

해결책 검증 방법

TOCfE 생각도구에서는 새로운 아이디어나 해결방안을 주입(Injection)이라고 부르기도 한다. 여기에서는 그냥 해결책이라고 부르고 또한 기호는 I를 사용하기로 한다.

해결책 I가 B-D 가정을 무력화하는 것일 때 과연 해결책 I가 과연 갈등을 해소하는지 점검해 보는 것이 필요하다. 해결책 I가 갈등을 해소한다고 할 때 그 의미는 무엇일까? 그것은 갈등 상황에서 D'을 하면 B를 만족시킬 수 없었는데, 해결책 I를 들여오게 되면 B를 만족시킬 수 있게 되어 갈등이 풀리게 된다는 의미이다. 따라서 해결책 I가 과연 갈등 해결책이 되는지 점검하는 과정은 다음과 같다:

1. I와 D’는 양립 가능한가?

2. I를 시행하면 D’를 하더라도 B하기에 별 어려움이 없는가?

를 체크하여 두 가지 질문 모두에 대하여 ‘예’라는 대답을 얻을 수 있어야 갈등이 해소되었다고 볼 수 있다.

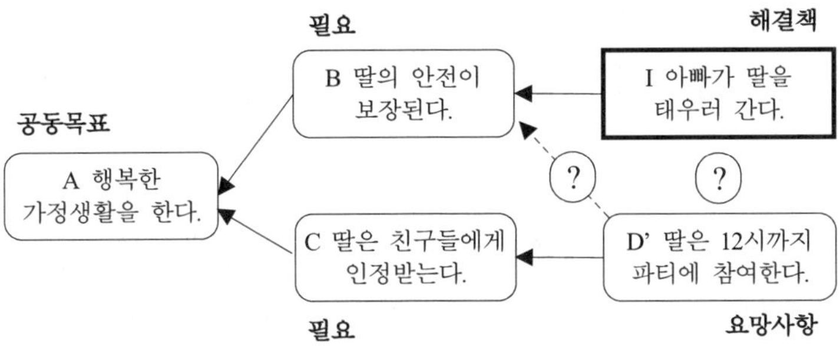

이 예에서 “아빠가 딸을 태우러 간다.”와 “딸은 12시까지 파티에 참여한다.”는 양립가능하고, 또한 “아빠가 딸을 태우러 간다.”면 “딸이 12시까지 파티에 참여한다.”고 하더라도 “딸의 안전이 보장되기”에 별 어려움이 없다고 볼 수 있다. 따라서 “아빠가 딸을 태우러 간다.”는 것은 해결책이 될 수 있다.

(만약 C-D’ 화살표의 가정을 무력화하는 해결책 I에 대하여 점검할 경우의 점검과정도 마찬가지이다.

1. I와 D는 양립 가능한가?

2. I를 시행하면 D를 하더라도 C하기에 별 어려움이 없는가?

를 체크하여 위 두 질문 모두에 대하여 ‘예’라는 대답을 얻을 수 있어야 갈등이 해소되었다고 볼 수 있다.)

그리고 이렇게 점검을 한 후에 갈등이 해소되었다고 보이면 갈등에 관계된 사람들에게 이를 설명을 해주는 과정을 갖는 것도 중요하다. 왜냐하면, 그렇게 하면 관계자들이 해결책이 어떻게 해서 갈등을 해소하는지 그 근거를 이해하고 공감할 수 있게 되기 때문이다.

앞에서 우리는 B-D 사이의 가정 중 한 가지에 대해서만 이를 무력화할 수 있는 해결책을 찾아보았다. 마찬가지로 B-D 사이의 다른 가정에 대해서도 해결책을 찾아 볼 수 있다.

또한 C-D' 사이의 가정을 무력화하는 해결책을 찾아볼 수도 있을 것이다.

마지막으로 앞에서 소개한 아빠와 딸의 갈등 문제에서 해결책으로 "아빠가 딸을 태우러 간다."를 제시했는데, 어떤 사람들은 이 정도의 해결책을 찾기 위해 굳이 생각 도구를 사용할 필요가 있겠는가하는 의문을 품을 수도 있다. 그러나 구름 생각도구를 사용하면 여러 가지 해결책을 수월하게 찾아낼 수 있다. 이에 대해 더 알아보기로 하자.

하나의 가정을 무력화하는 해결책은 여러 가지가 있을 수 있다.

하나의 가정을 무력화하는 해결책은 여러 가지가 있을 수 있다. 하나의 가정을 무력화하는 해결책이 하나 밖에 없다는 것은 고정관념에 불과하다.

예를 들어 "10시 이후에는 교통편이 없다."라는 가정을 무력화하는 해결책은 앞에서 알아보았던 "아빠가 태우러 간다." 외에 "콜 택시를 이용한다."도 가능한 해결책의 대안이 될 수도 있다. 물론 해결책의 대안이 현실적으로 타당한지는 검증의 단계를 거쳐야 할 것이다.

많은 가정을 노출하고 무력화할 필요가 있다.

화살표에 관계된 잠재된 가정을 많이 노출시키는 것 또한 중요하다.

앞에서 보아 알 수 있듯이, 가정이 노출되어 있을 때 이 가정을 무력화할 수 있는 해결책을 찾기가 쉬워진다. 위의 예에서 B-D 사이에 두 가지의 가정만을 노출시켰었는데, 사실 따지자면 더 많은 가정이 드러나지 않았던 것이다.

예를 들자면, 딸이 10시까지 귀가해야한다는 주장은 '파티가 끝나고서는 집으로 반드시 돌아와야 한다.'는 가정을 하고 있다. 만약 이 가정이 고정관념에 잡힌 것이라면 이 가정을 무력화할 수 있는 새로운 해결책을 찾아낼 수도 있을 것이다. 그래서 '파티가 열리는 집의 주인에게 우리 딸을 하루 재워달라고 부탁한다.'는 것이 해결책이 될 경우도 있을 수 있다.

아래 표에 딸의 귀가 문제에 관련된 여러 가정과 해결책 대안의 예를 정리하였다.

가정	해결책 대안
10시 이후에는 교통편이 없다.	· 아빠가 태우러 간다. · 콜택시를 이용한다.
밤늦게 딸이 혼자 다니는 것은 위험하다.	· 사설 경호원이 딸을 보호한다. · 딸에게 호신술을 배우게 한다.
같은 동네의 친구는 파티에 참가하지 않는다.	· 같은 동네의 신뢰할 수 있는 친구를 파티에 참여할 수 있도록 한다.
파티가 끝나고는 딸은 집에 반드시 돌아와야 한다.	· 파티가 열리는 집의 주인에게 딸을 하루 재워달라고 부탁한다. · 파티장에서 가까운 호텔에서 잔다.
파티는 우리 집에서 열리지 않는다.	· 파티를 우리 집에서 연다.
???	· ???

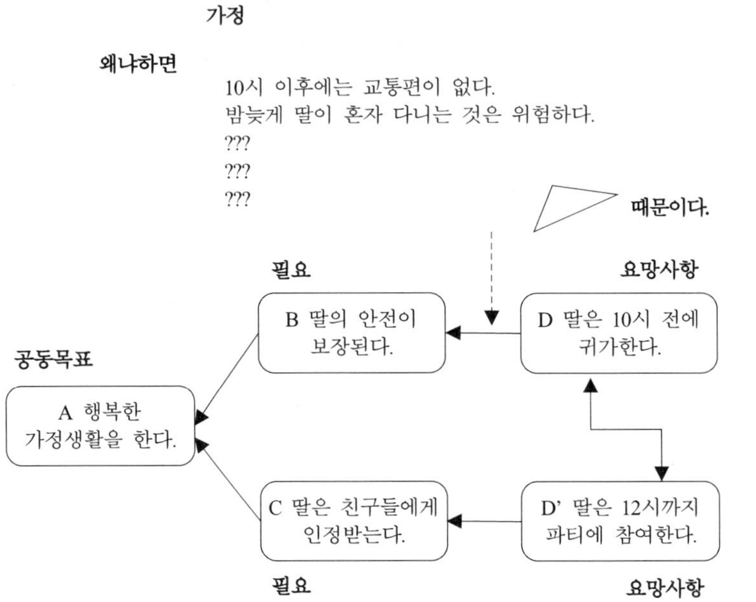

따라서 어떤 갈등 상황을 마주쳤을 때 직관이나 경험에 의하여 해결책을 떠올리는 것보다는 구름 생각도구를 활용하여 가정을 많이 노출하고 이를 무력화하는 과정을 거치는 것이 훨씬 많은 해결책을 찾을 수 있다. 직관이나 경험에 의해 얻는 해결책은 고정관념의 틀에서 벗어나지 못하는 정형화된 아이디어에 머무를 수 있기 때문이다.

해결책이 다수일 경우 어떠한 해결책을 선택하나?

구름 생각도구에서 나온 해결책은 갈등 상황에서의 대립 구조를 깨는 아이디어 수준에 머무를 때가 많다. 해결책의 대안이 여럿 나왔을 경우 어떠한 것을 택하여야 하는가는 다음을 보고 판단한다.

각 해결책이 양쪽의 필요를 어느 정도 충분하게 만족시키는지?

또한 실행하기 위해서 필요한 자원을 얼마나 들어가야 하는지?

게다가 실행했을 경우 나타날 수 있는 부작용은 어떠한지?

만약 부작용이 예상된다면 그것을 예방할 수 있는지?
이러한 점들을 종합적으로 평가하여 가장 좋은 해결책을 택한다.

4) 가정 무효화와 대안 찾기 사이의 관계

앞에서 우리는 갈등을 해소하는 해결책을 찾기 위해 가정을 노출하고 무효화하는 과정에 대하여 알아보았다.

그런데 B-D 사이에 있는 가정을 무효화하는 해결책을 찾는다는 것은 D를 포기하고 D 대신에 다른 대안 I를 찾는 것이다. 대안 I는 어떻게 찾을 수 있는가? 기존의 D-D' 대립 구조하에서는 D'을 하면 B를 만족시키기 어려웠다. 그렇다면 우리가 D대신에 찾아야 할 대안 I는 D'을 하면서도 B를 만족시킬 수 있는 대안이어야 할 것이다.

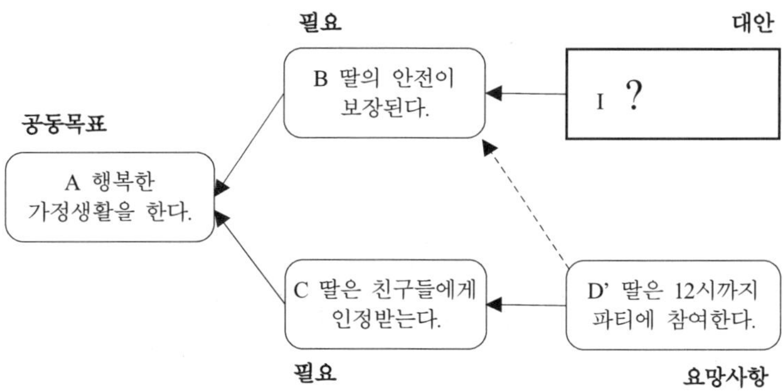

앞의 예에서는 딸이 12시까지 파티에 참여하면서도 딸의 안전이 보장될 수 있도록 하는 대안은 무엇인가에 대한 답이 대안 I에 해당할 것이다.

가정 ______________________________

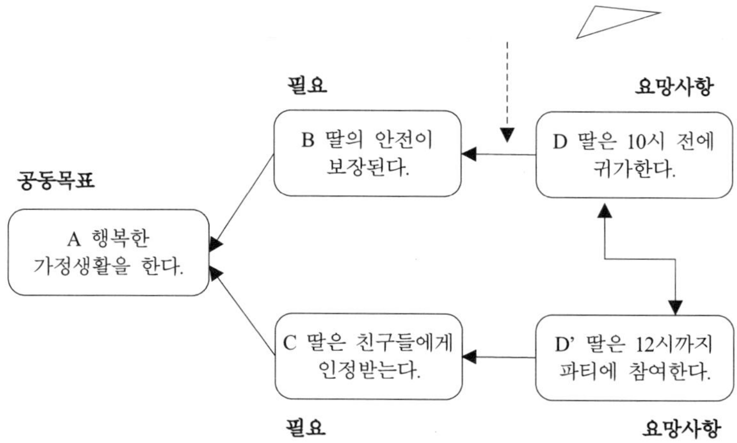
필요
요망사항
공동목표
B 딸의 안전이 보장된다.
D 딸은 10시 전에 귀가한다.
A 행복한 가정생활을 한다.
C 딸은 친구들에게 인정받는다.
D' 딸은 12시까지 파티에 참여한다.
필요
요망사항

⇔

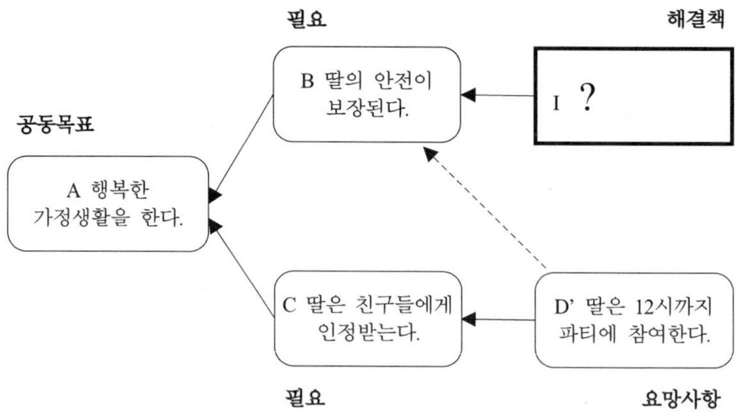
필요
해결책
B 딸의 안전이 보장된다.
I ?
공동목표
A 행복한 가정생활을 한다.
C 딸은 친구들에게 인정받는다.
D' 딸은 12시까지 파티에 참여한다.
필요
요망사항

(또한, C-D' 사이의 가정을 무효화하는 해결책을 찾는다는 것은 D를 하면서도 C를 만족시킬 수 있는 대안을 알아보는 것과 같다.)

그런데 가정을 노출하고 가정을 무효화하는 과정에 익숙해지려면 사고의 훈련을 거쳐야 한다. 어린 학생들이나 학습 능력이 떨어지는 학생들은 직접 가정을 노출시키는 과정을 통하여 해결책을 찾는 것을 어려워할 수 있다. 그런 경우 사고 훈련의 초기에는 가정을 노출시키는 과정을 생략한 채 대안을 직접 찾아보게 하는 것도 효과적인 갈등 해결 방법이다.

이때 다음과 같이 질문을 한다:

"D'를 하면서도 B를 만족시킬 수 있으려면 어떻게 해야 할까?"

예를 들어 앞의 예에서는 "딸이 12시까지 파티에 참여하면서도 딸의 안전이 보장될 수 있으려면 어떻게 해야 할까?"라고 물어보아 그 답을 구하여 보도록 한다.

갈등 해결의 사고훈련에서 위와 같은 과정은 직관적으로 쉽게 해결책을 찾을 수 있게 하는 잇점이 있다.

한편 해결책으로 나온 방안을 보고 역으로 가정을 노출해 낼 수 있다. 예를 들어 "아빠가 딸을 태우러 온다."가 해결책으로 제시되었다고 하자. 그러면 해결책대로 하면 왜 필요가 만족되는지를 알아봄으로써 가정을 노출해 낼 수 있다. 예를 들어 "아빠가 딸을 태우러 오면, 왜 딸이 12시까지 파티에 참여하면서도 딸의 안전이 보장될 수 있을까?" 또는 "아빠가 딸을 태우러 오지 않으면 왜 딸의 안전이 보장될 수 없을까?"와 같은 질문을 하여 이에 대한 답을 구하여 봄으로써 가정을 찾아낼 수 있다. 만약 "딸이 밤에 혼자 걸어오는 것은 위험하기 때문이다."라는 답을 얻었다면 우리는 가정을 찾게 된 것이다. 이러한 과정을 통하여 가정을 노출시키는 훈련을 할 수 있으며, 더 나아가 이 노출된 가정을 무력화할 수 있는 또 다른 대안을 찾아내는 훈련을 할 수 있다.

아래의 그림은 이 과정을 나타낸 것이다.

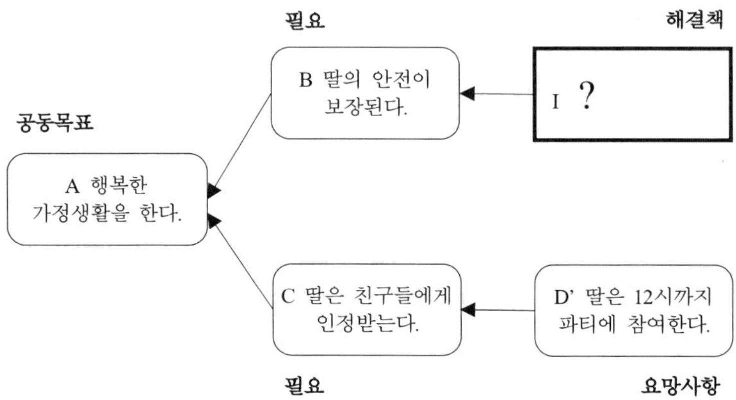

(1) D'을 하면서도 B를 만족시킬 수 있는 대안 I를 찾는다.

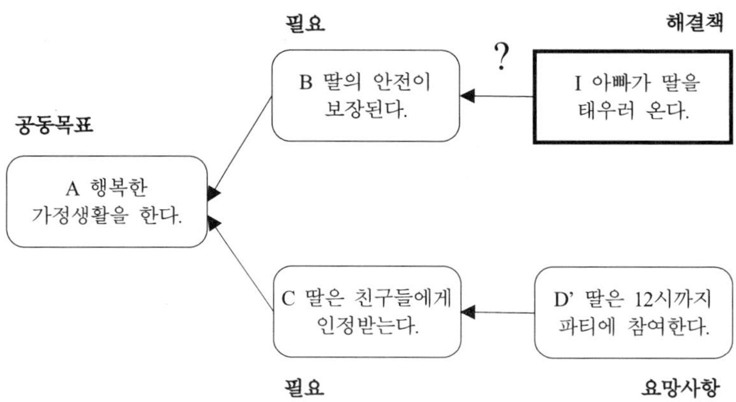

(2) I를 하지 않으면 B를 만족시킬 수 없는 이유가 있는지 알아본다.

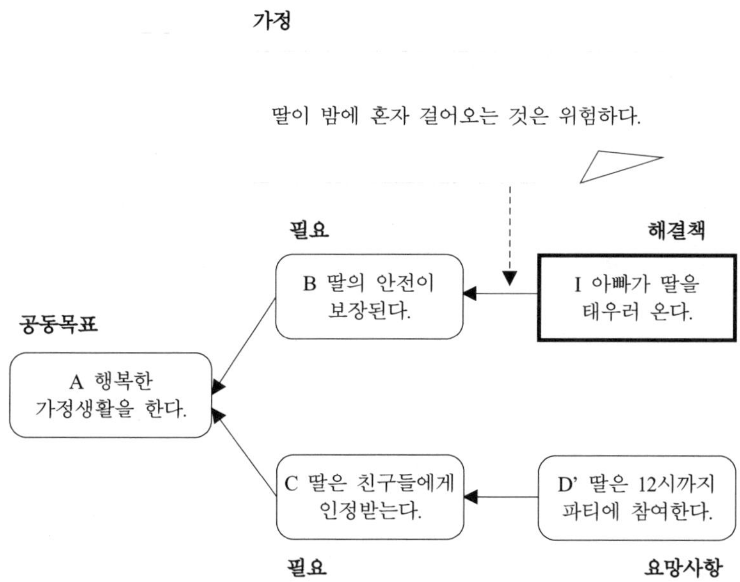

(3) 이 가정을 무력화시킬 수 있는 또 다른 대안을 찾아본다.

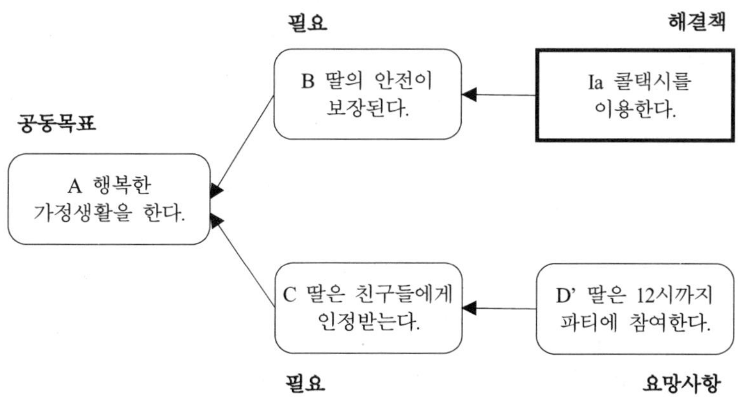

5) 구름과 Win-Win 해결책

구름을 이용한 갈등 해결 접근법은 앞에서 보아 알겠지만 충돌하는 요망사항을 주장하기보다는 양쪽의 필요를 모두 만족시킬 수 있는 길을 찾는 데에 초점을 맞추고 있다. 갈등 당사자는 자신의 필요가 충분히 만족될 수만 있다면 자신이 주장했던 원래의 요망사항은 내려놓고 다른 대안을 받아들일 수 있을 것이다. 그렇다면 우리가 찾고자 하는 해결책은 양쪽의 필요를 모두 충분히 만족시킬 수 있는 것이고 이것이 바로 win-win해결책이다.

갈등 해결에 구름을 이용하면, 문제를 공정하게 분석할 수 있고, '주장'으로부터 '필요'로 초점을 옮겨서 양쪽의 필요를 만족시킬 대안을 찾을 수 있게 된다. 이러한 과정을 통하여 갈등 당사자 양쪽이 서로를 적으로 보는 것이 아니라 문제점을 공동의 적으로 보고 함께 대응할 수 있는 자세를 갖추게 되는 것이다.

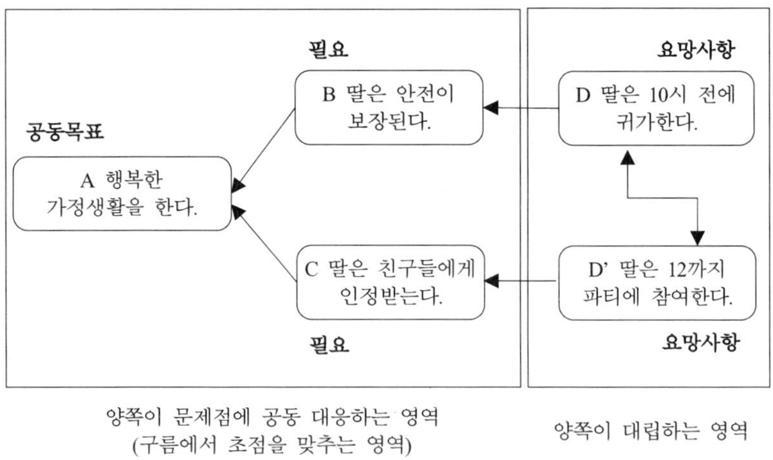

앞에서 "아빠가 딸을 태우러 온다."를 해결책의 하나로 들었다.

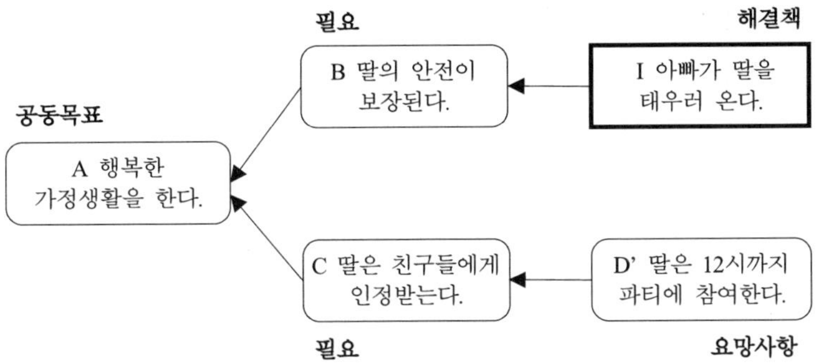

이것(I)과 D’을 하나의 문장으로 통합하면 “딸은 12시까지 파티에 참여하며 아빠가 태우러 온다.”이 된다. 이렇게 통합된 해결책을 구름 모양에 나타내면, 다이아몬드 모양으로 표현할 수 있다. 이렇게 표현하면 해결책이 양쪽의 필요를 모두 충족시키는 win-win 해결책임이 더욱 분명하게 보인다.

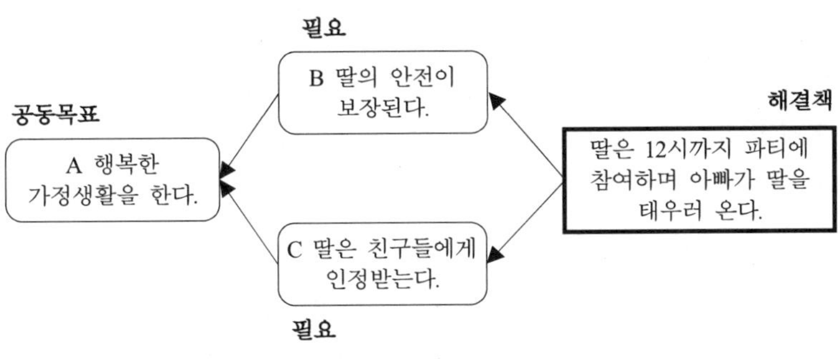

6) 구름과 논리적, 배려적, 창의적 사고와의 관계

구름은 단지 5개의 상자와 화살표만을 사용하는 아주 단순한 도구이지만 지금까지 살펴본 바에 따르면 이 도구에는 논리적 사고, 배려적 사고, 창의적 사고의 요소들이 모두 들어 있음을 알 수 있다. 구름을 활용하여 갈등을 해소하는 법을 훈련하면 논리적 사고, 배려적 사고, 창의적 사고를 키우는 데 많은 도움이 된다.

논리적 사고

구름을 작성하면 갈등 속에 있는 근본적 구조를 논리적으로 이해할 수 있게 된다. 또 감정에 치우치거나 혹은 선입견에 빠져서 갈등의 양면을 이해하지 못하는 것을 피할 수 있게 된다. 구름은 갈등 상황에서 대립하는 '주장'을 찾아내고 각 주장을 통해서 이루려는 '필요'를 드러냄으로써 주장과 근거를 바로 알아볼 수 있게 한다. 또한, 가정 노출을 통하여 주장의 근거에 대한 근거를 찾아내도록 함으로써 갈등 상황에 대한 심층적인 사고를 하도록 도와준다.

배려적 사고

또한 자기주장만을 성취하려고 반복적으로 자기주장을 되풀이하는 것이 아니라 구름에서는 상대편 주장과 필요에 대하여 이해를 하는 것을 요구한다. 더욱이 구름에서는 양측의 필요로부터 공동목표를 찾아내게 함으로써, 상대방을 굴복시키거나 비난해야 할 대상으로 보는 것이 아니라 서로 협력하여 공동목표를 달성할 수 있도록 하는 배려적 사고를 갖도록 한다. 나의 필요뿐만 아니라 상대방의 필요도 충족될 가치가 있음을 인정하고 공동의 목표 달성을 위한 win-win 해결책을 찾아내는 데 서로 협력하게끔 하는 열린 사고를 요구하고 있다.

창의적 사고

그리고 win-win 해결책을 찾아내기 위해서 구름에서는 각 화살표에 깔려있는 가정들을 노출하고 잘못된 가정을 무력화하거나 더 이상 유효하지 않게 할 방안을 찾아내도록 한다. 이러한 방안이 찾아지면 갈등은 해소되게 된다. 구름은 고정관념을 노출하고 해결방안을 찾게 함으로써 효과적으로 창의적 사고를 하도록 한다.

Win-Win 해결책을 찾지 못할 때 사람들은 보통 좌절하거나 상대방에 대해 책임을 전가하는 이른바 '손가락질'을 하게 됨으로써 결국은 서로의 관계가 파괴적으로 된다. 그런데 구름을 이용하면 win-win 해결책을 찾아서 갈등을 해소함으로써 상대방을 더욱 배려하고 상호 조화로운 관계를 회복할 수 있게 된다.

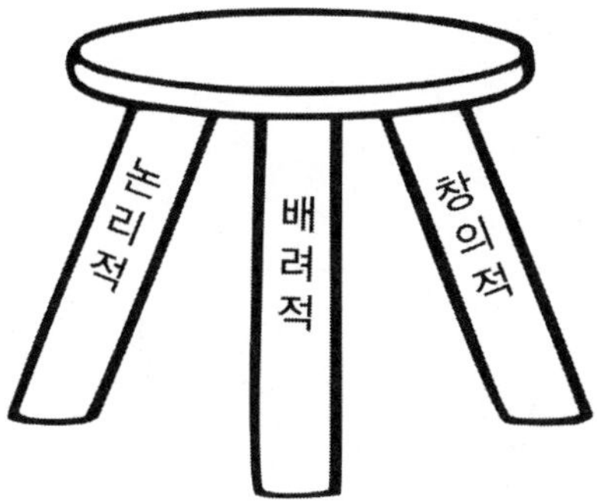

|연습|

문제1.

2.2절 연습(38쪽부터)에 있는 갈등 구름 각각에 대해 다음을 하여 보자.

B-D 사이의 가정을 찾아보자.

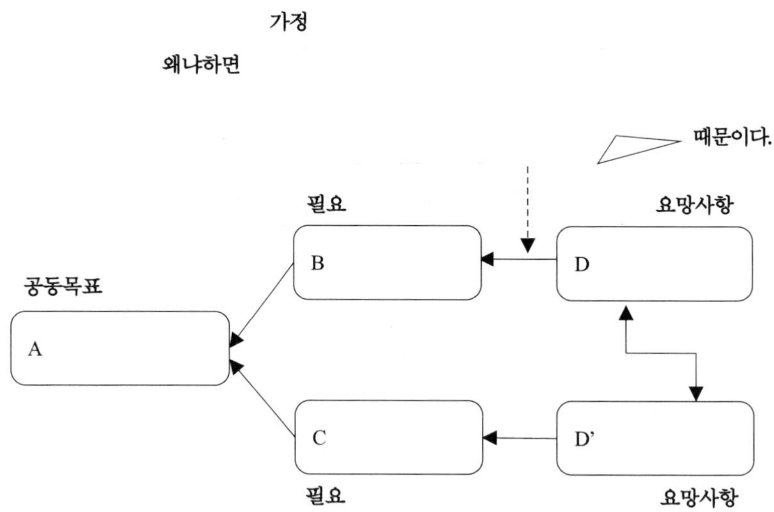

B-D 사이의 가정을 포함하여 구름을 소리 내어 읽어보자.

B-D 사이의 가정을 무력화할 방안을 찾아보라.

그리고 다음을 점검하여 보라.

이 방안은 어떠한 가정을 무력화하는 것인가?

이 방안은 D'과 대립되지 않는가?

이 방안을 시행하면 D'을 하더라도 B가 만족되는 데 문제가 없는가?

이번에는 C-D’ 사이의 가정을 찾아본다.

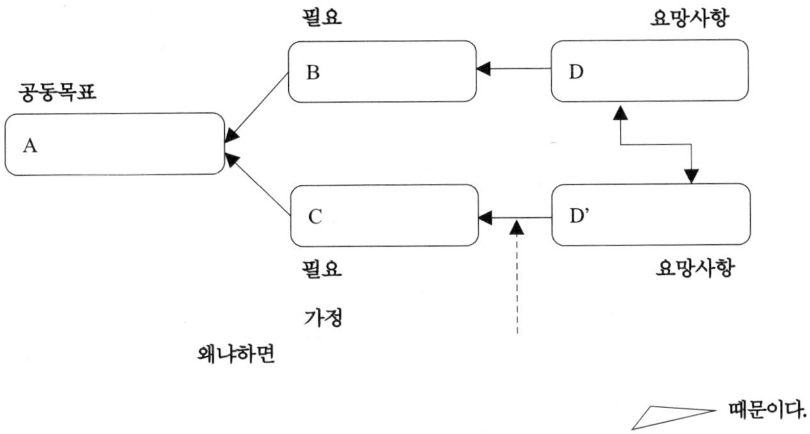

C-D’ 사이의 가정을 포함하여 구름을 소리 내어 읽어보라.

C-D’ 사이의 가정을 무력화할 방안을 찾아보라.
그리고 다음을 점검한다.
이 방안은 어떠한 가정을 무력화하는 것인가?
이 방안은 D와 대립되지 않는가?
이 방안을 시행하면 D를 하더라도 C가 만족되는 데 문제가 없는가?

문제2.
문제1에서 B-D 가정 노출을 하지 않고 해결책을 찾아보도록 하자.

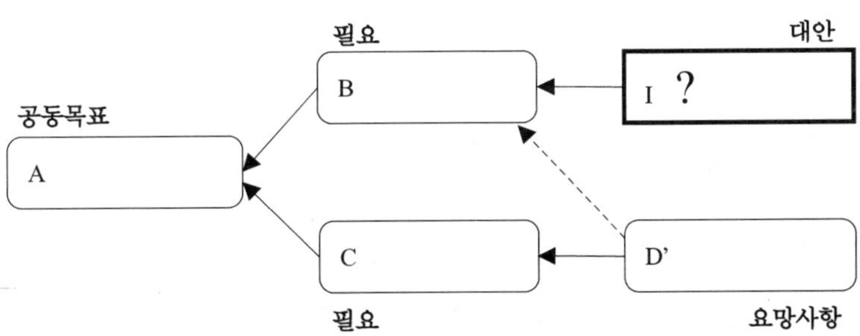

4. 구름 사용 시 유의 사항[5)]

1) 구름의 상자 안 문장 작성 시 유의사항

구름의 상자 안에 문장을 적을 때에 다음과 같은 규칙을 지키는 것이 좋다.

· 문장은 뜻이 명확하게 전달될 수 있도록 표현한다.

· 문장은 현재형으로 쓴다.
갈등의 논리적 관계를 분명하게 이해하는 데에는 문장이 현재형으로 표현되는 것이 더 낫다.

· 가급적이면 동사가 들어가도록 한다.
동사를 사용하면 문장이 명확해지기 때문이다.
단, 뜻이 분명하게 전달될 수 있으면 문장이 명사로 끝나도 된다.

안전	(X)
딸의 안전이 보장된다.	(O)

· 가급적이면 주어가 들어가도록 한다.
주어를 사용하면 문장이 명확해지기 때문이다.

---

5) 구름 작성을 올바로 하는 것에 관심이 있으면 이 절을 숙지하는 것이 좋습니다. 그런데 구름을 처음 접하거나 구름 활용에 대해 먼저 알아보려면 3장으로 건너뛰는 것을 권합니다.

· "··· 하기 때문에 ···한다."라는 표현은 피한다. 이 경우는 뒷부분 만 적는다. ··· 하기 때문에 부분은 가정에 해당한다.

밤에 다니는 것은 위험하기 때문에 딸은 10시 전에 귀가한다.	(X)
딸은 10시 전에 귀가한다.	(O)

· 문장 끝이 "···할 필요가 있다." 또는 "···하여야만 한다."로 끝나지 않도록 한다. 문장에서 "필요가 있다" 또는 "하여야만 한다."는 빼고 그냥 "···이다." 또는 "···하다."로 끝나도록 적는다. 즉 필요나 요망사항의 내용만을 적는다.
("필요가 있다" 또는 "하여야만 한다."는 구름을 검증하기 위해 화살표를 읽을 때에 들어간다.)

딸의 안전이 보장 될 필요가 있다.	(X)
딸의 안전이 보장된다.	(O)

구름이 제대로 작성되었는가를 검증하는 방법으로 소리 내어 읽어 보는 방법을 앞에서 소개했다. 소리 내어 읽어 보아 이상하면 문장을 수정하거나 구름 정의 부분으로 다시 돌아가 요망사항, 필요, 공동목표 등을 다시 찾아보도록 한다.

2) 필요에 대한 정확한 이해의 중요성

구름을 작성할 때에 요망사항은 비교적 쉽게 정리가 된다. 그런데 구름 활용에서 중요하면서도 어려운 부분의 하나가 필요를 파악하는 단계이다. 일단 찾아낸 필요가 제대로 된 필요를 찾아낸 것인지 체크할 필요가 있다. 구름을 소리 내서 읽어 보면 일단 느낌으로 알 수 있다. 필요를 올바르게 이해하지 못하면 갈등 구도를 깨기 어렵기 때문에 필요를 제대로 찾아내는 것은 매우 중요하다.

상대방의 필요를 잘못 이해할 때의 문제점

다음은 세르비아의 TOCfE 전문가인 Zana Borisavljevic가 보고한 사례[6]이다. TOCfE 생각도구 교육에 참가한 교사가 교육 후 집에 돌아가 저녁을 바삐 하려고 하였다. 그때 4살 날 딸이 부엌에서 엄마가 요리하는 것을 도와주고 싶어 했다. 엄마는 딸이 옆에서 부엌을 어질러놓는 것이 싫었기 때문에 혼자 요리를 하려 했다. 이때 엄마와 딸의 갈등을 구름으로 표시하면 어떻게 될까?

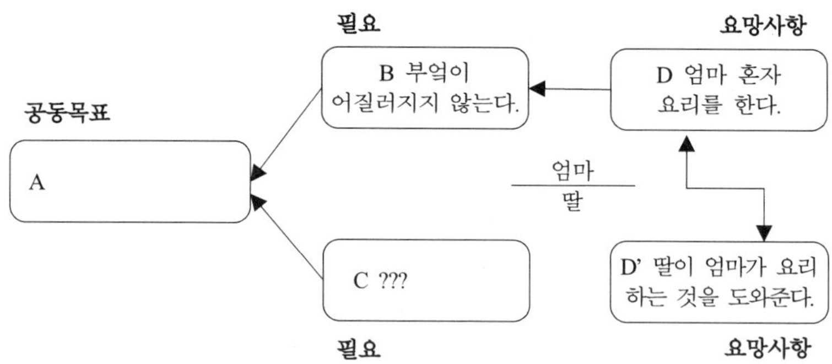

6) http://www.tocforeducation.com/cloud-b/cb3.html

여기에서 딸의 필요는 무엇일까? “딸이 요리하는 법을 배운다.”, “딸이 엄마와 함께 시간을 보낸다.” “딸이 시간을 재미있게 보낸다.”등이 흔히 생각할 수 있는 딸의 필요의 예일 것이다. 그런데 엄마가 딸에게 물어보아 알아낸 딸의 필요는 예상했던 바와는 달리 “아빠가 딸을 자랑스럽게 여긴다.”이었다. 딸은 자기가 엄마를 도와주는 것을 아빠가 알 게 된다면 아빠가 자기를 자랑스럽게 여길 거라고 믿고 있었다. 만약 엄마가 딸의 필요를 잘못 짐작하고 갈등을 풀려고 시도하였다면 win-win 해결책을 찾는 데 많은 어려움이 있었을 것이다.

해결책이 잘 찾아지지 않을 때의 대처

해결책을 찾는 과정에서 해결책이 잘 찾아지지 않을 경우에는 앞에서 찾아내었던 필요가 제대로 된 것인지 다시 확인하여 본다. 또한 각 화살표의 가정이 제대로 파악되었는지 확인하여 볼 필요도 있다. 필요나 가정이 잘못 찾아졌다는 것이 확인되면 바로 잡은 후 해결책을 다시 찾아보도록 한다.

또한, 해결책 발견에 시간이 소요될 수도 있다. 단시간 안에 win-win 해결책을 얻어내기 어려운 경우도 종종 있다. 그렇지만, 그런 경우에도 구름을 사용하여 갈등을 이해하는 것만으로도 상호간의 입장을 이해할 수 있다는 점에서 서로에게 많은 도움이 되는 것이다

3) 필요를 찾는 법

필요는 요망사항을 통하여 만족시키고자 하는 것이므로 항상 ‘긍정적’ 문장으로 표현되어야 한다. (아니면 부정의 부정으로 표현될 수도 있다.) 요망사항은 어떠한 주장이나 행동인 데 반하여, 필요는 그 요망사항을 통하여 도달하고자 하는 상태이다.

필요를 찾기 위한 질문법

필요 B를 찾아내려고 할 때 다음과 같은 질문을 하면 효과적이다. 이때 얻어지는 답의 공통부분이 필요라고 할 수 있다.

· D를 하면 어떤 점이 좋은가?
· D를 하면 무엇이 만족되는가?
· D'을 하면 어떤 점이 안 좋은가?
· D'을 하면 어떤 좋은 점을 이루기 어려운가?

필요 C를 찾아내는 방법은 필요 B를 찾아내는 것과 대칭적으로 유사하다. 즉

· D'을 하면 어떤 점이 좋은가?
· D'을 하면 무엇이 만족되는가?
· D를 하면 어떤 점이 안 좋은가?
· D를 하면 어떤 좋은 점을 이루기 어려운가?

TOC의 근본적 믿음

TOC의 지식 체계는 두 가지 믿음에 근거하여 구축되어 있다.

1) 내재적 단순함 (inherent simplicity): 모든 조직이나 시스템은 극히 단순하고 또한 스스로 조화를 이룬다는 믿음. 구체적으로는 여러 증상에 대해 근본적 원인의 개수는 극히 적고 시스템의 성과를 결정하는 제약의 개수가 극히 적다는 것을 말한다.

2) 사람은 선하다(People are good.): 사람이 무엇을 하거나 주장할 때에 그 근본 동기는 선한 것에서 출발한다는 믿음. 사람들의 나쁜 행동은 잘못된 가정에 의해 발생하는 것이지 사람이 나쁘기 때문이 아니라는 것이다.

구름에서 필요를 찾을 때에 '사람은 선하다'는 믿음에서 긍정적 내용의 필요를 찾아야 한다.

필요가 여럿 있을 때의 선택

필요로 찾아진 것이 여러 개 있는 경우에는 그중에서 포기하고 싶지 않은 가장 중요한 것을 택한다. 정말 포기하고 싶지 않은 필요의 개수는 보통 하나이거나 때로는 둘이다. 만약 포기하고 싶지 않은 필요가 두 개일 경우는 이것들을 하나로 묶어 다시 표현하든가 아니면 두 개의 필요를 한 상자에 같이 열거하여 나타내도 좋다. (정말 포기하고 싶지 않은 필요의 개수가 3개 이상인 경우는 그리 흔하지 않다. 이런 경우에는 가장 중요한 필요 2개까지만 택하여 갈등을 해결하고 나서 그다음에 나머지 것들을 고려하는 접근법을 쓸 수 있다.)

필요가 제대로 찾아졌는지는 앞에서 소개한 방법대로 소리 내어 읽어 보는 것이 아주 실용적인 방법이다.

잘못 표현된 필요의 예

잘못 표현된 필요의 예를 알아보자.

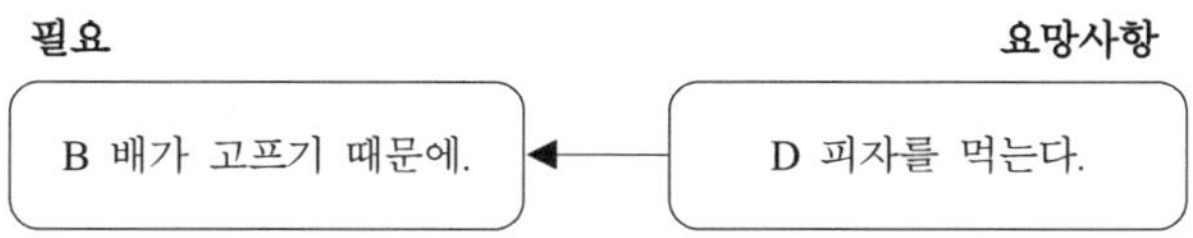

필요는 긍정적인 내용으로 표현되어야 한다. 그런데 앞의 그림에서 필요 B는 배가 고프기 때문에라는 긍정적이지 않은 내용으로 되어 있다. 그것이 잘못 찾아진 필요인 것을 알아보는 방법은 소리 내서 읽어 보는 것이다. 앞의 그림을 읽어 보면 "배가 고프기 위해서, 피자를 먹어야만 한다." 어색하게 느껴질 것이다. '무엇… 하기 위해서 피자를 먹어야만 하는가?'에 대한 질문에 답을 찾아보면 필요를 올바르게 표현할 수 있게 된다. 예를 들어 "허기를 채우기 위해서 피자를 먹어야만 한다."가 자연스러운 표현일 것이다. 그렇다면 앞의 그림은 다음과 같이 고치는 것이 좋다.

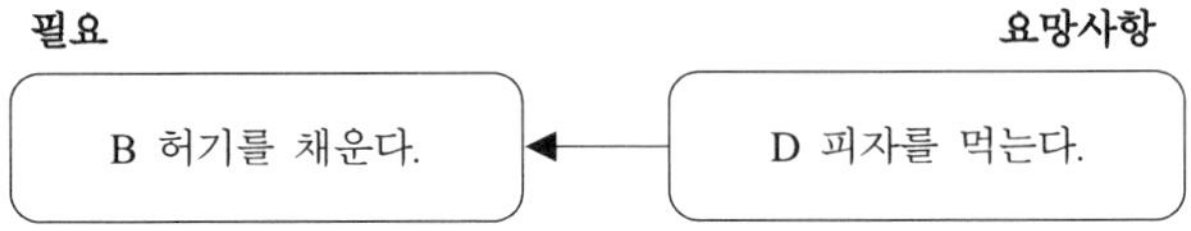

필요 B와 필요 C사이의 관계

또한, 양쪽 '요망사항 D'와 '요망사항 D'는 대립적이어야 하지만, '필요 B'와 '필요 C'는 대립적인 것이 아니어야 한다. 설사 필요 B와 필요 C를 동시에 어떻게 만족시킬 수 있는지에 대해 아이디어가 없다 하더라도 한쪽 필요 그 자체는 상대 쪽에 부정적인 것이 아니어야 한다. 필요는 요망사항을 통하여 얻기를 원하는 긍정적 상태이다. 양쪽의 필요가 대립적인 경우는 어느 한쪽(또는 양쪽 모두)의 필요가 자신의 요망사항과 거의 동어반복에 가까울 정도로 별 차이가 없을 때 종종 발생한다.

다음의 예를 보자. 창수는 학교에서 문제학생으로 알려져 있다. 창수는 가끔 주위 학생을 때리곤 한다. 창수는 순돌이를 계속해서 괴롭혔는데 오늘 순돌이에게 폭력을 행사했다. 순돌이는 당연히 폭력을 당하고 싶어하지 않는다. 창수와 순돌이 사이의 갈등을 아래의 구름으로 표현하였다고 하자.

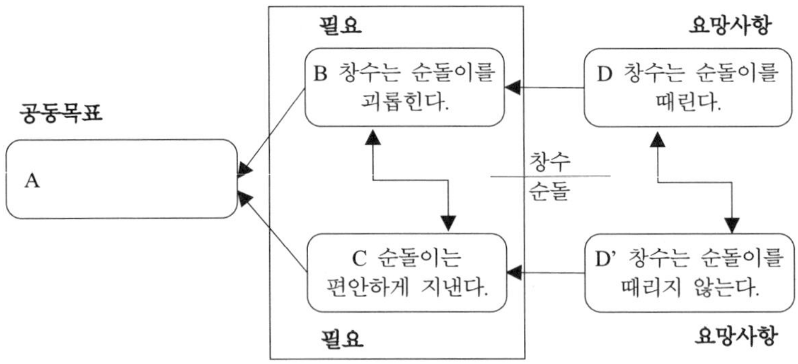

여기에서 필요 B와 필요 C는 대립적이다. 이는 필요 B가 요망사항 D와 별 차이가 없어서 발생한 것이다. 필요 B와 필요 C가 대립적인 상황에서는 두 필요를 모두 만족하는 win-win 해결책을 기대할 수 없다. 이런 경우는 필요 B가 제대로 찾아지지 않았다고 볼 수 있다. 그러면 필요 B를 어떻게 찾아낼 수 있을까? 창수가 순돌이를 때리는 것이 순돌이를 괴롭히기 위해서라고 한다면 그것을 통해 창수가 얻고자 하는 더 근본적인 동기가 무엇인지를 물어서 찾아본다. 그 과정을 계속 거치다 보면 필요 C와 대립적이지 않은 동기가 발견될 것이다.

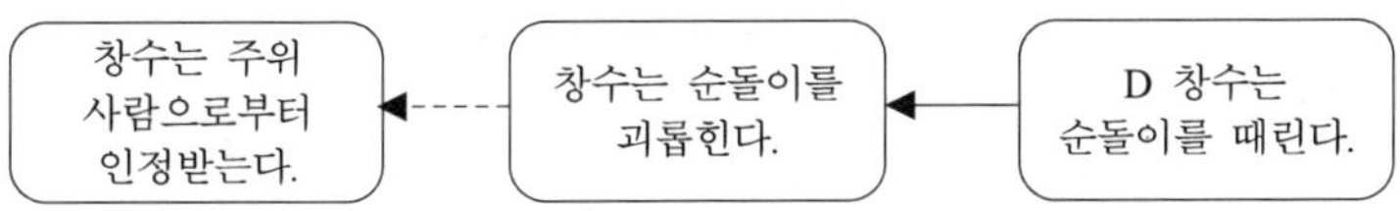

이렇게 발견된 동기를 필요 B 상자에 넣고 점검을 해 본다. 다음은 수정된 구름이다. 여기에는 더 이상 필요 B와 필요 C가 대립하지 않는다는 것을 알 수 있다.

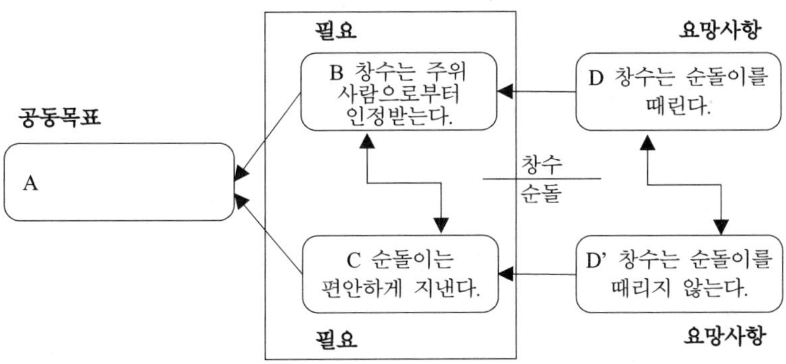

4) 공동목표를 표현하는 법

한편, 공동목표는 양쪽의 필요가 모두 만족되어 있는 상태, 그래서 양쪽이 모두 누리기를 원하는 상태를 말한다. 양쪽의 필요가 모두 만족된 상태라면 이는 양쪽이 조화로운 관계에 놓여 있다고 볼 수 있다. 공동 목표는 양쪽의 필요를 단순히 열거하는 것이 아니라 양쪽의 필요가 모두 만족되어 있는 '화학적'으로 하나가 된 상태로 표현한다.

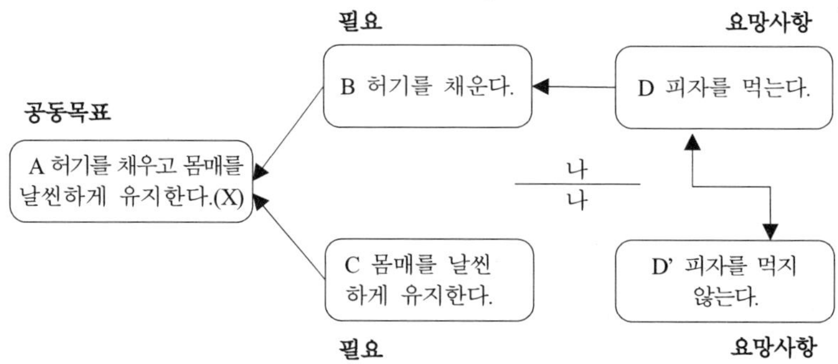

이 구름에서 공동목표는 단지 양쪽의 필요를 열거하고 있다. 이렇게 해서는 공동목표가 아무런 추가적인 정보를 제공하지 못한다. 여기에서 공동목표는 '내가 허기를 채우고' 또한 '내가 몸매를 날씬하게 유지한다.'는 것이 가능하다면 무엇이 이루어진 상태라고 할 수 있을까에 대한 답으로 함축적인 표현으로 채워 넣으면 된다. 공동목표로 가능한 것의 예를 들면 '활력 있는 삶을 산다.' 또는 '행복하게 지낸다.' 정도가 될 수 있다.

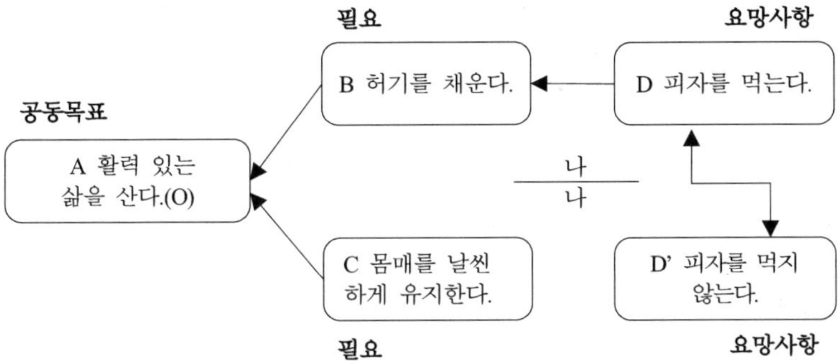

5) 가정 노출 시의 유의사항

구름의 화살표에는 가정이 연관되어 있음은 앞에서 이미 설명하였다. 가정을 노출하는 방법과 많은 가정을 노출하는 중요성에 대해서도 앞에서 설명하였다. 여기에서는 가정 노출과 관련하여 종종 범하는 실수를 소개한다.

가정은 해당 화살에 관련된 것만 표시한다.

B-D 사이에 있는 가정을 노출하는데 A-B 사이에 있는 가정을 포함하는 오류를 범하기 쉽다. 앞에서 든 예를 통해 설명하여보자.

"딸이 아주 소중하기 때문에 딸의 안전이 보장되기 위해서 딸은 10시 전에 귀가해야만 한다."라고 하여 "딸은 아주 소중하다."를 B-D 사이의 가정에 추가시켰다고 하자. "딸은 아주 소중하다."라는 것이 과연 B-D 사이의 가정이라고 할 수 있을까?

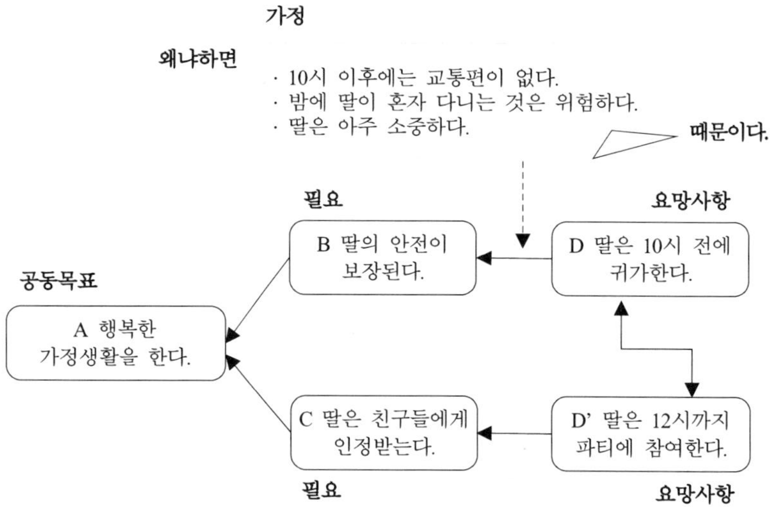

"딸이 아주 소중하기 때문에 딸의 안전이 보장되기 위해서 딸은 10시 전에 귀가해야만 한다."는 두 개의 문장으로 나눌 수 있다.

"딸이 아주 소중하기 때문에 딸의 안전이 보장되어야만 한다."

"딸의 안전이 보장되기 위해서는 딸은 10시 전에 귀가해야만 한다.

"딸은 아주 소중하다."는 것은 "딸의 안전이 보장되어야만 한다."는 것의 근거가 되는 것으로 A-B 사이에 있는 가정에 해당한다고 볼 수 있다.

A-B 사이에 있는 논리의 전제가 B-D 사이에 있는 논리를 말할 때 되풀이되는 것은 면밀하게 살펴보지 않으면 잘 알아채지 못할 수도 있다. 이러한 오류를 피하려면 다음과 같이 하면 된다.

각 가정에 대해

(1) "'가정' 때문에 B이어야만 한다"라고 읽어 말이 되는지 확인한다.

(2) 만약 그렇다면 이 '가정'은 B-D 가정에서 삭제한다.

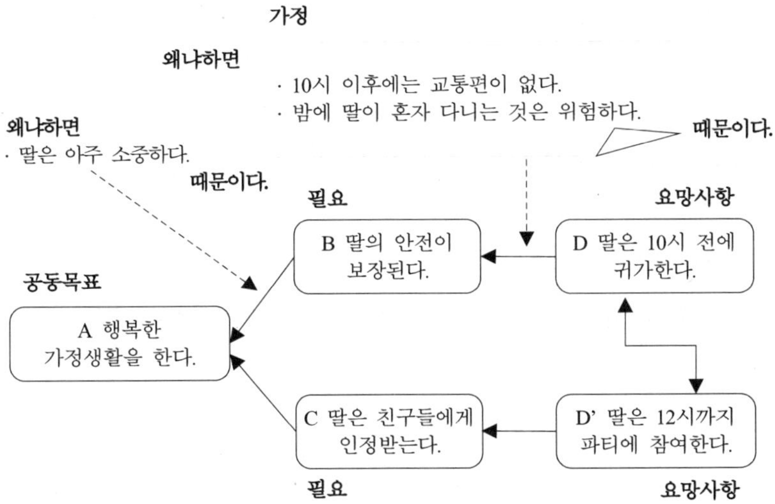

이러한 오류를 피하는 것이 왜 중요하냐 하면, B-D 가정을 무력화하여 D의 대안으로 새로운 해결책을 찾을 때 엉뚱한 곳의 가정을 무력화하려는 우를 범할 수 있기 때문이다. 그렇게 되면 힘만 들고 우리가 찾고자 하는 win-win 해결책을 얻을 수 없게 된다.

허수아비 가정을 피한다.

허수아비 가정은 가정 자체로는 문제가 없으나 해결책을 찾는 데 도움이 되지 않는 것을 말한다.

B-D 사이의 가정을 찾을 때 유념해야 할 사항은 'B-D 사이의 화살은 필요조건의 논리에 기반을 두고 있다'는 점이다. 그런데 B-D 사이의 가정을 찾을 때, 필요조건의 논리를 'If D, then B, because...'의 충분조건 논리로 바꾸어서 찾게 되면 D의 대안을 찾는 데 도움이 되지 못하는 가정, 즉 허수아비 가정들을 얻게 될 수 있다.

위의 예에서 B-D 사이의 가정은 '딸의 안전이 보장되기 위해서는, 딸은 10시 전에 귀가해야만 한다. 왜냐하면...'에서 알아보아야 하는 것을, '딸이 10시전에 귀가한다면 딸의 안전이 보장될 수 있다. 왜냐하면 10시 전에는 대중교통편이 있고 대중교통편은 안전하기 때문이다' 라고 하여

· 10시전에는 대중교통편이 있다.

· 대중교통편은 안전하다

를 가정으로 내세운다면, 이러한 가정들은 허수아비 가정이 되는 것이다. 이러한 가정들을 깨서는 해결책을 찾을 수 없게 된다.

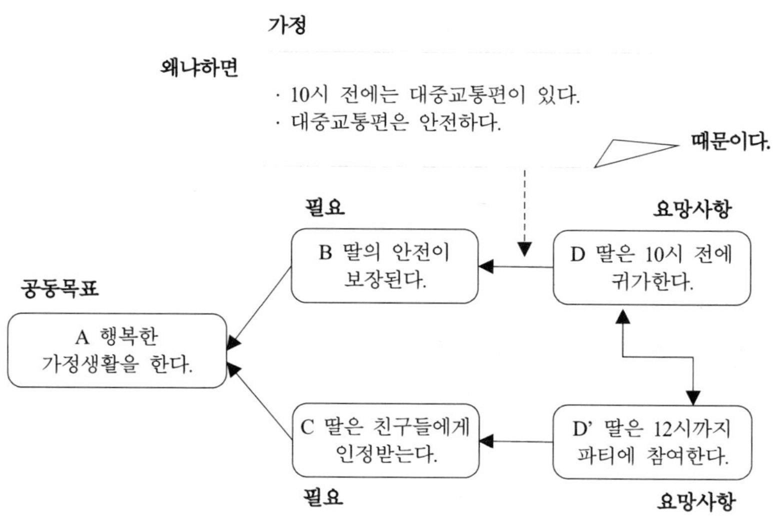

그런데 조심하지 않으면 이러한 오류를 범하기 쉽다. 허수아비 가정의 오류를 피하려면 가정 노출의 과정에 충실하면 된다. 다시 말해 B-D 사이의 가정은 B를 이루기 위해서 D를 해야만 하는 근거를 말한다. B-D 사이의 가정을 찾기 위해서는

B이기 위해서는 D를 해야만 한다는데, 왜 그렇지?

를 물어보아 왜 그런지에 대한 답을 구하면 된다.

또한 D와 D'이 대립하는 상황에서 굳이 D를 주장하는 이유는 D대신에 D'을 받아들인다면 B를 이루기 어렵기 때문이다. 그래서 B-D 사이의 가정을 구하는 또 다른 방법은

D'을 하면 B를 하기 어렵다고 하는데, 왜 그렇지?

를 물어보아 왜 그런지에 대한 답을 구하면 된다. 이에 대해서는 4.6.2 절에서 자세히 설명한다.

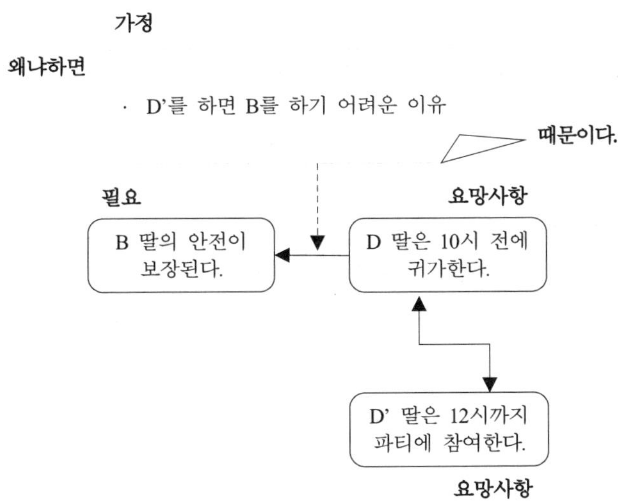

6) 외부적 갈등 구름을 읽는 순서

외부적 갈등을 다루는 경우에 구름을 작성하고 이를 상대방과 함께 확인할 때에는 상대 쪽의 필요와 요망사항을 내(우리) 것보다 먼저 읽는 것이 좋다. 왜냐하면, 그렇게 하면 상대 쪽이 자신의 필요가 인정받고 있다는 생각을 하게 되어 개방적인 마음 자세를 취할 가능성이 커지고 갈등을 해결하는 데 협조적으로 변할 가능성도 커지기 때문이다.

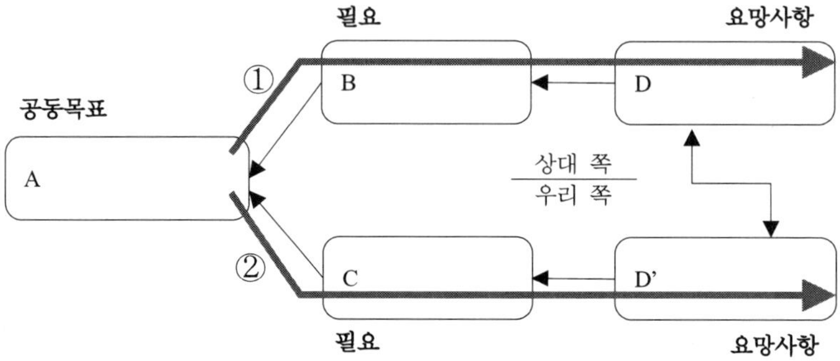

만약 상대쪽이 구름의 B-D쪽이라고 하면, 구름을 읽는 순서는

1. A하기 위해서는 B해야만 한다.
2. B하기 위해서는 D해야만 한다.

한편,

3. A하기 위해서는 C해야만 한다.
4. C하기 위해서는 D’해야만 한다.
5. D와 D’은 양립할 수 없다.

그런데

6. D를 하면 C하기 어렵다.
7. D’을 하면 B하기 어렵다.

으로 하는 것이 좋다.

|연습|

문제1.

다음 구름의 표현을 바로 잡아 보라.

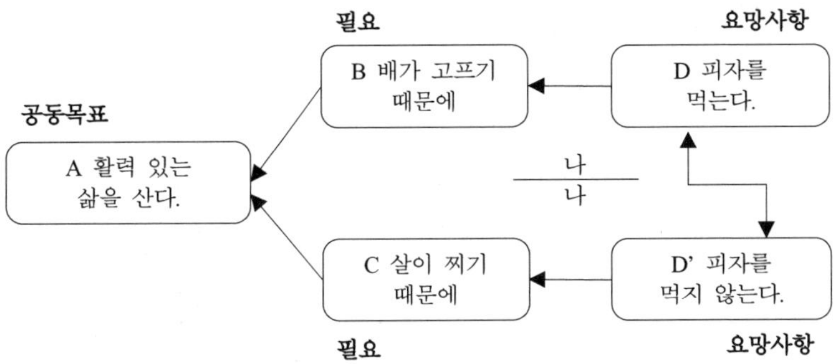

문제2.

다음 구름의 표현을 바로 잡아 보라.

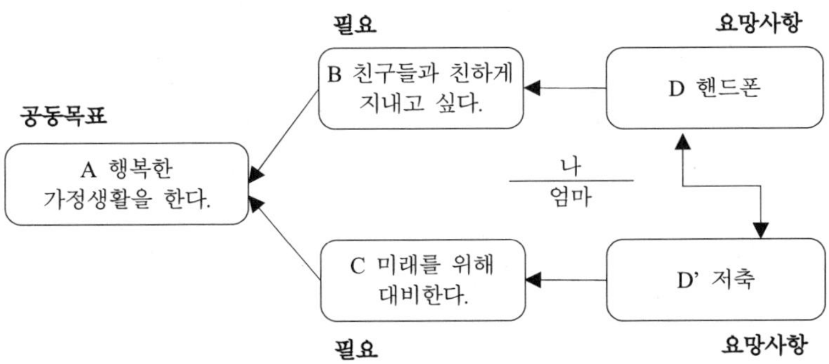

문제3.

다음 구름의 표현을 바로 잡아 보라.

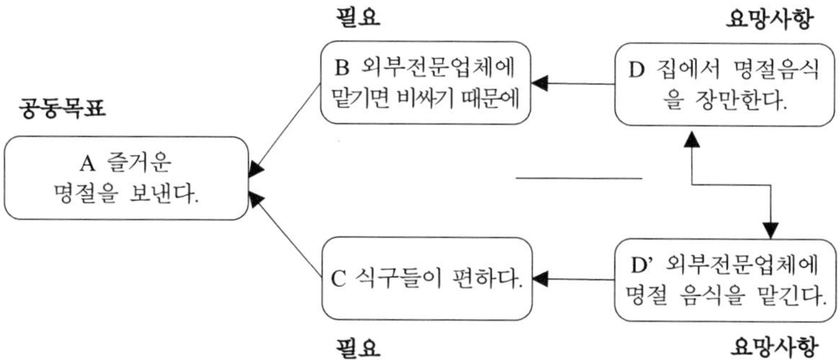

문제4.

다음 구름의 표현을 바로 잡아 보라.

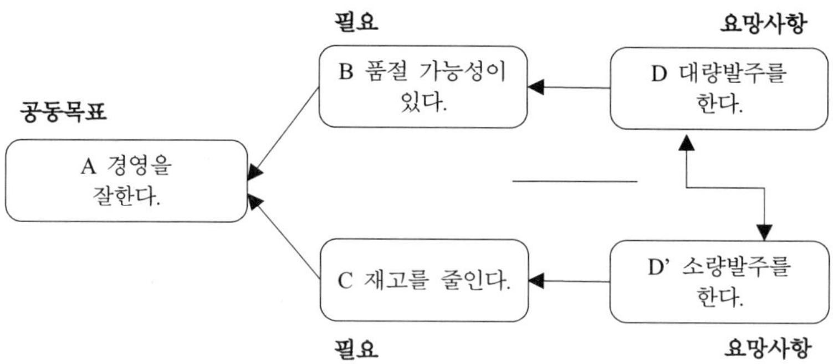

문제5.

다음 구름의 가정 노출에서 잘못된 부분을 바로 잡아 보라.

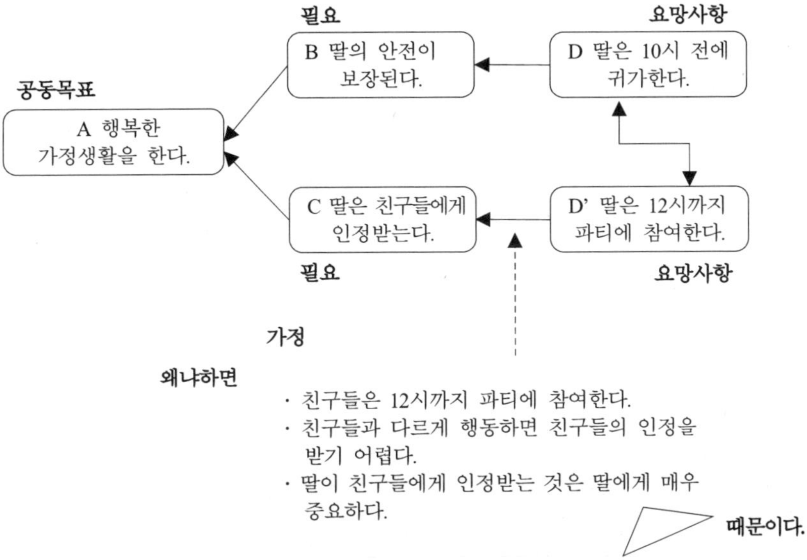

제3장

『구름의 활용』

구름은 행동 영역, 교과학습 영역, 경영 영역 모두에 활용되고 있다. 구름은 TOCfE 생각도구 중에서 가장 활용도가 높은 도구이다. 다음 그림은 여러 나라에서 구름이 사용되고 있는 장면의 예를 보여주고 있다.

<이스라엘>

<영국>

<말레이시아>

<필리핀>

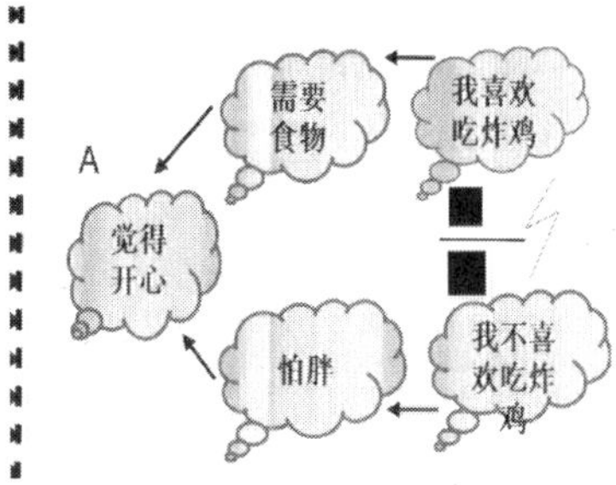

<대만>

<콜롬비아>

<브라질>

<한국>

구름은 어린이부터 큰 조직의 전문 경영인에 이르기까지 다양한 계층에 의하여 활용되고 있다. 심지어 글자를 배우기 전의 어린이도 자기 생각을 그림을 그려 표현함으로써 구름을 이용할 수도 있다. 다음 그림은 이스라엘의 3세 어린이가 금붕어를 키우는 문제로 자신과 엄마와의 갈등을 구름으로 묘사한 것이다.

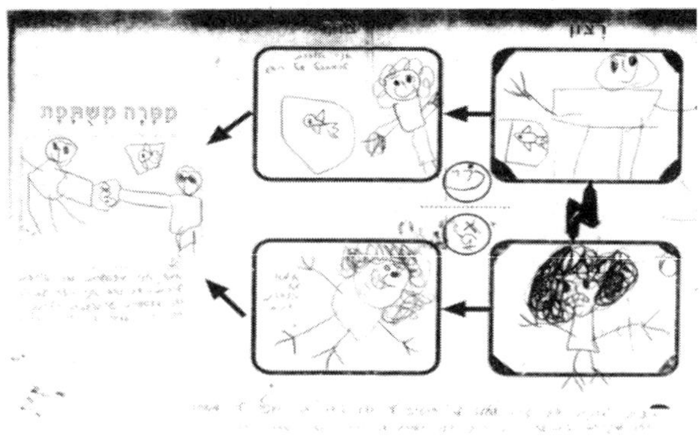

<글을 배우기 전의 3세 어린이가 그림 구름>

앞으로 구름이 어떻게 활용될 수 있는지를 행동영역, 교과학습 영역, 경영 영역의 사례를 중심으로 소개한다.

1. 행동 영역에서의 활용

행동영역에서 구름은 갈등 문제를 풀어나가는 개인 또는 조직의 능력을 키우는 데 사용될 수 있다. 구름을 사용하면 갈등의 당사자들을 서로 배려할 수 있게 되고 win-win 해결책을 찾아내는 힘을 얻을 수 있다. 갈등을 풀어낼 수 없을 때 갈등의 당사자는 상대방 탓을 하는 유혹에 빠지고 서로 자존감에 상처를 입힐 가능성이 크게 된다.

우리가 교육 현장이나 조직에서 갈등 당사자들에게 갈등을 풀어내는 능력을 제대로 갖추게 할 수 있다면, 갈등은 오히려 새로운 평화를 가져오게 하는 기회로 이용될 수 있을 것이다.

구름이 사용된 문제의 유형은 괴롭힘, 학교 규칙 위반 행동, 교실 소란 행위, 가정 폭력 문제, 상담, 중재 등 아주 다양하다. 구체적 사례는 국제 TOCfE협회의 홈페이지 http://tocforeducation.com/cloudbehaviorlist.html에 잘 나타나 있다.

1) 상담

거의 모든 행동 문제에는 갈등이 관련되어 있다. 구름은 개인이나 집단의 행동 문제를 해결하는 데 활용이 많이 되고 있다. 구름을 활용한 상담의 사례는 무수히 많다. 예를 들어 미국 Michigan주의 중학교 상담 교사인 Michele Royan은 점심시간에 "갈등 해소 시간(conflict resolution time)"이라는 상담 프로그램을 운영하여 상당한 성과를 거두었다. 갈등을 겪고 있는 학생들이 점심시간에 상담 교사를 찾아와 자신의 고민을 호소하면 상담교사가 갈등 문제를 구름을 통해 상담하고 해결책을 찾도록 도와주었다.

학생 괴롭힘과 관련해 교사가 가해자들을 상담한 몇 가지 사례를 소개한다.

이 사례는 미국 로스앤젤레스 시의 교육장이었던 Denise Meyer가 보고한 것이다. Evonne은 초등학교 2학년생이었는데 결석을 상당히 많이 하였다. 어머니에 따르면 아이들이 Evonne을 못살게 굴고 별명을 불러서 Evonne는 학교에 가기 싫어한다는 것이다. Meyer가 문제해결을 위해 학급을 방문했을 때에도 Evonne는 학교에 나오지 않았다. 학급 학생들을 만나 Evonne를 학교에 나오게 하고 싶은데, Evonne는 학교에 나오려 하지 않는 문제에 관해 이야기를 나누고 구름으로 문제를 정리하였다.

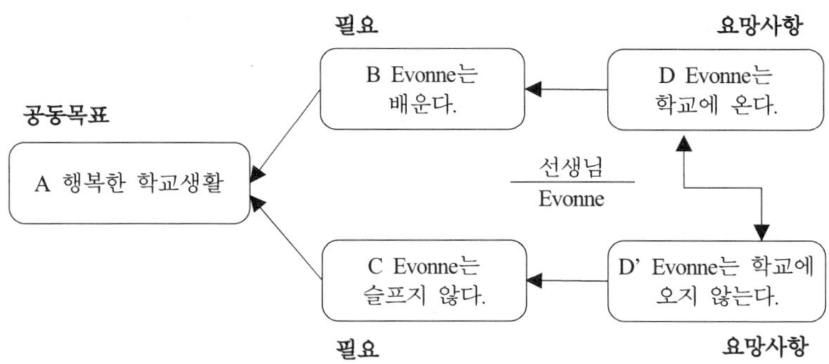

Meyer는 이 문제를 풀기 위해 학급 학생들의 도움이 필요함을 말하고 Evonne가 학교에 오면 왜 슬프다고 느끼는지 아이들의 생각을 물었다. 아이들은 생각한 이유는 다음과 같았다.

몇 남자애들이 별명을 부르며 Evonne를 놀린다.

아이들이 Evonne과 같이 놀지 않는다.

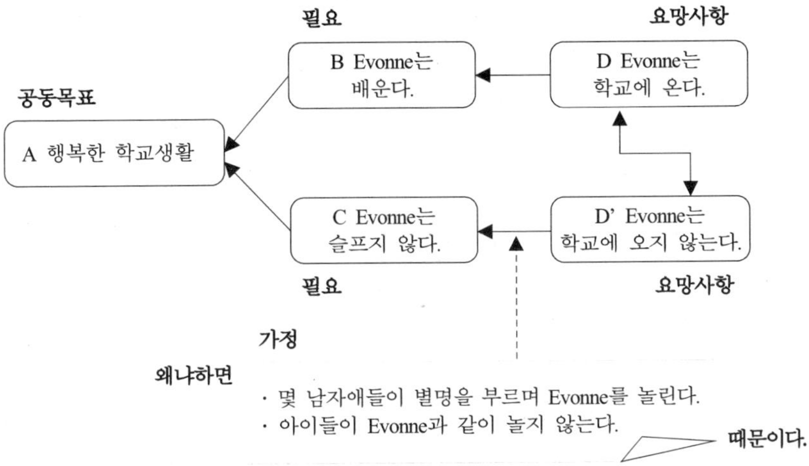

그런다음 아이들에게 어떻게 도와 줄 수 있는지를 물었을 때에 아이들은 Evonne를 놀리지 않고 같이 놀겠다고 답하였다. 구름 도구의 장점은 아이들이 자발적으로 이러한 결론에 도달할 수 있게 한다는 점이다.

또 다른 사례를 소개한다. 미국 미시간 주의 한 고등학교에서 상급생들이 신입생들을 괴롭히는 문제를 해결하기 위하여 구름을 이용한 것이다. 이 사례는 학생지도 담당 교사인 Doug Roby에 의해 보고되었다. (여기에서는 그 내용을 약간 편집하였다.) 상급생들이 신입생들을 괴롭히는 것에는 놀리기, 창피 주기, 육체적 고통 가하기 등이 있었다. 상급생은 신입생을 괴롭히고 신입생은 이를 괴로워하고 있었다. 상급생이 신입생을 괴롭히는 이유 중 가장 중요시되었던 것은 그렇게 해야 상급생의 권위가 지켜진다는 점이다. 한편 신입생이 상급생의 괴롭힘을 반대하는 이유는 괴롭힘을 당하는 신입생이 위험에 처할 수 있기 때문이다. 구름으로 양측의 대립을 표현한 결과 다음을 얻을 수 있었다.

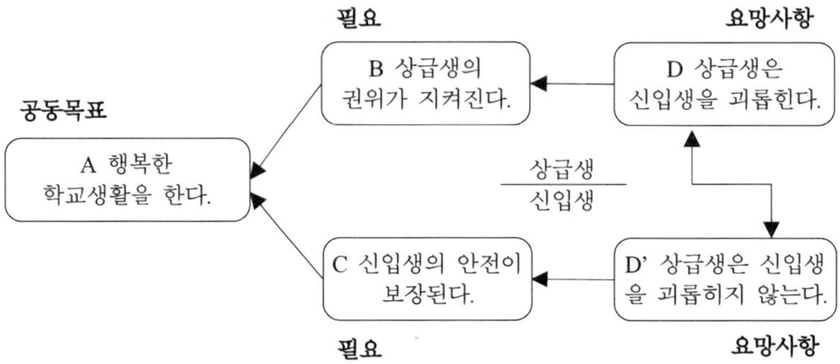

상급생들은 자신들의 권위를 지키기 위해 신입생을 괴롭혀야 하는 근거로 '1)신입생을 눌러야 상급생의 권위가 올라간다. 2)신입생을 그냥 두면 상급생에게 대든다. 3)괴롭히는 것이 권위를 인정받는 가장 확실한 길이다. 4)이것이 전통이다.' 들을 들었다.

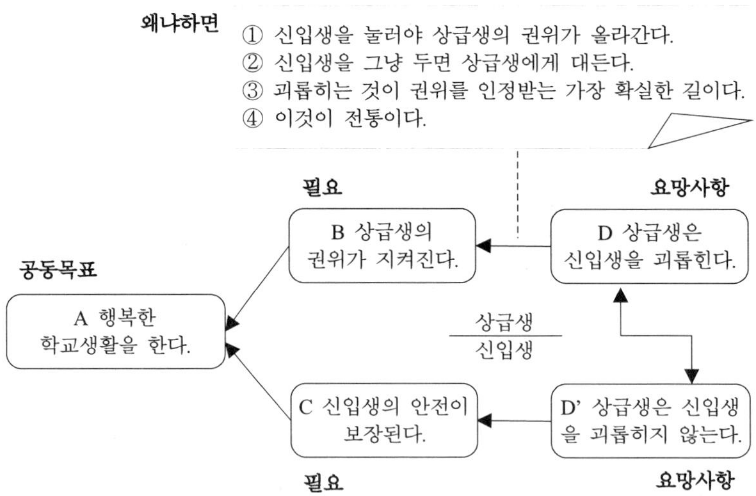

이러한 가정들을 살펴보고 분석하여 보면서 현재의 가정에서 억측이 있는 부분에 대해 상급생들이 생각하도록 하였다. 가정1, 2, 4)는

그런대로 설득력이 있어 보인다. (예를 들어 상급생의 괴롭힘은 전통이기 때문에 괴롭힘의 행동이 나름 인정을 받는 부분도 있을 것이다.) 그런데 가정 3)에서와 같이 반드시 겁을 먹게 해야만 권위를 인정받을 수 있는 것인가? 겁을 먹게 하지 않고도 권위를 인정받을 수 있는 방법은 과연 없는가? 상급생 학생들은 대안으로 다음을 생각하였다. "신입생들의 존경을 받는 모습을 보인다." 구체적인 행동으로서 "신입생들에게 학교생활 적응 도우미 역할을 한다.(예: 학교 교실, 시설 찾기 도와주기)"를 제안하였다.

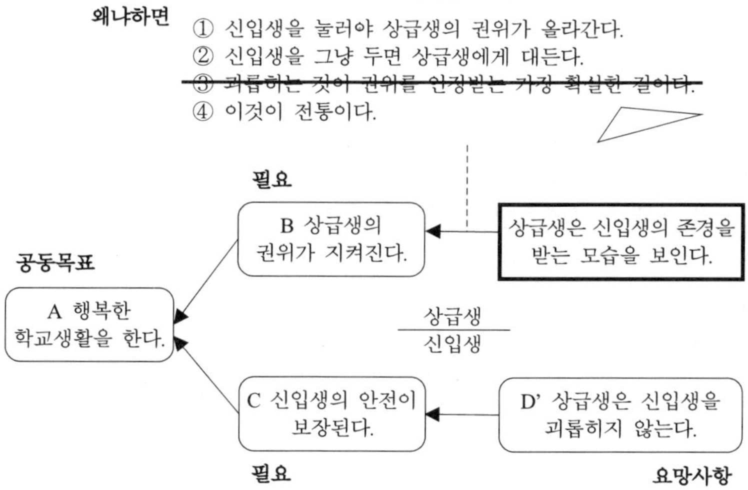

상급생들은 스스로 '상급생이 신입생의 존경을 받는 모습을 보이면' 상급생의 권위가 지켜질 뿐만 아니라 신입생의 안전이 보장되는 win-win 해결책을 찾아낸 것이다.

이 사례의 경우 학생들이 구름을 작성하고 해결방안을 찾아내는 데 30분 정도 걸렸다. 그런데 놀라운 것은 이 학교에서 이 구름 도구를 이용하고 나서 2년 동안 한 건의 신입생 괴롭힘 사건이 보고되지 않았다는 점이다.

구름을 활용한 상담 시 유의할 점

구름 생각도구를 상담의 과정에서 활용할 때 유의할 점은 다음과 같다. 앞에서도 이야기했듯이 모든 행동은 어떠한 긍정적인 필요를 만족시키기 위해 나오기 마련이다. 그런데 자신이 행동을 통하여 얻고자 하는 필요에 대해 생각하고, 나아가 상대방의 필요에 대해서도 생각을 하게 함으로써 갈등 상황을 보다 객관적인 시각으로 바라보도록 하는 것이 중요하다. 자신의 필요가 만족되는 것이 중요하다는 것과 함께 상대방에게는 상대방의 필요가 만족되는 것이 중요하다는 것을 인정하는 것에서 갈등 해결의 실마리가 보이게 된다.

상담을 하면서 구름을 그리게 되면 이러한 성과를 얻기가 수월해진다. 그러나 한편 상담의 과정에서 상담자가 조심해야 할 부분은 상담자가 구름 작성의 용어나 기법에 집착해서는 안 된다는 점이다. 내담자가 구름이라는 도구 자체에 대해 모르더라도 전체 과정을 수월하게 좇아갈 수 있도록 상담자는 퍼실리테이터의 역할을 하여야 한다. 또한 상담자는 해결책을 강요해서는 안 되고 내담자가 스스로 win-win 해결책을 찾도록 도와주어야 한다. 상담자는 '소크라테스 문답법'을 통하여 도와주는 역할을 맡는 것이 중요하다. 그렇게 함으로써 내담자가 문제 해결에서 주인 의식과 책임감 있는 자세를 갖게 될 가능성이 커지게 된다.

2) 중재

중재는 갈등 상황에 놓여 있는 당사자들이 문제를 평화적으로 해결하도록 도와준다. 중재 대상이 되는 문제는 동료 간 갈등, 이혼문제, 이웃 간 불화, 집주인-세입자 문제 등 일상적인 것뿐만 아니라 성차별, 집단 따돌림, 인종차별과 같은 것 등 다양하다.

Alan H. Leader 교수는 미국 워싱턴 주의 공인 중재자로서 TOC 생각

프로세스 개발과 보급에 많은 역할을 한 인물이다. 그는 촉진적 중재(facilitative mediation)에 구름을 포함한 TOC 생각도구가 아주 효과적임을 보였다. 촉진적 중재는 중재자가 해결책에 대해 어떠한 제안도 하지 않고 당사자가 스스로 해결책을 찾아낼 수 있도록 도와주는 중재를 말한다. 그는 중재할 때 갈등을 이해하고 해결의 아이디어를 찾는 데 구름을 활용하였고 해결의 아이디어를 실행에 옮길 수 있도록 보완하는 데 다른 TOC 생각도구를 적용하였다.7)

필리핀 퀘손 시는 초중등 교육과정에서 TOCfE가 많이 활용되고 있다. 퀘손시 초중고 교장의 95% 이상이 TOCfE 연수를 받았으며 학교당 10~15명의 TOCfE 전문교사가 있다. 특별히 TOCfE 생각도구를 학생회 간부들에게 훈련을 시켜 학생회 간부들이 또래 학생들의 갈등 문제를 중재하는 데 활용하고 있다.

학교 내 갈등 상황에서는 교사가 중재자가 될 수 있고 또래의 학생이 중재자가 될 수 있다. 또래 학생이 중재자일 때 또래 중재(peer mediation)라고 한다.

다음은 싱가포르 초등학교의 Wong Siew Shan 교감이 학생 사이의 갈등을 중재한 사례이다.

> 휴식시간이 끝나고 두 학생이 Wong 교감에게 보내졌다. 둘 다 9살이었다. Joel이 Alex의 별명을 불렀는데 Alex가 Joel에게 욕을 하고 팔을 물어 피가 났다는 것이다. Wong 교감은 이 두 소년에게 스스로 갈등을 해결할 수 있는 능력을 갖추었으면 하는 바람에서 구름 도구를 적용해 보았다. 두 학생은 어렵지 않게 구름 템플릿을 사용할 수 있게 되었다.

Joel은 구름을 통해서 자신이 스스로 해결책을 찾아내었다. 그는 Alex에게 같이 놀자고 하겠다고 하였다. 그는 Alex가 존중받고 싶어하

7) Alan Leader, “A TOC Guide to Facilitative Mediation,” 2010 TOCICO International Conference, Las Vegas

는 필요를 이해하였고 다시는 Alex 별명을 부르지 않겠다고 약속하였다. 두 소년은 서로에게 상처를 입힌 것에 대해 진심 어린 사과를 하였다. 이전에는 알지 못했던 것을 구름을 통하여 알게 되었기 때문이다. 두 소년이 생각도구를 이용하여 문제 해결의 능력을 아주 쉽게 얻게 되었음을 알게 된 것은 Wong 교감으로서도 새로운 경험이었다.

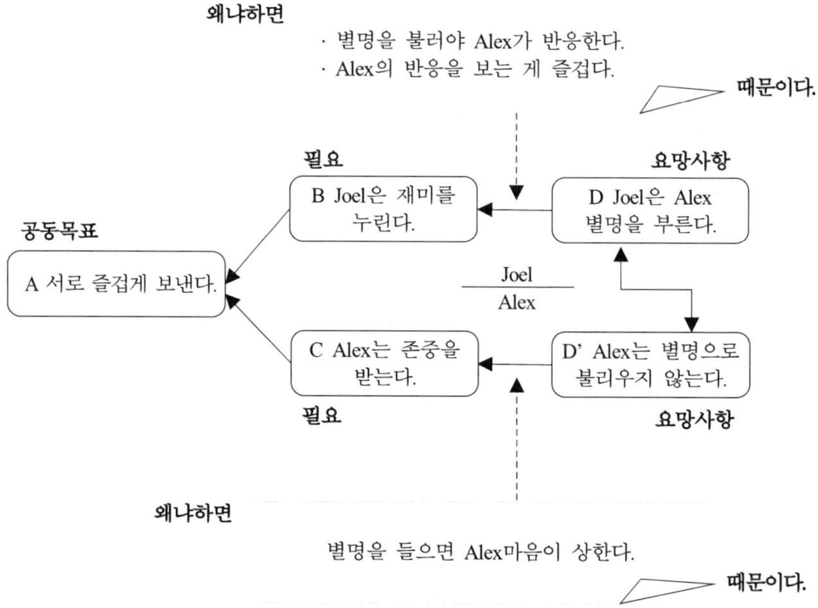

앞에서도 언급하였지만 학교 내 갈등 상황에서 또래 학생이 중재자가 될 수 있는데 이것을 또래 중재(peer mediation)라고 한다. 또래 중재에 구름을 활용하면 효과적이다.

구름을 활용한 또래 중재 방법

여기에서는 구름이 또래 중재에 어떻게 활용될 수 있는지에 대하여 소개한다. 교사들은 또래 중재가 진행되는 현장에는 있지 않는 것이 원칙이다. 교사들이 학생들의 문제를 직접 처리하는 것이 아니고 학생들이 해결하도록 한다.

흔히 갈등 상황에서 문제의 원인을 상대 탓으로 돌리는 경향이 있다. 갈등 상황은 이러한 접근 자세로서는 쉽게 풀리지 않는다. 구름을 사용하게 되면 상대방을 비난하는 자세를 벗어버리고 문제를 공정하게 정의하고 win-win 해결책을 찾을 가능성이 높아진다.

다음은 구름을 사용하는 중재 프로그램의 단계이다.[8)]

단계 1) 중재의 목적과 기본 원칙을 소개한다.

중재자는 자신을 소개하고 중재의 목적이 갈등 당사자들이 서로 인정할 수 있는 win-win 해결책을 찾는 것을 도와주는 것임을 밝힌다.

기본 원칙:

- 갈등 당사자들은 중재에 동의하고 문제 해결에 노력할 것을 다짐한다.
- 갈등 당사자들은 진실 되게 사실만 말할 것에 동의한다.
- 갈등 당사자들은 침착하고 상호 존중하는 태도를 가진다.
- 중재 기간에 오가는 모든 대화는 비밀 유지를 한다.
- 갈등 당사자들은 적극적 듣기를 한다.
- 중재자는 중립을 지킨다.
- 기본 원칙이 지켜지지 않을 경우 중재를 끝내고 교사에게 도움을 요청한다.

단계 2) 중재자는 갈등 상황에 관해 물어본다.

단계 3) 중재자는 갈등 당사자에게 각 요망사항을 다시 불러준다.

단계 4) 갈등 당사자로 하여금 자신의 요망사항이 맞는지 확인하도

8) William C. Stentz & Kathy Suerken, TOC Peer Mediation, http://www.tocforeducation.com/cloud-b/cd6.html

록 한다.

단계 5) 갈등 당사자 한 사람에게 자신의 필요들을 찾도록 한다.

단계 6) 필요들을 목록으로 기록한다.

단계 7) 주요 필요에 초점을 맞추도록 한다.

갈등 당사자에게 필요 목록에서 가장 중요한 것을 선택하도록 한다. 중요한 필요가 여러 개인 경우는 하나로 통합하여 표현하도록 한다.

단계 8) 단계 5~7을 다른 갈등 당사자에게도 적용한다.

단계 9) 갈등 당사자들로 하여금 공동목표를 찾도록 한다.

단계 10) 갈등 당사자들로 하여금 구름을 읽도록 한다.

단계 11) 작성된 구름이 명확한지 확인하도록 하고 필요하면 수정한다.

단계 12) 갈등 당사자들에게 요망사항과 필요 사이에 있는 가정들을 노출하고 기록하게 한다.

단계 13) 갈등 당사자들에게 가정들이 타당한지를 물어본다.

단계 14) 해결책을 정의하고 타당성을 확인한다. 필요하면 보완책을 추가한다.

단계 15) 갈등 당사자들이 전체 해결방안에 대해 동의를 하도록 한다. 당사자들의 서명을 받는다.

단계 16) 적용 계획을 논의하고 동의를 구한다.

단계 17) 교사에게 보고한다.

|연습|

문제1.

아래의 층간 소음 문제에 대해 구름을 이용하여 상담을 한다면 어떻게 하겠는가?

"아래층에서 왔는데요, 제가 밤에 일을 해서 낮에는 자야 하거든요? 그런데 쿵쿵거리는 소리가 너무 시끄러워서 잠을 잘 수가 없어요."

"죄송합니다."매번 사과하시는 어머니의 모습에 나는 조심해야 되겠다고 다짐을 합니다. 하지만 잔뜩 신경을 쓰며 걸어 다니다가도 친구들이나 친척들이 놀러 오면 까맣게 잊어버리기 일쑤였지요.

그런데 어느 날인가부터 어머니와 아버지께서 이런 말씀을 하십니다.

"여보, 아랫집에서 새벽에 가끔 청소기나 세탁기 돌리는 소리 안 들려요?"

"그러게요. 그 소리 때문에 새벽에 일찍 깨기도 했는데, 그런 날은 잠을 못자서 회사에서 좀 피곤해요."

"어떡하죠?"잘못 말하면 서로 더욱더 감정만 상할 텐데. 그렇다고 가만히 있은 수도 없고.....

문제2.

아래의 상황에 대해 구름을 이용하여 중재를 한다면 어떻게 하겠는가? 앞에서 소개한 중재프로그램 단계를 적용하여 보라.

"점심시간에 초등 4학년 같은 반 학생들이 축구를 하기 위해 모였다. 이 아이들은 축구를 진짜 좋아한다. 그들은 축구도 잘하고 시합도 자주 한다. 이 아이들이 시합을 준비하는 동안 같은 반의 길동이 나타나서 시합에 끼워 달라고 요구했다.

길동은 진짜 그 친구들과 함께하는 것을 좋아한다. 그는 시합에 함께하는 것을 원한다. 문제는 길동이 축구를 잘 하지 못한다는 것이다. 나머지 아이들은 그가 시합에 끼는 것을 원하지 않는다. 이에 길동은 화가 나서 시합을 방해하기 시작했다."

2. 교과 영역에서의 활용

구름 생각도구는 교실 수업을 효과적으로 진행하고 학생들의 학습 능력을 키우는 데 활용할 수 있다. 교과의 많은 내용은 갈등을 내포하고 있기에 구름을 여러 교과에서 쉽게 적용할 수 있다. 예를 들어 국어 과목의 경우 이야기 속에 나타난 갈등 상황을 구름으로 정리하고 해결방안을 찾아볼 수 있다. 사회, 역사, 도덕 과목의 경우 교과 내용에 나오는 수많은 갈등이 구름 활용의 소재가 될 수 있다.

구름을 사용하여 학생들이 갈등을 다루게 되면 학생들은 교과 내용의 핵심을 이해할 수 있게 된다. 그래서 암기식 학습 방법에서 벗어나 주도적 학습법을 비교적 쉽게 익힐 수 있다. 구름을 통하여 학생들은 사고력을 키울 수 있는 것은 물론이고, 구름을 통한 학습 프로세스의 내용을 문장으로 표현해 봄으로써 논술 능력도 키울 수 있다.

교과 학습 영역 활용은 비단 학교 교육에서뿐만 아니라 종교 기관 교육에서도 가능하다.

1) 국어

많은 문학작품은 갈등을 내포하고 있다. 구름을 이용하면 학생들은 갈등 상황에서 핵심을 제대로 이해하게 되고 비판적 사고 능력을 효과적으로 키울 수 있다. 구름을 이용할 때 문제 상황에서 갈등 요소를 찾아내면서 학생들은 생각하게 된다. 구름이 갖는 특징은 학생들로 하여금 갈등의 요소를 찾는데 개방적 사고를 하게 하면서, 동시에 주제에 집중하게 한다는 점이다.

국어 교과에서 구름은 다음과 같이 활용할 수 있다.

문학작품이나 교재에 나오는 인물의 내부적, 외부적 갈등을 찾아 이를 구름으로 정의한다. 구름을 이용하여 이 갈등을 해소할 수 있는 해결책을 찾아내는 실습을 하고 이 해결책과 문학작품 속의 진행과 비교하도록 한다. 이러한 과정을 통해 학생들은 문학작품 속 인물의 내면세계에 대하여 더욱 깊게 이해할 수 있고 문학작품 전체의 핵심을 쉽게 이해할 수 있다.

문학작품에서 구름을 정의할 때 가끔 요망사항이나 필요가 불명확하게 보일 때도 있다. 이런 경우, 구름을 정의하는 과정을 다각도로 여러 번 반복하여 사고 훈련을 하는 것이 필요하다.

구름을 이용하여 갈등을 이해하고 해결책을 찾아보는 훈련을 하는 것 외에, 이 과정을 문장으로 표현하게 함으로써 비판적 사고 능력에 기반한 글쓰기 능력을 키울 수 있다.

또한, 어린 학생에게 구름을 처음 적용할 때에는 이미 학생들이 잘 알고 있는 동화 또는 이야기를 사용하면 효과적이다

다음은 국어 교과에서 구름을 활용한 사례를 소개한다.

소설 "맥베스" 이해하기[9)]

Francois Moll, 남아프리카 공화국의 고등학교 국어 교사

> "나는 고등학교 3학년 학생들의 영어 과목에서 셰익스피어를 가르친다. 우리는 남아프리카 학생들이 이 과목에서 쓰기, 말하기, 언어 그리고 모든 문학을 해야 하기 때문에 시간의 압박을 받고 있다. 나는 구름을 이용하여 맥베스의 주제를 매우 빠르게 효과적으로 소개할 수 있었다. '맥베스는 잠을 이루지 못한 채 고민하고 있었다. 덩컨 왕을 죽이고 왕이 될 생각을 하자 양심의 가책을 느꼈다. 덩컨 왕은 성품이 인자하여 백성들의 존경을 한 몸에 받았다. 그런 왕을 죽이는 것은 많은 사람의 눈에 피눈물을 뿌리게 하는 것이며, 자신이 한 짓이 나쁜 짓임을 온 세상에 알리는

9) http://www.tocforeducation.com/cloud-c/cc06.html

것임을 맥베스는 잘 알고 있었다.' 학생들은 다음과 같이 맥베스의 딜레마를 구름으로 표현할 수 있었다.

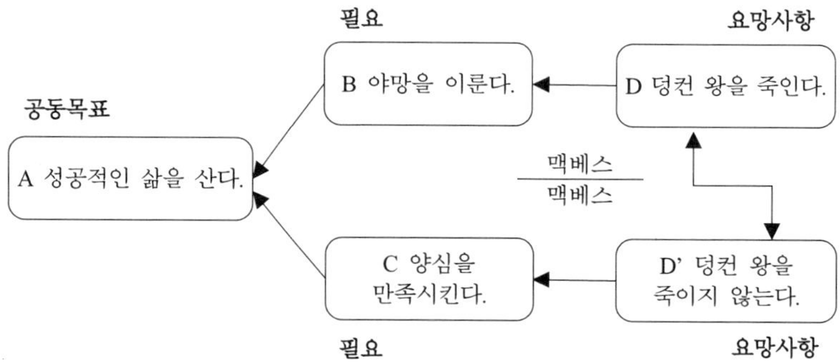

맥베스가 이 딜레마를 해결하지 못한다는 것은 희곡에 나와 있다. 희곡 안에 있는 근본적인 요소에 대하여 구름을 이용하여 학생들이 의미 있는 토론을 할 수 있었다. 맥베스가 양심을 만족시켜야 하는 필요를 이루지 않았기 때문에 이 희곡이 비극적이라는 점을 이 구름이 매우 간결하게 보여주고 있는 점이 흥미로웠다. 맥베스는 이 구름의 갈등을 깨지 못했기 때문에 파멸했다. (그가 TOCfE 생각도구를 알았다면 해결했을 터인데!) 당연히 같은 종류의 구름은 햄릿, 리어왕, 오셀로 에서도 사용될 수 있었다..."

훈민정음 반포와 관련된 논란 (중학교 2학년)10)

세종대왕이 훈민정음을 반포하려고 할 때 최만리가 반포를 반대하는 상소를 올렸고 조정은 상소에 대해 반박하는 의견을 내었다.

최만리의 반대 상소:

"감히 말씀드리고자 합니다.

우선, 우리는 예로부터 중국의 제도를 본받아 실행해 왔습니다. 그런데

---

10) 위 사례는 서울홍은중학교의 조병희 교사의 구름 수업자료를 기초로 편집한 것임

그와 아무 관련이 없는 새 글자를 만든 것은 학문에도, 정치에도 아무 유익함이 없을 줄 압니다. 더구나 글자 제정은 의견을 두루 청취하면서 시간을 두고 가부를 노해야 마땅한데도 너무 성급하게 결정했습니다. 혹시라도 중국에서 시비를 걸어올까 두렵습니다.

주변국들이 제 글자를 가지고 있다고 하나, 그들은 모두 오랑캐입니다. 더구나 이미 우리는 이두라는 문자를 가지고 있습니다. 이두는 반드시 한자를 익혀야 쓸 수 있기에 오히려 학문에 도움이 됩니다. 만약, 관리들이 쉽게 언문만 익히게 된다면, 결국에는 한자를 아는 이가 없어질 것입니다. 지금 할 일이 태산같이 많은데 어찌하여 급하지도 않은 언문을 익히는 일에 부담을 주시는지 이해할 수 없습니다.

언문이 비록 유익하다고 할지라도 한낱 기예에 불과합니다. 학업에 정진하고 정신을 연마해야 할 어린 왕자들과 유생들이 시간을 허비해 기예 익히기에만 몰두한다면 이는 크나큰 국가적 손실입니다. 감히 고하오니 부디 헤아려 주시옵소서."

최만리의 반대 상소에 대한 조정의 입장:

"최근 최만리 등 일부 사대부들이 우리글 훈민정음에 대해 반대하는 내용의 상소를 올린 것은 조정의 본뜻을 이해하지 못한 처사로 심히 유감스러운 일이다.

우선, 그들은 앞으로 관리들이 훈민정음 때문에 학문을 소홀히 할 것이라고 하는 데, 이는 전혀 이치에 맞지 않는 말이다. 한자에 대한 표준음이 정해져 있지 않아 백성들이 여러모로 불편해하는 엄연한 사실을 그들은 애써 외면하고 있다. '牧丹'을 어떤 이는 '목단'으로, 어떤 이는 '모란'으로 발음한다. 이러니 똑같이 한문을 공부하고도 서로 뜻이 통하지 않는 결과가 생긴 것이다.

또, 그들은 훈민정음만 가지고 관리를 뽑으면 아무도 성리학을 공부하지 않을 것이라고 하는데, 이는 사실을 왜곡한 것이다. 유교 경전에 대한 학습과 연구는 국가에서 정한 공부의 핵심 요소이다. 시험 과목에 훈민정음을 추가한다는 것이지 훈민정음만으로 관리를 뽑는다고 한 적이 없다.

그리고 장차 한자를 아는 사람이 적어지면 사회 기강이 무너진다고 주장하는데, 이것은 지나친 생각이다. 지금까지 우리 사회에서 한자는 배우기가 너무 어려워 극히 일부 사람들만 사용해 왔고, 나머지 대부분의 사람은 글자를 모르고 살아왔다.

끝으로, 훈민정음 창제는 유교 정신의 실천과 사회 질서 확립에 어긋나는 것이 아님을 밝혀 두는 바이다."

다음은 이 대립되는 의견의 핵심적인 사항을 구름으로 정리한 예이다.

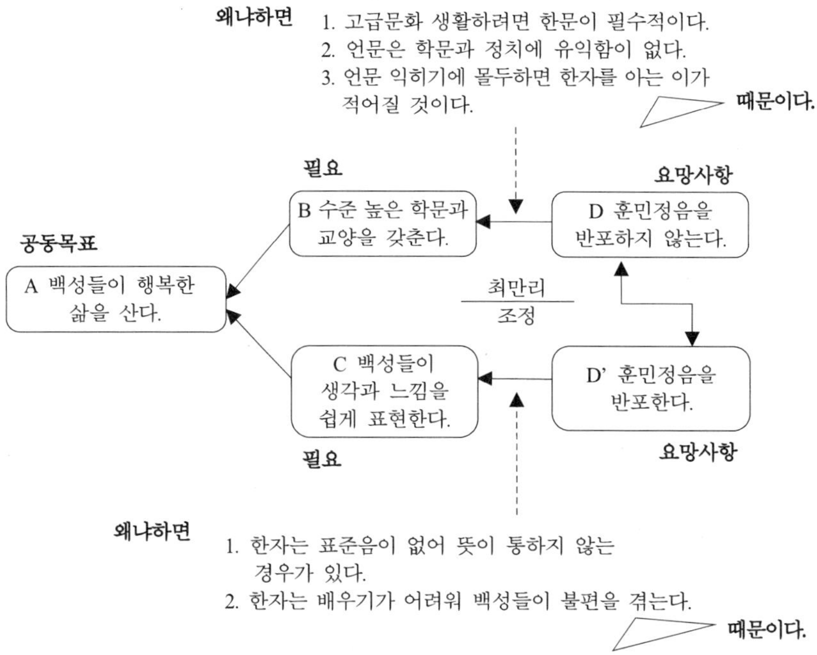

B-D 가정을 무력화하는 방안을 갈등의 해결책으로 제시한 예가 아래에 나타나 있다. 구름을 통해 얻은 해결책 "훈민정음으로 중국 문헌 번역 및 한자 교재를 만들고,

훈민정음으로 작품을 창작하고, 교양서적을 발간한다."를 해결책으로 제시하였다. 그런데 흥미롭게도 이 해결책은 실제 세종대왕의 훈민정음 반포 후 후속 조치와 방향이 일치하는데, 이점을 학생들로 하여금 발견하게 하는 것도 또 다른 수업목표가 될 수 있겠다.

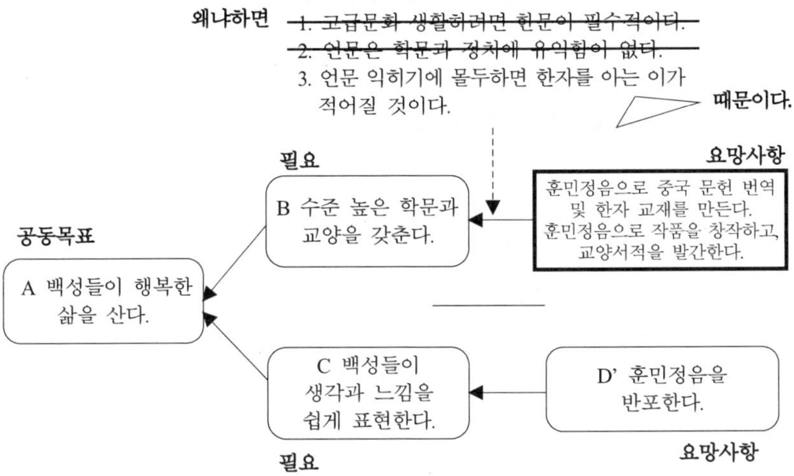

2) 사회, 도덕, 윤리

사회, 도덕, 윤리 과목은 사회 구성원들 사이의 갈등을 많이 다루고 있다.

사회과목에서 지도에 나타난 기호의 의미를 배우거나 축척을 계산하는 것과 같이 지식이나 기능을 습득하고, 사실적 정보를 습득하는 것이 핵심목표인 경우에는 구름을 적용하는 것이 적합하지 않다. 반면에 가정, 조직, 사회 계층 구성원의 내부적 또는 외부적 갈등 문제를 다루는 데에 구름은 아주 효과적으로 적용될 수 있다.

구름은 교육과정 내용을 일방적으로 전달하는 것이 아니라 실생활에서 직면하는 문제를 해결하는 과정에서 갈등 당사자들의 입장을 배려적 사고로 이해할 수 있게 한다. 자기의 주장만을 내세우는 것이 아니라 상대방의 주장과 그 주장의 동기인 필요를 정확하게 이해함으로써 다양한 생각을 포용할 수 있는 자세를 키울 수 있다. 또한, 가정을 무력화하는 과정을 통해 창의적 대안을 찾는 문제해결력을 키울 수 있게 된다. 그리고 구름의 속성상 구름을 활용하는 교육을 받게 되면 성숙한 토론의 능력을 쉽게 갖출 수 있다.

마을의 갈등 문제 (초등 도덕 5)

> "주한이네 마을은, 앞에는 바다가 있고 뒤에는 넓은 들판이 있는 조용한 곳입니다. 마을 사람들은 물고기를 잡거나 농사를 지으며 살아갑니다. 탁 트인 바다와 넓은 벌판은 이 마을 사람들의 삶의 터전이었고, 아름다운 경치는 마을 사람들의 자랑이었습니다.
>
> 군청에서는 이곳을 아름다운 지역으로 지정하고 건축을 제한해 왔습니다. 그런데 지난해에 건축법이 개정되면서 이곳에 건물을 지을 수 있게 되었습니다. 음식점 등 여러 가지 상점을 지으려는 사람들이 잇달아 건축 허가 신청을 하면서 이 아름다운 마을에 비상이 걸렸습니다.
>
> 마구잡이로 건물을 짓는 등 무분별하게 개발하면, 풍부한 자연 자원과 아름다운 경관은 머지않아 훼손되고 말 것입니다. 사람들은 '마을을 지키는 모임'을 만들고 마을을 보전하는 일에 나섰습니다.
>
> 주한이네 마을 사람들과 상점을 지으려는 사람들의 처지가 되어 어떻게 해야 좋을지 이야기해 봅시다."

위의 문제는 구름으로 정의될 수 있는 전형적인 문제이다.

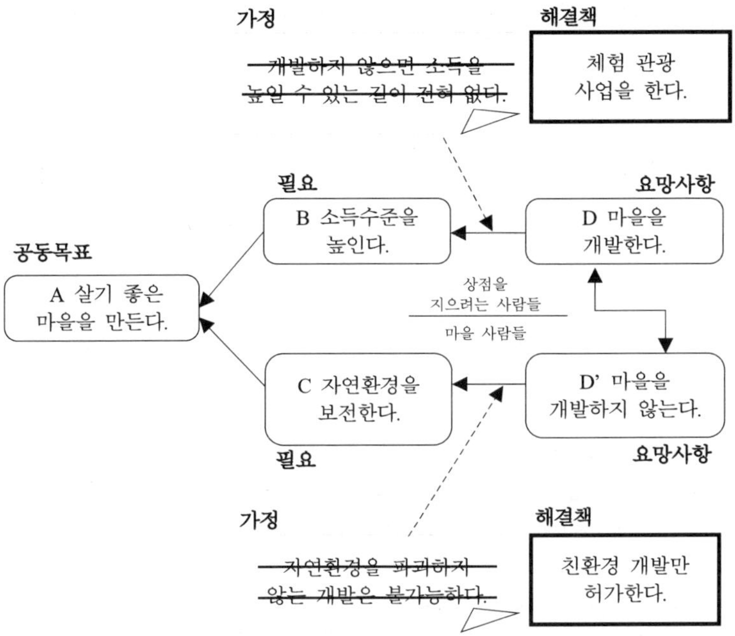

사회적 갈등인 경우 어느 한쪽 주장의 옳은 면만을 보고 여기에 사고가 고착되면 문제가 갖는 다양한 관점을 이해하지 못할 수 있다. 구름을 활용하여 갈등 주체들의 입장을 단계적으로 이해하는 훈련을 하는 것은 사회 갈등 속에 있는 다중성을 학생들에게 가르치는 데 매우 효과적이다. 위에 나타난 구름 그림은 이 문제에 대해 구름으로 접근 가능한 예의 하나이다.

갈등의 주체를 누구로 보느냐에 따라, 또한 갈등 주체의 관점을 어떻게 보느냐에 따라 다양한 종류의 구름이 정의될 수 있다. 또한, 해결책을 도출하는 과정에서도 어떠한 가정들이 노출되느냐에 따라 해결책에 차이가 날 수 있다. 그리고 어떠한 주장이나 결론을 주입식으로 전달해서는 안 되고, 대신 갈등을 이해하고 해결책을 찾아내는 과정에서 학생들이 스스로 생각하고 주도적으로 참여하도록 하는 것이 무엇보다도 중요하다.

정치 과정과 시민 참여 (중학교 사회 3)

다음은 '개발 제한 구역' 해제와 관련된 내용이다. 이를 바탕으로 활동을 해 보자.

> 1971년부터 지속되어 온 개발 제한 구역은 무분별한 개발을 막고 환경을 보전하는 성과를 거두었으나 개발 제한 구역 내 토지 소유자의 재산권 침해가 심각한 문제가 되었다. 1999년 정부는 지역별로 도시 기본 계획을 마련하여 개발 제한 구역을 해제할 수 있도록 허용하였으며, 이에 따라 각 지방 단체에서는 초안을 마련하여 주민 공청회를 개최하였다.

도시 기본 계획 주민 공청회

지역 국회의원: 우리 시에서 개발 제한 구역을 전면 해제한다고 들었습니다. 주민들의 오랜 숙원이 이루어져 다행입니다.

주민 A: 그동안 개발 제한 구역 내 주민들은 자신의 땅에서도 제대로 건축을 하지 못해 재산상의 손실이 큽니다. 이 기회에 전면적으로 해제함이 마땅합니다.

주민 B: 개발 제한 구역이 풀려 개발 용지가 대대적으로 공급되면 인구가 증가하여 교통이 복잡하게 될 것입니다. 도시 외곽 지역을 보전 녹지 지역으로 지정하여 개발을 제한해야 합니다.

주민 C: 개발 제한 구역으로 지정되어 있어도 이미 녹지라 할 수 없는 상황에 처해 있습니다. 도시 외곽이라는 이유만으로 재산권을 침해받는 것은 더 이상 용납할 수 없습니다.

개발 제한 구역 살리기 국민 행동 관계자: 도시의 허파인 개발 제한 구역을 더 이상 훼손시켜서는 안 됩니다. 보다 적극적으로 보호해야 합니다.

지방 자체 단체장: 우리 시에서는 40% 정도의 개발 제한 구역을 해제하여 체계적인 개발을 유도하고 나머지는 보전 녹지 지역으로 지정하여 부분적인 개발만을 허용하도록 하겠습니다.

위의 개발 제한 구역 해제와 관련한 갈등을 구름으로 표현할 수 있다. 다음은 한 가지 예이다.

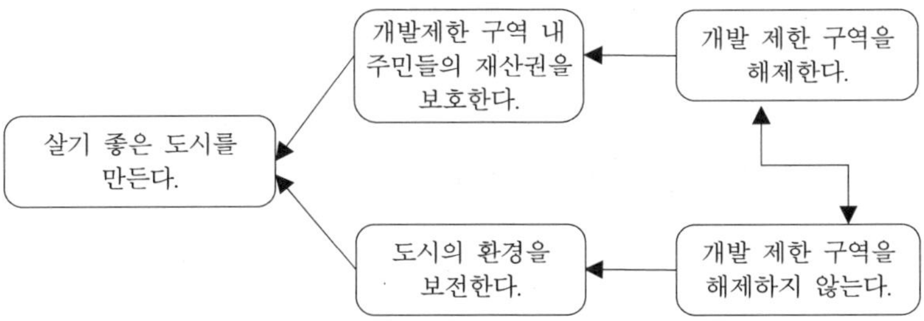

공청회 발언자 중에서 '지역 국회의원, 주민 A, 주민 C'는 개발 제한 구역을 해제하는 쪽이고, '개발 제한 구역 살리기 국민 행동 관계자'는 개발 제한 구역을 해제하지 말자는 쪽이다. '주민 B, 지방 자치 단체장'은 두 쪽 주장의 타협안을 제시하고 있다. 이 타협안이 올바른 해결책이 될 수도 있고 아닐 수도 있다. 위 구름에 나타난 각 주장의 이면에 있는 가정을 노출하여 win-win 해결책을 찾아봄으로써 어떻게 상반된 이해관계에 놓인 이해당사자들의 갈등을 해소할 것인가를 이해할 수 있다.

3) 역사

구름을 이용하여 역사 속에 나타난 갈등을 이해하고 이 갈등을 어떻게 풀어나갈 수 있는지를 알아봄으로써 역사적 사건의 핵심을 쉽게 잡아낼 수 있다. 그리고 역사적 사건의 당사자들이 되어 각자의 입장을 파악하고 역사적 사건이 다르게 해결될 수 있었는지 대안을 찾아

봄으로써 생생한 역사의식을 갖게 하는 데 구름이 효과적이다.

한편 과거 사건의 기술에서 갈등이 명백하게 드러나 있지 않은 경우가 있다. 이런 경우에 숨어 있는 갈등을 명시적으로 드러내어 이를 구름으로 접근하면 보다 심층적인 역사의식을 키울 수 있다. 역사적으로 주요한 의사결정의 이면에는 갈등이 존재할 가능성이 크다. 교과서에서 갈등이 명시적으로 제시되어 있지 않을 때 갈등을 찾아보는 것도 훌륭한 교육 기회가 된다. (물론 숨겨진 갈등을 드러내는 학습은 모든 교과에서 다 적용 가능하다.)

이성계의 위화도 회군 (중학교 국사)

> "원을 멸망시킨 명과 고려는 처음에는 우호 관계를 유지하였다. 그러나 명이 철령 이북의 고려 영토를 그들에게 넘겨줄 것을 요구하면서 두 나라의 관계는 크게 악화되었다. 고려는 이를 거부하고 나아가 명이 차지한 요동 지역까지 수복하려 하였다.
>
> 5만의 고려 군사를 이끌고 요동을 향해 출정한 이성계는 압록강의 위화도에서 군사를 돌려 개경을 점령하고, 우왕을 폐위하였으며, 요동 정벌을 주도한 최영을 제거하였다. 이를 위화도 회군이라고 한다(1388).
>
> [명의 철령위 설치] 원이 쌍성총관부를 두어 지배하였던 철령 이북 지역에 대한 지배권을 명이 주장한 것이다."

위 교과서에서는 갈등 자체를 기술하고 있지 않고 단지 역사적으로 어떠한 의사결정과 행동이 이루어졌는가를 기술하고 있다. 교과서에 나와 있는 것에서 한 단계 더 나아가 왜 이러한 의사결정을 내렸는지, 이 의사결정과 대립하는 주장과 이유 등에 관해서도 알아볼 수 있다. 위 지문에서 갈등을 이성계의 내부적 갈등으로 파악할 수 있고, 또는 이성계와 최영 사이의 외부적 갈등으로 파악할 수도 있다. 혹은 우왕의 내부적 갈등으로 파악할 수도 있을 것이다.

다음은 이성계와 최영 사이의 외부적 갈등을 구름으로 접근한 것의 한 예이다.

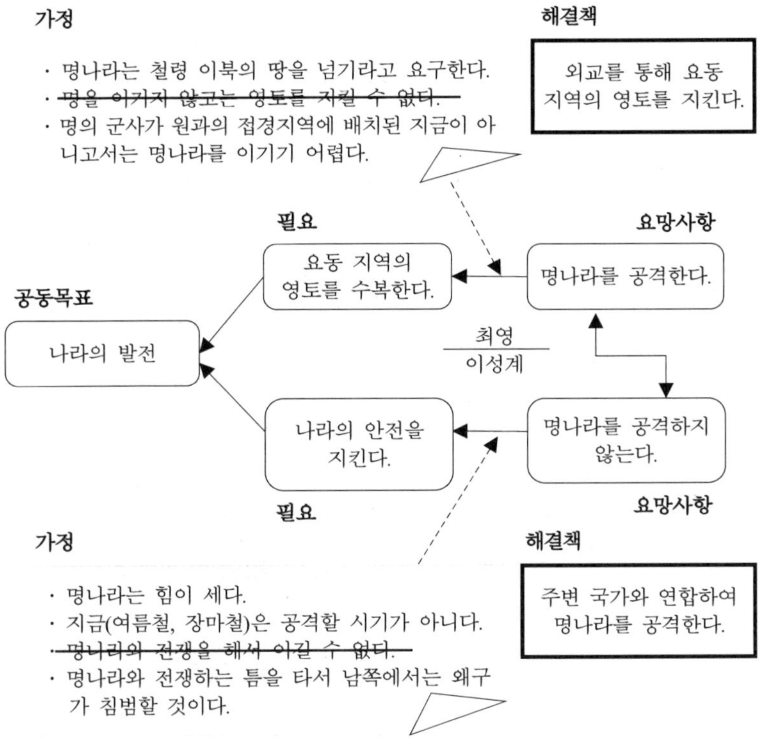

역사적으로 보면 이성계는 명나라를 공격하지 않았고, 명나라와의 외교를 통해 철령 이북 지역 영토를 지킬 수 있었다. 역사적 사건을 학습하는 것도 중요하지만, 사건 이면에 있는 동기를 이해하는 데 구름을 효과적으로 활용할 수 있다. 위 구름에 나타난 동기(필요)와 다른 동기가 있을 수 있는지 확인하는 것도 좋은 학습 과제가 될 수 있다. 또한, 다른 해결책 대안인 "주변 국가와 연합하여 명나라를 공격한다."는 것은 과연 얼마나 실현 가능한 것인지 알아보는 것도 또 다른 과제가 될 수 있다.

4) 논술

(1) 논술이란?

논술은 일정한 주제에 대해 자기 생각을 합당한 근거에 바탕하여 말이나 글로써 진술하여 상대방을 설득하는 행위를 말한다.

논술에는 쟁점, 주장, 근거라고 하는 세 가지 요소가 있다. 주어진 문제에서 무엇이 옳은가를 따져 밝혀야 할 쟁점을 찾는 것으로부터 논술은 시작한다. 쟁점에 대하여 자기주장을 전개하고 이 주장을 뒷받침할 수 있는 근거를 제시함으로써 자기 생각을 상대방에게 전달하여 설득할 수 있는 것이다.

논술문의 작성에서 가장 중요한 것은 표현력이 아니라 사고력이다. 흔히 글을 쓸 때 가장 중요한 것이 문장력이라 생각하는 경향이 있다. 물론 문장력은 글을 쓸 때 매우 중요한 요소이긴 하다. 그러나 논술에서 가장 중요한 것은 얼마나 논제의 요구를 정확히 파악해서 독창적이고 합리적인 주장을 하는가에 있다. 논술문을 작성하기 위해서는 문제에 대한 분명한 분석과 함께 자기주장의 근거를 명백한 논리적 근거하에 제시하여야 한다. 좋은 논술을 진행하기 위해서는 비판적 사고에 의한 논리 전개의 얼개가 먼저 작성되어야만 한다. 논리 전개의 얼개를 구축하는 데에 TOCfE 생각도구를 활용하면 탁월한 성과를 낼 수 있다.

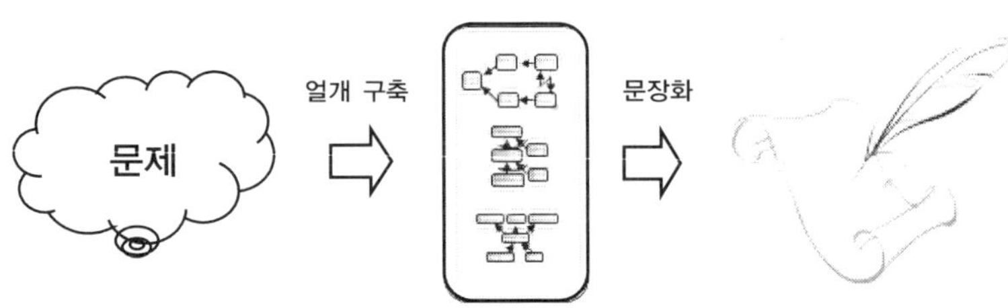

TOCfE의 세 가지 생각도구를 모두 이용하여 논술의 얼개를 구축할 수 있으나, 여기에서는 구름을 활용하는 방법에 대해서만 다루기로 하겠다.

(2) 구름을 활용한 얼개의 구성

쟁점이 있는 문제에는 반드시 갈등이 있게 마련이고 갈등 구조는 구름으로 표현할 수 있다. 앞에서 소개한 구름 작성 과정을 적용하여 갈등 상황을 구름으로 나타내고 해결방안을 찾을 수 있다. 구름을 이용하여 갈등을 정의하고 해결방안을 찾아내는 과정은 앞에서 다루었다. 전체적 과정을 요약하면 다음과 같다.

① 갈등 상황을 파악한다.
② 대립하고 있는 측이 누구인지 명시한다.
③ 각 측의 주장을 정리한다.
④ 각 측이 주장을 통하여 만족시키고자 하는 '필요'에 대하여 정리한다.
⑤ 양측의 필요가 만족되면 얻을 수 있는 상태인 '공동목표'를 찾아낸다
⑥ 양측 주장 이면에 있는 가정을 노출한다.
가정 목록을 적는다.
가정들을 분류, 통합, 삭제 등의 과정을 거쳐 정리한다.
⑦ 가정을 무력화시킬 대안을 찾아본다.
참신한 대안을 찾아내도록 한다.
찾아낸 대안이 과연 가정을 무력화하는 것인지 확인하도록 한다.
⑧ 대안 적용 시 갈등이 해소되는지를 확인하도록 한다.

우리나라에서 한동안 사회적으로 열띤 논쟁의 이슈가 되었던 '한반도 대운하 건설'을 예를 들어 설명하기로 한다.[11] (예로 든 '한반도 대운하 건설'과 관련해서 앞으로 나오는 여러 주장과 대안들의 객관적 진실성은 보증할 수 없다. 구름 활용 과정을 소개하는 하는 것이 이 글의 주된 관심사임을 밝혀둔다.)

한반도 대운하와 관련하여 대표적으로 정부 측과 시민단체의 의견이 대립하고 있다. 정부 측은 한반도 대운하 건설이 필수적이라고 주장하고 있고 시민단체들은 대운하 건설을 해서는 안 된다고 정부와 대립하고 있다. 이 대립을 어떻게 풀어야 할지 알아보기로 하자.

양측의 주장은 각각 나름대로의 근거가 있다. 정부측에 따르면 물류비용을 줄이기 위해서는 한반도 대운하 건설이 필수적이라고 주장하고 있다. 이에 반하여 시민단체들은 한반도 대운하를 건설하면 심각한 환경파괴가 발생하므로 환경을 보호하기 위해서는 대운하 건설을 해서는 안 된다고 한다.

양측은 서로 상반된 주장을 하고 있어 한쪽의 주장을 내세우면 다른 쪽의 주장을 내려놓아야 하는 대립 상황에 있다. 양측 의견의 대립을 구름으로 표현하여 볼 수 있다. 우선 각 주장과 주장을 통해 이루려고 하는 동기(필요)는 다음과 같다.

11) 한반도 대운하(Grand Korean Waterway) 계획이란 남한강과 낙동강을 가로막는 소백산맥의 조령을 뚫어 인천에서 부산까지 이어지는 내륙운송 수로를 건설하겠다는 것으로 2007년 대한민국 대통령 선거를 맞아 이명박 후보가 내놓은 건설 공약이다. 대통령 당선 이후 본격적으로 추진되었으나 시민들의 반대에 부딪혀 계획이 변경되었다.

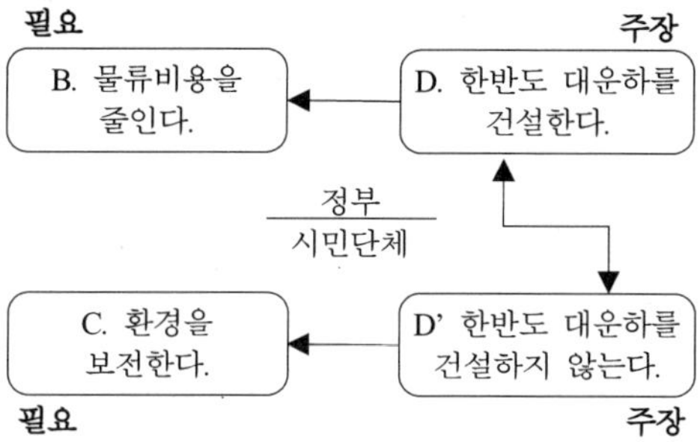

여기에서 양측의 필요가 만족된 상태(어떻게 그것이 가능한지는 아직 잘 모르겠지만)가 어떠하지를 알아보자. 즉 물류비용도 줄일 수 있고 동시에 환경도 보전될 수 있다면 우리는 어떠한 상태에 있다고 말할 수 있는 것일까? '대한민국의 경쟁력이 높아진 상태'라고 보아도 무방하지 않을까? 그렇다면 '대한민국의 경쟁력이 높아진 상태'는 양측이 모두 도달하기를 원하는 공동 목표라고 할 수 있다. 이렇게 양측의 필요가 모두 만족된 상태인 '공동목표' 까지 넣어서 표현된 구름의 모습은 다음과 같다.

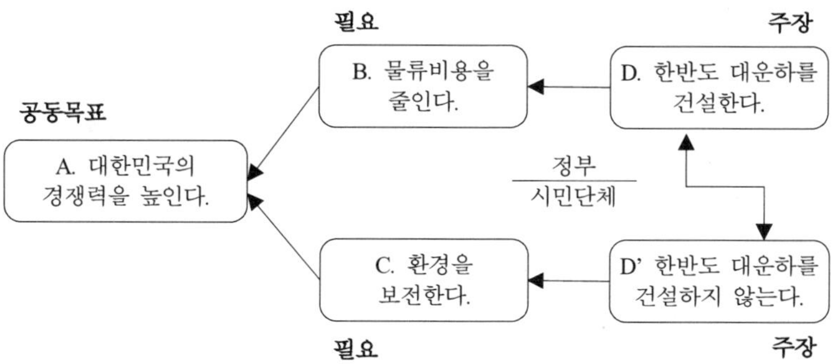

구름에는 5개의 화살이 있고 각 화살에는 가정(또는 전제, 근거)이 깔려있다. 각 화살에 숨어 있는 가정들을 노출시키고 가정을 무력화시키거나 더 이상 유효하지 않게 할 수 있는 방안을 찾아내도록 한다.

여기에서는 B-D 사이의 가정을 검토하기로 하자. (다른 화살의 가정을 검토할 수도 있을 것이다. 예를 들어 A-B 사이의 가정을 검토하여 A를 이루기 위해 반드시 B가 필요한가를 확인해 볼 수 있다. 경우에 따라 A를 위해 B가 반드시 필요한 것이 아닐 수도 있음이 밝혀질 수 있다.)

대운하 건설을 주장의 근거로 '1)경부선 도로는 물동량 처리능력이 곧 포화상태가 된다. 2) 경부선 도로 추가 건설은 비경제적이다. 3) 수출 화물은 주로 부산항을 이용한다. 4) 대운하만이 경제적인 대안이다.'들이 알려져 있다. 이러한 근거들이 B-D 사이의 가정이라고 볼 수 있는 것들이다.

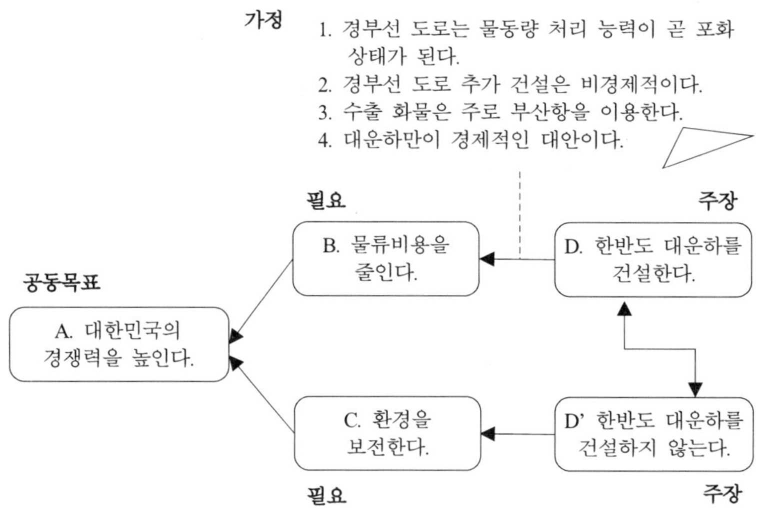

이러한 가정들을 무력화시킬 방안은 무엇이 있을까? 가정 1)을 무력화시키기 위해서는 경부선 도로 건설을 추가로 하던가 아니면 경부선 도로 교통량을 줄일 수 있는 방안이 필요할 것으로 보이는데, 이러한 방안을 도출하는 것을 현실적으로 그리 쉽지 않아 보인다.

가정 3)은 수출 화물은 주로 부산항을 이용한다는 것인데 이는 수도권 근방에 이용할 수 있는 항만이 없다는 것을 전제한다. 그러면 한반도 대운하를 건설하지 않으면서도 물류비용을 줄일 수 있는 방안은 무엇이 있을 수 있을까? 수도권 (근방)에 충분한 능력의 항만(예: 인천항, 평택항)과 항만과 수도권 사이의 운송체계가 구축되어 있다면 수도권에서 발생하는 화물은 앞으로 이러한 항만을 이용하는 것이 더 경제적일 수 있다. 따라서 한반도 대운하를 건설하는 것 대신에 새로운 대안으로서 '수도권(근방) 항만 물류시스템을 확장 개발하는 것'을 생각해 볼 수 있다.

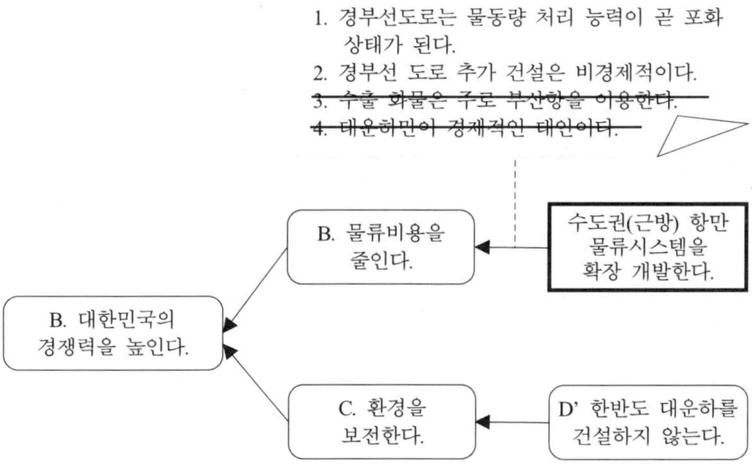

수도권(근방)의 항만 물류 시스템을 확장하면 기업의 물류비용을 감소시킬 수 있으면서도 대운하 건설에서와 같은 하천 환경의 파괴와 같은 부작용이 나타나지 않게 될 것이다.

이상이 구름 도구를 이용하여 한반도 대운화 건설과 관련된 대립을 어떻게 다룰 것인가에 대한 얼개이다. 이것을 문장으로 옮겨 논술문을 작성하게 된다.

(3) 구름 그림의 문장화

구름으로 작성된 내용을 문장으로 옮기는 것을 그리 어렵지 않다. 구름이 제대로 작성되었는지 검증할 때에 소리 내어 읽어본다고 하였는데, 이것이 문장으로 옮기는 것의 기본이 된다.

구름 그림을 문장으로 표현하는 방법에는 융통성이 있다. 문장으로 표현하는 데 여러 가지 변형이 있다는 것을 아래에 구체적으로 보이겠다.

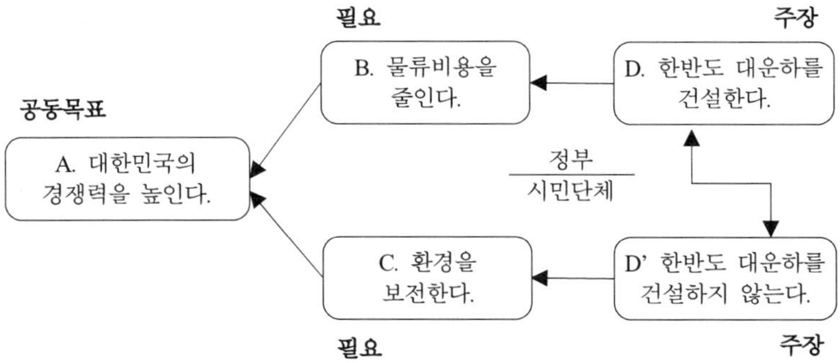

앞에서 소개한 위 구름을 문장으로 표현하는 기본형은 이미 설명한 바와 같이 다음과 같다:

A이기 위해서는 B이어야만 한다. B이기 위해서는 D이어야만 한다. 한편,

A이기 위해서는 C이어야만 한다. C이기 위해서는 D’이어야만 한다.

D와 D’은 양립할 수 없다.

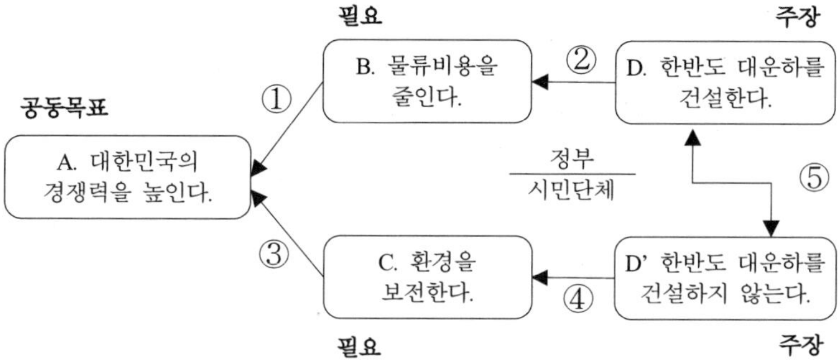

이 기본형에 따라 문장화를 한 예는 다음과 같다: (문장 안의 숫자는 구름 안에 표시된 화살의 숫자에 대응된다.)

① 대한민국 경쟁력을 높이기 위해서는 물류비용을 줄여야만 하고
② 그러기 위해서는 한반도 대운하를 건설해야만 한다. 한편
③ 대한민국의 경쟁력을 높이기 위해서는 환경을 보전해야만 하고
④ 그러기 위해서는 한반도 대운하를 건설해서는 안 된다.
⑤ 한반도 대운하를 건설하는 것과 한반도 대운하를 건설하지 않는 것은 양립할 수 없다.

그런데 문장화를 할 때에는 여러 가지 변형이 가능하다.
다음은 첫 번째 변형이다.

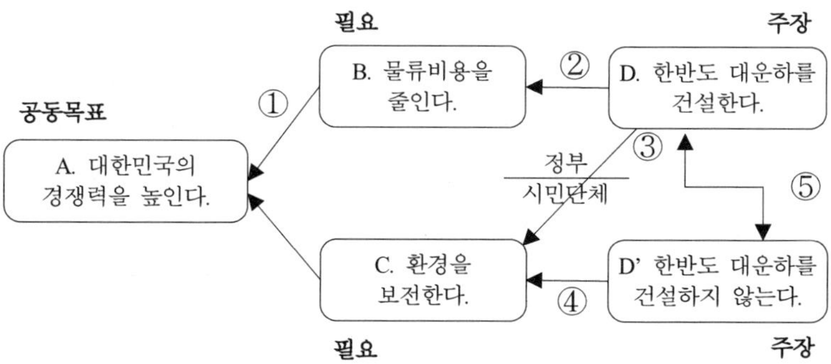

① 대한민국 경쟁력을 높이기 위해서는 물류비용을 줄여야만 하고
② 그러기 위해서는 한반도 대운하를 건설해야만 한다. 한편
③ 한반도 대운하를 건설하면 환경이 파괴되기 때문에
④ 환경보전을 위해서는 한반도 대운하를 건설해서는 안 된다.
⑤ 한반도 대운하를 건설하는 것과 한반도 대운하를 건설하지 않는 것은 양립할 수 없다.

또 다른 변형을 소개한다.

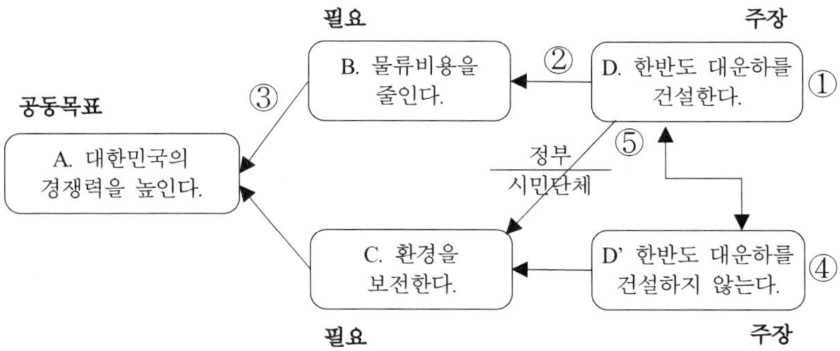

① 정부 측은 한반도 대운하를 건설해야 한다고 주장하고 있다.
왜냐하면 ② 대운하를 통해 물류비용을 줄일 수 있어
③ 대한민국의 경쟁력을 높일 수 있기 때문이다. 한편
④ 시민단체들은 대운하 건설을 반대하고 있다.
왜냐하면 ⑤ 대운하 건설을 하면 환경을 보전하기 어렵기 때문이라고 주장한다.

다음은 또 다른 변형이다.

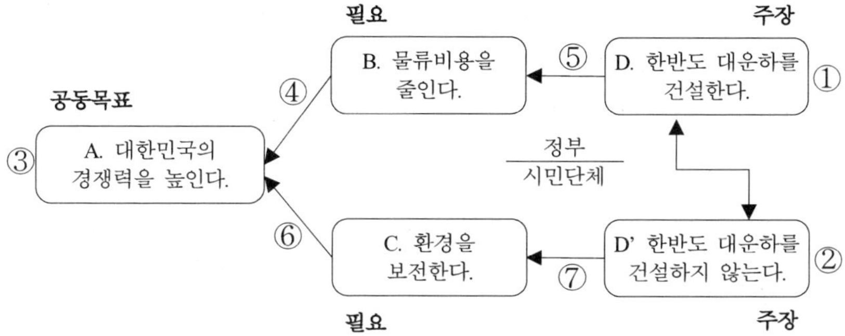

① 정부 측은 한반도 대운하를 건설해야 한다고 주장하고 있고
② 시민단체들은 반대하고 있다.
③ 양 측 모두 대한민국의 경쟁력을 높인다는 동일한 목표를 가지고 있다.
④ 정부 측은 대한민국의 경쟁력을 높이기 위해서는 반드시 물류비용을 줄여야 하고
⑤ 이를 위해서는 한반도 대운하를 건설해야만 한다고 주장한다. 한편
⑥ 시민단체들은 대한민국의 경쟁력을 높이기 위해서는 반드시 환경이 보전되어야 하는데,
⑦ 이를 위해서는 한반도 대운하를 건설해서는 안 된다고 주장하고 있다.

앞에서 본 바와 같이 하나의 구름을 문장으로 표현하는 방식은 여러 가지가 가능하다. 기본형에 따라 문장화를 하여도 무방하지만, 부드러운 표현을 위해서 변형을 택하는 것도 무방하다.

TOCfE 생각도구의 상자들을 문장으로 옮길 때 되도록 문장을 간결하게 표현하는 것이 문장을 논리적으로 만드는 데에 좋다. 문장이 길

어지면 짧게 쪼개고 필요한 경우 '따라서', '왜냐하면', '때문에'와 같은 접속어를 넣는다.

또한, 문맥상 논술자의 뜻이 분명하게 전달될 수 있다면, 문장 표현을 자연스럽게 하기 위해 표현을 가감하는 것도 논술문의 의사소통에 도움이 된다. 그리고 문장에서 자신의 주장을 더 분명하게 전달하기 위해 같은 문장을 두 곳 이상에서 반복하거나, 순서를 뒤바꾸어 나타내는 것이 효과적일 수 있다.

그러나 TOCfE 생각도구의 그림으로 구성된 얼개의 기본틀을 어기면서까지 문장을 가감하는 것은 논리상 비약 또는 상충이 될 수 있으므로 유의하여야 한다.

나머지 부분의 구름 그림을 문장화하는 것은 별 어려움이 없다. 논술문 전체의 템플릿과 논술문 예제를 다음에 보인다.

(4) 구름 기반의 논술문 형식 템플릿

구름을 기반으로 한 논술문 형식의 한 가지 템플릿을 제시하면 아래과 같다.

> 유의사항:
>
> 아래 템플릿은 구름을 활용하여 논술의 얼개를 정하고 이를 논술문으로 전개하는 한 가지 예를 보인 것이다. 앞에서도 언급하였지만, 논술문의 작성에서 가장 중요한 것은 표현력이 아니라 사고력이다. 올바른 논술문을 작성하기 위해서는 문제에 대한 분명한 분석과 함께 자기주장의 근거를 명백한 논리적 근거하에 제시하여야 한다.
>
> 위 템플릿은 논리 전개의 얼개를 구축하는 데에 참고할 수 있는 한 가지 유형에 불과함을 잊어서는 안 된다. 내적인 사고력이 뒷받침되지 않고 외적인 형식만의 모방을 통해서는 자신의 주장을 상대방에 전달하여 설득한다는 논술의 기본적 취지를 달성할 수 없다.

	항목	논술문장 형식 예시
서론	1.1 전체 내용에 관한 관심 끌기	[문제 쟁점]을 둘러싸고 많은 갈등이 일어나고 있다.
	1.2 문제의 쟁점을 소개	[문제 쟁점]을 나타내는 구름을 서술한다: A이기 위해서는 B이어야만 하고 그러기 위해서는 D이어야만 한다. 한편, A이기 위해서는 C이어야만 하는데 그러기 위해서는 D'이어야만 한다.
	1.3 본론에 대한 안내	그러면 [문제 쟁점]의 갈등 문제를 어떻게 해결할 수 있는지를 알아보도록 하자.
본론	2.1 문제의 해결방안 제시하기	구름의 가정을 노출하고 해결방안을 제시: B이기 위해서 D를 해야만 하는데(또는 C이기 위해서 D'을 해야만 하는데), 왜냐하면 가정들…이다. 가정x는 …을 전제하고 있다. 해결방안으로서 …을 제시한다.
	2.2 해결방안의 타당성 점검하기	해결방안을 실시했을 때 나타나는 결과들을 간략하게 서술함.
결론	3.1 지금까지의 전체 진행 과정 요약하기	지금까지 우리는 [문제 쟁점]과 관련된 원인과 그 해결책에 대하여 알아보았다. 요약하면 … [문제 쟁점]을 나타내는 구름을 서술한다.
	3.2 중심 주장과 그 결과를 재강조하기	해결방안을 소개하고 해결방안의 결과를 간략하게 설명한다.

(5) 템플릿에 따른 논술문 예

[실제 논술문에서 [ ]부분은 빠짐.]

제목 : 대운하 건설의 갈등 문제 해결

[전체 내용에 관한 관심 끌기]

대운하 건설에 대해 사회적으로 많은 갈등이 일어나고 있다.

[문제의 쟁점을 소개]

정부 측은 한반도 대운하를 건설해야 한다고 주장하고 있다. 왜냐하면, 국가 경쟁력을 높이기 위해서는 물류비용을 줄여야 하고 이를 위해서는 한반도 대운하 건설이 필요하다고 한다. 반면에 시민단체들은 대운하 건설에 반대하고 있다. 왜냐하면, 대운하 건설을 통해 야기되는 각종 환경문제가 심각하다고 주장하기 때문이다.

[본론에 대한 안내]

대운하 건설의 갈등 문제를 어떻게 해결할 수 있을지 알아보도록 하자.

[문제의 해결방안 제시하기]

정부 측에서는 물류비용을 줄이기 위해서는 반드시 한반도 대운하를 건설해야만 한다고 하는데, 과연 한반도 대운하를 건설하지 않으면서도 물류비용을 줄일 방안은 없는 것일까?

[문제의 해결방안 제시하기: 구름에서 가정 노출하기]

물류비용을 줄이기 위해서 한반도 대운하 건설이 필요하다는 근거는 경부선 상의 화물 운송량이 많고 경부선도로는 물동량 처리 능력이 곧 포화상태가 되는데 경부선 도로의 추가 건설은 비경제적이고 대운하만이 경제적인 대안이라는 점이다. 그런데 이는 수도권 근방에 이용할 수 있는 항만이 없다는 것을 전제로 하고 있다.

[문제의 해결방안 제시하기: 구름에서 가정을 무력화하는 해결방안 제시하기]

수도권 (근방)에 충분한 능력의 항만과 항만-수도권 사이의 운송체계가 구축되어 있다면 수도권에서 발생하는 화물은 앞으로 이러한 항만을 이용하는 것이 더 경제적일 수 있다. 따라서 한반도 대운하를 건설하는 것 대신에 새로운 대안으로서 '수도권(근방)의 항만 물류시스템을 확장 개발하는 것'을 생각해 볼 수 있다.

수도권(근방)의 항만 물류 시스템을 확장하면 기업의 물류비용을 감소시킬 수 있으면서도 대운하 건설에서와 같은 하천 환경의 파괴와 같은 부작용이 나타나지 않게 될 것이다.

[지금까지의 전체 진행 과정 요약하기]

지금까지 우리는 한반도 대운하 건설과 관련된 갈등의 원인과 그 해결책에 대하여 알아보았다.

요약하여 말하자면 정부 측은 대한민국의 경쟁력 향상을 위하여 물류비용을 줄여야 하고 이를 위해서는 한반도 대운하 건설이 필요하다고 하는 반면, 시민단체들은 대운하 건설을 통해 야기되는 각종 환경 파괴 문제로 인해 대운하 건설에 반대하고 있다.

[중심 주장과 그 결과를 재강조하기]

우리는 한반도 대운하 건설을 하지 않고 물류비용을 줄일 수 있는 대안으로서 수도권(근방)의 항만 물류시스템을 확장 개발하는 것을 제시하였다. 수도권(근방)의 항만 물류시스템을 확장 개발함으로써 환경을 보전할 수 있으며 동시에 물류비용도 줄일 수 있다. 이를 통하여 물류비용이 감소됨으로써 기업의 경쟁력이 향상되어 일자리가 늘어날 뿐만 아니라 환경이 보전됨으로써 대한민국의 경쟁력은 크게 증진될 것이다.

5) 구름의 일반화

일반적으로 학생들이 수업시간에 배운 내용을 자신의 일상생활에서 적용하는 것을 왜 어려워할까? 그것은 교재 속의 교과 내용이 자신의 삶과 관련이 없다는 인식에서 기인한다. 학습 내용과 자기 삶 사이에 관련성(relevance)이 없어 보이면 학습 동기가 떨어지게 마련이다. 이러한 인식을 극복할 방법은 없을까? 만약 학습 내용과 삶 사이의 관련성을 확보할 수 있다면 가능할 것이다. 어떻게 그 관련성을 확보할 수 있을까?[12)]

교재에서 나온 갈등을 구름으로 정리하였다고 하자. '맥베스'의 갈등을 예로 들어 설명한다.

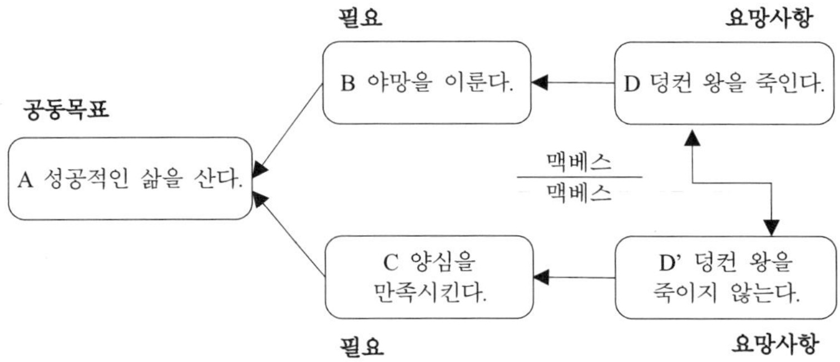

이렇게 교재의 갈등을 구름으로 표현했을 때 이를 교재 구름(text cloud)이라고 한다. 교재 구름이 실제 삶에서 관련성이 있다는 것을 어떻게 얻어낼 것인가?

그것은 우선 구름 상자의 내용 중 구체적인 것을 일반화하여 일반적 내용의 구름을 만드는 것부터 시작한다. 위의 예에서 A, B, C 상자의 내용은 상당히 일반적인 데 반하여 요망사항 D와 D' 상자의 내용은 구체적이고 특정 상황에 맞추어진 것이라고 볼 수 있다. A, B, C 상자의 내용은 그대로 두고 D와 D' 상자 내용을 일반화하여 보자.

---

12) Rami Goldratt은 미국 미시건주 디트로이트에서 열린 2001년 6월 5차 TOCfE국제 컨퍼런스에서 교과 내용을 현재의 일상생활에 연결하기 위해 특정의 교과 구름에서 일반화된 구름을 거쳐 특정 개인적 구름으로 가는 프로세스를 발표하였다.

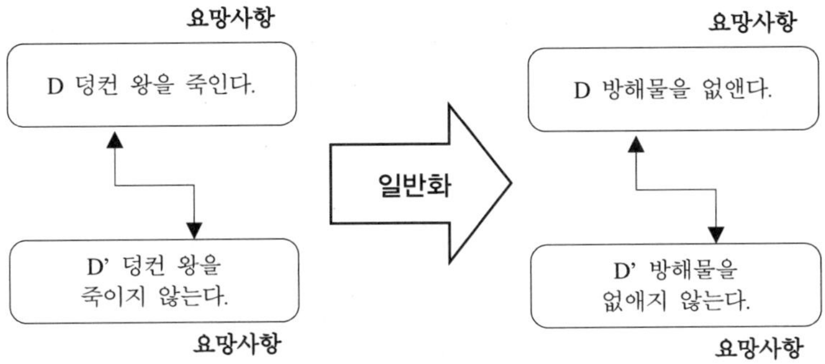

'덩컨 왕을 죽이는 것'은 '방해물을 없애는 것'의 구체적 구현이라고 볼 수 있다. 그러면 '덩컨 왕을 죽일까 말까'라는 갈등은 '방해물을 없앨까 말까'라는 더 포괄적 갈등이 구체화된 예라고 볼 수 있다.

결국, 맥베스의 내적 갈등은 다음과 같은 일반화된 갈등의 구체적 예라고 볼 수 있다.

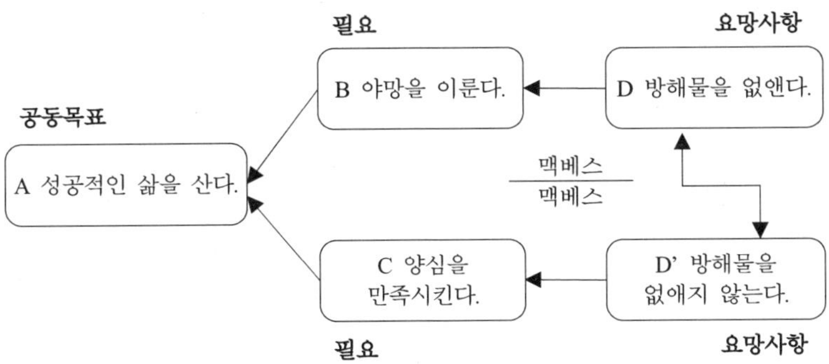

이렇게 일반화된 구름을 일반적 구름(generic cloud)이라고 부른다.

그러면 이렇게 일반화된 구름에서 요망사항 D, D'을 학생 개개인에게 해당하는 구체적 이슈로 대체하면 그 구름은 학생 개인 삶과 직접적으로 관계된 것을 표현하게 된다. 예를 들어보자면 다음과 같다.

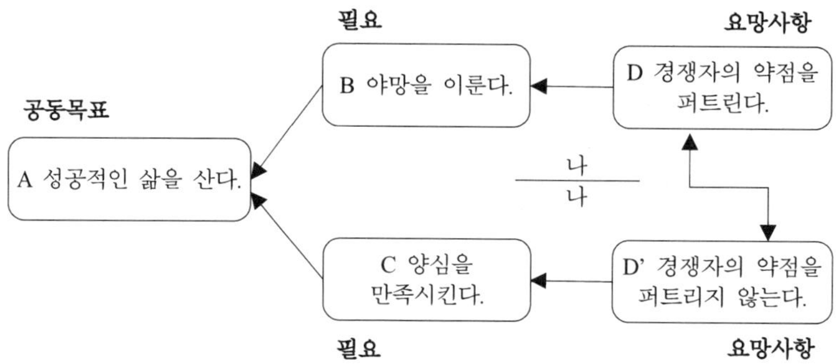

이러한 구름을 개인 구름(personal cloud)이라고 부른다. 개인 구름은 학생 개개인의 상황에 맞는 갈등에 해당한다. 개인 구름을 찾게 된 학생은 교재에 나온 내용이 자기 삶에 어떻게 연관되는지를 더욱더 명확하게 이해할 수 있게 된다.

이 과정을 도식적으로 표현하면 다음과 같다.

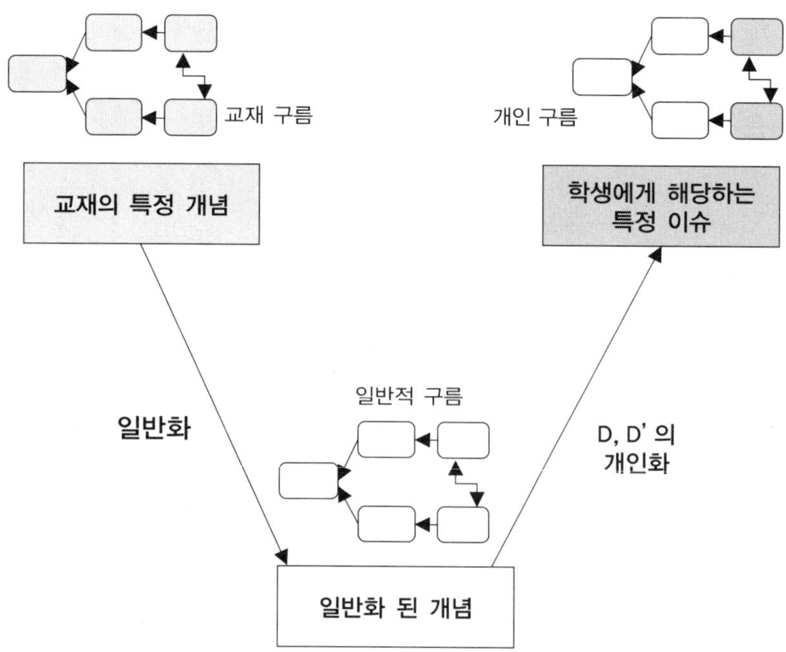

교재 구름에서 일반적 구름을 얻어낼 때 반드시 요망사항 D, D'만 일반화할 필요는 없다. 경우에 따라서는 필요 B, C 또는 공동목표 A까지 일반화하는 것이 필요할 수도 있다. 예를 들어 3.2.2절에서 소개한 주한이네 마을의 갈등을 표현하는 교재 구름을 보자.

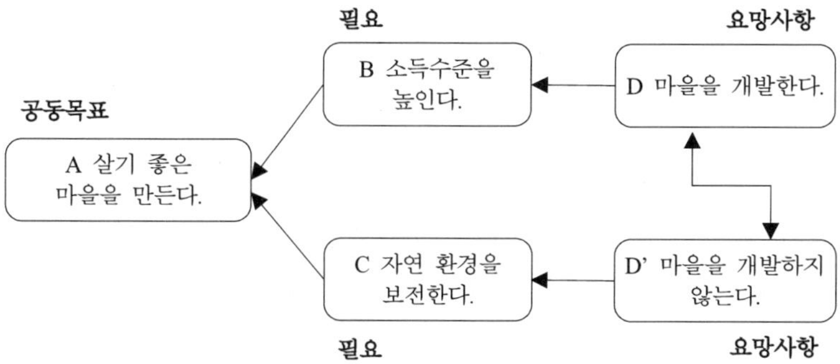

이 교재 구름에 공동목표 A와 필요 B, C는 주한이네 마을의 상황에 한정되는 구체적인 면이 있다. 요망사항 D, D' 뿐만 아니라 이것들까지 일반화하여 얻은 일반적 구름의 예가 다음과 같다.

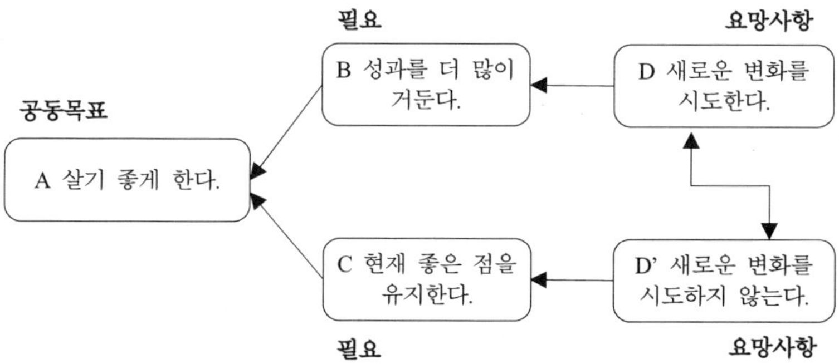

다음은 이 일반적 구름에서 요망사항 D, D'을 어느 학생의 생활에 맞추어 얻은 개인 구름이다.

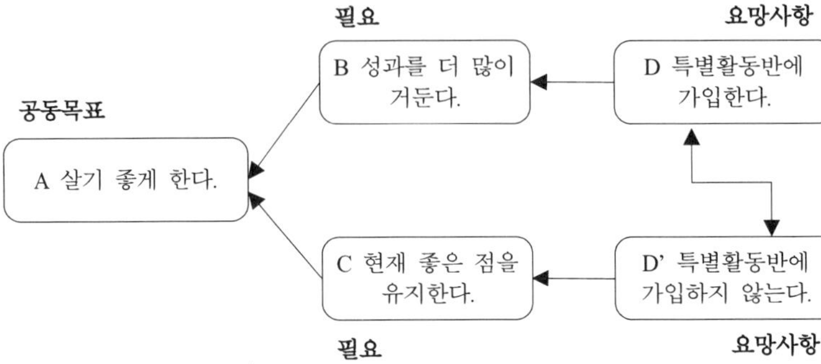

위와 같이 교재 구름으로부터 일반화의 과정을 거쳐 일반적 구름을 얻은 다음 개인화 과정을 통해 학생의 개인적 구름까지 얻게 하면, 학생들은 교과의 내용이 자신의 삶과 연관성이 있음을 알게 되고 그 결과 학습 동기가 더 높아지게 되는 것이다.

6) 교실에서 구름의 활용 방법

갈등을 내포하고 있는 주제에 대해 교실에서 구름을 활용하는 방법은 여러 가지가 있다. 아래에 몇 가지를 제시하여 보기로 한다.

표준 방식

1. 교과서의 지문에 따라 구름을 그려본다.
   이때, 구름에서 일부의 상자를 비워 두고 학생들로 하여금 그 내용을 채우게 하는 것도 좋은 교육 방법이다.
2. 구름이 제대로 그려졌는지 소리 내어 읽어서 검증해 보도록 한다.
3. 가정을 노출해 본다.
   가정 목록을 적는다.
   가정들을 분류, 통합, 삭제 등을 통하여 정리한다.

4. 가정을 무력화할 대안을 찾아본다.
   참신한 대안을 찾아내도록 한다.
   대안이 가정을 무력화하는 것인지 확인하도록 한다.
5. 대안 적용 시 갈등이 해소되는지를 확인하도록 한다.

위의 과정은 개별 활동 또는 모둠 활동으로 진행할 수 있다.

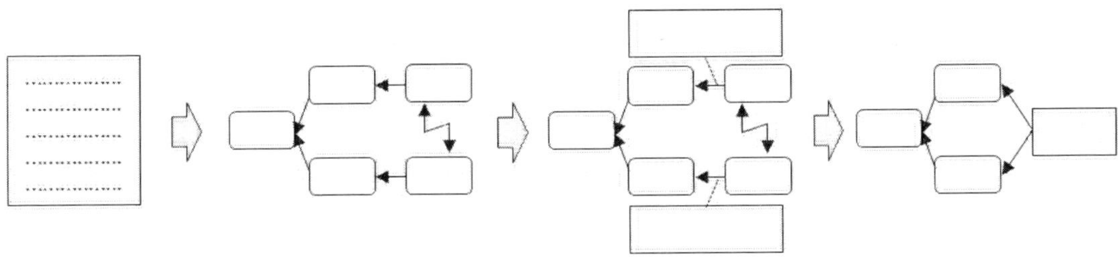

교과서 지문을 보완하는 실습

1. 교과서의 지문의 내용에 맞추어 구름을 그린다.
2. 이렇게 얻은 구름을 보고, 교과서의 지문을 다시 보완한다.
   (지문에는 구름의 내용 중 필요, 또는 가정의 내용 중 일부가 빠져 있을 수 있다. 빠진 부분을 지문에 추가하여 다시 작성해 보는 것도 좋은 훈련 방법이 된다.)

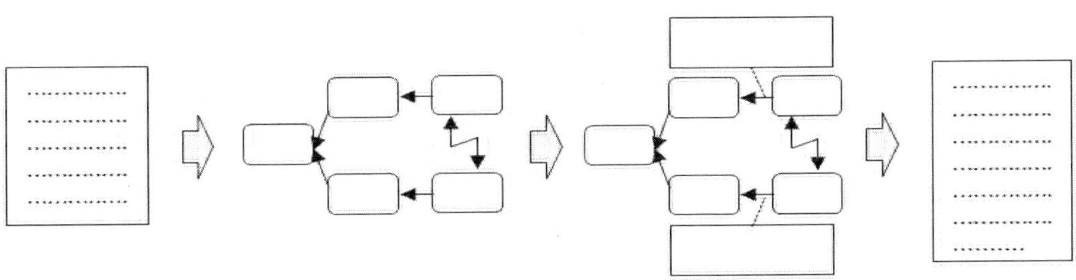

방석 구름을 이용하는 실습

1. 5개의 방석을 준비한다.
2. 방석 별로 한 명을 배정한다.
3. 각자의 역할을 주지시킨다.
4. 구름 작성 순서에 따라 방석에 앉은 학생이 말을 하도록 한다.

혹은 두 명을 택해 각자 한 측을 대변하도록 한다.

1. 5개의 방석을 준비한다.
2. D와 D' 방석에 각각 앉게 한 다음 각자의 요망사항을 말하게 한다.
3. B와 C 방석으로 각각 이동한 다음 각자의 필요를 말하게 한다.
4. A 방석에 두 명이 같이 앉게 한 다음 공동목표를 함께 말하게 한다.

<말레이시아 푸트라 초등학교 교실 모습>

<폴란드 유치원 모습>

글쓰기

3.2.4 논술 편 참조.

토론 실습

1. 두 편의 팀으로 가른다.
2. 팀별로 주장을 각각 말하도록 한다.
   각 팀의 요망사항과 필요를 말하게 한다. (B&D vs. C&D')
3. 사회자 또는 각 팀 대표가 공동목표를 도출하여 토론 문제를 하나의 구름으로 표현한다.
4. 구름을 읽어 봄으로써 토론 주제에 대한 각 팀의 주장을 다시 확인한다.
5. 각 팀이 가정을 노출하여 자기주장의 논리적 근거를 밝힌다.
6. 각 팀은 상대편의 주장이 갖고 있는 논리적 근거인 가정에 대해 상대편에 질문을 던진다.
7. 각 팀은 상대편의 답변을 듣고 상대편 주장의 가정을 무력화하는 대안을 제시하고 발표한다. 각 팀이 대안을 발표할 때 그 대안이 어떠한 가정을 무력화하는 것이고 또한 그 대안이 win-win 해결책이 되는지를 설명하도록 한다.
8. 각 팀은 상대 팀이 제시한 대안이 가정 무력화 또는 win-win 해결능력에 어떠한 문제점이 있는지를 지적한다.
9. 각 팀은 상대 팀의 반론에 대해 그 근거를 무력화하거나 수정대안을 제시한다.
10. 각 팀은 자기 팀의 최종 대안을 실행하면 win-win 해결책이 되는지를 설명한다.
11. 사회자가 최종적으로 종합 정리를 한다.

|연습|

문제1.

다음의 편지글을 읽고 구름을 이용하여 상대를 배려하는 글로 바꾸어 다시 써 보자.

사랑하는 아빠에게

아빠, 요즘 많이 힘드시죠? 늦게까지 일하시고 피곤한 얼굴로 집에 들어오시는 아빠를 뵐 때마다 죄송스러운 생각이 들어요. 아빠는 항상 가족을 위해 힘들게 일하시는데, 지금껏 저는 제가 하고 싶은 것을 아빠께 요구하기만 했으니까요. 그런데 어떻게 하죠? 또, 아빠께 부탁드릴 것이 있어요.

어제 엄마가 말씀하신 대로 요즘 아빠의 건강이 부쩍 나빠지신 것 같아요. 전에는 주말에 같이 여행도 다니고 외출도 자주 했었는데, 요즘엔 주무시기만 하시잖아요? 또, 집에 들어오실 때 항상 피곤한 표정이세요. 엄마랑 함께 곰곰이 생각해 봤어요. 아빠가 요즘 왜 그리 피곤해하시는지를 말이에요. 그리고 그것이 아빠가 피우시는 담배 때문이라고 결론을 내렸어요.

물론, 아빠가 힘들게 일하신다는 것은 잘 알고 있어요. 그리고 아빠가 일 때문에 받는 스트레스를 풀려고 담배를 피우신다는 것도 알고 있어요. 그런데 아빠, 담배가 스트레스를 풀어 준다고 생각되지 않아요. 잠깐 기분은 좋아지실지 몰라도 몸엔 더 해롭지 않아요? 얼마 전, 텔레비전에서 담배가 얼마나 해로운지를 알려 주는 프로그램을 본 적이 있어요. 그거 보면서 아빠 걱정 많이 했어요. 아빠도 저렇게 되시면 어쩌나 하고요.

예전처럼 환하게 웃으면서 집에 들어오시는 아빠의 모습을 다시 뵙고 싶어요. 그리고 가족과 함께 여행도 하시면서 주말을 보내시는, 건강한 아빠의 모습도요. 앞으로는 저도 아빠 말씀 잘 들을게요.

아빠, 사랑해요.

- 아빠를 사랑하는 딸이

문제2.

조선의 개항과 관련해서 대립되는 박규수와 최익현의 입장을 살펴보고 이 갈등을 풀어낼 수 있는 해결방안을 구름을 이용하여 찾으라.

1870년대 박규수의 사랑방은 젊은이들로 붐볐다. 10여 년 후 갑신정변을 일으킨 박영효, 김옥균, 서광범 등도 이곳에서 박규수로부터 개화에 대한 가르침을 받았다. 박규수는 서양의 침략으로 어려움을 겪는 청의 현실을 직접 목격하고 서양 문물의 수용에 대하여 고민하였다. 그는 서양을 오랑캐로만 취급할 수도 없고 오랜 조선의 전통문화를 모두 버리고 서양의 문화를 받아들일 수도 없다고 생각했다. 나라가 안정되고 나서 서양의 문물을 받아들이면 좋겠지만 그러기에는 너무 늦다고 생각한 박규수는 나라의 안정과 서양과의 교류를 동시에 추진하고자 하였다. 만약 서양의 여러 나라가 무력으로 공격해오면 싸워 물리치고 이들 나라가 교류를 요청해오면 조약을 맺고 근대문물을 받아들여 나라를 부강하게 만들어야 한다고 생각했다.

최익현은 광화문 앞에서 강화도 조약 체결에 반대하는 상소를 올렸다. 그는 목숨을 걸고 상소를 한다는 뜻으로 멍석 위에 도끼를 놓았습니다. "전하, 조약을 맺으면 저들은 교역에 욕심을 부릴 것입니다. 그런데 저들의 물건은 지나치게 사치하고 기이한 노리개이며, 그 양도 무한합니다. 그런데 우리의 것은 대부분 백성의 생존과 관련이 있고, 땅에서 나는 것이어서 그 양이 한정되어 있습니다. 그런데도 백성의 목숨이 걸려있는 한정된 물건을 저들의 사치스러운 물건을 교역을 하게 되면 백성의 마음은 망가지고 나라의 풍속은 문란해질 것입니다. 그러면 수년 후에 우리의 땅과 집이 황폐해지고 나라 또한 망할 것입니다. 이것이 신이 조약을 반대하는 까닭입니다." 그러나 이 상소는 받아들여지지 않았고 최익현은 흑산도로 유배되었다. 그 후 그는 항일의병장으로 활동하였다.

문제3.

의료보험 민영화에 관한 찬반 대립에 대하여 다음 내용을 읽고 구름을 이용하여 해결방안을 제시하여 보라. 이때 필요하면 추가 사실을 검색하여 근거를 보강하여도 좋다.

> 의료보험 민영화에 대해서 많은 의견이 나오고 있다. 민영화에 찬성하는 입장을 보면 경제를 활성화하기 위해서 의료보험을 민영화할 필요하다는 논리를 펴고, 반면에 민영화에 반대하는 입장을 보면 서민들이 안정적인 의료서비스를 제공받기 위해서는 의료보험 민영화를 하지 말아야 한다는 주장이다.

문제4.

문제3 의 구름 그림을 근거로 논술문을 작성하여 보라.

문제5.

문제2 의 구름으로부터 일반적 구름을 찾아보라. 그리고 이 일반적 구름을 기초로 개인적 구름을 하나 이상 제시하라.

3. 경영 영역에서의 활용

교육기관이든 기업이든 간에 어느 조직의 만성적 문제들을 보면 그 뒤에는 딜레마가 연루되어 있다. 왜냐하면, 그렇지 않으면 그 문제는 진작에 풀렸을 가능성이 크기 때문이다. 구름은 이 딜레마를 표현하고 해결책을 찾는 데 유용하게 활용될 수 있다.

조직의 문제를 살펴보면 겉으로 나타나는 문제의 증상들이 많이 있다. 그런데 보통의 접근법에서는 이러한 문제증상[13]들을 열거하고 문제증상의 우선순위를 정한 다음, 우선순위가 높은 문제증상부터 풀려고 시도를 하고 있다. 그런데 문제증상에 대한 처방은 대증요법으로서 근원적 문제해결에 도움이 되지 못한다. TOC접근접은 이와 다르게 문제증상들의 근본원인을 찾는 것부터 시작한다. 원인-결과 관계를 따져 문제증상들로부터 원인을 계속 찾아가다 보면 아주 소수의 공통원인이 나타나게 된다[14]. 이를 근본원인이라고 부른다. 이 과정을 TOC에서는 현재상황나무(Current Reality Tree)를 작성한다고 한다. 현재상황나무를 작성하는 방법은 여러 가지가 있는데 여기에서는 다루지 않도록 한다.[15]

근본원인에는 반드시 딜레마가 관련되어 있다. 이를 구름으로 표현한 것을 핵심대립구름(core conflict cloud)이라고 부른다. 핵심대립구름을 이용하여 핵심대립을 해소하는 해결책을 찾아 이를 적용하면 조직의 문제는 해결되어 단시간에 커다란 성과를 내게 된다.

교육행정에 이 과정을 적용하여 성과를 본 사례를 소개한다.[16]

---

13) TOC에서는 문제증상을 UDE(UnDeirable Effect)라고 표기하고 '우디'라고 읽는다.

14) TOC에서는 이를 내재적 단순함(inherent simplicity)이라고 부른다.

15) 이에 대해서는 Lisa J. Scheinkopf, Thinking Processes Including S&T Trees, Chapter 25 of Theory of Constraints Handbook (ed. by Cox III, J. F. and Schleier, J)을 참조하기 바란다.

Rami Goldratt과 Nava Weiss는 이스라엘 중앙에 위치한 직업 여자 고등학교인 Reut 고등학교에 TOC 생각 프로세스를 적용하여 학업성취도를 대폭 개선하였다. 이 학교는 학생 수 200명 정도로 대부분의 학생은 기숙사 생활하며, 출신 배경은 다양하였다. 많은 학생이 이민자 출신으로 대부분 저소득 가정에서 왔고 학업 성취도가 낮았다.

1995년도에 이스라엘 교육부의 직업 학교 평가척도가 "대학입학자격 취득자 수"로 바뀌었고, Reut 고등학교도 교육계의 변화에 맞추어 평가척도 값을 높이기 위해 노력하였으나 성과가 없었다. 1998년 TOC를 도입하기로 하여, TOC 생각프로세스를 적용하였다. 핵심문제를 찾은 결과 아래와 같이 자원배분 상의 딜레마로 파악되었다.

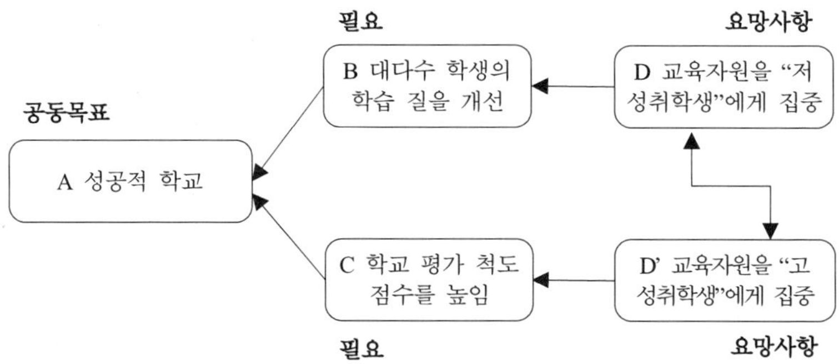

이 핵심문제가 갖고 있는 딜레마를 깨기 위해 B-D 사이의 가정을 노출하여 다음을 얻었다.

16) Goldratt, R. and Weiss, N., "Significant enhancement of academic achievement through application of the Theory of Constraints (TOC)," *Human Systems Management* 24 (2005) 13-19

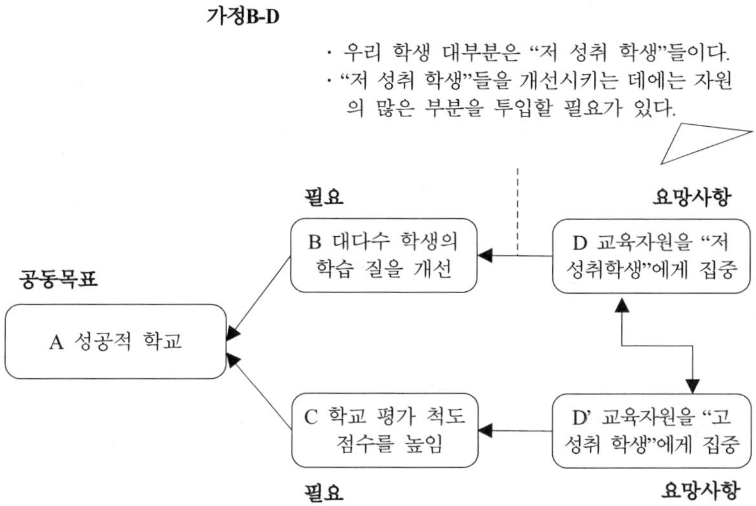

그리고 가정을 무력화하여 다음과 같은 해결방안을 찾았다.

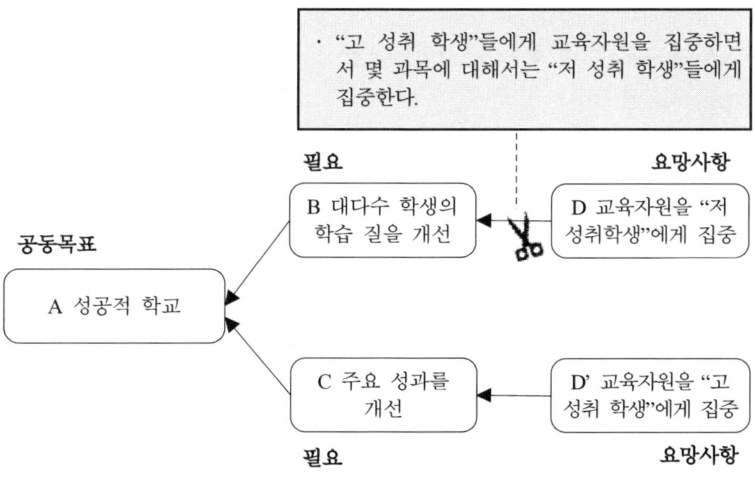

이 해결방안의 성공적 실행을 위해 학교의 교육 자원을 이에 맞추는 집중화 노력이 진행되었다. 그 결과 학생들의 성취도가 대폭 향상

되었다. 대학입학자격 취득자수가 0%에서 67%로 증가하였다.

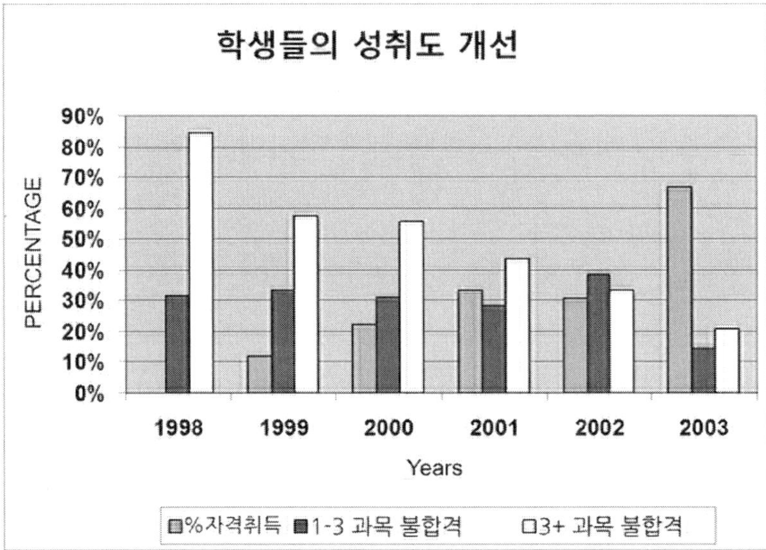

더욱이 이러한 변화는 단기간에 달성되었으며 자원 추가나 인력 증원 없이 이루어졌다.

제4장

『가지(Branch)』

모든 논리적 사고의 근본은 인과 관계를 따지는 것에서 출발한다고 볼 수 있다. 우리가 생각하고 또 말하고 듣는 내용에 인과 관계가 없다면 인간 삶은 유지되기 어려울 것이다. 가지 생각도구는 인과 관계를 이용하는 TOCfE 생각도구이다.

인과 관계는 '만약 A라면, B이다'와 같이 원인과 결과의 관계를 말한다. 예를 들어, '지속적으로 과식을 한다'면 '살이 찐다'에서와 같이 '지속적으로 과식을 한다'가 원인이 되고 '살이 찐다'가 결과가 되는 것이다.

가지는 인과 관계를 그래픽 모양으로 표현하는 생각 도구이다. 앞의 예를 가지로 표현하면 다음과 같다.

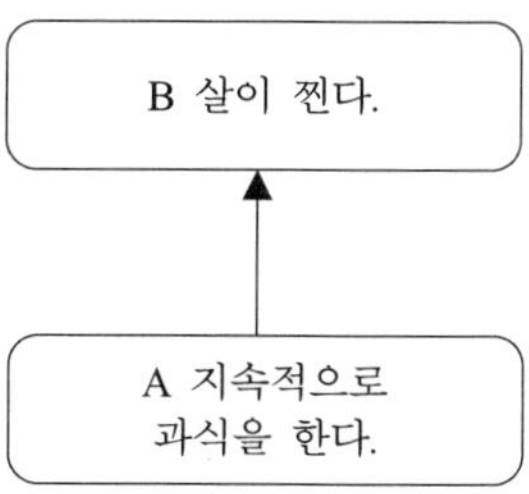

구름 생각도구는 갈등 상황에서 다섯 개의 상자로 갈등 상황을 간결하게 표현하는 도구로서, 갈등이 일어나는 상황의 핵심을 정리하고 그 해결책을 찾아내는 데 탁월한 능력을 갖고 있다. 예를 들어 앞에서 소개한 딸과 아빠 사이의 갈등 구름은 아빠와 딸 각자의 주장과 그 주장의 동기를 보여주고 있다.

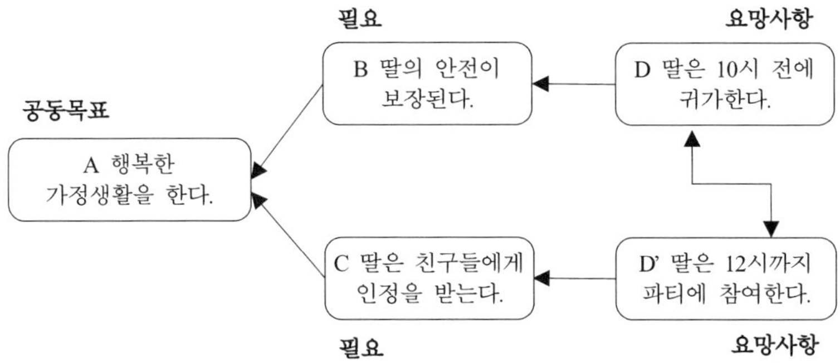

그런데 '딸이 12시까지 파티에 참여하면' 어떠한 결과가 초래되고, 또 '딸이 10시 전에 귀가한다면' 어떠한 결과가 초래되는지, 또 그런 결과가 어떻게 나오게 되는지를 더욱 명확하게 알 수 있다면, 서로의 입장을 이해하는 데 도움이 되고 해결책을 찾는 데에도 좋을 것이다. 다시 말하여, 원인과 결과 관계를 따지는 인과 관계 사고를 잘 할 수 있다면 갈등 해결에도 많은 도움이 될 것이다.

우리가 인과 관계를 잘 파악할 수 있는 능력이 있다면,

· 이 행동을 하면 어떠한 결과가 발생하는가?
· 우리가 부딪히는 현상들의 원인은 무엇인가?

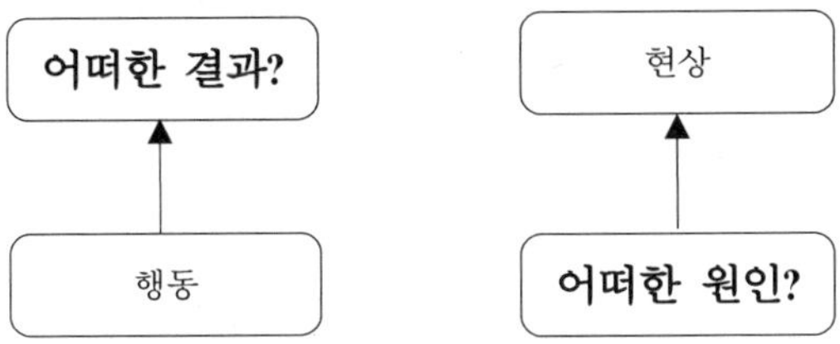

· 변화를 가져오기 위해 어느 부분을 바꾸어야 하는가?
· 개선의 아이디어가 있을 때 이 아이디어의 부작용을 예방하려면 어떻게 보완해야 하나?
· 상대방 의견에서 논리적으로 부적합한 면은 무엇이고 어떻게 개선안을 제시할 수 있을까?

등에 있어서 명확한 판단을 할 수 있게 된다.

모든 논리적 사고의 근본은 인과 관계 사고라고 볼 수 있다. 가지를 이용하면 인과 관계의 사고를 더욱더 명확하게 할 수 있게 된다. 따라서 가지 생각도구 훈련을 잘 하게 되면 여러 가지 효과를 보게 되는데, 우선 행동의 결과를 명확하게 예상함으로써 책임감 있는 의사결정을 할 수 있으며, 사람 사이의 의사소통을 잘 할 수 있게 된다. 또한, 가지를 이용하면 교과 내용을 더욱 깊게 이해할 수 있게 된다. 가지는 논리 가지(Logic Branch)라고도 불린다.

1. 인과 관계 논리 (충분조건 논리)

1) 인과 관계 논리(충분조건 논리)란?

인과 관계는 '만약 A라면, B이다 (If A, then B)'와 같이 원인과 결과 관계를 말한다. TOCfE 생각도구에서는 이것을 그림으로 다음과 같이 나타낸다.

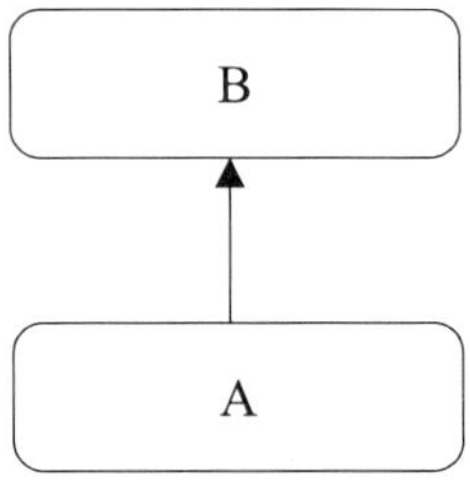

인과 관계 논리는 '충분조건 논리'라고도 불린다. 원인으로 제시된 것이 결과를 유발하기에 충분하다는 것을 나타낸다는 의미이다.

그런데 한 원인만으로는 결과를 유발하기에 충분하지 않고 또 다른 원인과 함께 작용해야만 결과를 얻을 수 있는 경우도 있다. 이럴 경우 다른 원인을 같이 나타낼 필요가 있다. A_1과 A_2가 함께 작용하여 결과 B를 유발한다면 다음과 같이 나타낸다.

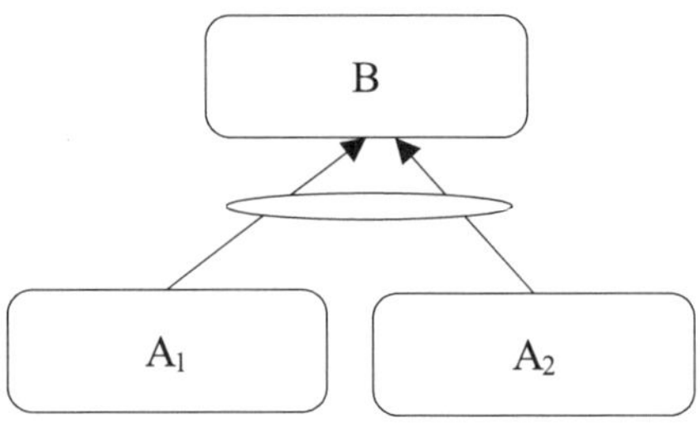

여기에서  은 AND 의미를 갖는다. 이 그림은 '만약 A_1 그리고 A_2라면, B이다(If A_1 and A_2, then B)'를 나타내는 것이다.

(앞 그림에서는 원인의 개수가 두 개이었는데 원인의 개수는 두 개보다 많을 수 있다.)

예를 들어 '만약 내가 숙제를 하지 않는다면 과목 성적이 나쁘게 나온다.'를 보자. 여기에서 '내가 숙제를 하지 않는다.'는 원인, '과목 성적이 나쁘게 나온다.'는 결과에 해당한다. 이것을 그림으로 표현하면 다음과 같다.

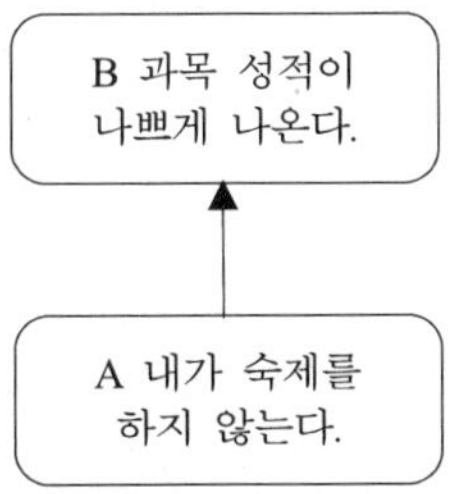

그런데 앞 예에서 '내가 숙제를 하지 않는다'면 항상 '과목 성적이 나쁘게 나온다.'고 말할 수 있는가? '과목 성적이 나쁘게 나온다.'는 결과가 발생하려면 '내가 숙제를 하지 않는다.'는 것만으로는 불충분하다. 어떠한 조건이 더 필요한 것인가?

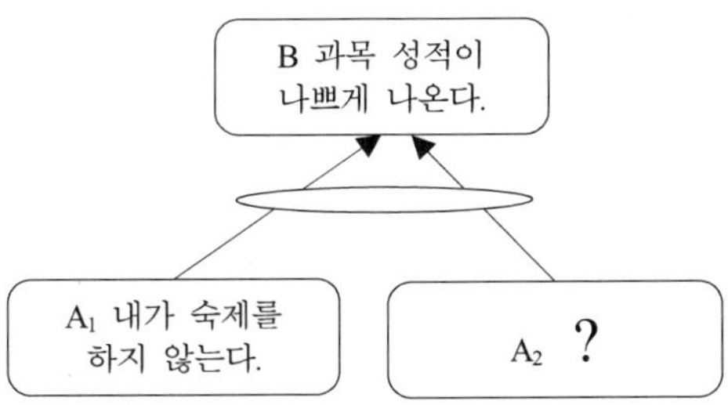

숙제가 과목 성적을 내는 데 전혀 반영되지 않는다면 숙제를 하지 않더라도 과목 성적이 나쁘게 나온다는 보장을 할 수 없다. 따라서 '숙제가 평가에 반영된다.'는 원인을 추가하면 인과 관계가 더욱 명백하게 보인다.

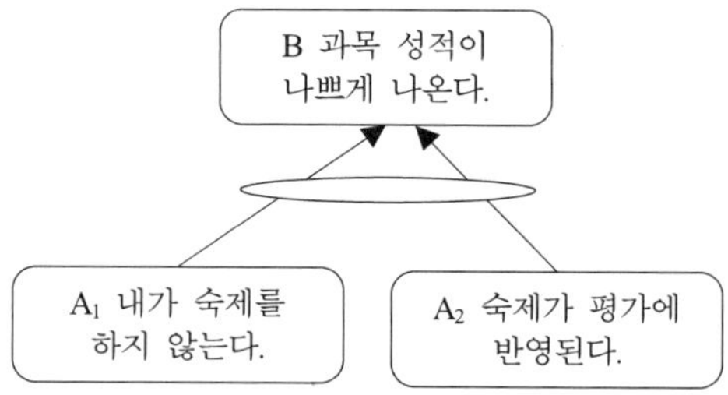

충분조건 논리는 이렇게 어떤 현상과 원인 사이의 관계를 나타낸다. 그런데 충분조건 논리를 표현하는 방식은 위에 설명한 두 가지 외에 여러가지가 있다. 이에 대해 더 알아보기로 하자.

2) 충분조건 논리의 표현 형식

충분조건 논리가 표현되는 형식은 여러 유형이 있다.

유형 1) 하나의 원인만으로 충분히 결과가 유발되는 경우

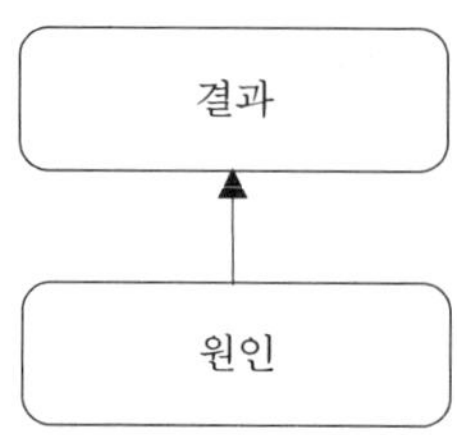

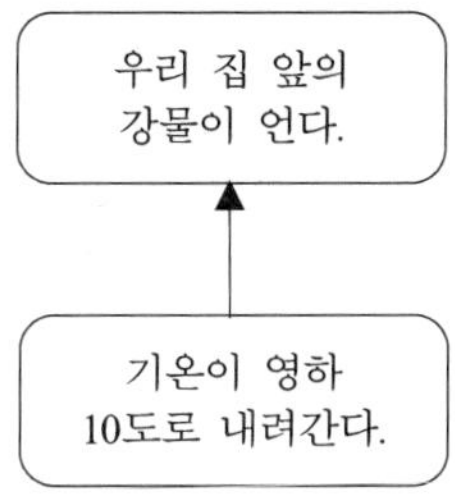

유형 2) 두 가지 (이상)의 원인이 함께 있어야 결과가 유발되는 경우

이 경우는 하나의 원인 단독으로는 결과가 나타나지 않고 반드시 여러 원인이 함께 작용해야만 결과가 나타나는 경우에 해당한다.

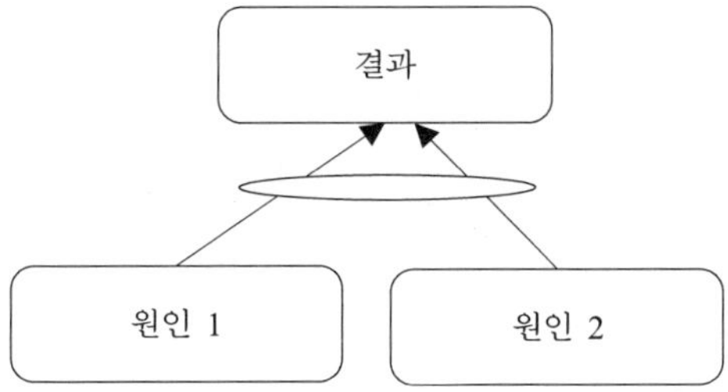

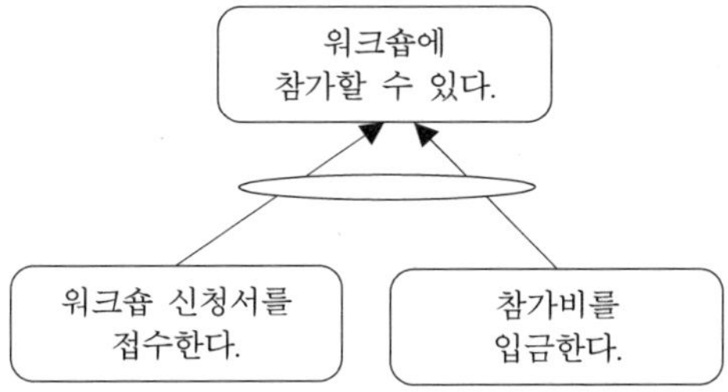

유형 3) 원인(들)이 결과를 유발하는 근거를 함께 제시하는 경우

결과를 유발하는 원인을 찾아 인과관계로 나타낼 때, 원인이 결과

를 유발하는 근거 또는 가정을 함께 제시하면 인과관계를 더욱 명확하게 이해할 수 있다. 이 때 함께 제시하는 근거 또는 가정을 설명문이라고 부른다.

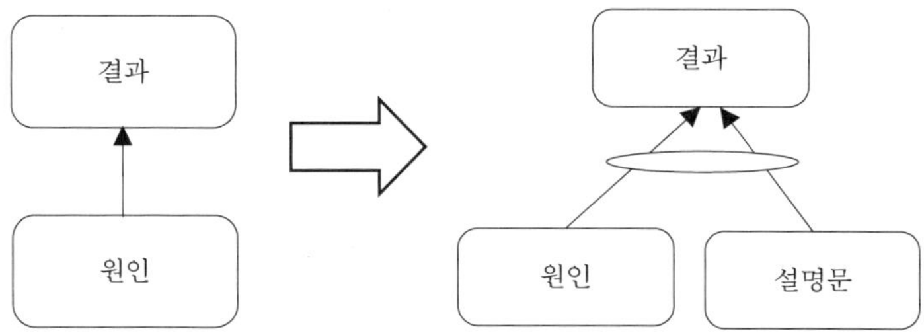

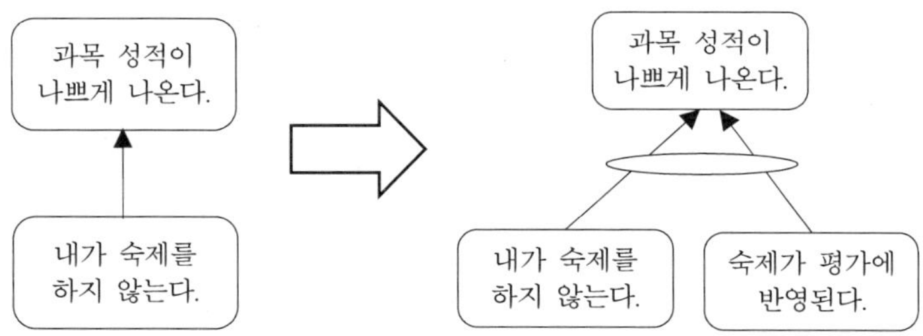

'내가 숙제를 하지 않는다.'면 '과목 성적이 나쁘게 나온다.'는 결과가 나오게 되는 근거가 '숙제가 평가에 반영된다'는 것으로, 이 설명문을 넣음으로써 숙제를 하는 것과 과목 성적과의 인과 관계를 더 명확하게 이해할 수 있게 되는 것이다.

다음의 예에서도 설명문을 통하여 인과 관계를 더 명확하게 알 수 있다.

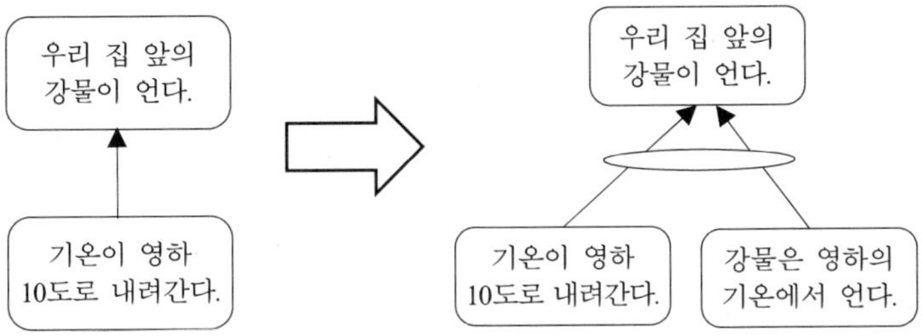

모든 충분조건 논리의 그림에서는 설명문을 포함시킬 수 있다. 예를 들어 앞의 유형 1)에 설명문을 집어넣으면 인과 관계에 대하여 더욱 명확하게 이해할 수 있다. 그래서 설명문을 넣으면 의사소통을 하는 데 매우 유용하다.

그러나 설명문 없이 인과 관계가 명확하게 전달될 수 있는 경우에는 설명문을 사용하지 않아도 된다. 설명문을 사용하면 인과 관계의 명확성을 높이는 데 반하여 그림이 복잡하게 보일 수 있다. 따라서 설명문을 넣어야 할지는 필요한 정도에 따라 판단한다.

유형 4) 결과를 유발하는 원인이 여러 개 있고 이들 각각이 결과를 유발할 수 있는 경우

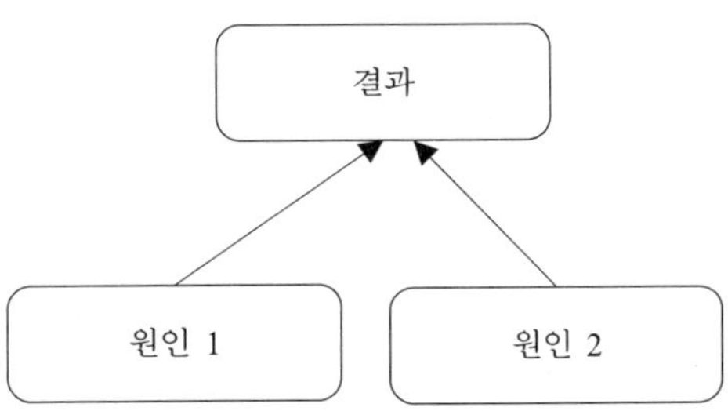

이들 원인은 각각 독립적으로도 결과를 유발할 수 있어야 한다. 두 가지 원인이 동시에 있어야지만 결과가 유발되는 것이 아니다. 이때는  를 사용하지 않는다.

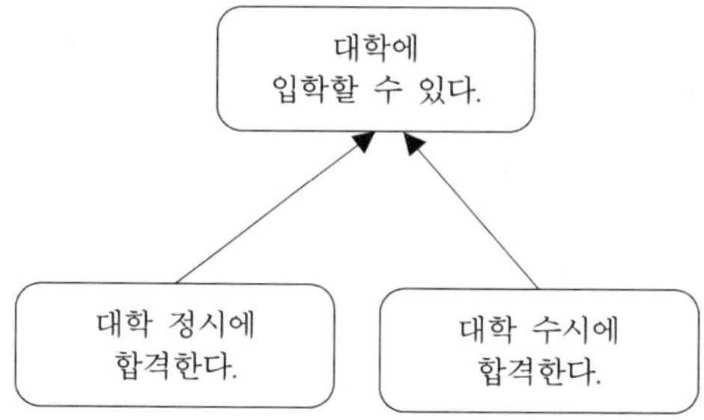

이 예에서는 '대학 정시에 합격하는 것'만으로 대학에 입학할 수 있게 되고, 또는 '대학 수시에 합격하는 것'만으로도 대학에 입학할 수 있다는 것이 표현되어 있다.

사실 이것은 1)번 유형을 반복 적용한 것이라고 볼 수 있다. 즉 이것은 '원인 1 → 결과'와 '원인 2 → 결과'를 함께 모아 놓은 것이다. 그림으로 표현하면 다음과 같다.

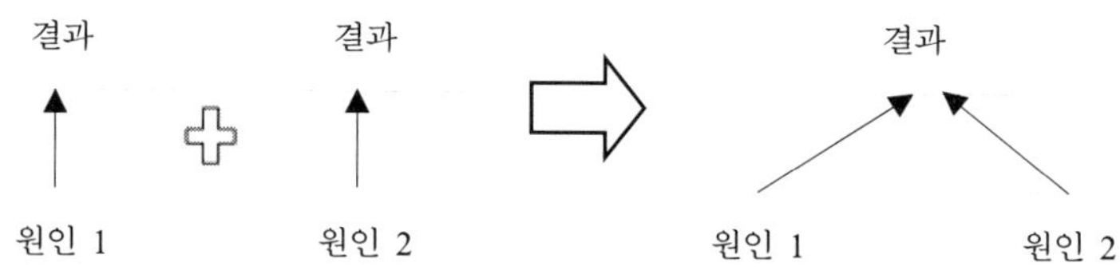

유형 5) 하나의 원인이 여러 결과를 유발하는 경우

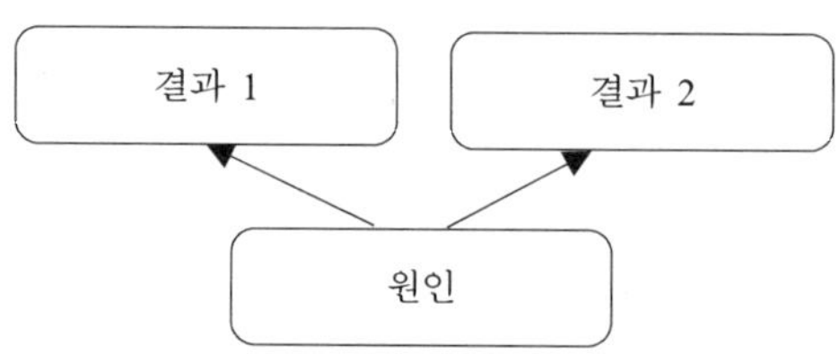

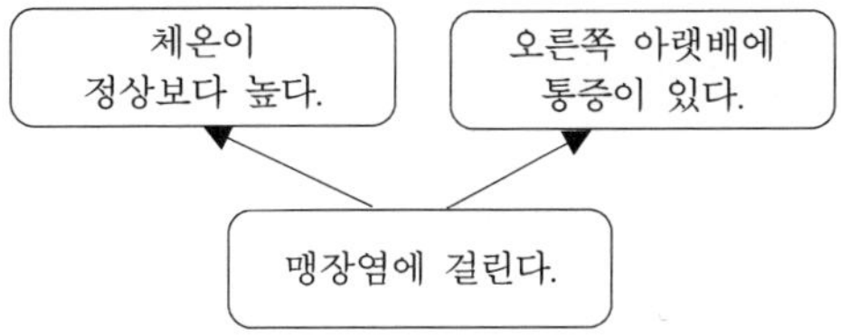

사실 이것은 1)번 유형을 반복 적용한 것이라고 볼 수 있다. 즉 이것은 '원인 → 결과 1'과 '원인 → 결과 2'를 함께 모아 놓은 것이다. 이 경우의 그림 표현에서는 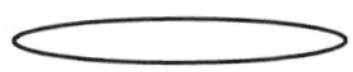 를 사용하지 않는다.

지금까지 설명한 것을 정리하여 보면 충분조건 논리 표현의 모양에는 여러 가지가 있으나 그것들의 기본형은 결국 다음 두 가지이다.

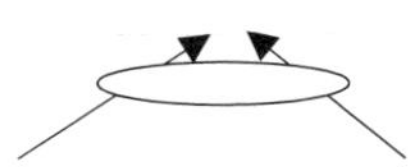

분류, 상관관계, 인과관계

골드랫 박사는 과학의 발달에서 쓰이는 접근법의 단계가 분류, 상관관계, 인과관계라고 하였다.

첫 번째 단계는 분류인데, 대상에 대해 그 특성을 파악하고 기준에 따라 대상을 분류하는 것을 말한다. 고대 천문학에서 별들의 움직임을 관찰하여 별들을 분류하는 측성술이 대표적인 예이다.

두 번째 단계는 상관관계인데, 두 변수나 상황 사이의 관계를 관측에 의해 추정하는 것을 말한다. 멘델레프 주기율표나 멘델의 유전규칙은 이를 적용하여 얻은 대표적 성과물이다. 상관관계는 한 변수나 상황이 바뀌면 다른 변수나 상황이 어떻게 변화할 것인가에 대해 어느 정도 예측을 하는 데 활용될 수 있으나 왜 그런지는 파악이 되지 않고 있다.

인과관계의 단계에서 비로소 왜라는 질문을 통해 논리적 설명이 가능해진다. 에드워드 제너는 천연두를 앓은 젖소를 접촉한 사람은 인간 천연두에 감염되지 않는다는 것을 관찰에 의해 알게 되고 이로부터 종두법을 개발하게 된다. 그러나 왜 그런지는 이해하지 못하였다. 왜 그런지에 대한 논리적 설명은 루이 파스퇴르에 의해서 되었다. 인과관계의 단계가 가장 강력한 단계라고 할 수 있다.

3) 충분조건 논리를 읽는 방법

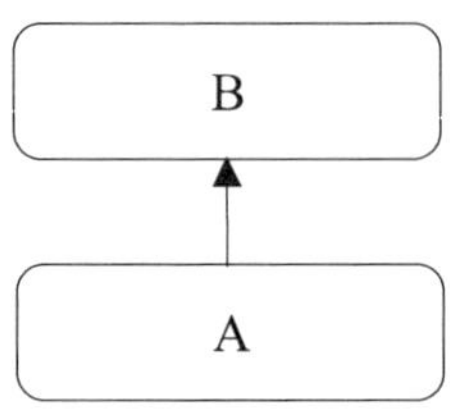

원칙적으로 "A이면 B이다. (If A, then B.)"라고 읽는다.

때로는 "A때문에 B이다."라고 읽는 것이 의사소통에 더 나을 수도 있다.

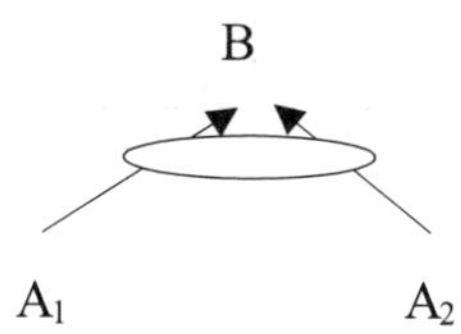

원칙적으로 "A_1이고 A_2이면 B이다. (If A_1 AND A_2, then B.)"라고 읽는다.

그런데 A_2가 설명문인 경우에는 "A_1이면 B이다. 왜냐하면, A_2때문이다. (If A_1, then B, because A_2.)"라고 읽는 것이 의사소통에 더 나을 수도 있다.

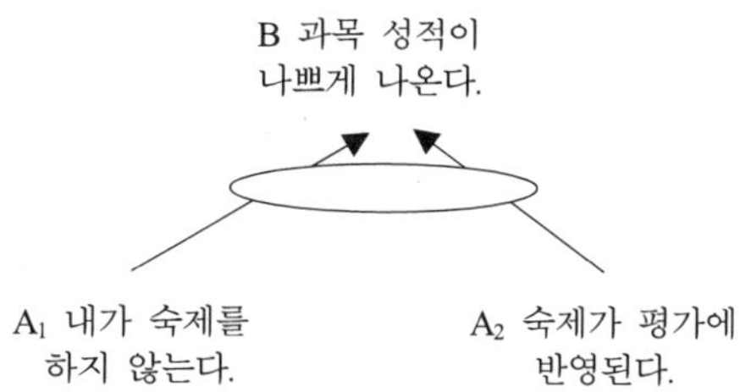

그러면 위 그림의 예를 읽어보자.

"내가 숙제를 하지 않고 숙제가 평가에 반영된다면, 과목 성적이 나쁘게 나온다."라고 읽을 수 있다. 또한, 이 경우 A_2가 설명문에 해당하므로, "내가 숙제를 하지 않으면, 과목 성적이 나쁘게 나온다. 왜냐하면, 숙제가 평가에 반영되기 때문이다."라고 읽어도 된다.

충분조건의 논리를 검증하는 실용적 방법은 위에서 설명한 방식에 따라 소리 내서 읽어 보는 것이다. 소리 내어 읽어서 어색함이 있다면 논리를 다시 점검하여 볼 필요가 있다. 논리 점검의 핵심은 "원인들이 결과를 내기에 충분한 것인가?"에 대한 답을 하여 "예"라고 할 수 있어야 한다는 것이다.

가지에서 인과관계를 명확하게 하는 더욱더 엄밀한 방법에 관해서는 2절과 4절에서 다룬다.

4) 충분조건 논리와 가정

우리가 인과 관계의 논리를 다룰 때에 명심해야 할 사항은 모든 논리에는 전제가 있다는 사실이다. 다음의 예를 보자.

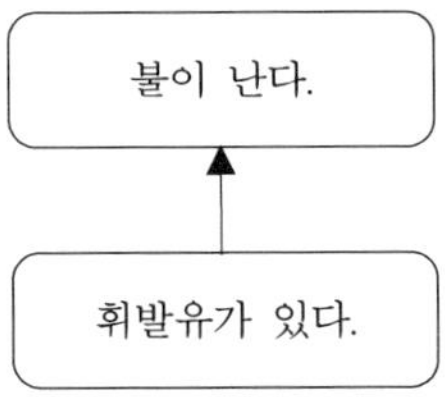

위 그림은 휘발유가 있으면 불이 난다는 주장이다. 이 주장은 충분조건 논리를 제대로 반영하고 있지 못하고 있다. 왜냐하면, 휘발유가 있다고 해서 불이 난다는 결과를 보장할 수 없기 때문이다. 충분조건의 논리에 근거해서 다음과 같이 표현을 수정하였다고 하자.

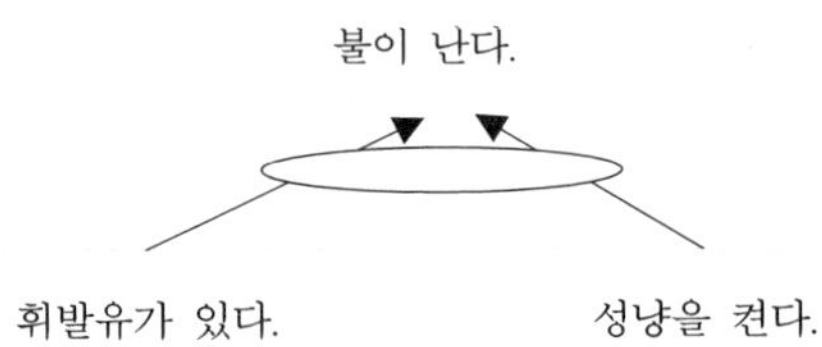

위의 그림은 충분조건의 논리에서 볼 때 별다른 문제가 없는 것 같이 보인다. "휘발유가 있고 성냥을 켠다면 불이 날 것이다."는 것은 일견 맞는 것으로 보인다. 그러나 자세히 살펴보면, "휘발유가 있고 성냥을 켠다."는 원인이 "불이 난다"는 결과를 낸다는 것에는 많은 가정을 하고 있다. 다음과 같은 것들은 위의 그림에서 드러나지 않은 원인의 예라고 할 수 있다:

· 공기가 있다.
· 성냥은 젖어 있지 않다.
· 휘발유는 개방되어 있다.
· …

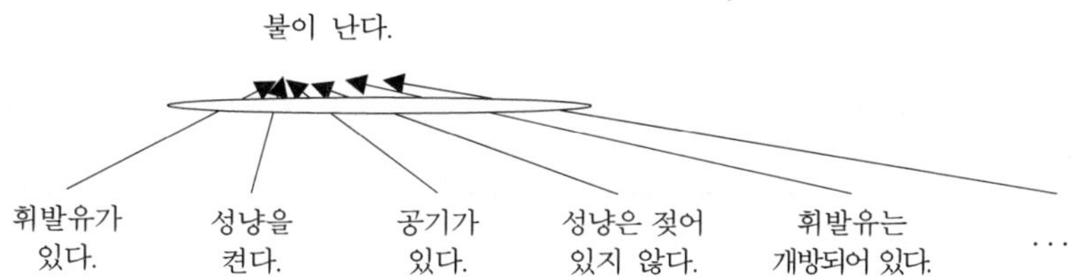

그런데 이러한 것들을 모두 명시적으로 원인 상자에 넣어 표현하면 오히려 의사소통에 불편함이 있을 것이다. 그래서 의사소통의 맥락에서 당연하다고 보이는 것들은 원인에서 빼고 이야기하는 것이 보통이다. 충분조건의 논리를 나타내는 그림에서 원인의 개수는 3~4개 이내로 제한하는 것이 의사소통에 효율적이다.

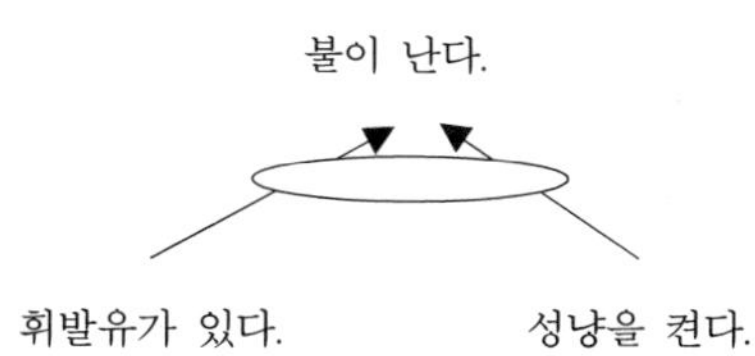

만약 위의 그림과 같이 표현했다고 한다면, 그림에 포함되지 아니한 나머지 원인은 원인과 결과 사이에 있는 가정이라고 할 수 있다.

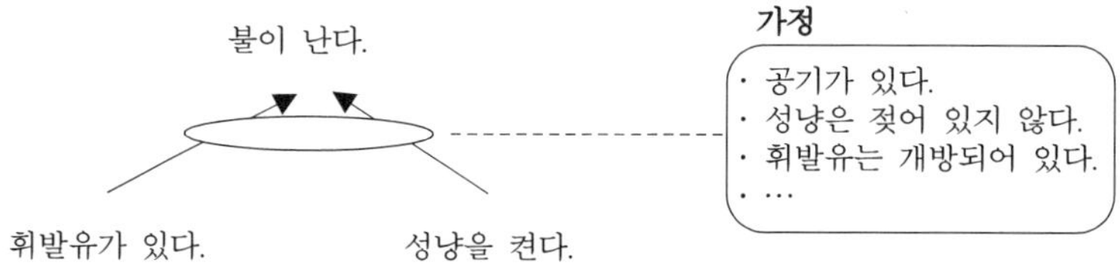

이상의 이야기를 정리하면 모든 논리적 주장에는 전제 또는 가정이 있다는 것이다.

그런데 변화를 가져오기 위해서는 원인을 바꾸어야 한다. 한편 앞에서 설명한 바와 같이 충분조건을 나타내는 그림에서 원인은 명시적으로 표현된 것도 있고 가정으로 숨겨져 있는 것도 있다. 그렇다면 변화를 가져오기 위해서는 명시적 원인을 바꾸거나 아니면 숨겨진 가정을 바꾸어야 할 것이다.

앞의 예에서 불이 나는 결과를 피하기 위한 방안의 예는 다음과 같다.

(1) 명시적 원인을 바꾼다.

- 휘발유를 없앤다.
- 성냥을 숨긴다.

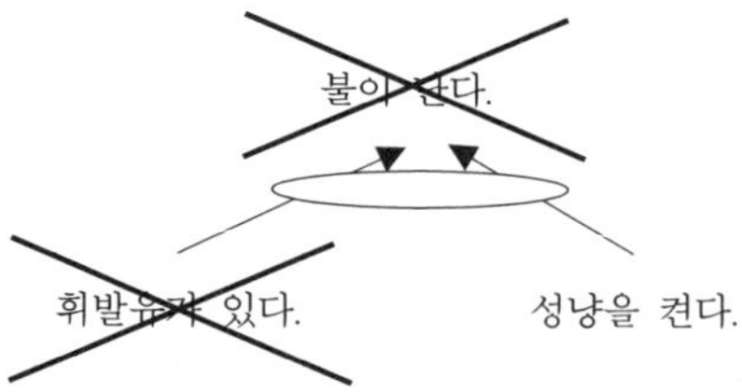

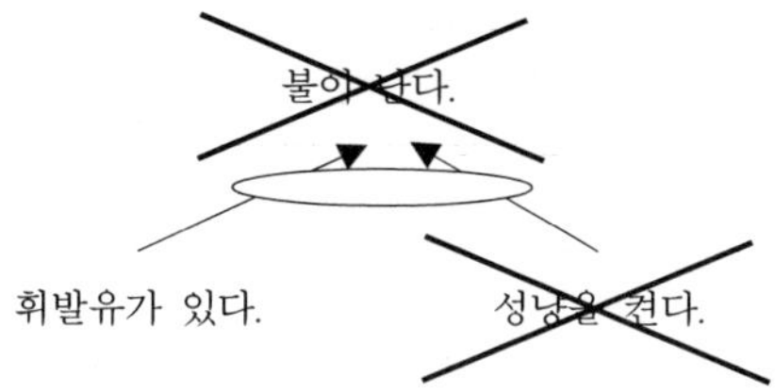

(2) 숨겨진 가정을 바꾼다.

- 휘발유 보관 장소를 진공상태로 만든다.
- 성냥을 적셔 놓는다.
- 휘발유를 밀봉한다.

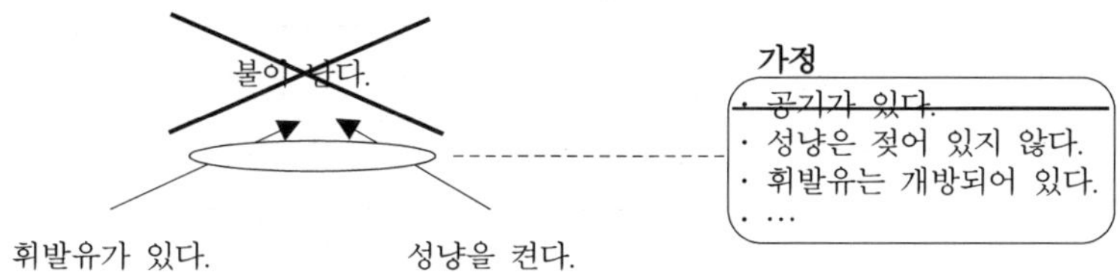

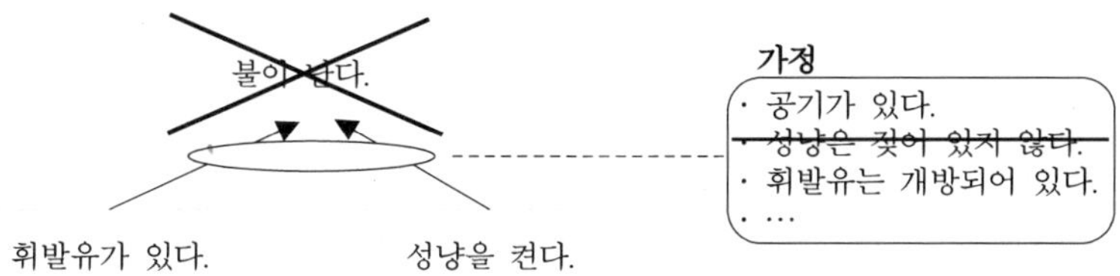

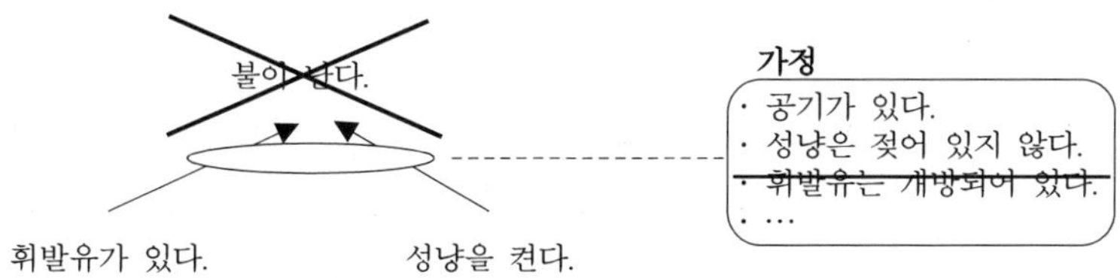

충분조건 논리와 가정의 개념은 앞으로 3절에서 변화를 가져오기 위한 아이디어를 찾아내는 과정에서 활용될 것이다.

충분조건 논리 vs. 필요조건 논리

충분조건의 논리는 어떤 상태(결과)가 있기 위해서 충분한 모든 원인 조건들을 명시하는 데 사용된다. 이에 반하여 필요조건 논리는 어떤 상태(결과)가 있기 위해서 꼭 필요한 조건(들)을 명시하는 데 사용된다.

필요조건은 결과를 가져오기에 충분한 것일 필요는 없다. 예를 들어 사람이 생존하기 위해서는, 음식물을 섭취해야만 한다.

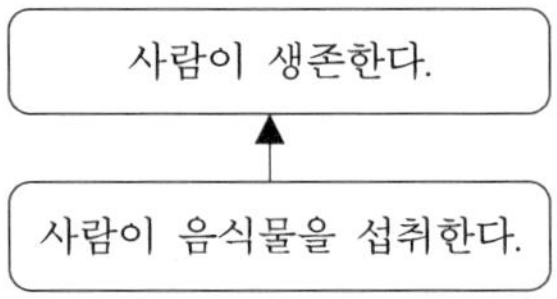

이때 음식물 섭취는 생존을 위한 필요조건은 되지만 한 충분조건은 되지 못한다. 사람의 생존이 충분히 보장되려면 음식물 섭취 외에 호흡한다, 물을 마신다 외 여러 다른 조건들도 함께 있어야 한다.

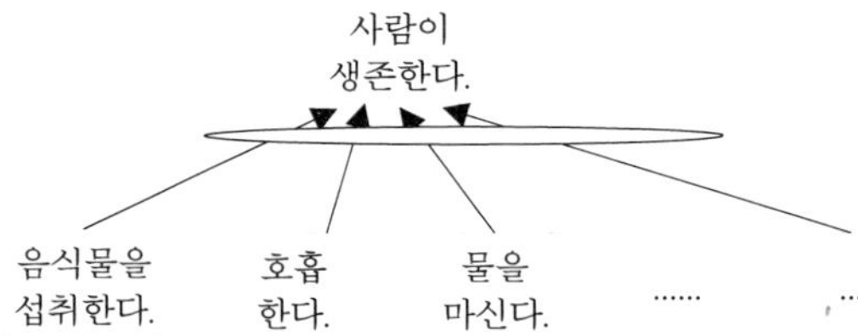

충분조건 논리의 용도는 다음과 같은 원인-결과 관계 파악에 있다.

- 주어진 원인으로 말미암아 어떤 결과가 발생하는가? 또는
- 주어진 결과는 도대체 어떠한 원인(들)으로 발생되었는가?

반면에 필요조건 논리의 용도는 다음을 파악하는 데 있다.

- 주어진 결과를 얻기 위해서 꼭 필요한 것이 무엇인가? 또는
- 어떤 행동/단계를 통해 얻고자 하는 목적은 무엇인가?

충분조건의 논리는 'If 원인, then 결과'를 나타내는 데 반하여 필요조건의 논리는 'Only if 원인, then 결과'를 나타낸다.

충분조건의 논리는 가지에서, 필요조건의 논리는 구름과 야심찬 목표나무에서 사용된다.

|연습|

문제1.

인과 관계를 기초로 하고 있는 속담을 들어보고 이를 가지로 표현하여 보라.

속담: 지렁이도 밟으면 꿈틀한다.

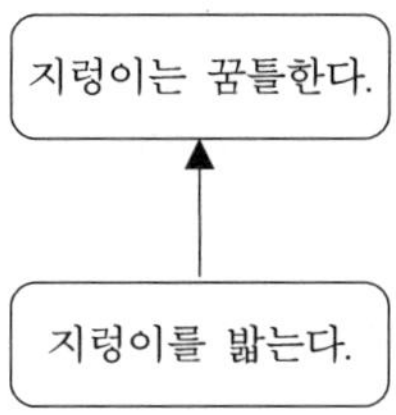

속담:

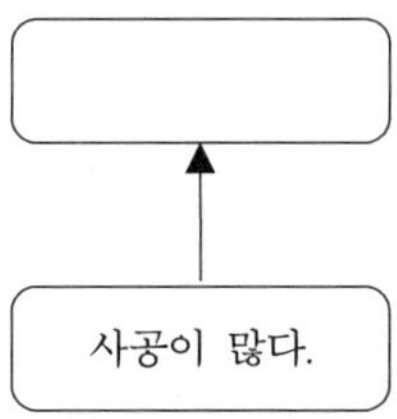

속담:

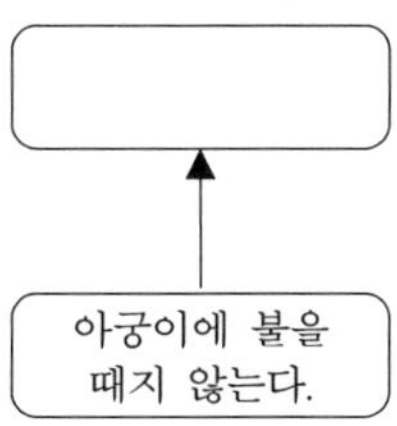

문제2.

다음 문장을 가지로 표현하여 보라.

심장이 멎으면 뇌세포가 죽는다.

문제3.

어떤 행동을 하면 어떤 결과가 나오는지를 가지로 표현하여 보라.

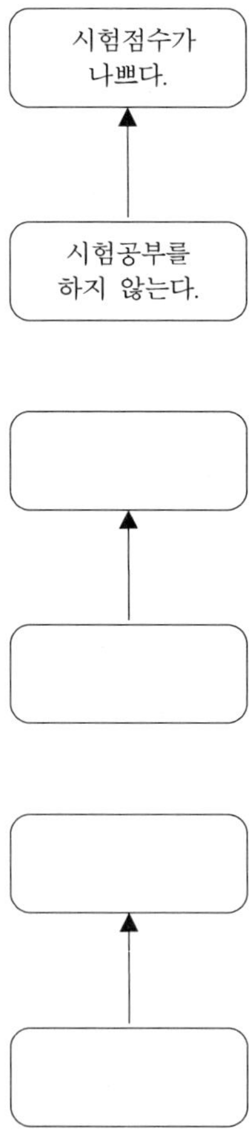

문제4.

다음 가지에서 빈 상자를 채워 보라.

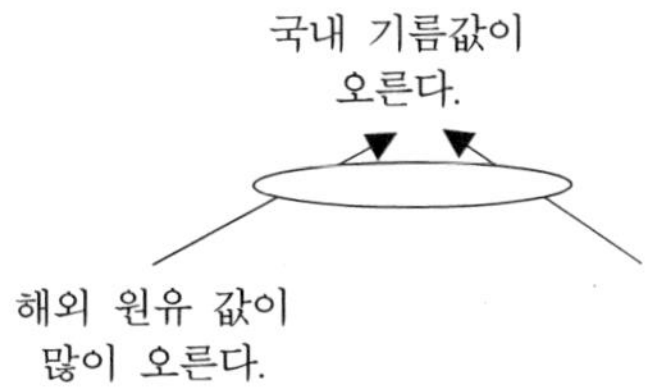

찾는 방법

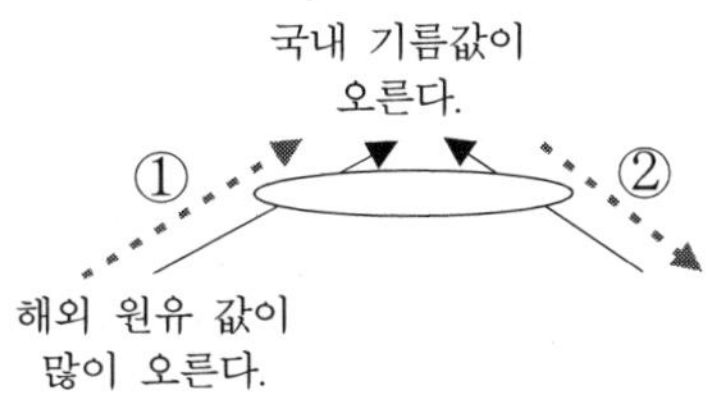

① "해외 원유 값이 많이 오른다."면 "국내 기름 값이 오른다."

② 왜냐하면, "   " 때문이다.

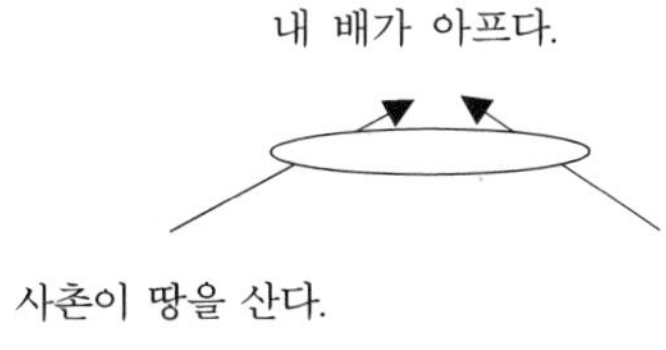

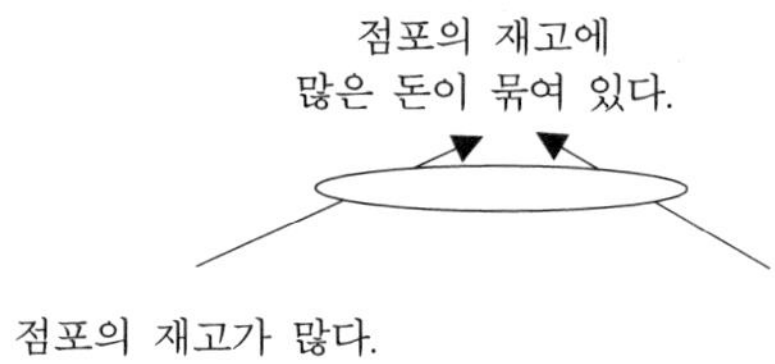
점포의 재고에
많은 돈이 묶여 있다.
점포의 재고가 많다.

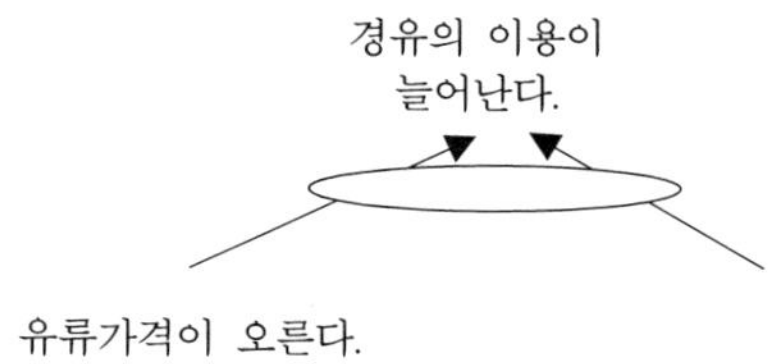
경유의 이용이
늘어난다.
유류가격이 오른다.

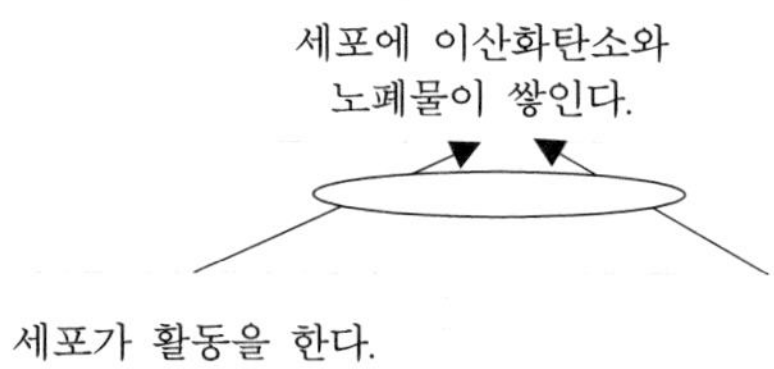
세포에 이산화탄소와
노폐물이 쌓인다.
세포가 활동을 한다.

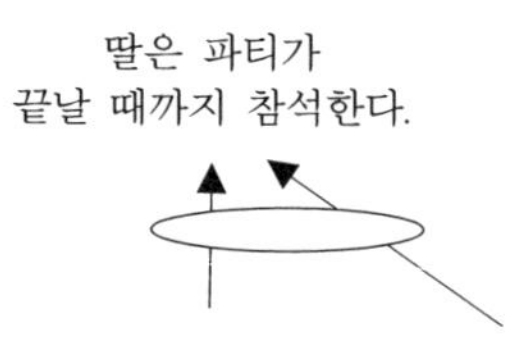
딸은 파티가
끝날 때까지 참석한다.
딸은 파티에 간다.

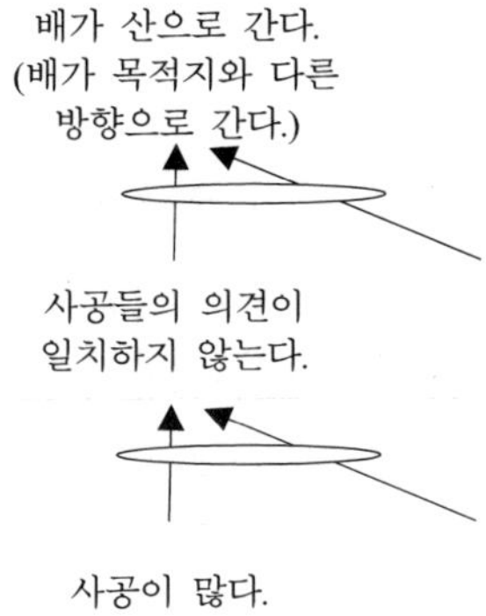

문제5.

다음 가지를 소리 내어 읽어 보라.

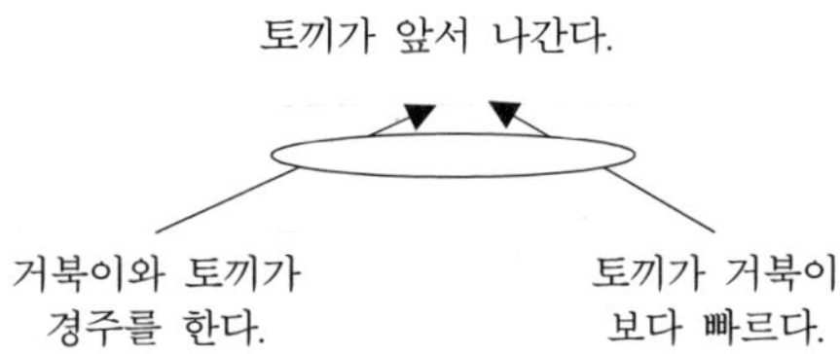

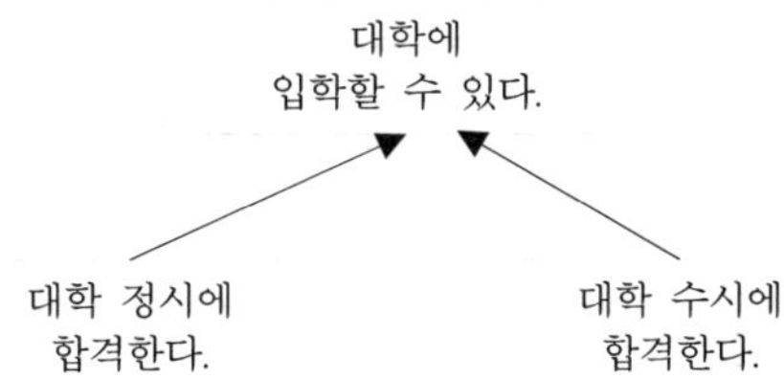

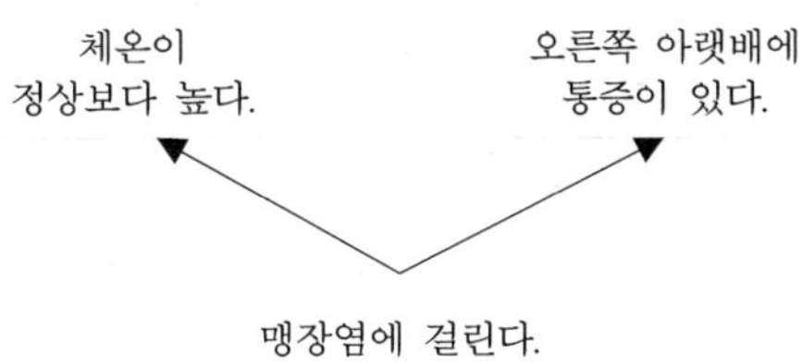

2. 가지 작성하기

가지는 앞에서 소개한 충분조건 논리 표현의 기본형을 반복적으로 적용하여 어떤 원인이 있을 때 결과(들)가 어떠한지 또는 어떤 결과에 대해 그 원인(들)이 어떠한지를 표현하는 그림을 말한다. 충분조건 논리 표현의 기본형을 한 마디라고 한다면 가지는 한 개 이상의 마디를 연결하여 얻은 것이라고 볼 수 있다.

1) 가지 작성의 단계

구름을 설명할 때 사용하였던 예제를 다시 들어보자.

<u>이야기 줄거리</u>

> 올해 고등학교에 입학한 영순이는 고등학생 친구들이 모이는 송년 파티에 초대를 받았다. 영순이는 아빠께 말씀을 드려 허락을 받았다. 아빠는 허락하시면서 너무 늦으면 교통편이 끊어지니 10시까지는 귀가하라고 하였다. 그런데 영순이는 친구들 사이에서 인정받기 위해서는 파티 도중에 나오고 싶지 않았다. 그렇지만, 파티는 12시쯤 끝나기로 되어 있어 집에 온다면 자정을 훨씬 넘길 것이다.

영순이가 파티에 참석하고 또 영순이가 원하는 대로 파티가 끝날 때까지 파티에 참석한다고 할 때(위 이야기 줄거리에 나오지 않는 몇 가지 사실들을 추가하고) 어떠한 결과가 발생할지를 가지를 이용하여 다음과 같이 정리하였다.

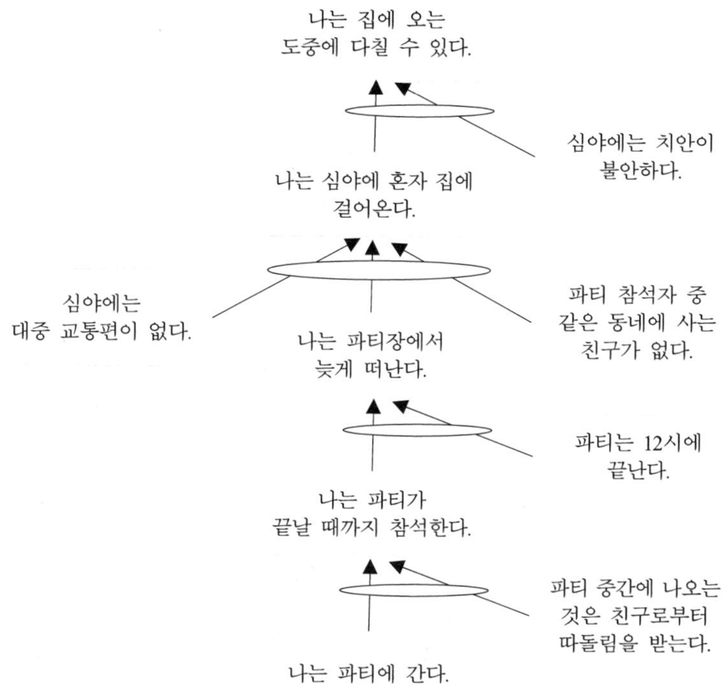

그러면 이러한 가지를 어떻게 작성하는 것이 좋을지에 대해 살펴보도록 보자.

가지를 작성할 때 맨 아래에서 시작하는 사건을 '시작점'이라고 한다. 시작점으로부터 시작하여 '원인과 결과'의 관계로 발생하는 결과, 또다시 이 결과가 원인이 되어 발생하는 결과, 또다시 이 결과가 원인이 되어 발생하는 결과, … 이렇게 시작점부터 시작하여 순차적 '원인-결과'의 한 줄기를 '기본 줄기'라고 한다.

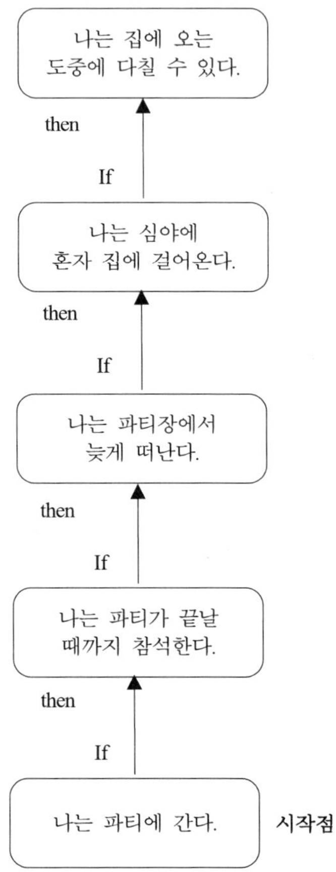

가지를 작성할 때에 기본 줄기를 먼저 작성하고 설명문이나 다른 원인들을 추가하는 것이 작성하기에 쉽다. 기본 줄기 작성 시에 현재 두 개의 상자 사이에 논리의 비약이 있으면 그 사이에 문장을 추가한다. 기본 줄기 작성이 다 된 후에 필요한 곳에 설명문이나 다른 원인을 추가한다.

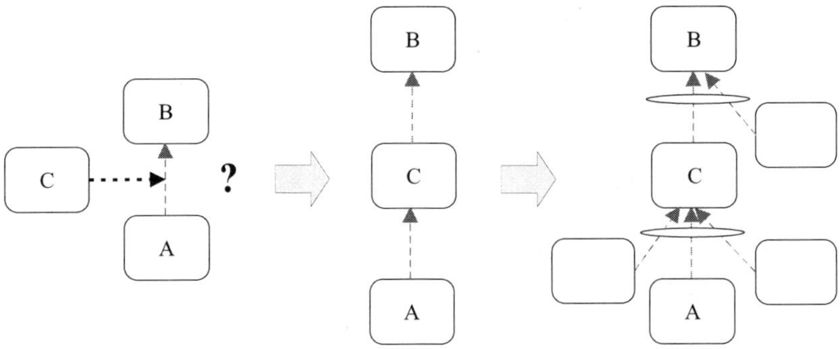

가지 작성의 단계를 정리하면 다음과 같다.

단계 1 : '시작점'을 적은 다음에 맨 아래에 둔다.
단계 2 : 그다음에 일어나는 상태를 찾아 그 위에 둔다.
단계 3 : 단계 2를 반복하여 기본 줄기를 완성한다.[17)]
단계 4 : 기본 줄기에 설명문이나 다른 원인을 채워 넣는다.

앞에서 든 영순이의 파티 참가에 관한 가지를 예로 들어보자. 영순이가 파티에 갈 경우에 어떠한 결과가 나타날 것인지를 '나는 파티에 간다.'에서 시작하여 기본 줄기를 먼저 작성한다. 기본 줄기를 만드는 과정에서 생각나는 설명문은 기본 줄기가 어느 정도 작성이 되기 전까지는 메모해 두었다가 나중에 첨가하는 것이 편리하다. 기본 줄기 작성은 '(시작점)의 결과 무엇이 일어났는가?' '또 그래서 그다음에는 무엇이 일어났는가?' 이런 식으로 질문에 대한 답을 해가며 줄기를 확장해 나가면 작성하기 쉽다. 기본줄기가 작성된 후에 원인-결과 사이에 그 근거에 대한 설명이나 다른 원인이 필요한 지점에 '왜냐하면?'에 대한 답을 설명문 상자로 삽입한다.

17) 단, 분기(分岐)해야 하는 경우에는 각 분기의 중요도를 비교하고, 중요한 것을 먼저 완성하고 그 후에 나머지 것을 완성한다. 이런 경우는 기본줄기가 하나가 아니라 여러 개가 될 수 있다.

다음은 가지를 작성하는 과정의 한 예이다.

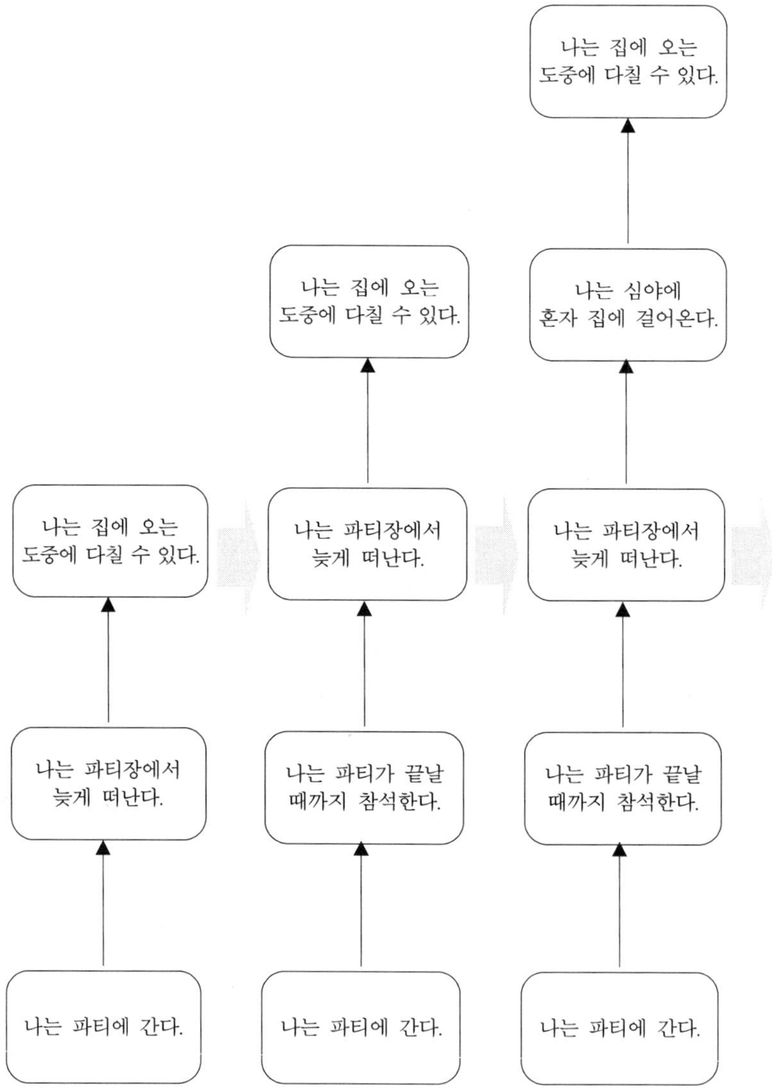

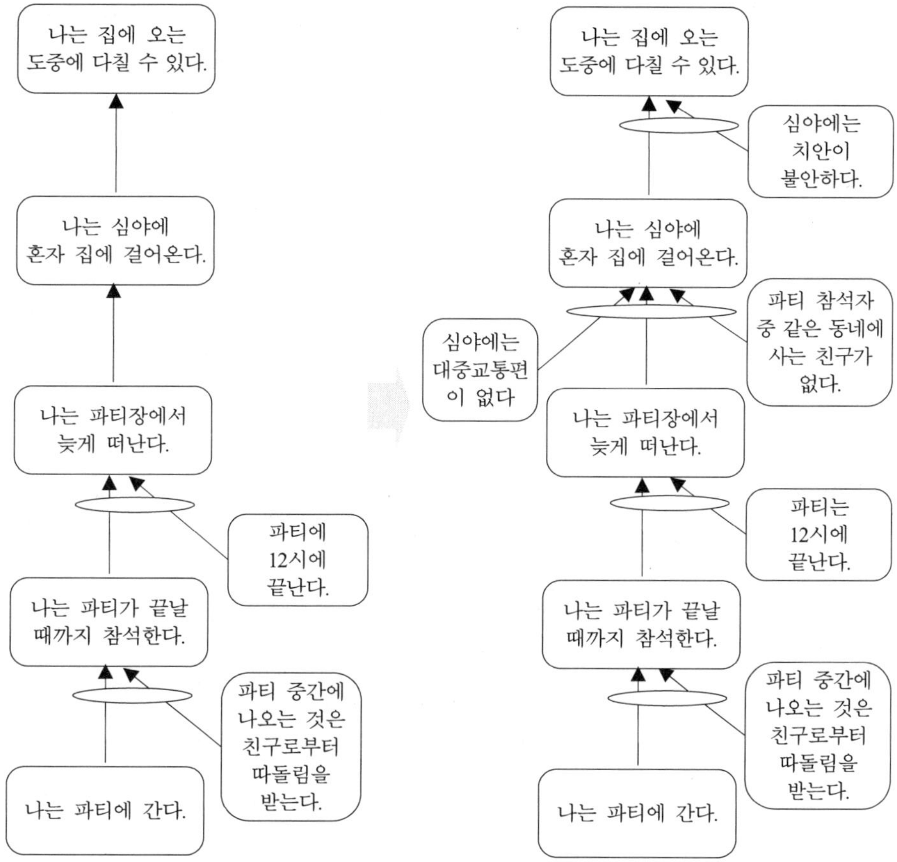

가지를 그리면서 참고할 사항 몇 가지를 소개한다.

우선, 가지를 작성할 때 어느 정도로 세밀하게 표현하여야 하는가? 상자 개수가 많다고 가지를 잘 그렸다고 할 수 없다. 가지를 작성하는 목적과 관련당사자에 따라 가지 그림을 세밀하게 그려야 하는 정도도 달라진다. 개략적인 논리 구조를 알려고 한다든가 또는 학습대상자가 어린 학생인 경우에는 가지를 단순하게 그리는 것이 의사소통에 더 효과적인 경우가 많다.

두 번째, 가지를 그릴 때 기본 줄기는 반드시 하나이어야 하는가?

반드시 그럴 필요는 없다. 하나의 원인에 대하여 두 가지 이상의 결과가 있을 수 있다. 학습 목적에 비추어 중요하다고 판단되는 결과에 대해서는 가지를 계속해서 그려 볼 수 있다. 그러면 기본 줄기가 두 가지 이상 나올 수 있다.

마지막으로 가지가 제대로 그려졌는가를 어떻게 검증할 수 있는가? 그것은 가지 밑 부분부터 위 방향으로 상자들을 소리 내어 읽어 보는 것이다. 읽는 방법은 앞에서 설명한 충분조건 논리를 검증할 때 썼던 방법과 같다. 반복하여 설명하면, 다음과 같은 가지의 부분은,

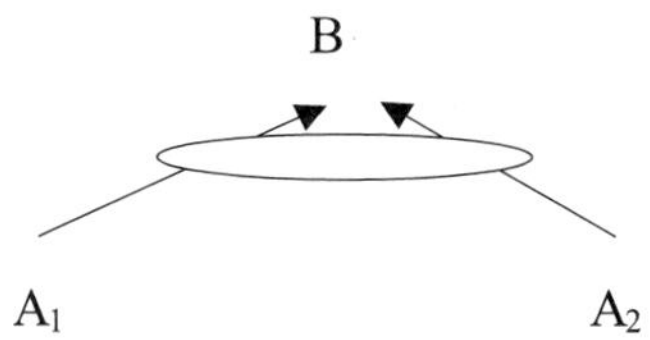

"A_1이고 A_2이면 B이다."라고 읽는다. 다만, A_2가 설명문인 경우에는 "A_1이면 B이다. 왜냐하면, A_2 때문이다."라고 읽어도 상관없다. 만약 소리 내어 읽어서 어색함이 있다면 논리를 다시 점검하여 볼 필요가 있다.

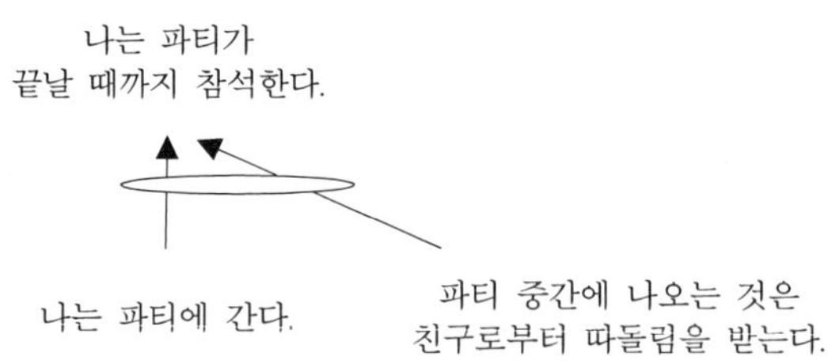

예를 들어 가지의 이 부분은 "내가 파티에 가고 파티 중간에 나오는 것은 친구로부터 따돌림을 받는다면, 나는 파티가 끝날 때까지 참석한

다.”고 읽든가 “내가 파티에 가면 나는 파티가 끝날 때까지 참석한다. 왜냐하면 파티 중간에 나오는 것은 친구로부터 따돌림을 받기 때문이다.”라고 읽을 수 있다.

가지는 인과관계에 바탕을 두고 있다. 가지의 화살표는 인과관계를 나타내고 있다. 가지의 논리를 점검할 때에 핵심은 “원인들이 결과를 내기에 충분한 것인가?”를 확인하는 것이다.

2) 가지 상자의 문장 표현

가지에서 상자에 들어갈 문장은 그 자체로 사실이어야 한다.

다음 가지 그림에서 “고춧가루 1근은 500g이다”라는 상자의 문장은 사실이 아니므로 이것에 근거한 추론은 참이 아니게 된다. 이럴 경우 문장의 내용을 바로잡고 가지를 다시 그려야 한다.

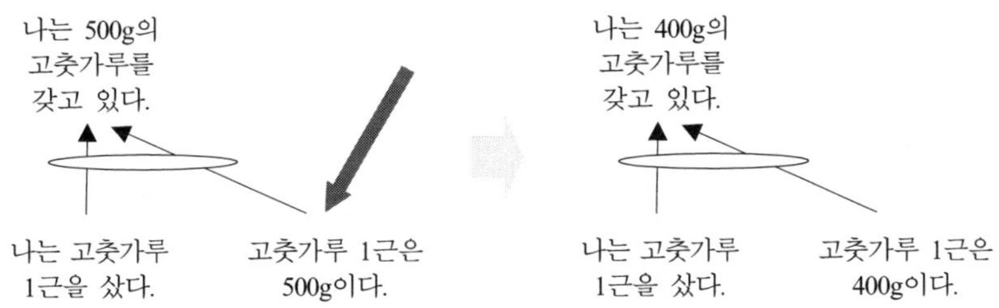

또한, 문장은 명확하게 표현되어야 한다.

그러기 위해서 문장에는 가급적이면 주어와 동사가 들어가도록 한다. (단, 뜻이 분명하게 전달될 수 있으면 명사로 끝나도 된다.)

그리고 문장의 표현이 지나치게 과장되어 일반화되지 않도록 유의하여야 한다. 문장 중에 ‘모든’, ‘항상’, ‘반드시’와 같은 표현이 있으면 혹시 지나친 과장된 일반화가 아닌지 확인할 필요가 있다. 아래 가지 그림에서 "모든 청년이..." 문장에서 '모든'은 지나치게 과장된 표현이므로 이를 적절하게 바로잡는 것이 필요하다.

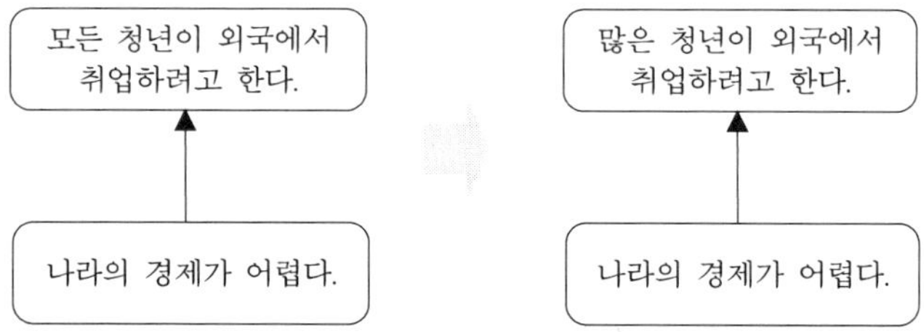

또한, 문장의 표현이 너무 추상적으로 되는 것도 경계하여야 한다. 문장의 표현이 너무 추상적으로 되면 그 문장이 실제 사실인지를 확인하는 것이 어려워진다. 가능하다면 구체적인 표현으로 대신하는 것이 좋다.

그리고 가능한 한, 단문을 사용한다. 특히 한 문장 안에서
"··· 하기 때문에 ···하다."나
"···이면, ···하다."라는 표현은 피한다.

왜냐하면, 그렇지 않으면 하나의 문장에 원인과 결과가 한꺼번에 표시되어 인과 관계를 파악하기가 어렵게 되기 때문이다. 이럴 때는 두 문장으로 나누어 적는다.

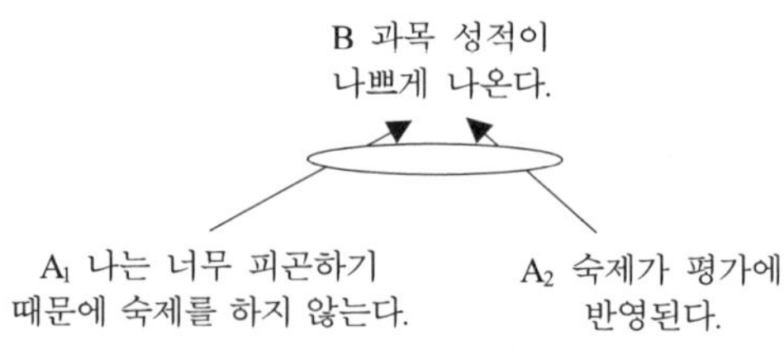

위의 그림에서 A_1 상자는 '나는 너무 피곤하기' 때문에 '나는 숙제를 하지 않는다.'고 되어 있어 원인과 결과가 하나의 상자 안에 섞여 있다. 이럴 때는 두 개의 단문으로 다음과 같이 쪼개어 쓴다. 그렇게 하면 과목 성적이 나쁘게 나오는 것의 원인이 더욱 뚜렷하게 드러나게 되어 새로운 변화를 가져오는 방안을 찾기가 더 수월해진다.

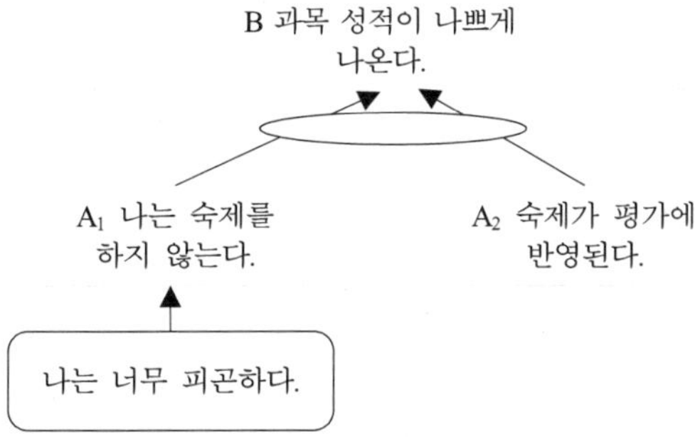

3) 가지에서 인과관계를 명확하게 하는 방법

(1) 논리의 비약이 있는가?

원인 상자에서 결과 상자가 발생한다는 것에 논리의 비약이 보이면 그 사이에 중간상태(들)의 상자를 추가한다. "원인 상자 때문에 어떻게 되는데?"라는 질문을 던지면 중간상태를 찾는 데 도움이 된다.

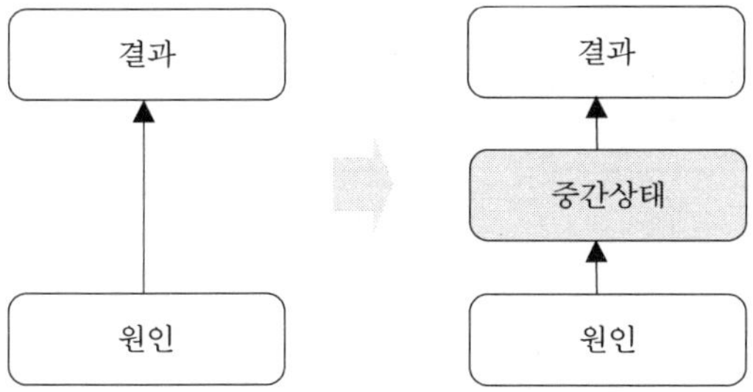

(2) 인과관계의 근거(설명문)를 추가하면 명확해지는가?

원인 상자에서 결과 상자가 발생한다는 근거가 보이지 않을 때 그 근거(설명문) 상자를 찾아 넣으면 인과관계가 명확하여질 수 있다. "원인 상자에서 결과 상자가 발생한다. 왜냐하면..."이라는 질문을 던지면 설명문을 찾는 데 도움이 된다.

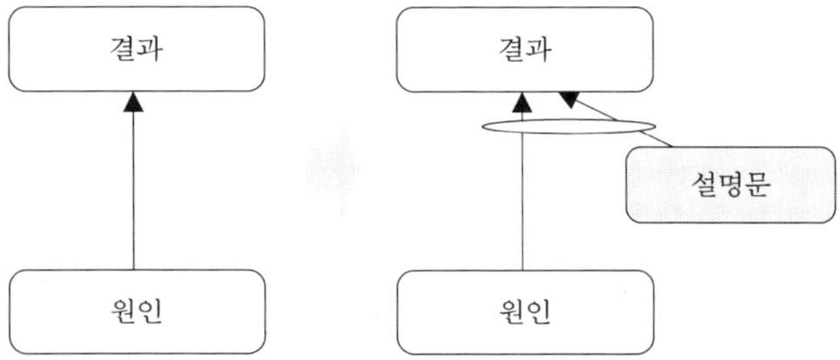

(3) 원인이 불충분한가? 함께 있어야 할 다른 원인이 빠져 있는가?

결과 상자가 발생하기 위해서 현재의 원인 상자만으로는 충분하지 않고 또 다른 원인이 더 있어야하는 경우이다. "현재 원인 상자와 함께 또 다른 어떤 원인이 있어야 결과 상자가 발생할까?"라는 질문을 던지면 또 다른 원인을 찾는 데 도움이 된다.

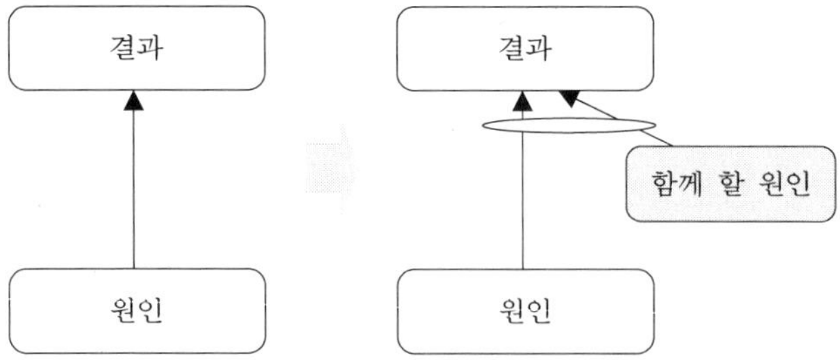

(4) 그리고 나서도 필요하면 설명문을 추가한다.

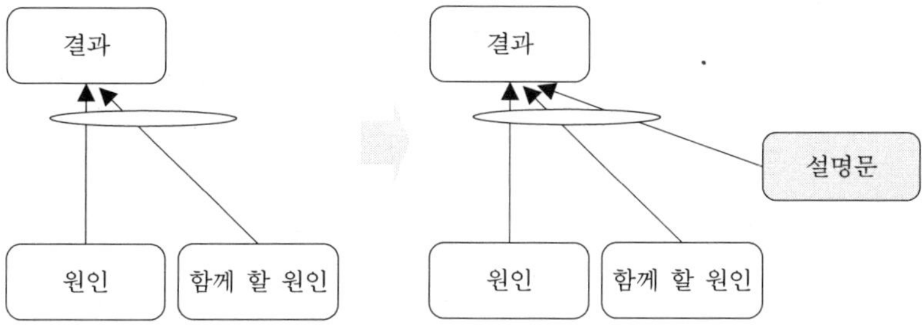

예를 들어 설명하여 보자. "우리나라 관료의 대부분은 S대학 출신이라서 우리나라는 미래가 없다"라는 주장에 대해 이를 가지로 그려 보고 단계별로 인과관계를 더 명확하게 한다면 어떻게 될까?

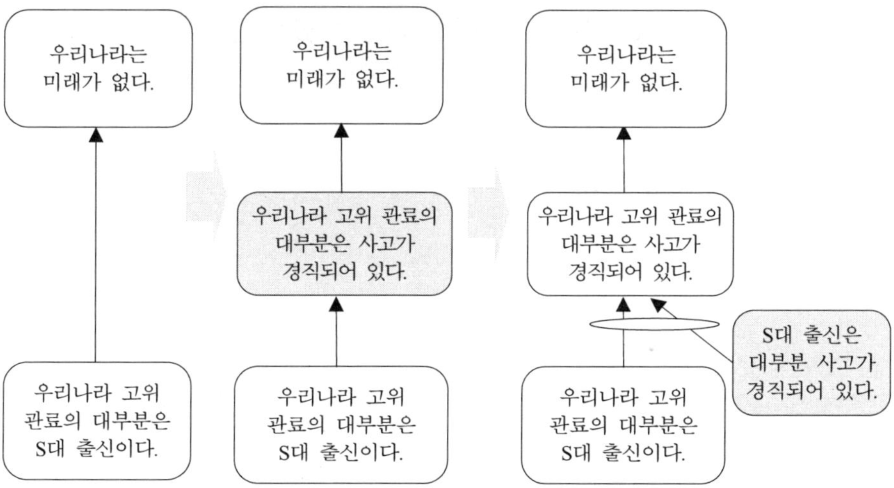

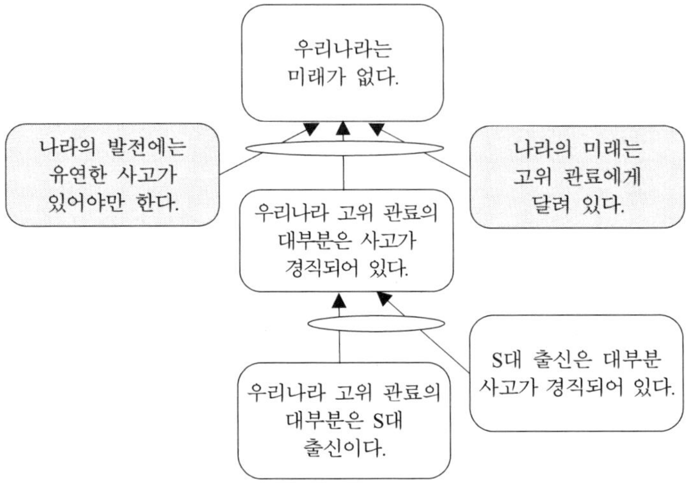

이렇게 작성된 가지 그림을 보면 관점에 따라 아직도 명확하지 않은 부분이 보일 수 있을 것이다. 가지가 갖는 커다란 장점은 생각을 상자와 화살로 표현하고 서로 알아 볼 수 있게 만들어 명확하게 이해될 수 있을 때까지 보완 작업을 할 수 있게 한다는 것이다. 앞의 예의 가지에서 상자 문장 표현이나 인과 관계 표현을 더 명확하게 하는 것은 과제로 남긴다.

|연습|

문제1.

다음 글을 가지로 표현하여 보라.

> 토끼와 거북이가 만났다. 토끼는 매우 빨랐고, 거북이는 매우 느렸다. 토끼가 거북이를 느림보라고 놀려대자, 거북이는 토끼에게 달리기 경주를 제안하였다. 경주를 시작한 토끼는 거북이가 한참 뒤진 것을 보고 안심을 하고 중간에 잠을 잔다. 그런데 토끼가 잠을 길게 자자 거북이는 토끼 옆을 한참 지나가고 잠에서 문득 깬 토끼는 거북이가 어느새 경주를 마쳤다는 사실을 깨닫게 된다.

'토끼와 거북이가 만난다.'를 시작점으로 하여 가지를 그린다.

사건이 발생한 순서에 따라 이야기를 정리한다. 이를 기본 줄기로 나타낸다. 기본 줄기가 다음과 같다고 할 때 빈 상자에 적당한 문장을 적어 넣으라.

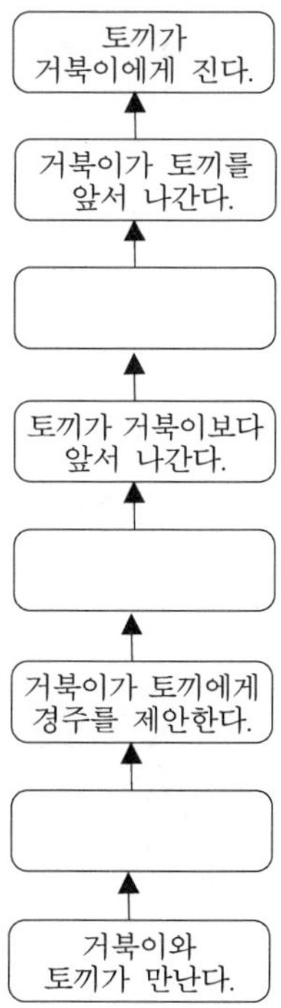

그리고 설명문 부분을 채워 넣으라.

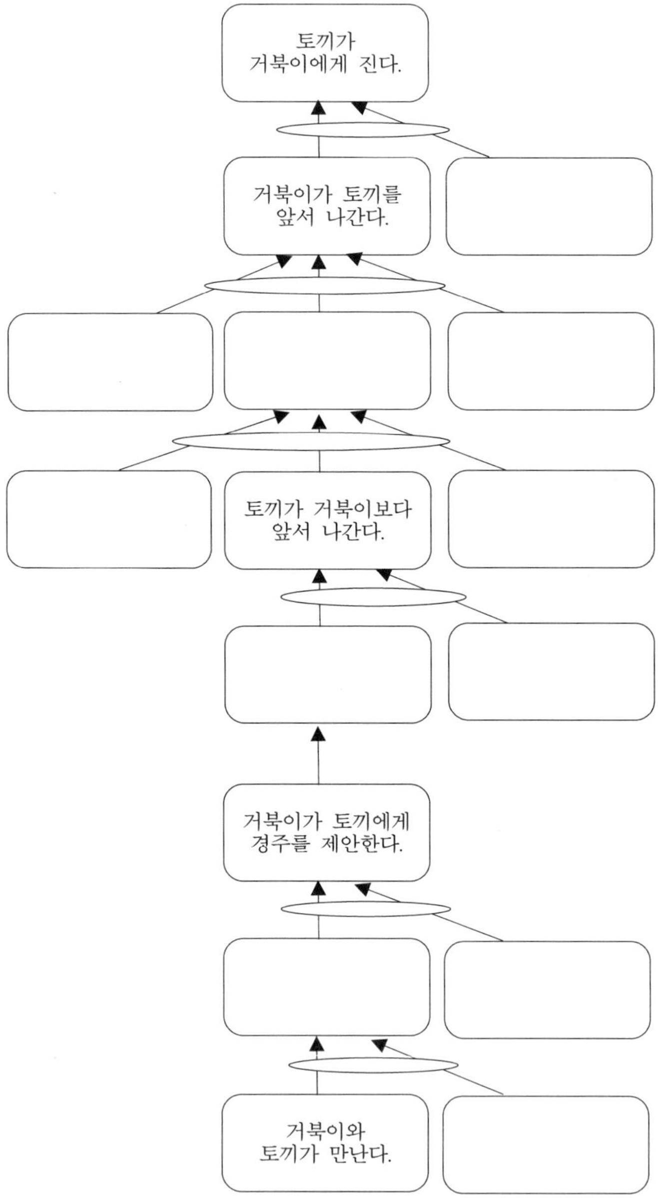

문제2.

다음 글을 가지로 표현하여 보라.

까마귀가 치즈를 물고 나뭇가지에 앉아 있었다. 먹이를 찾던 여우가 까마귀를 보았다. 여우는 치즈를 먹고 싶었다. 여우는 까마귀를 바라보며 칭찬의 말을 한다. "오, 고귀한 새이시여. 너무나 아름다우세요. 목소리도 너무나 예쁠 것 같아요."

까마귀는 여우의 칭찬에 우쭐해, "고운" 목소리를 뽐낸다. 그 순간, 까마귀가 물고 있던 치즈는 땅바닥에 떨어진다. 여우가 잽싸게 치즈를 낚아챈다.

문제3.

다음 글을 가지로 표현하여 보라.

'중세 사회에 도시가 성장한다.'를 시작점으로 하라.

시장 경제 체제의 등장 배경

중세 사회에 도시가 성장하고, 신항로 개척으로 외국과의 교역이 활발해지면서 상업 발달이 촉진되었다. 사람들은 자급자족 생활에서 벗어나 필요한 재화를 시장에서 구하게 되었고, 내다 팔기 위한 생산을 하기 시작하였다. 돈을 모은 상인들은 공장을 설립하여 수공업자와 농노들에게 임금을 주고 일을 시키는 자본가로 성장하였다.

부를 축적한 상공업자들은 시민 혁명을 일으켜 경제 활동의 자유가 보장되는 새로운 사회를 건설하였다.

산업 혁명으로 각 분야의 기계가 발명되어 대량 생산이 이루어지고, 교통수단이 발달함으로써 시장의 범위가 크게 확대되었다.

산업 혁명의 결과 생산력이 증대되고 시장이 확대되었으며, 시민 혁명으로 자유주의 사상이 발달하면서 오늘날 같은 자유 선택, 자유 경쟁의 시장 경제 체제가 등장하게 되었다. <중학교 사회 3, 교학사>

문제4.

다음 가지 표현에서 잘못된 점을 바로 잡아 보라.

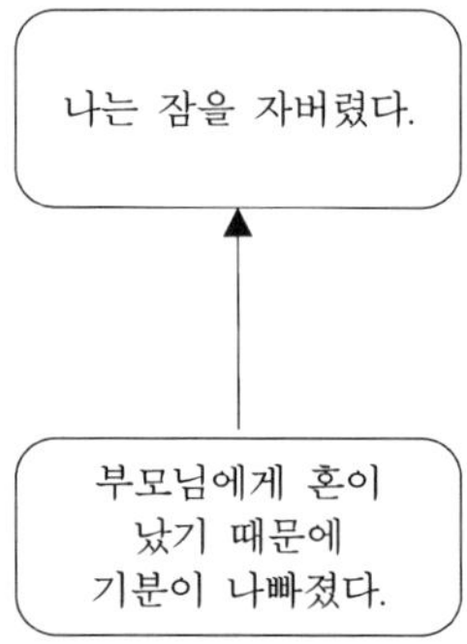

3. 긍정적 가지와 부정적 가지

1) 긍정적 가지와 부정적 가지란?

어떤 목적을 달성하려고 할 때, 목적 달성의 관점에서 어떤 상태를 긍정적, 부정적, 중립적으로 분류할 수 있다. 중립적인 상태는 긍정적이지도 않고 부정적이지도 않은 상태를 말한다.

가지에서 최종적인 결과가 긍정적일 때 이 가지를 긍정적 가지라고 부른다. 마찬가지로 가지에서 최종적인 결과가 부정적일 때 이 가지를 부정적 가지라고 부른다. 때로는 하나의 가지가 긍정적 결과와 부정적 결과를 모두 갖고 있을 때도 있다.

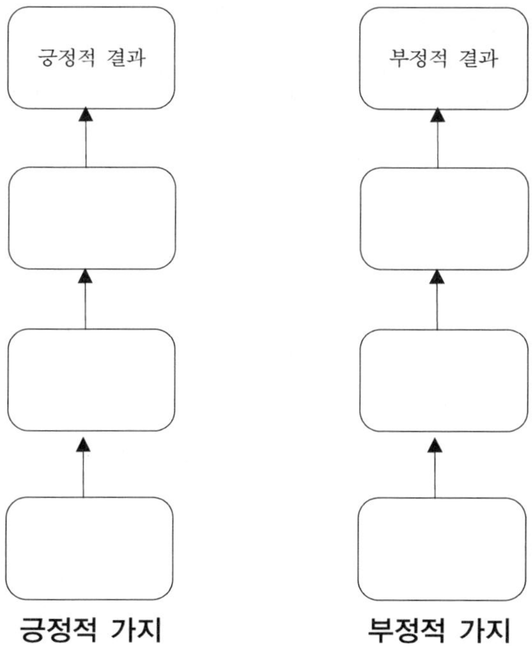

앞에서 영순이의 파티 참여의 결과를 묘사한 가지는 부정적 가지라고 할 수 있다.

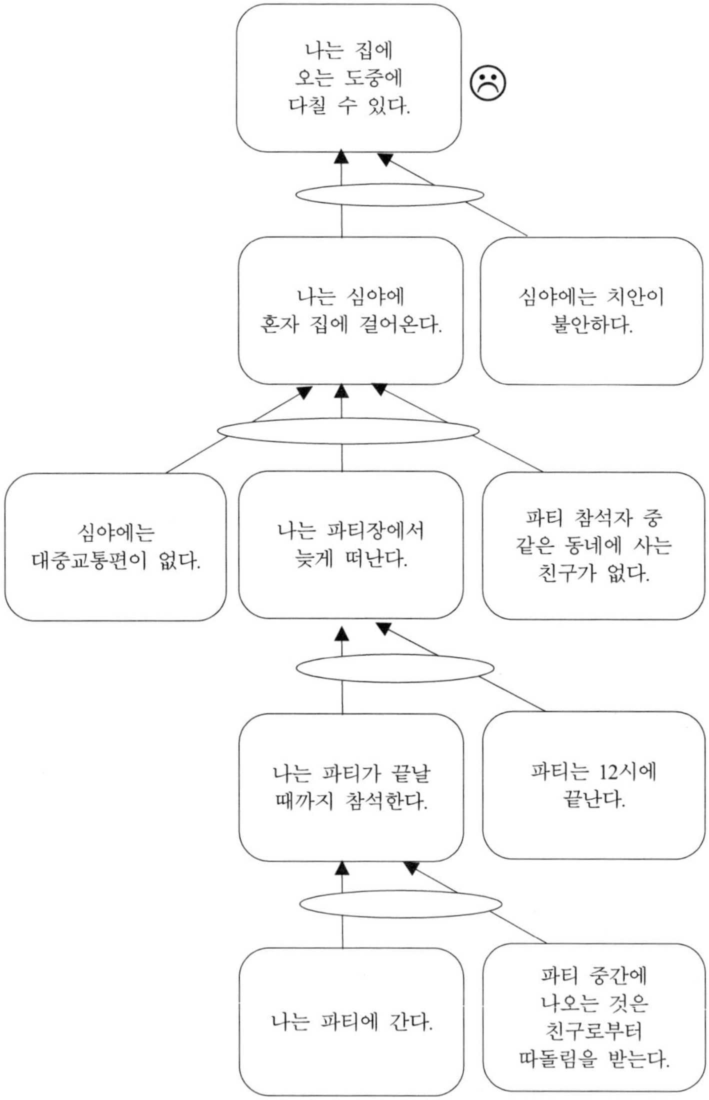

우리가 부정적 가지에 관심을 두는 것은 인과 관계 사고를 적용하여 부정적 가지의 결과를 바꿀 수 있는 방안을 찾을 수 있기 때문이다. 이에 관하여 알아보기로 하자.

2) 가지치기

어떤 행동의 결과로 부정적 가지가 생길 때 부정적 결과를 어떻게 긍정적 또는 중립적 결과로 바꿀 수 있을까? 변화를 가져오려면, 다시 말해 결과를 바꾸려면 원인을 바꾸어야 한다. 부정적 가지에 어떠한 아이디어를 도입하여 부정적 결과는 예방하고 우리가 원하는 결과를 가져오도록 하는 과정을 '가지치기'라고 한다.

영순이의 파티 참여와 관련된 가지를 예로 들어보자.

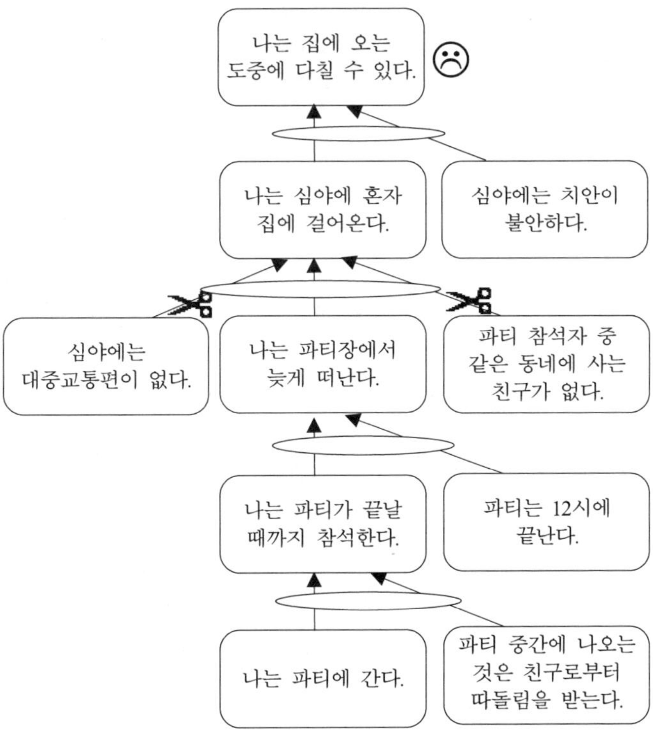

부정적 결과를 피하려면 부정적 결과가 나타나는 위치 이전에 어떠한 변화가 필요하다. 부정적 결과가 나타나는 위치 아래에 있는 설명문들이나 원인들을 면밀히 검토한다. 이러한 것 중에서 새로운 방안을 도입하여 더 이상 유효하지 않게 만들 수 있는 것을 찾는다.

예를 들어 "앞의 예에서 파티 참석자 중에서 같은 동네에 사는 친구가 없다."는 것을 더 이상 유효하지 않게 만들 수 있는 방안은 "같은 동네에 사는 친구와 함께 파티에 참여한다."가 될 수 있다. 또는 "심야에는 대중교통편이 없다."는 것을 더 이상 유효하지 않게 만들 수 있는 방안은 "아빠가 태우러 오신다."일 수 있다.

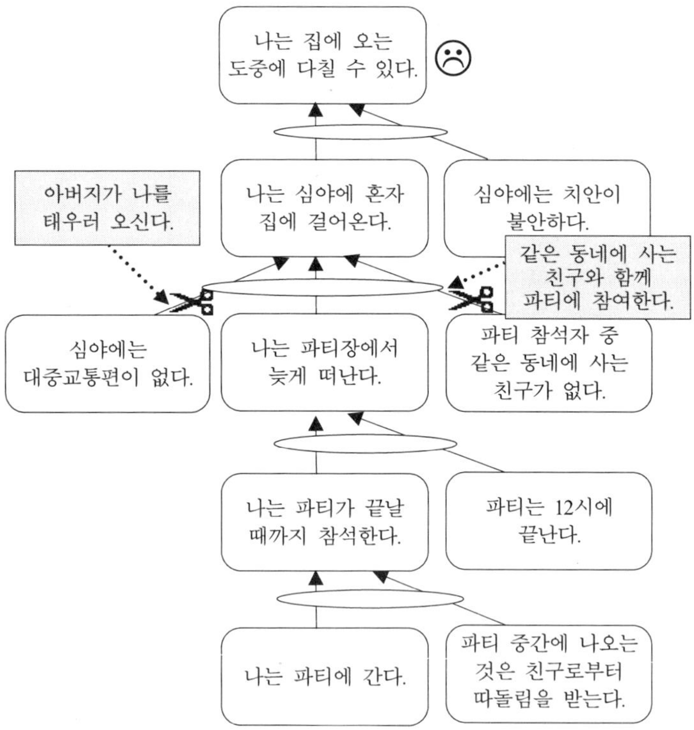

이렇게 부정적 결과를 예방하기 위하여 새로운 방안을 도입하는 것을 '가지치기'라고 부른다.

가지치기할 때에 가지치기의 결과 과연 부정적 결과를 예방할 수 있는지 확인하여야 한다. 이때 원래의 부정적 결과가 예방되는 것뿐만 아니라 새로운 부정적 결과가 발생하지 않아야 가지치기의 아이디어를 받아들일 수 있다.

예를 들어 "아빠가 태우러 오신다."라는 방안으로 가지치기를 한다면 어떠한 결과가 나오는지 보고 그 결과 새로운 부정적 결과가 나타나지 않는지를 확인하여야 한다.

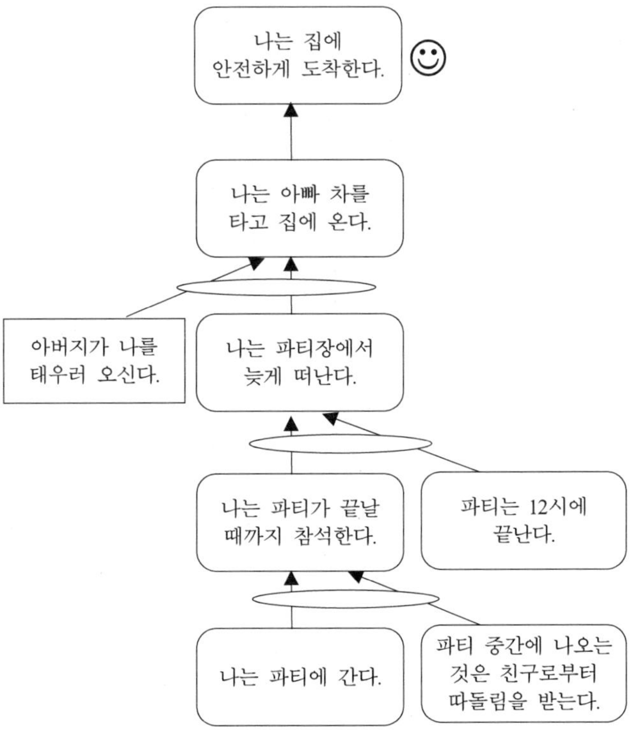

가지치기 과정은 마치 어떤 나무에 병든 가지가 있을 때 병든 가지를 잘라버리고 좋은 열매가 맺도록 접을 붙이는 것에 비유할 수 있다.

가지치기할 때에 어느 곳을 가지치기하여야 할까? 가지치기는 결과가 부정적으로 되기 시작하는 지점 아래에서 하여 모든 부정적 결과를 없애도록 한다. 때로는 가지치기를 두 군데 이상에서 해야 모든 부정적 결과를 예방할 수가 있다. 아래 가지 그림에서 ① 또는 ② 지점은 한 군데만 가지치기해도 되지만, ③, ④, ⑤ 지점은 , ③과 ④를 동시에 가지치기하거나 ③과 ⑤를 동시에 가지치기해야만 모든 부정적 결과를 예방할 수 있다.

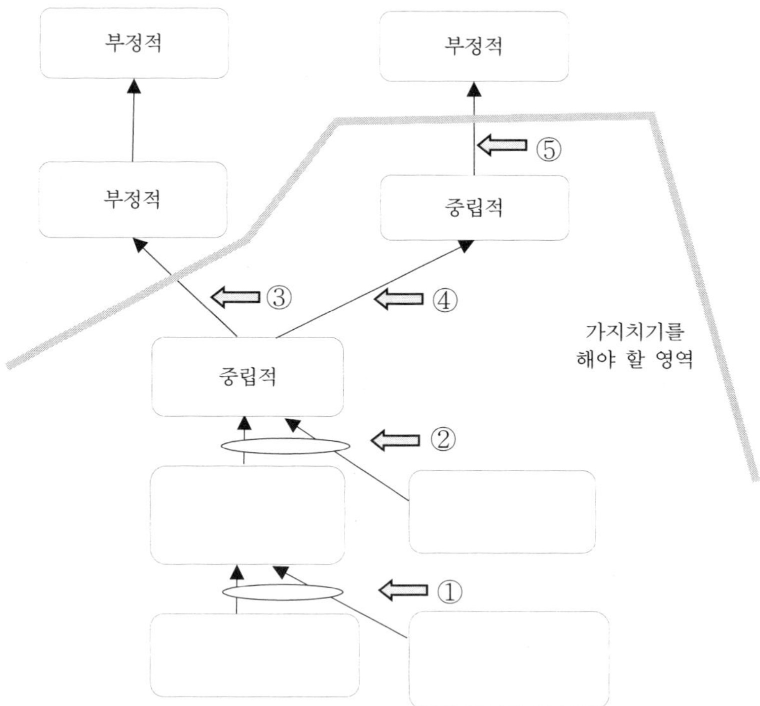

가지치기한다는 것은 결과를 바꾸기 위해서 원인을 바꾼다는 것이다. 가지에서 원인을 바꾸는 것은,

(1) 가지에 이미 표현되어 있는 드러난 설명문을 가지치기하거나
(2) 숨어있는 설명문을 가지치기하는 것이다.

가지에 이미 표현되어 있는 드러난 설명문을 가지치기 하는 것은 이해하는 데 어려움이 없다. 앞에서 이에 관해 설명했으니, 이제 숨어있는 설명문을 가지치기하는 것에 대해 알아보기로 하자.

설명문은 원인-결과 사이의 가정(근거, 전제)을 말한다. 모든 논리적 관계는 어떤 전제를 하고 있다. 이 전제 중 어떤 것은 명시적으로 알려진 것도 있고, 또 어떤 것은 잘 드러나 있지 않은 것이 있다. 드러나 있지 않은 가정은 고정관념에 근거한 것일 수 있다. 가지치기를 할 때 드러나 있지 않은 가정을 드러나게 하여 (노출하여) 이것을 더 이상 유효하지 않게 만드는 방안을 찾는다면 창의적인 해결방안을 얻을 수 있다.

영순이의 파티 참여와 관련된 가지를 예로 다시 들어보자. 앞에서 소개된 가지 그림에서 나타나 있지 않은 설명문을 노출한 결과 "나는 파티 후 집에 돌아와야 한다."가 드러났다고 하자. 그러면 이 설명문을 유효하지 않게 하는 방안의 하나로 "나는 파티가 열리는 집에서 잔다."를 제시할 수 있을 것이다. 이 방안으로 가지치기하는 것을 그림으로 보이면 아래와 같다.

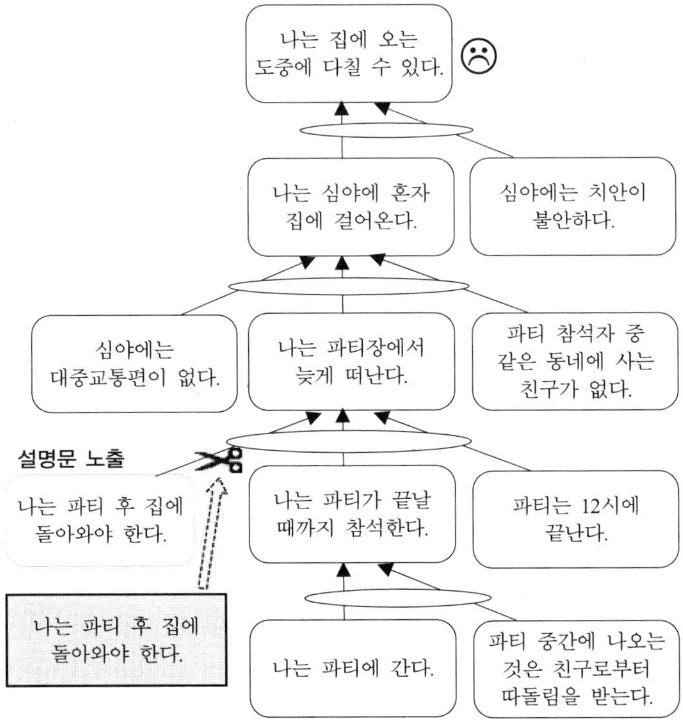

마지막으로, 가지치기하였을 때 또 다른 부정적 결과가 새롭게 나타나지는 않는지 주의 깊게 살펴야 한다는 점을 다시 강조한다. 만약 새로운 부정적 결과가 나타난다면 이것 또한 새로운 가지치기로써 예방할 수 있어야 한다. 그렇지 못할 경우에는 원래의 가지치기는 성공하지 못하게 되는 것이다.

3) 시작점 행동의 변화

만약 위의 방법으로 노력을 하였는데도 가지치기가 잘 되지 않을 때에는 가지의 시작점에 있는 행동을 바꾸는 대안을 검토하여 본다. (때로는 시작점 행동이 부정적 결과를 가져오는 것이 분명한 경우도 있다. 이럴 때도 가지(부정적 가지)를 그려보는 것은 나름대로 의미가 있다.) 그런데 시작점 행동의 대안은 어떻게 찾을 수 있는 것일까? 이것은 구름에서 다루었듯이 모든 행동의 이면에는 만족시키려고 하는 어떤 필요가 있다는 점에 착안하여 답을 구할 수 있다.

예를 들어 수업시간에 시끄럽게 하는 학생의 경우, 수업시간에 시끄럽게 하는 것에는 어떤 필요가 있기 때문이다. 그 필요를 잘 찾아내는 것이 행동의 변화에 있어 무엇보다 중요하다. 학생과의 의사소통을 통하여 이 행동을 통하여 만족하고자 한 필요가 "다른 사람들로부터 관심을 끈다."였다고 하자. 그러면 이 필요를 함께 포함한 가지 그림 모습은 다음과 같을 것이다. 이때 필요를 나타내는 문장을 "…하기를 원한다."로 표현하면 인과 관계를 더 잘 나타낼 수 있다.

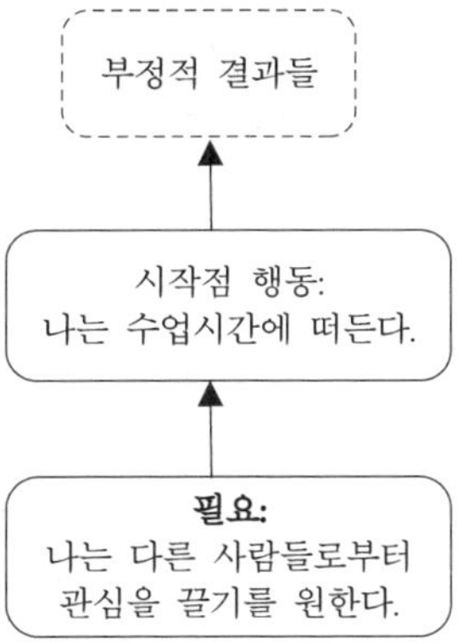

앞에서도 언급하였지만 모든 논리의 화살표에는 가정이 있다. 위의 그림에서 '필요' 상자와 '시작점 행동' 상자 사이에도 가정이 있다. 예를 들어 "수업시간에 떠드는 것만이 내가 다른 사람들로부터 관심을 끌 수 있는 유일한 길이다."가 그러한 가정의 하나가 될 것이다. 이러한 가정을 더 이상 유효하지 않게 함으로써 우리는 '필요'를 만족시킬 수 있는 다른 대안을 찾을 수 있다.

가정을 무효화하는 방법은 구름에서 사용하였던 방법, 가지치기에서 사용하였던 방법과 같다. 이 학생이 예를 들어 운동에 소질이 있다면, '운동을 아주 잘 함'으로써 다른 사람의 관심을 끌 수 있을 것이다. 그렇다면 '운동을 아주 잘 한다.'는 방안은 현재 노출된 가정을 무효화하는 것이다. 그러면 '운동을 아주 잘 한다.'를 새로운 시작점 행동으로 놓고 가지를 다시 그려 부정적 가지가 나타나는지 확인하여 본다. 부정적 가지가 나타나지 않는다면 우리는 대안을 찾은 것이다!

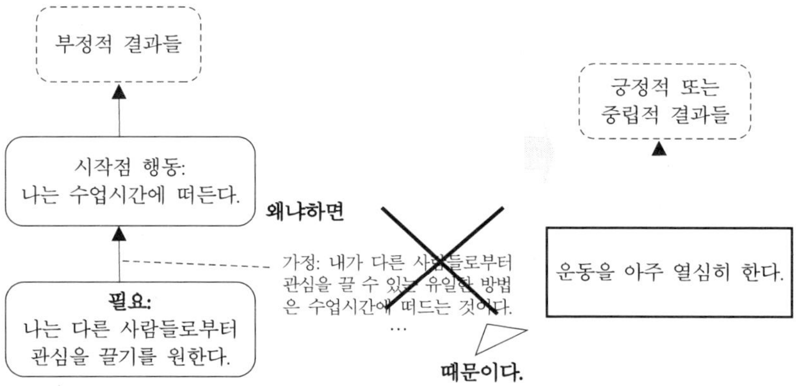

결론적으로, 시작점 행동의 변화를 찾아보는 과정은 가지치기의 일종이라고 할 수 있다.

4) 건설적 비판의 방법

상대방의 의견이나 행동에 대해 상대방의 감정을 상하지 않게 하면서 나의 의견을 전달하기는 쉽지 않다. 잘못하다가는 나의 의견을 제대로 이해시키지 못하면서 상대방과 감정적 골이 깊어지는 것으로 끝날 수 있다. 건설적 비판이란 상대방의 자존감을 세워주면서 더 나은 결과를 가져올 수 있도록 의견을 제시하는 과정을 말한다. 가지치기 방법을 이용하여 우리는 상대방의 아이디어에 대해 건설적 비판을 효과적으로 할 수 있다.

누군가가 좋기는 하지만 완전하지 않은 어떤 아이디어를 제시하는 경우가 종종 있다. 아이디어에 좋은 점이 있지만 그 아이디어를 적용했을 때 부정적 결과가 나타날 수 있다. 그런 아이디어를 효과적으로 다루기 위해서는, 그 아이디어를 낸 사람은 격려하면서 동시에 부정적 결과가 일어나지 않도록 보완을 해 둘 필요가 있음을 상대방에게 이해시킬 수 있어야 한다. 어떻게 건설적 비판을 할 수 있을까?

비난 일변도의 파괴적 비판이 아니라 건설적으로 비판하기 위해 가지를 활용하는 과정은 다음과 같이 3단계를 거친다.

(1) 아이디어의 긍정적인 면을 이해한다.

상대방의 아이디어를 평가할 때, 먼저 그 적용으로부터 얻는 이점이 무엇인지를 확인하고 인정하는 것이 무엇보다 필요하다. 그 아이디어를 적용할 때 어떠한 긍정적 결과가 나타날 것인지를 가지를 작성함으로써 명확하게 표현한다. 이 부분의 가지는 긍정적 가지에 해당한다. 이 긍정적 가지를 먼저 작성하고 인정해 줌으로써 상대방이 존중되고 있다는 것을 느끼게 하는 것이 중요하다.

(2) 아이디어가 개선되어야 하는 이유를 이해한다.

상대방의 아이디어를 적용할 때 무엇이 나빠질 수 있는지를 가지를 작성함으로써 확인한다. 이 부분의 가지는 부정적 가지에 해당한다.

만약 상대방과 함께 가지를 그릴 수 있는 상황에서는 부정적 결과를 바로 이야기하지 말고 부정적 결과에 대해 인도 질문을 하는 것이 좋다. 그래서 상대방으로 하여금 부정적 결과를 스스로 확인하도록 유도한다.

만약 상대방이 참여하지 않고 부정적 가지를 그린 경우에는 부정적 가지를 상대방에 제시하여 상대방과 함께 점검의 과정을 차근차근 거치는 것이 중요하다. 상대방이 작성된 부정적 가지에 동의하지 않을 경우에는 어떤 부분에 어떤 점에서 의견이 다른지를 듣고 점검한다. 상대방의 의견이 타당할 경우에는 가지 그림을 수정한다.

이러한 과정을 거쳐 부정적 가지를 얻게 되면 상대방은 감정이 상하는 것 없이 부정적 결과의 발생을 인정하게 된다.

(3) 아이디어를 개선할 수 있는 방안을 찾는다.

아이디어 적용에 따른 부정적 결과를 예방할 방안을 가지치기 방법을 적용하여 찾는다. 가지치기할 지점을 찾고 그 지점에 어떠한 방안을 실행하면 부정적 결과가 사라지게 될지 알아본다. 가능하면 개선의 방안은 상대방으로 하여금 생각하게 하고 스스로 찾아내게 도와주는 것이 좋다. 만약 상대방이 개선의 방안을 스스로 찾았다고 하면 상대방은 아이디어를 왜 보완해야 하는지를 더욱더 잘 이해하게 되고 또한 자신의 아이디어가 보완된 것에 대해 주인의식을 갖게 되어 변화에 대해 우호적인 자세를 취하게 될 것이다.

앞에 나온 영순이의 파티 참가의 예제를 다시 보자. 영순이가 아빠에게 파티 참가를 하겠다는 제안을 갖고 왔을 때 아빠의 입장에 이 제안을 어떻게 건설적으로 비판할 수 있을 것인가? 앞에서 소개한 건설적 비판의 단계를 적용하여 보자.

① 영순이의 아이디어를 이해한다:

파티에 참여하면 어떤 점에서 좋은지를 이해한다. 영순이가 파티 참가의 제안을 할 때는 영순이 자신도 이 제안의 긍정적인 점에 대하여 여러 가지를 말할지도 모른다. 그것들을 잘 듣고 이를 가지로 표현하여 본다. 파티에 참여할 때의 긍정적인 면을 찾아 상대방인 영순이에게 인정하는 것이 의사소통을 원활하게 하는 데 도움이 된다. 가지를 그린 결과 다음을 얻었다고 하자.

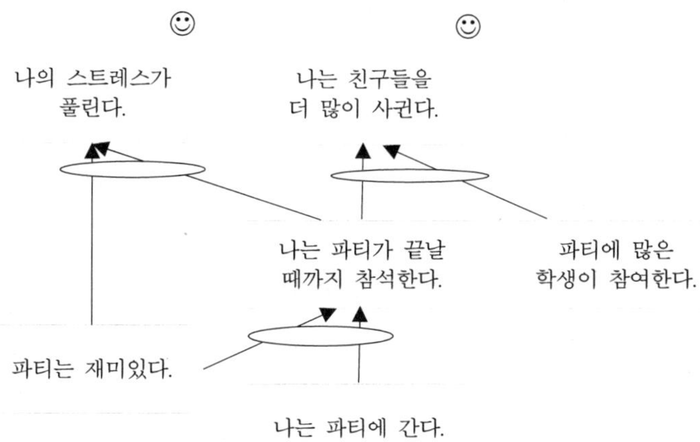

② 영순이의 아이디어가 개선될 여지가 있음을 이해한다:

이 아이디어로 인해 어떠한 부정적 결과가 생길 수 있는지 부정적 가지를 작성하여 본다. 단, 상대방인 영순이의 감정이 상하지 않도록 하는 것이 중요하다. 부정적 결과에 대하여 "이러면 어떻게 될까?"와 같은 인도 질문을 하는 것도 하나의 방법이다. 그래서 부정적 결과를 상대방이 스스로 확인하도록 유도하여 본다. 예를 들어 "파티가 끝날 때까지 참석하면 몇 시에 떠나게 될까?" "그러면 집에는 어떻게 오게 될까?"와 같이 물어 그 답을 기초로 부정적 가지 그림을 그린다. 그 예가 앞에서 다루었던 영순이의 파티 참가와 관련된 부정적 가지 그림이다.

③ 가지치기를 통해서 아이디어를 개선한다.
앞에서 다루었던 가지치기 방법을 통하여 부정적 결과를 예방할 수 있는 개선 방안을 찾아낸다. 이 부분은 가지치기 예제에서 다루었다.

이상에서 본 바와 같이 가지치기 방법을 이용하여 건설적 비판을 효율적으로 수행할 수 있다.

지금까지 상대방의 아이디어에 대해 건설적 비판을 하는 데 가지치기 방법을 어떻게 활용할 수 있는지에 관하여 알아보았다. 마찬가지로 내가 제시한 아이디어에 관해 상대방에게 동의를 구하는 과정에서도 가지치기 방법을 적용할 수 있다. 가지치기 방법을 제대로 적용하면 상대방의 비판을 건설적 비판으로 바꿀 수 있고 상호간 화목을 이루어낼 수 있다.

내 아이디어에 대한 비판을 수용할 때의 지침:

· 상대방에게 내 아이디어에 대하여 설명한다.
· 내 아이디어에 대해 상대방이 어떻게 생각하는지 묻는다. 상대방이 부정적 의견을 말할 때 경청한다.
· 현재 내 아이디어를 실행했을 때 나타날 수 있는 부정적 결과를 정리하고 이를 기초로 명확하게 부정적 가지를 그린다.
· 상대방에게 부정적 가지를 보여주고 상대방이 가지치기의 방안을 제시하도록 기다려본다.
· 상대방이 가지치기의 방안을 제시하면 이를 검토한다. 가지치기가 되는지 확인한다. 필요하면 보완한다.

· 이러한 과정을 거치면 상대방은 나의 새로운 안에 대하여 더욱 긍정적 자세를 보이게 될 가능성이 더 크게 된다.

건설적 비판의 방법은 의견이 대립하는 토론을 진행하는 데에도 적용될 수 있다. 할 수 있다. 다음은 한 가지 모델이다. 여러가지 변형이 가능하다.

가지를 활용한 토론 진행 과정:

1. 두 편의 팀을 가른다.
2. 한편(팀 A)에게 자기 팀의 주장을 가지 그림으로 그린 후 발표한다.
3. 다른 팀(팀 B)에게 가지 그림에 대하여 문장의 의미나 인과관계의 근거에 대해 질문을 한다.
4. 팀 A가 다른 팀(팀 B)의 질문에 대해 답변을 한다. 3~4단계를 정해진 시간 동안 반복한다. 그런 후 필요시 가지 그림을 수정한다.
5. 팀 B가 팀 A의 가지에서 긍정적 가지 부분을 찾아 인정한다.
6. 팀 B가 팀 A의 주장에서 발생하는 부정적 가지 부분을 그린 후에 발표한다.
7. 팀 A가 팀 B의 부정적 가지에 대해 문장의 의미나 인과관계의 근거에 대해 질문을 한다.
8. 팀 B가 다른 팀(팀 A)의 질문에 대해 답변을 한다. 7~8단계를 정해진 시간 동안 반복한다. 그런 후 필요시 부정적 가지를 수정한다.
9. 팀 B가 부정적 가지에 대해 가지치기를 한 후에 발표한다.
10. 팀 A가 팀 B의 가지치기에 대해 질문을 하고 팀 B가 답변을 한다.
11. 팀 A와 팀 B가 주장을 최종 발표를 한다.
12. 사회자가 최종적으로 종합 정리를 한다.

|연습|

문제1.

아래 가지 그림에서 가지치기를 하여 보자.

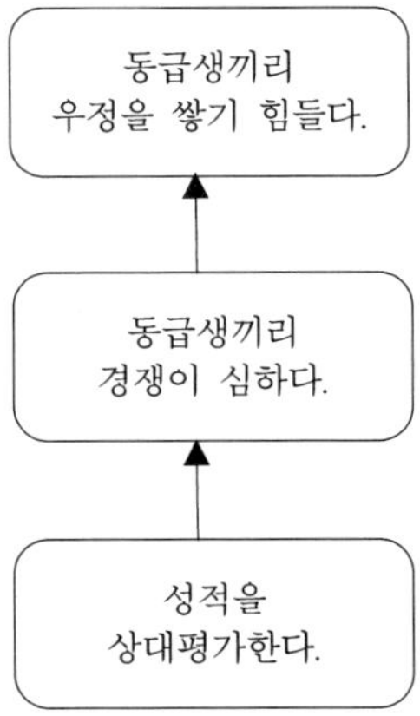

문제2.

181쪽의 문제1을 다시 보자.

토끼와 거북이가 만났다. 토끼는 매우 빨랐고, 거북이는 매우 느렸다. 토끼가 거북이를 느림보라고 놀려대자, 거북이는 토끼에게 달리기 경주를 제안하였다. 경주를 시작한 토끼는 거북이가 한참 뒤진 것을 보고 안심을 하고 중간에 잠을 잔다. 그런데 토끼가 잠을 길게 자자 거북이는 토끼 옆을 한참 지나가고 잠에서 문득 깬 토끼는 거북이가 어느새 경주를 마쳤다는 사실을 깨닫게 된다.

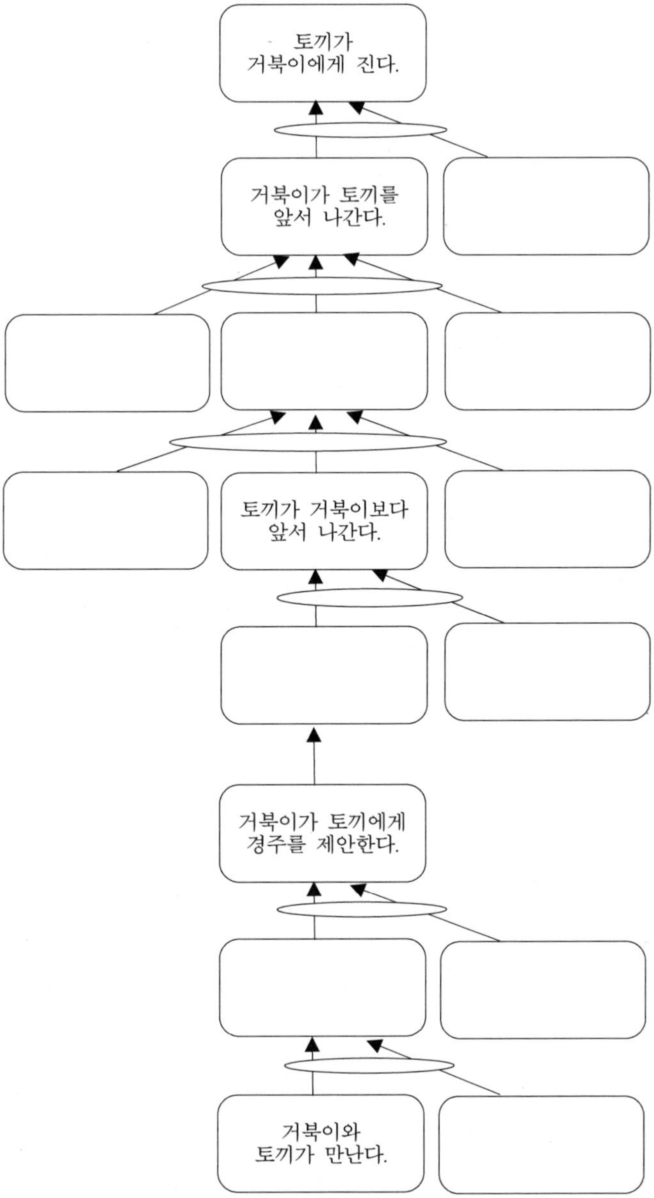
토끼가
거북이에게 진다.
거북이가 토끼를
앞서 나간다.
토끼가 거북이보다
앞서 나간다.
거북이가 토끼에게
경주를 제안한다.
거북이와
토끼가 만난다.

토끼가 거북이에게 지는 결과를 피하려면 토끼의 어떤 부분을 고쳐야 하는지를 가지치기를 통해서 알아보자.

가지치기 지점과 해결책을 찾아보자.

각각의 해결책에 대해서, 해결책을 실행하면 어떠한 결과가 나오게 되는지를 가지를 그려 확인하여보자.

문제3.

다음 상황에서 가지를 활용하여 토론을 진행하는 법을 알아보자.

<초등 도덕 5-1 >

교실 환경 미화

전교 어린이회에서 교실 환경을 아름답게 꾸미기로 결정하였습니다. 교장 선생님께서는 교실 환경을 잘 꾸민 학급에 '교실 미화 모범 학급'이라는 커다란 표찰을 달아 주어 널리 칭찬해 주신다고 하셨습니다. 그래서 현우네 반에서는 환경 미화 방법에 대해 의논하기 위해 학급 회의를 하였습니다.

현우가 의장이 되어 사회를 보았습니다. 승희가, 교실은 우리 모두가 생활하는 곳이므로 모든 학생이 참여하여 아름답게 꾸미자고 의견을 내놓았습니다. 학급의 임원을 맡고 있는 예슬, 현철, 희영, 보람이는 승희의 의견에 찬성했습니다. 그러나 찬수는, 일을 능률적으로 하기 위해서는 임원들이 맡아서 해야 한다며 반대 의견을 내놓았습니다. 서영, 현주, 윤태, 민석이는 찬수의 의견을 지지했습니다.

두 의견이 팽팽히 맞서 결정이 나지 않고 시간만 자꾸 흘러갔습니다. 그러자 여러 아이가 불만에 차서 웅성거리기 시작했습니다.

가지를 활용한 토론 진행 과정:

· 승희가 제안한 내용은 무엇인가?

· 승희 제안의 긍정적인 면은 어떤 것이 있는지 긍정적 가지를 그려 본다.

- 긍정적 가지를 다 같이 소리 내어 읽어 본다.
- 승희의 제안이 갖는 부정적인 면은 어떠한지 긍정적 가지 위에 부정적 가지를 추가해 그려본다.
- 부정적 가지를 어떻게 가지치기할 수 있는지 물어본다.
- 가지치기한 결과 부정적 가지가 제거될 수 있는지 가지치기 아이디어를 포함하여 가지를 수정한다.
- 수정된 가지를 다 같이 소리 내어 읽어 본다.
- 심각한 문제가 아직도 남아 있는지 확인한다.
- (문제가 남아 있을 때는 이에 대해 다시 부정적 가지를 그리고 가지치기를 시도한다.)
- 가지치기가 실패할 때에는 승희로 하여금 확인하도록 한다.

문제4.

다음 상황에서 아빠의 입장이 되어 상준이의 의견에 건설적 비판을 하는 법을 알아보자.

> 중학생 상준이와 아빠는 상준이 머리 길이 문제로 갈등을 겪고 있다. 상준이는 개성 있게 보이려고 두발을 자유롭게 기르고 싶은데, 아빠는 모범적인 학생의 자세를 갖기 위해서는 중학생 머리는 단정해야 한다고 하신다.

문제5. 다음 구름에서 D를 실행할 때의 긍정적 가지와 부정적 가지를 그려보자.

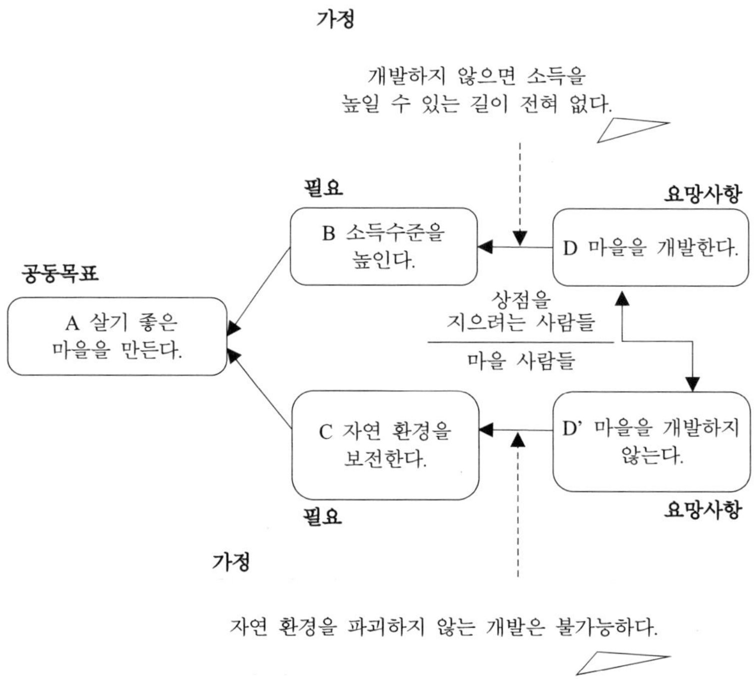

문제6. 위 문제에서 얻은 부정적 가지를 가지치기하라.

4. 가지 사용상의 오류[18)]

가지는 인과관계를 표현하는 도구이다. 가지를 사용할 때에는 인과관계를 제대로 나타내어야 한다. 가지 사용 시 종종 범하는 오류 몇 가지를 정리하였다.

1) 사전적 정의를 인과 관계로 나타내는 오류

가지 그림에서 원인 부분에 사전의 정의 내용을, 결과 부분에 사전의 용어 부분을 적어 놓는 것은 인과관계의 논리와는 관계가 없는 것이다. 이렇게 그리는 것은 잘못된 것이다.

예를 들어 정직은 사전에서 '마음에 거짓이나 꾸밈이 없이 바르고 곧음'으로 정의되어 있는데, 이를 다음과 같이 표현하는 것은 인과관계의 논리와는 거리가 멀다.

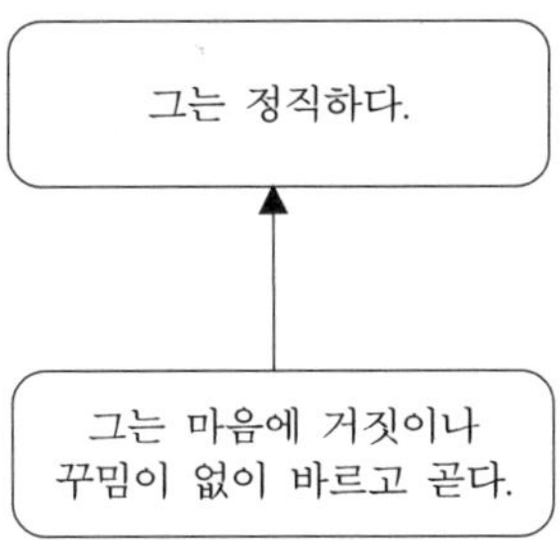

이것은 '같은 말 반복하기'(동어 반복, 同語 反復)에 불과한 것으로 원인과 결과의 관계를 나타내는 것이 아니다.

다음의 예도 같은 유형의 오류이다.

18) 가지 작성을 올바로 하는 것에 관심이 있으면 이 절을 숙지하는 것이 좋습니다. 그런데 가지를 처음 접하거나 가지 활용에 대해 먼저 알아보려면 5장으로 건너뛰는 것을 권합니다.

물리학에서 물체에 힘이 작용하여 물체가 힘의 방향으로 움직였을 때 일을 하였다고 한다. 이것을 다음과 같이 표현한 그림도 인과 관계의 논리와는 관계없는 것이다. 이것은 단지 '일'의 정의를 나타낸 것이다.

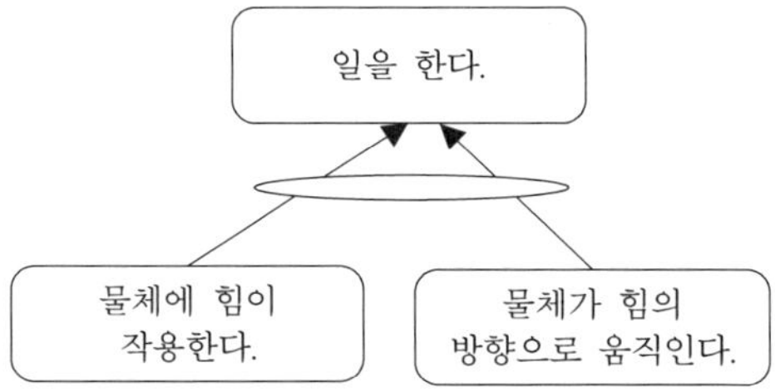

다시 강조하면, 가지는 인과 관계의 논리를 표현한 그림이다.

2) 설명문을 기본 줄기에 나타내는 오류

이 오류는 어떤 원인 결과 사이의 설명문을 원인 문장과 결과 문장 사이에 놓음으로써 마치 설명문이 원인에 대한 결과로 표시되는 오류를 말한다.

다음의 예에서 '새들이 숲을 떠난다.'의 원인은 '기온이 낮아진다.'이고 '낮은 기온은 새들이 살기에 적합하지 않다.'는 이 원인 결과 관계의 설명문이다. '낮은 기온은 새들이 살기에 적합하지 않다.'는 설명문이 '기온이 낮아진다.'의 결과가 아니기 때문에 이 가지 그림은 틀렸다.

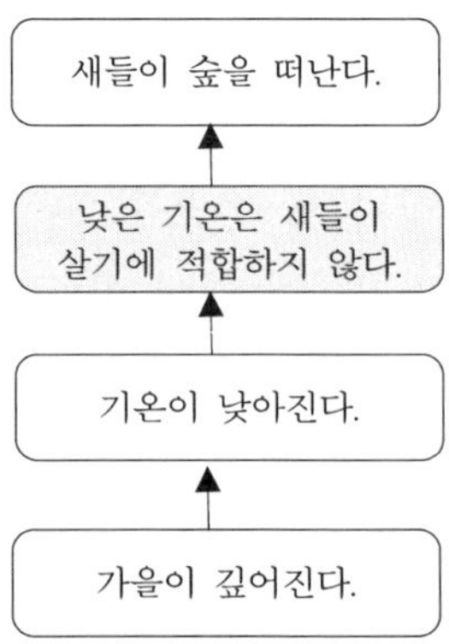

이런 오류를 피하려면 각 화살표를 살펴보아 화살표의 아래, 위에 있는 문장 사이에 인과 관계가 있는지 확인하는 것이 필요하다. 다음은 위의 그림을 바르게 고친 그림이다.

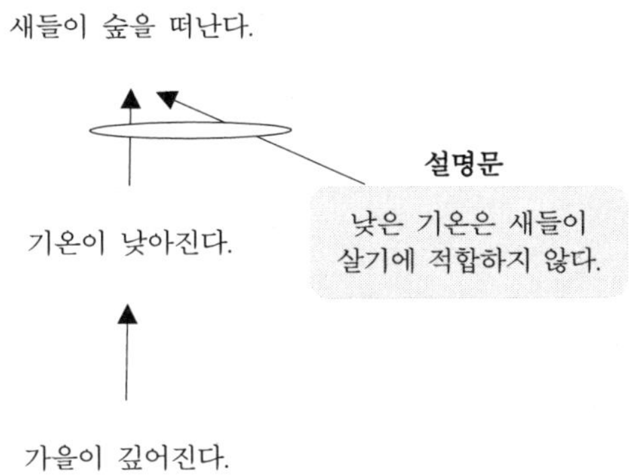

3) 기본 줄기에 있어야 할 문장을 설명문으로 나타내는 오류

이 오류는 앞에서 소개한 '설명문을 기본 줄기에 나타내는 오류'와 반대가 되는 것이다.

다음 가지 그림에서 '가을이 깊어지면 새들이 숲을 떠난다.'의 원인 결과 관계의 설명문으로 '기온이 낮아진다.'와 '낮은 기온은 새들이 살기에 적합하지 않다.'를 들었다. 그런데 '기온이 낮아진다.'는 '가을이 깊어진다.'의 결과로 나타나는 것이므로 '기온이 낮아진다.'는 '가을이 깊어진다.'와 '새들이 숲을 떠난다.'사이에 와야 한다.

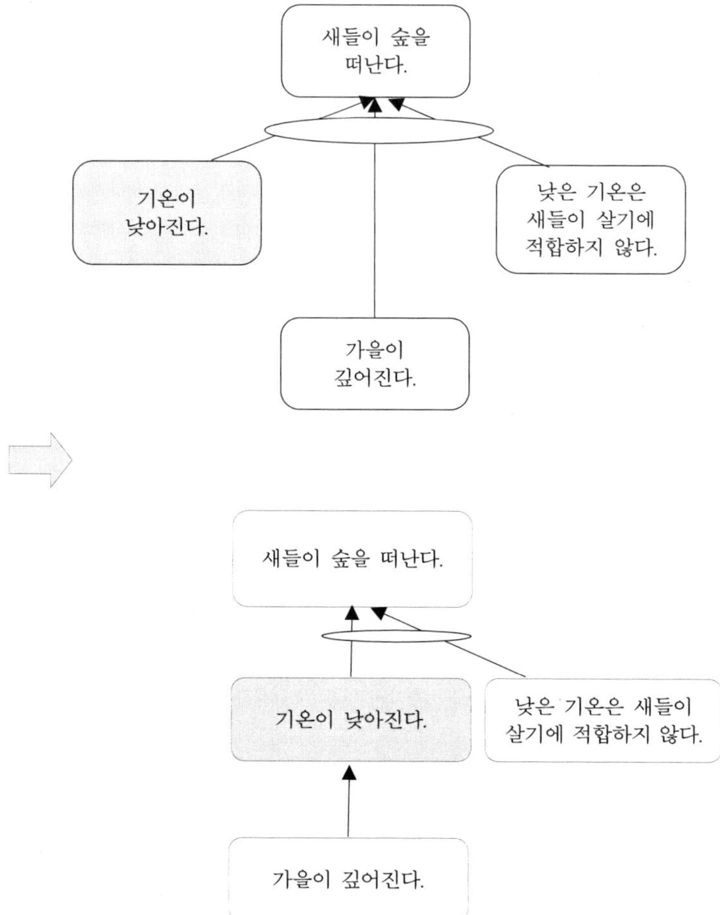

이런 오류를 피하려면 설명문을 추가할 때 이 설명문이 아래 원인의 결과로 발생하는 것인지를 확인하여야 한다.

4) 순환 논리의 오류

가지 그림에서 결과 문장이 다시 원인 문장의 원인이 되는 경우를 말한다. 순환 논리의 오류는 결과 부분이 원인 부분의 증거로 제시되는 경우에 발생한다.

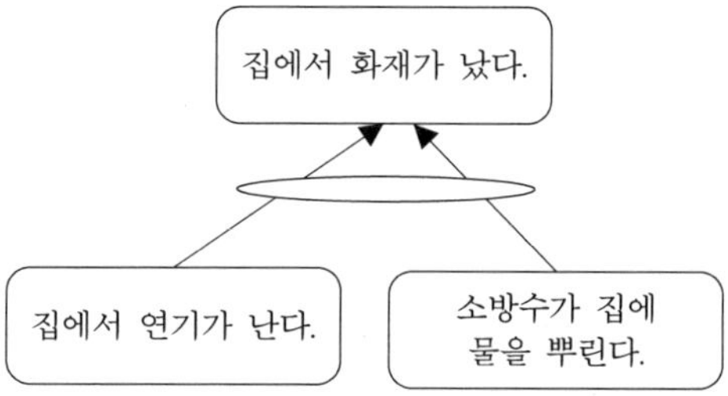

위의 그림에서 '집에서 연기가 난다.'와 '소방수가 집에 물을 뿌린다.'의 결과로서 '집에서 화재가 난 것.'이 아니라 '집에서 화재가 난' 결과 '집에서 연기가 나고 소방수가 집에 물을 뿌리게' 된 것이다.

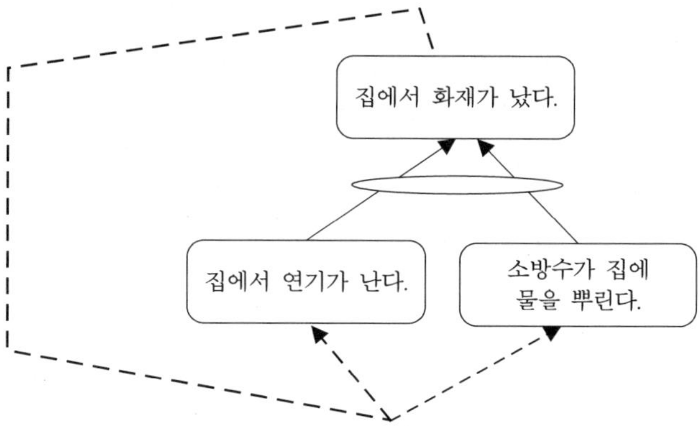

위의 그림에 나타난 순환 논리의 오류는 다음과 같이 고칠 수 있다.

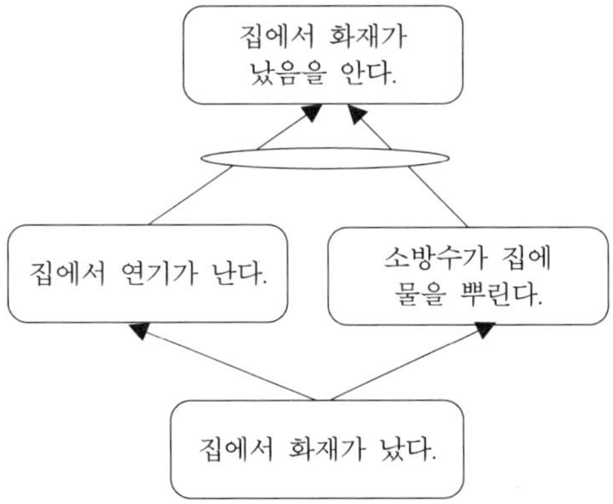

이 그림은 '집에서 화재가 났다.'는 것이 원인이 되어 그 결과 '집에서 연기가 나고 소방수가 집에 물을 뿌리는' 결과가 발생하였고, '집에서 연기가 나고 소방수가 집에 물을 뿌리는 것'이 '집에서 화재가 난 것'의 증거로 받아들여진다는 것을 보여준다.

순환 논리의 오류에 빠지지 않으려면 원인-결과 관계를 면밀하게 검토하여 그림에 나타난 원인이 진짜 원인인지를 확인하여야 한다.

순환 논리는 특히 원인 부분이 추상적이어서 원인 부분이 맞는지 명확하지 않을 때 원인 부분이 맞는다는 근거로 결과 부분을 제시하는 경우에 종종 발생한다.

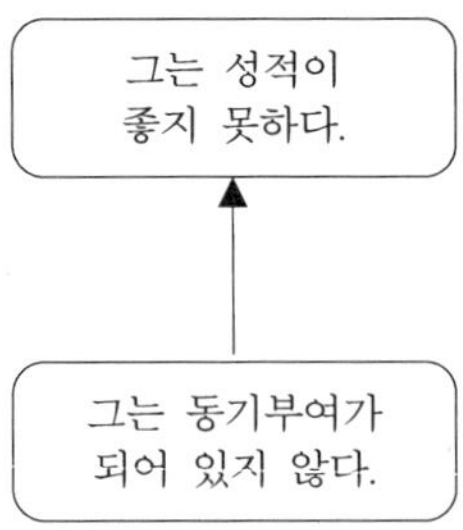

위 그림에서 그가 학업에 대한 동기 부여가 되어 있지 않기 때문에 성적이 좋지 못하다고 한다. 그런데 그가 학업에 대한 동기부여가 되

어 있지 않다는 증거가 무엇인지 물어보았을 때 그 답이 그의 성적이 좋지 못하기 때문에 그는 학업에 대한 동기부여가 되어 있지 않다고 말한다면 이는 순환 논리의 오류에 빠진 것이다.

원인이 추상적인 경우에는 과연 이 원인이 진짜 원인인지를 추가로 검증하여 순환 논리의 오류에 빠지지 않도록 하여야 한다.

5) 귀납 논증을 인과 관계로 나타내는 오류

귀납 논증이라는 것은 개별적인 특수한 사실이나 현상에서 그러한 사례들이 포함되는 일반적인 결론을 이끌어내는 추리의 방법이다. 다음은 귀납 논증의 예이다.

모든 소는 폐를 가지고 있다.
모든 고래는 폐를 가지고 있다.
소와 고래는 포유류이다.
따라서 포유류는 폐를 가지고 있다.

이를 가지 그림의 형식으로 표현한다면 다음과 같을 것이다.

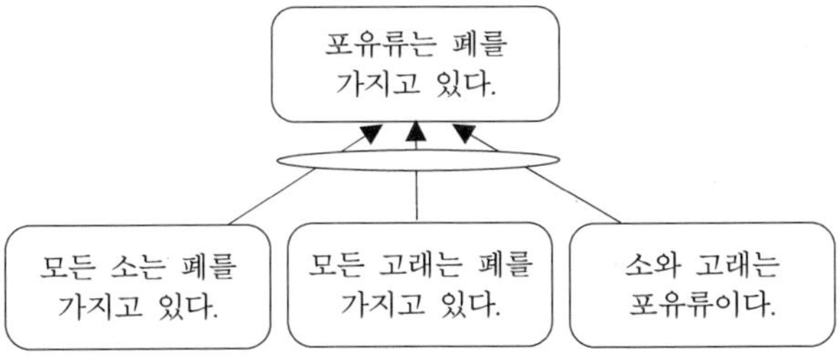

그런데 '모든 소는 폐를 가지고 있다.'와 '모든 고래는 폐를 가지고 있다.'고 해서 '포유류는 폐를 가지고 있다.'는 결론이 항상 맞는 것인가? 실은 '모든 소는 폐를 가지고 있다.'와 '모든 고래는 폐를 가지고 있다.'는 것은 우리가 '포유류는 폐를 가지고 있다.'는 것의 증거로 보는 것이라고 할 수 있다.

충분조건 논리에 맞추어 표현한다면 다음과 같이 되어야 한다.

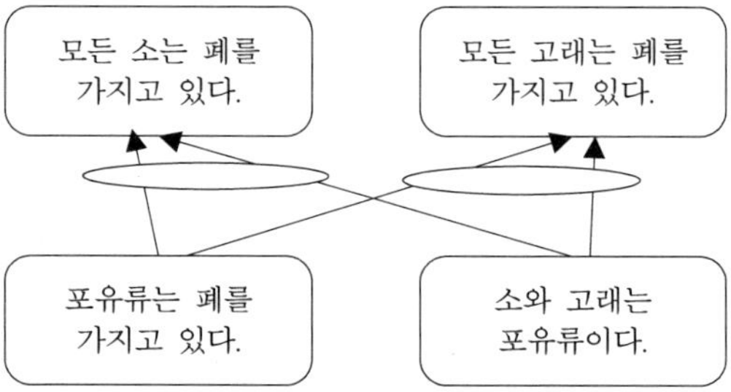

가지에서는 귀납 논증을 사용하지 않고 항상 충분조건 논리(인과관계 논리)만을 사용한다.

|연습|

문제1.

다음 가지 표현에서 잘못된 점을 바로 잡아 보라.

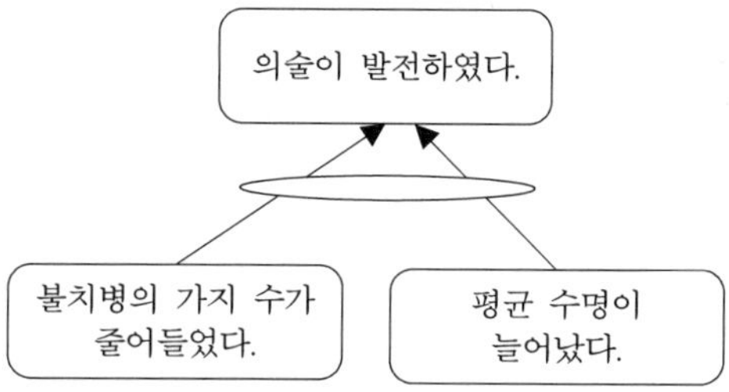

문제2.

다음 가지 표현에서 잘못된 점을 바로 잡아 보라.

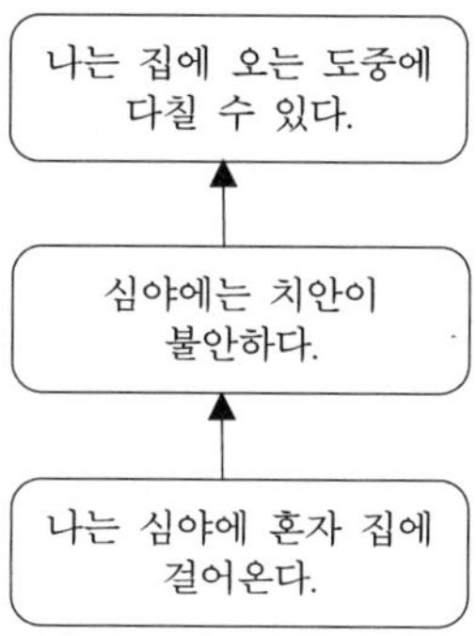

문제3.

다음 가지 표현에서 잘못된 점을 바로 잡아 보라.

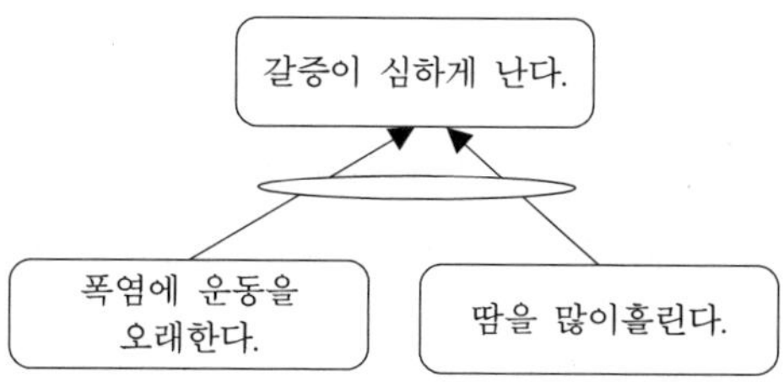

5. 가지 작성의 방향

가지 작성의 방향에는 기본적으로 두 가지가 있다.

1) 주어진 원인으로 말미암아 어떤 결과가 발생하는가?

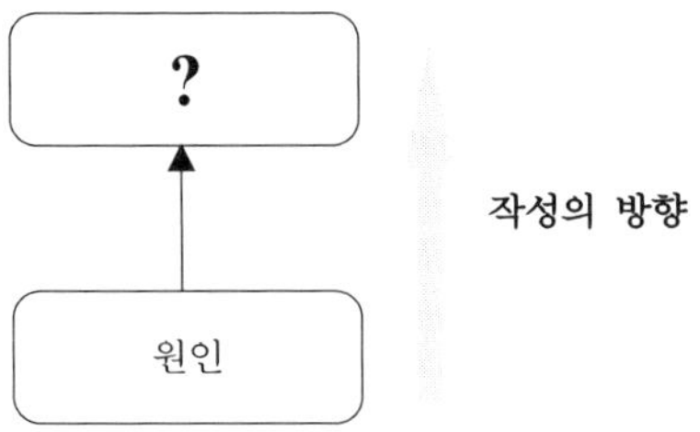

2) 주어진 결과는 도대체 어떠한 원인에 의하여 발생하는가?

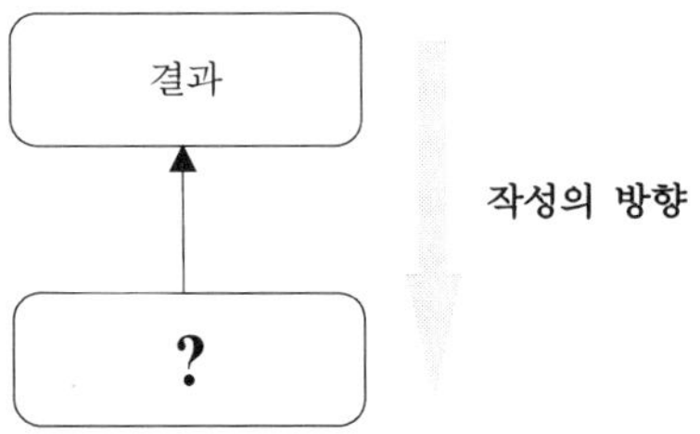

TOCfE에서 가지는 주로 1)의 용도에 이용되는데, 때로는 2)에 이용되기도 한다. 여기에서는 2)에 대해 간략하게 언급하여 보자.

주어진 결과의 원인을 찾는 방법론으로 많이 알려진 것이 도요타 자동차 회사에서 많이 사용된 5 Why 분석기법이 있다. 이 기법은 문제의 증상이 있을 때 이것이 어떤 원인에 의하여 발생하였는가를 알아보고 또 그 원인은 또다시 어떠한 원인에 의하여 발생하였는지를 물어보는 과정을 반복하여 근본 원인을 찾아낸다. 원인이 무엇인가라는 질문을 최소한 5번 한다고 하여 5 Why라는 이름이 붙은 것이다.

예를 들어 '작업현장 바닥에 윤활유가 고여 있다'고 하자. 이 문제증상에 대해 근본 원인을 찾아 해결하지 않고 단지 '바닥을 청소한다'는 것으로 대처한다면 잠시 문제가 해결된 것 같이 보일지 몰라도 시간이 지나면 이 문제 증상은 다시 발생할 것이다. 그래서 근본 원인을 찾기 위한 첫 단계로서 '작업현장 바닥에 윤활유가 고여 있는 원인은 무엇인가?'를 물어보아 그 답을 찾는다. 그 직접적 답으로 '기계에서 윤활유가 누출되고 있다'을 얻었다고 하자. 그러면 다시 '기계에서 윤활유가 누출되고 있는 원인은 무엇인가?'를 물어 그 답을 찾는다. 이렇게 계속해서 원인을 추적하여 알아본 결과 '구매부문이 구매단가 절감에 의해 평가된다'가 나왔다고 하자. 그러면 구매부분의 평가 방식에 대한 수정 없이는 현재의 문제 증상은 반복해서 발생하게 될 것이다.

	문제의 레벨
	윤활유가 작업 현장에 고여 있다.
Why?	기계에서 윤활유가 누출되고 있다.
Why?	개스킷이 손상되었다.
Why?	우리가 산 개스킷은 품질이 열등하다.
Why?	우리가 싼 개스킷을 샀다.
Why?	구매부문이 구매단가 절감에 의해 평가된다.

한편 위의 과정을 가지를 이용하여 표시한다면 다음과 같다.

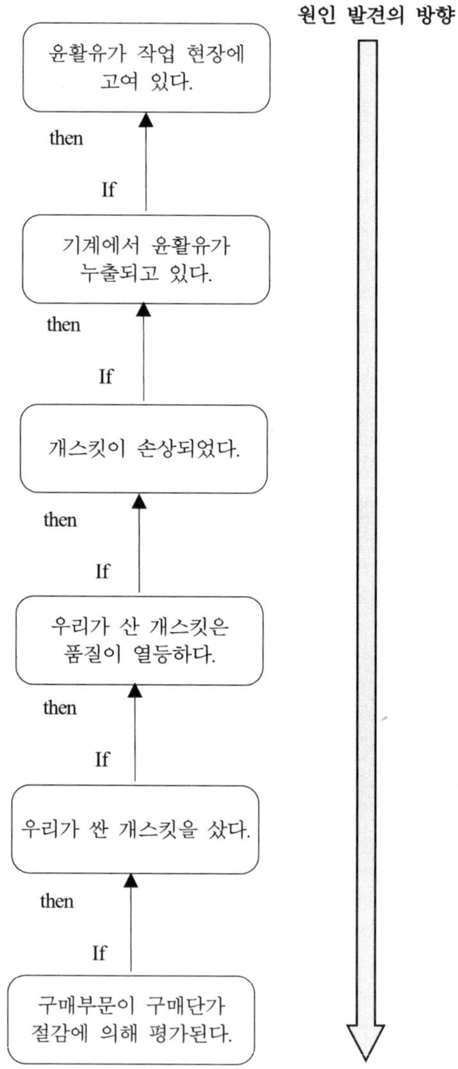

그런데 가지를 작성할 때에 설명문을 찾아 추가하면 원인-결과 관계를 더욱 명확하게 파악할 수 있다.

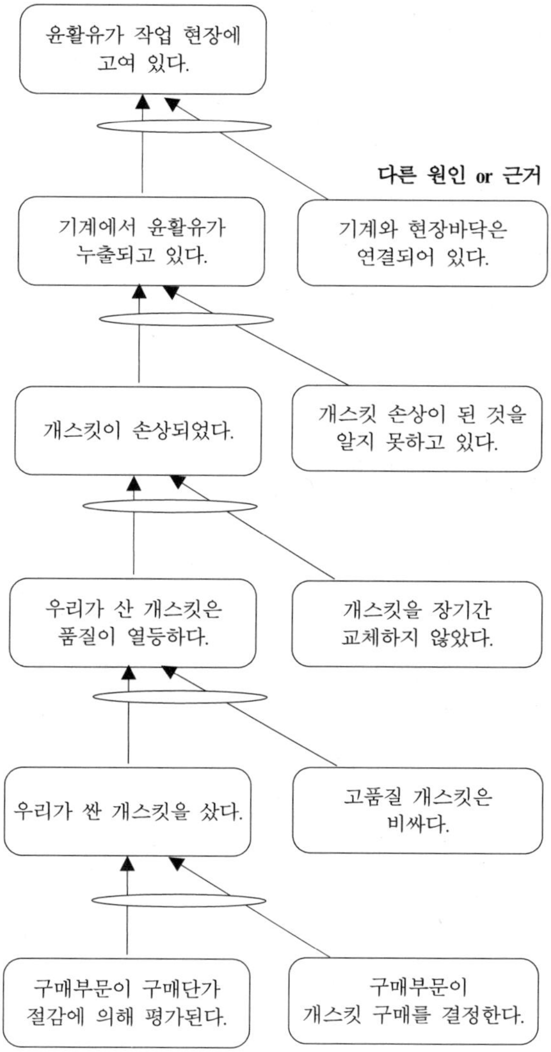

그리고 가지치기 방법에 의하여 새로운 방안을 찾으면 5 Why 분석 기법에 의한 경우보다 더 다양한 해결 방안을 찾을 수 있게 된다.

또한, 가지를 통하여 원인을 찾을 때 원인이 여러 개가 나와 각각의 원인을 다시 좇다 보면 기본 줄기가 여러 개가 될 수도 있다.

6. 가지와 구름 사이의 관계

1) 구름을 가지로 표현하는 법

구름은 다섯 개의 상자로 갈등 상황을 간결하게 표현하는 도구이다. 갈등이 일어나는 상황의 핵심을 정리하고 그 해결책을 찾아내는 데 탁월한 능력이 있다. 그런데 구름으로 표현되는 상황을 더욱더 세밀하게 이해하려 한다면 가지가 도움이 될 수 있다.

2절에서 소개한 아빠와 딸의 갈등 문제를 예로 들어 설명한다.

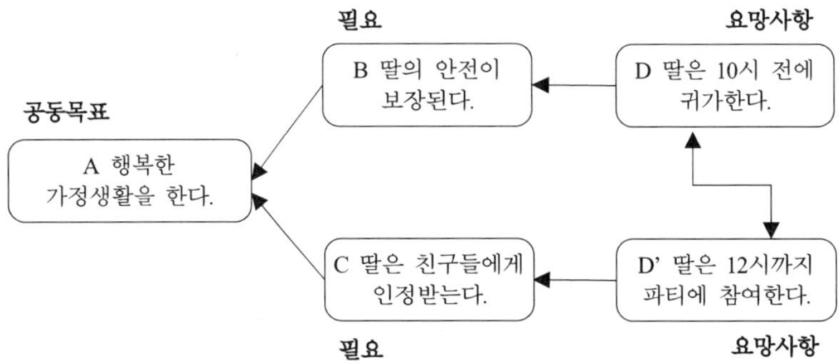

구름을 다룰 때 설명을 하였듯이, 갈등 당사자들의 관점에서는 D를 하면 B가 만족되지만 C가 만족되기 어렵고, 한편 D'을 하면 C는 만족되지만 B는 만족되기 어렵다. 구름은 대립하는 요망사항들이 무엇인지 또한 필요와 요망사항 사이의 관계가 어떠한지를 간명하게 보여주고 있다. 그렇지만 어떻게 해서 그런지는 상세하게 표현하지는 않는다. 이를 긍정적 가지와 부정적 가지로써 나타낸다면 더 자세하게 상황을 이해할 수 있다. 예를 들어 D'을 했을 때의 어떠한 결과가 발생하는지는 가지로 표현하면 다음과 같은 골격을 갖게 될 것이다.

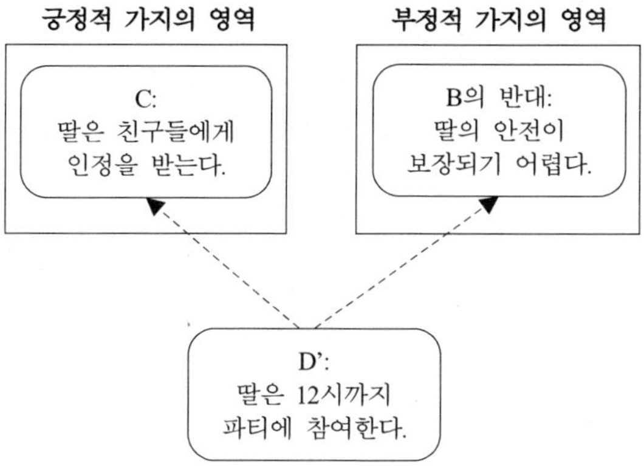

물론 가지로 표현을 할 때는 인과관계 논리가 분명하게 나타나도록 문장들을 추가하여야 한다.

우선 위의 예제에서 부정적 가지의 영역을 그려보면 다음과 같다.

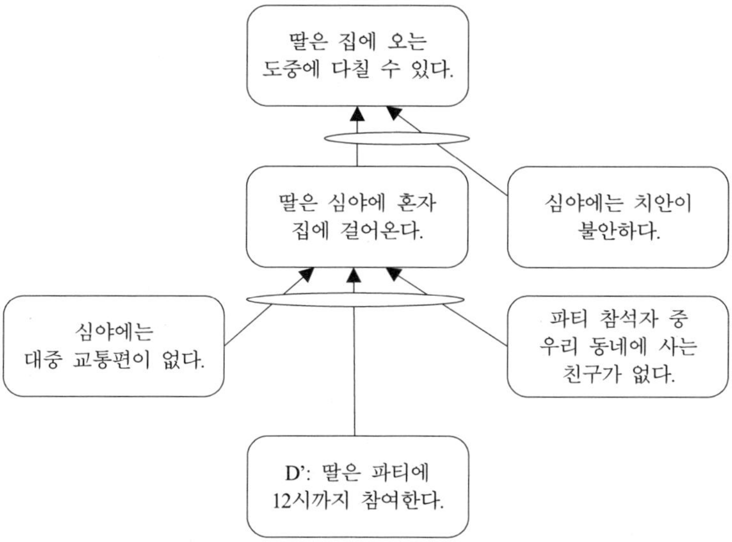

또한 긍정적 가지의 영역을 그려보면 다음과 같다.

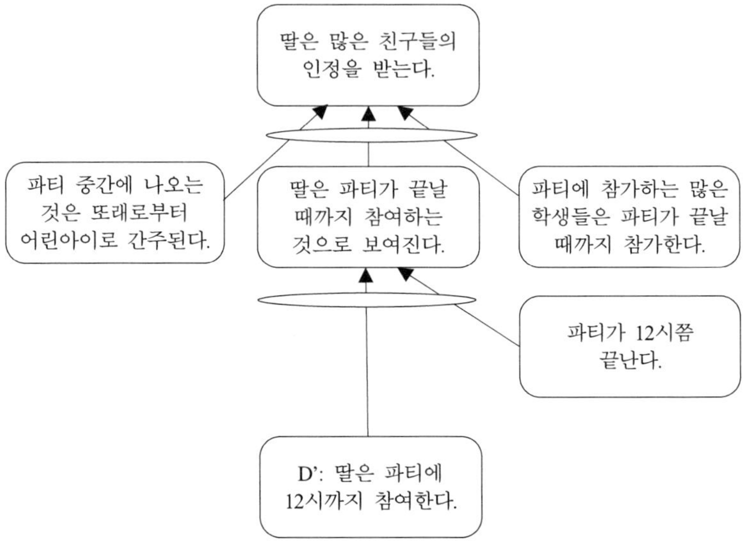

부정적 가지와 긍정적 가지를 통합하여 하나로 표시하면 다음과 같다.

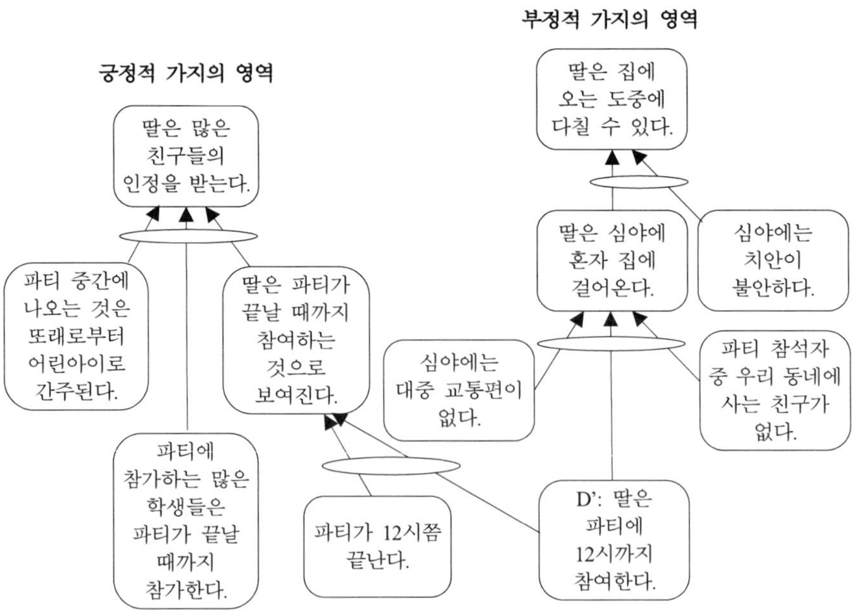

위의 예에서도 알 수 있듯이 구름을 가지로 표현할 경우, 가지에 들어가는 설명문의 많은 부분은 구름의 가정에 해당한다.

또한, 구름에서 win-win 해결책을 찾는 것은 부정적 가지를 가지치기하는 것과 동등하다고 할 수 있다.

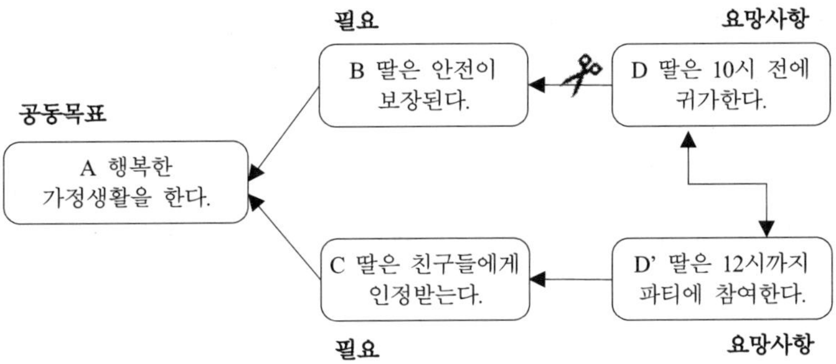

위의 구름에서 B-D사이의 가정 “심야에는 교통편이 없다.”를 무력화하여 D의 대안을 찾는 것은 가지에서 “심야에는 교통편이 없다.'라는 설명문을 가지치기 하는 것과 동등한 것이다.

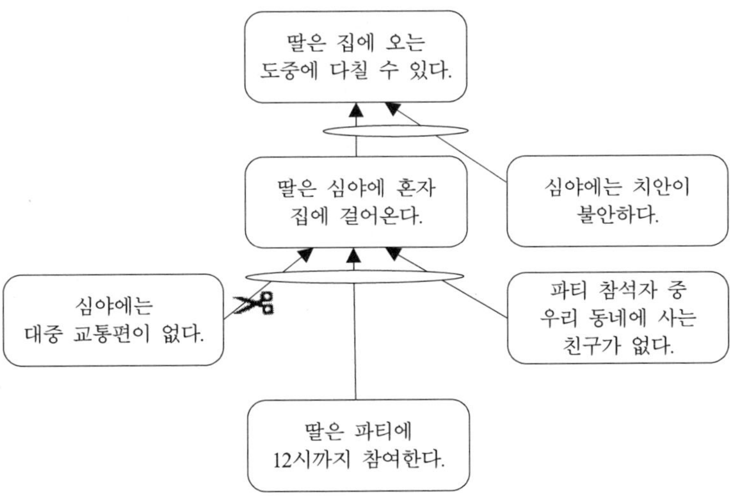

이상과 같이 구름으로 표현한 갈등 상황과 win-win 해결책을 찾는 과정은 가지로써 구현할 수 있다. 구름은 갈등 상황을 간명하게 표현하고 어디에 초점을 맞추어 갈등을 해소할 수 있는지를 쉽게 파악할 수 있다는 장점이 있다.

한편, 가지는 상황을 상세하게 이해할 수 있다는 장점이 있다. 때로는 갈등 상황을 잘못 이해하여 구름을 어설프게 그린 경우도 있다. 이럴 때 가지를 그려서 상황을 더 상세히 이해하게 되면 구름의 논리를 검증하기가 더 쉬워진다.

해결책을 찾아내는 데 논리 관계의 이면에 있는 가정을 노출하여 이를 무력화하는 방법을 취한다는 점에서는 구름과 가지의 접근법 모두가 기본적으로 같다.

2) 가지를 이용하여 구름의 가정을 노출하는 방법

구름 도구에서 해결책을 찾아내기 위해서는 가정을 올바르게 찾아내는 것이 매우 중요한데, 실제 적용과정에서 가정 노출에 오류를 범하여 구름 도구가 갖는 잠재 역량을 제대로 활용하지 못하는 경우가 종종 있다.

여기에서는 구름 도구에서 가정을 올바르게 찾아내는 데 가지를 이용하는 방법에 대해 알아보기로 한다.

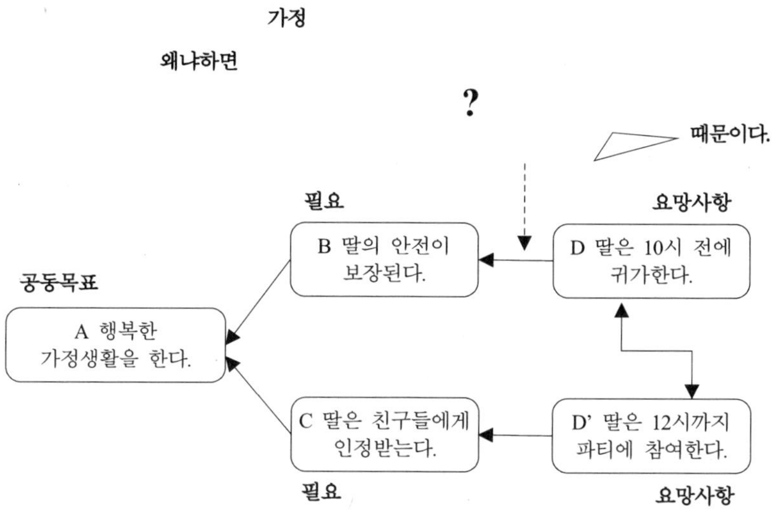

B-D 사이의 가정은 B를 이루기 위해서 D를 해야만 한다는 주장의 근거를 말한다. 따라서 B-D 사이의 가정은 다음의 질문에 대한 답에 해당한다.

B이기 위해서는 D를 해야만 한다는데, 왜 그렇지?

한편 D와 D'이 대립되는 상황에서 굳이 D를 주장하는 이유는 D대신에 D'을 받아들인다면 B를 이루기 어렵기 때문이다.

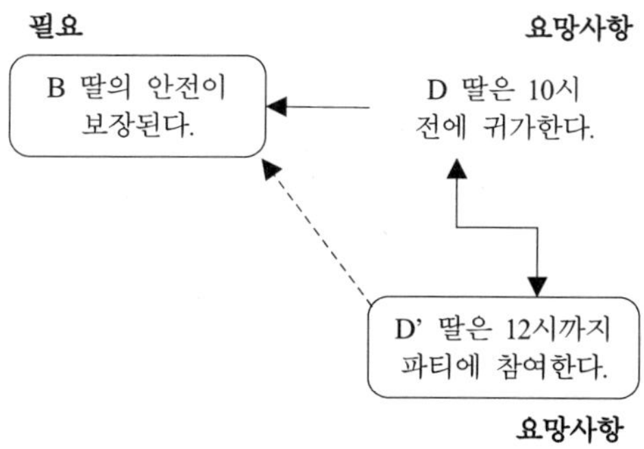

따라서 B-D 사이의 가정은 D와 D'이 대립된다는 인식 세계 아래에서는 다음 질문에 대한 답에 해당한다.

D'을 하면 B를 하기 어렵다고 하는데, 왜 그렇지?

그러면 B-D사이의 가정은 If D', then ~B, because ...의 because 뒤에 나오는 내용이라고 할 수 있다.[19)]

If D', then ~B 의 가지는 인과관계의 논리 면에서 불완전한 모습이다.

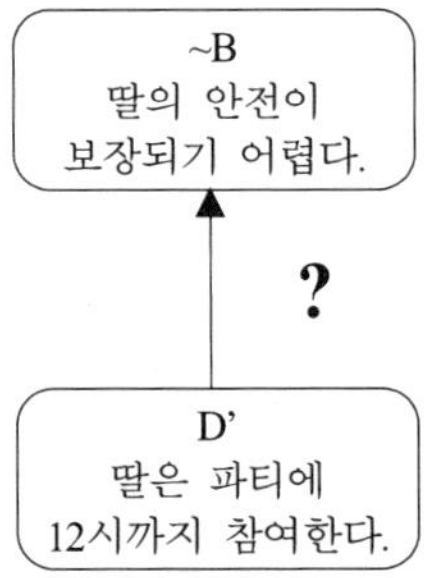

이 가지를 온전한 가지로 만들기 위해서 여러 상자의 문장이 추가되어야 한다. 아래는 이 가지에 상자를 추가하여 만든 '온전한' 가지이다. (온전하다는 것은 관점에 따라 다르다. 어떠한 상자가 추가되는지는 역시 관점과 목적에 따라 달라질 수 있다.)

19) ~B는 B가 아니다를 의미한다. 수학에서 B의 여집합과 같은 의미임.

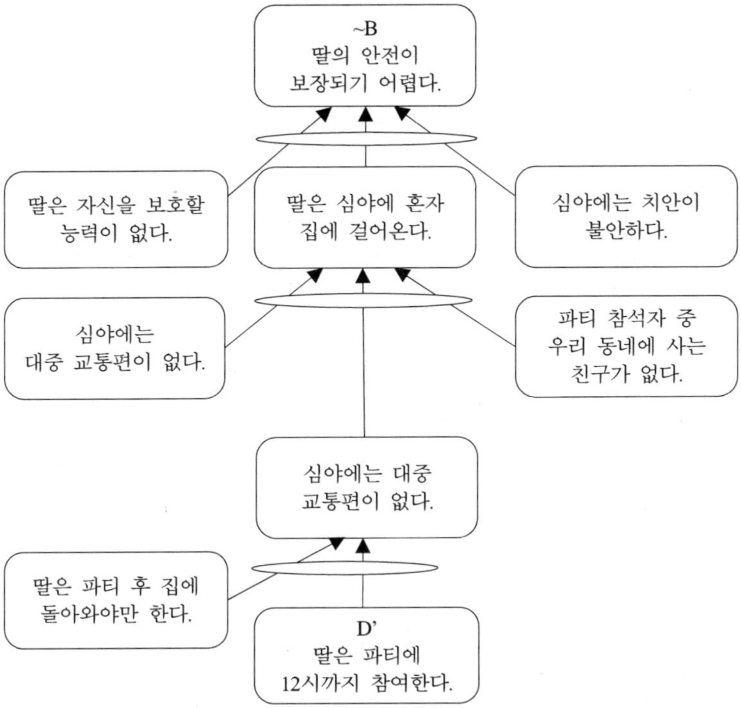

그 추가되는 상자의 문장이 B-D 사이의 가정에 해당한다고 볼 수 있다. 그러면 이 상자의 문장들을 구름의 가정 상자 안에 어떻게 간명하게 정리할 수 있을까?

이를 위해 우선 깊이(depth)를 정의한다. 완성된 가지 그림의 각 상자에 대해 맨 위의 상자에서 아래로 내려올 때 몇 개의 화살을 거쳤는가가 그 상자의 깊이라고 부른다. 위 가지 그림에 깊이를 표시하면 다음과 같다.

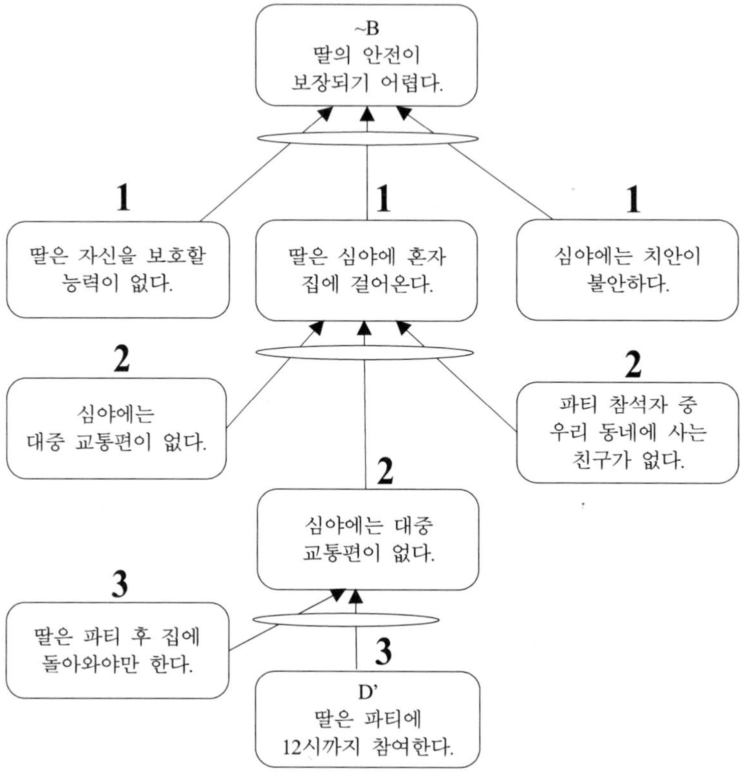

가지 그림으로부터 가정들을 정돈하는 방법은 다음과 같다.

- 깊이가 1인 상자부터 기록한다.
- 깊이가 같은 상자가 여러 개 있다면 기본 줄기에 있는 상자를 먼저 기록한다.
- 각 상자 밑에 있는 그다음 깊이의 상자들을 자기 아래에 '들여' 쓴다.

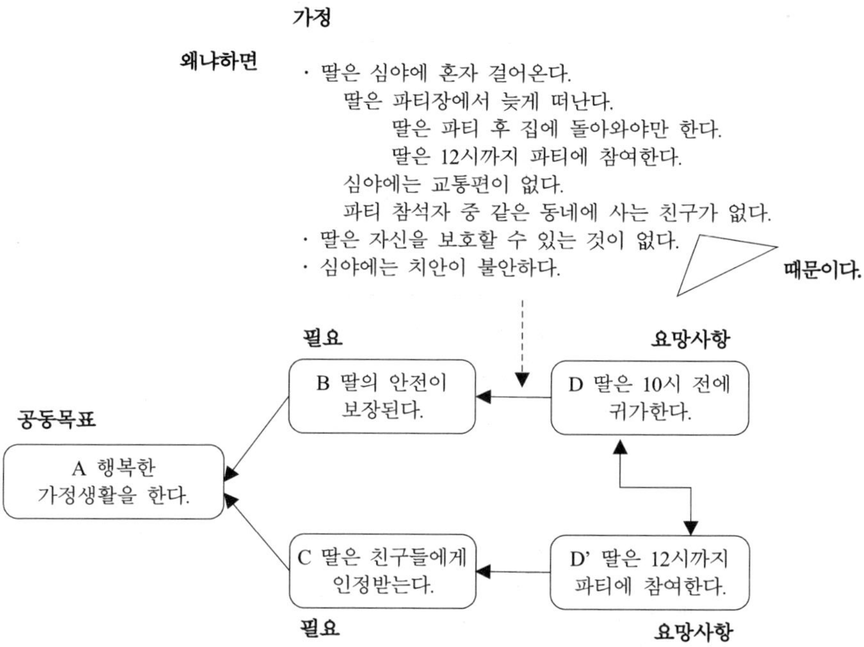

그리고 구름의 가정을 무력화하여 해결책을 찾는 과정은 그 가정에 대응되는 가지의 가지치기를 하는 것과 같다.

아래에 가지치기할 곳을 표시하였다. 각각의 가지치기 아이디어의 예는 다음과 같다.

1. 딸이 호신술을 갖춘다. 또는 딸에게 경호원을 붙인다.
2. 아빠가 태우러 간다. 또는 콜택시를 타고 온다.
3. 같은 동네 친구와 같이 파티에 참석한다.
4. 파티장이나 근처에서 잔다.

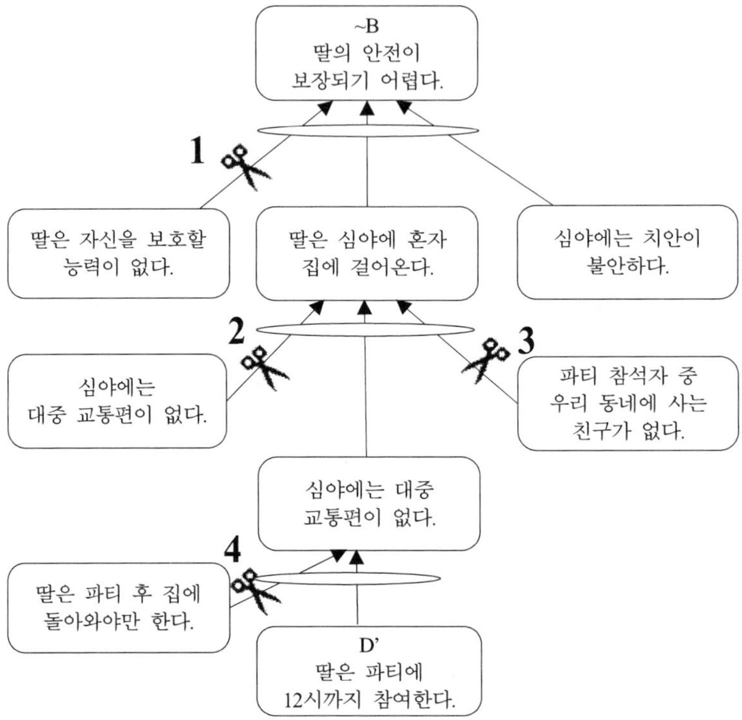

마찬가지로 구름에서 C-D' 사이의 가정은 If D, then ~C 의 가지를 완성한 후 추가된 상자의 문장을 정리하면 된다.

이상과 같이 구름의 가정을 가지를 이용하여 노출하는 방법에 대해 알아보았는데, 이 방법의 이점은 다음과 같다.

· 가정 노출의 오류를 줄일 수 있다.(특별히 허수아비 가정 오류를 피할 수 있다.)
· 숨어 있는 가정을 더 쉽게 노출할 수 있다.
· 해결책을 찾기 쉽다.
· 해결책을 가정과 연결하기 쉽다.
· 다양한 해결책을 찾기 수월하다.
· 가정 노출과 해결책의 의사소통을 하기에 유리하다.

|연습|

문제1.

1절과 2절의 구름을 하나 택하여 D'을 했을 때의 긍정적 가지와 부정적 가지를 그려보라.

문제2.

문제1의 구름에 대해 B-D가정을 if D', then ~B 가지를 이용하여 노출시켜보라.

제5장

『가지의 활용』

가지는 행동영역, 교과학습 영역, 경영 영역 모두에 활용되고 있다.

1. 행동 영역에서의 활용

행동영역에서 가지를 사용하면 학생으로 하여금 자기가 어떤 행동을 했을 때 나타날 결과를 예상하게 함으로써 책임감 있는 의사결정을 할 수 있게 한다. 가지를 그림으로써 학생은 자기의 행동이 미치는 영향에 대하여 생각을 하는 기회를 갖게 되고 이 과정을 통해 자기의 행동을 공정한 시각으로 되돌아볼 수 있게 된다. 가지를 활용하는 방법은 구름에 비해 빠른 시간 안에 문제의 상황을 직접적으로 파악할 수 있는 이점이 있다.

가지를 사용하면 어느 행동을 했을 경우 어떠한 결과가 나타나는가 뿐만 아니라 왜 그러한 결과가 나타나는가에 대하여 생각을 함으로써 이 행동과 연관되어 있는 감정을 제어하고 문제를 객관적으로 볼 수 있게 된다.

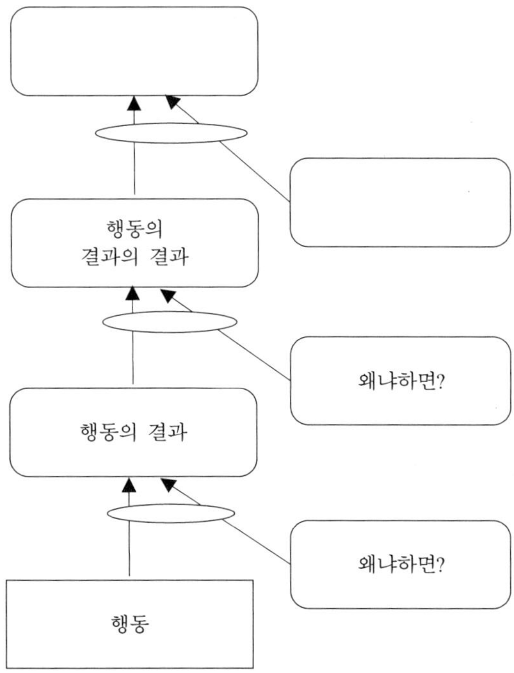

이 행동이 어떠한 원인으로 발생하였고 왜 그러한가에 대하여 알아보아 결국은 이 행동을 통해서 만족시키려고 했던 필요가 어디에 있었는지를 알아보는 것이 매우 중요하다. 단지 행동에 따른 부정적 결과를 알게 된다고 해서 어떻게 행동 변화를 할지 저절로 알게 되는 것은 아니다. 이 행동 이면에 있는 근본적인 필요를 찾아내어 이를 만족시킬 수 있는 다른 대안이 찾아지지 않으면 행동 변화는 기대하기 쉽지 않다.

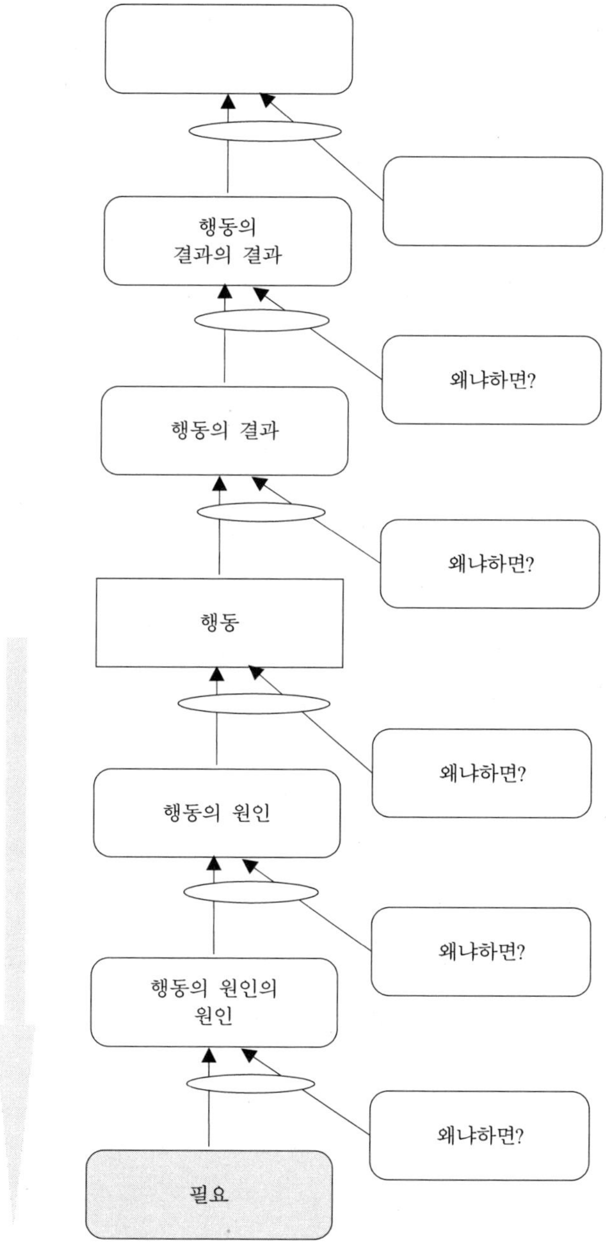
행동의
결과의 결과
왜냐하면?
행동의 결과
왜냐하면?
행동
왜냐하면?
행동의 원인
왜냐하면?
행동의 원인의
원인
왜냐하면?
필요

예를 들어 설명하여 보자.

> 철수와 병호는 친구 사이이다. 어느 날 둘이 운동장에서 놀 때 철수가 발톱에서 피가 철철 나면서 선생님에게 찾아왔다. 왜 그랬냐고 물어보니 철수가 운동장에 있는 돌부리를 발로 찼다고 한다. 선생님이 철수에게 왜 돌부리를 발로 찼냐고 물어보니 병호가 철수에게 속임수를 썼다고 하고 철수는 믿는 친구가 그러니 화가 많이 났단다. 그래서 철수는 병호가 싫어하는 별명을 불렀고, 그러자 병호가 가만있지 않고 철수를 머저리라고 놀리고 도망을 갔다고 한다. 그래서 홧김에 철수는 돌부리를 힘껏 발로 차버렸단다.

이 예에서 철수 발톱에서 피가 철철 난 현상에 대한 직접적 원인 행동은 철수가 돌부리를 발로 찼다는 것이다.

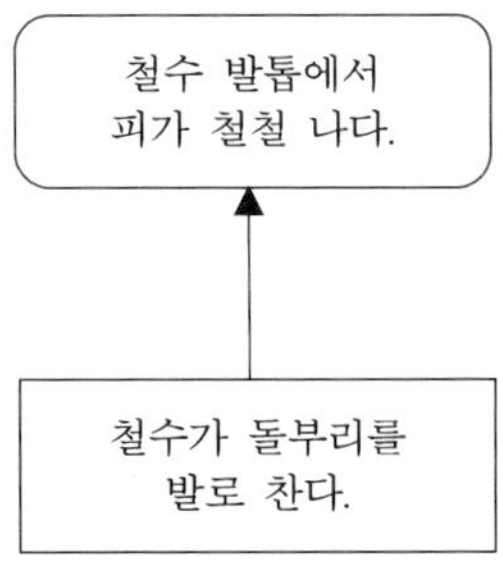

철수가 돌부리를 발로 찬 행동의 원인을 가지로 그려서 다음과 같은 가지를 얻었다고 하자.

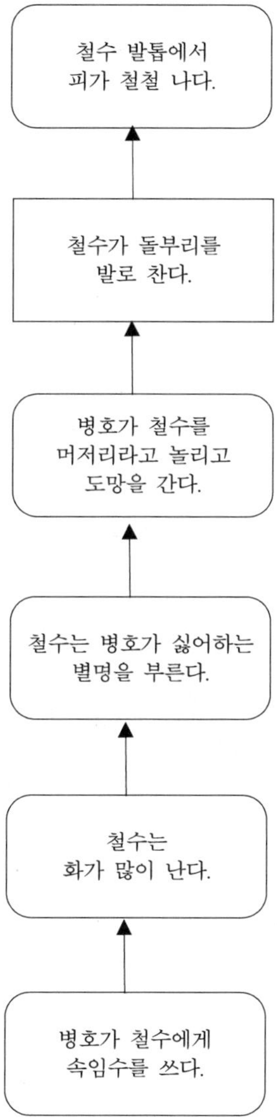

철수가 화가 많이 나서 철수가 병호의 별명을 불렀고, 상황이 악화되었다. 철수가 병호의 별명을 불렀을 때 철수의 필요가 무엇인지 찾아보니 '철수는 화를 다스리고 싶다.'라는 것으로 나왔다. 그리고 이때의 가정은 병호 별명을 불러야만 화를 다스릴 수 있다는 것이다.

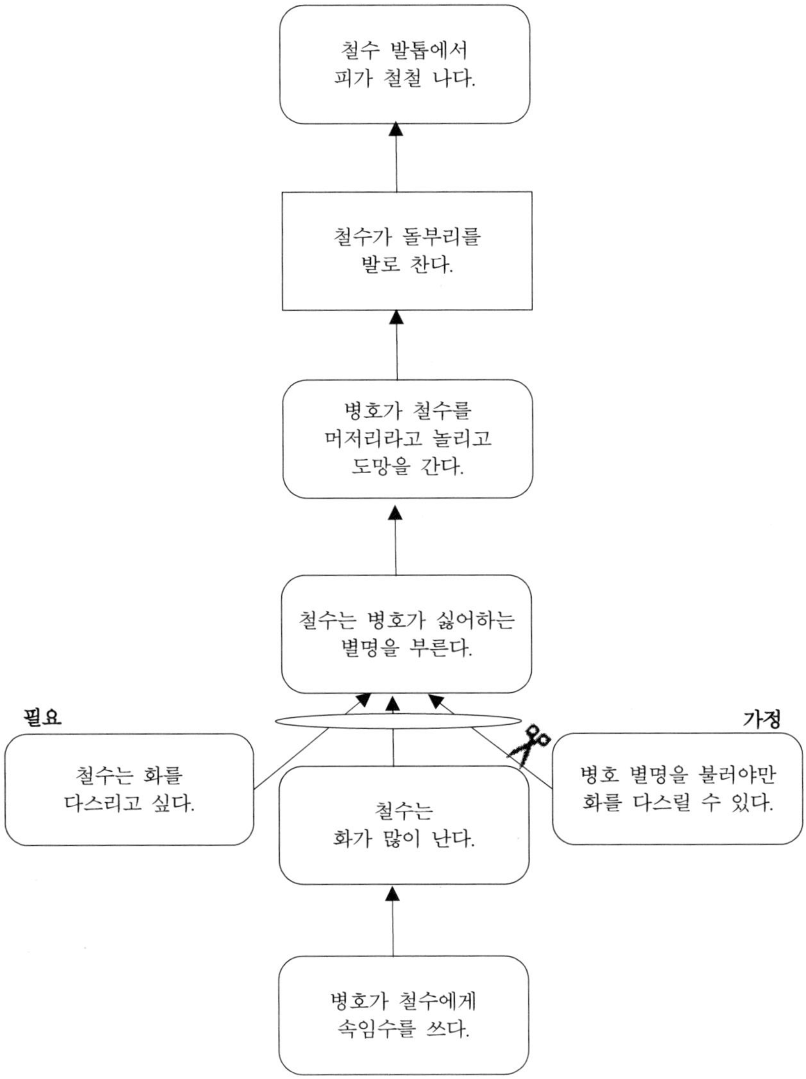

그렇다면 철수가 이 필요를 충분히 만족시키기 위해서 병호의 별명을 부르는 대신 다른 행동을 할 수 없는지 찾아보는 것이 상황이 악화되는 것을 예방할 수 있는 길의 하나가 된다.

앞의 예에서 알 수 있듯이 행동의 결과가 부정적일 때 이를 피할 수 있는 대안은 부정적 가지를 가지치기함으로써 찾을 수 있다. 행동지도를 할 때 당사자로 하여금 스스로 생각하게 함으로써 변화의 필요성을 자각하게 하고, 해결책을 스스로 찾아내게 함으로써 자기가 문제 상황을 주도적으로 해결하고 있다는 주인의식(ownership)을 갖도록 하는 것이 매우 중요하다. 가지치기 방법은 이러한 점을 구현하는데 아주 효과적이다. 가지는 상담, 중재에 구름과 함께 사용되거나 아니면 단독으로 사용되어 큰 효과를 내고 있다.

다음은 미국 Florida 주 Crestview 중학교 교사인 Belinda Small이 보고한 사례[20]이다:

Belinda Small은 TOCfE 생각도구를 학생 교육에 적극적으로 활용한 인물 중의 한 사람이다. Small 교사는 부정적 가지를 학생의 행동지도에 처음으로 적용한 인물이다. 그녀는 학생들의 행동지도에 부정적 가지를 활용하였는데, 이것이 큰 효과를 내었다. 다음은 Belinda Small이 가지를 이용하여 행동지도를 했던 경험에 대하여 언급한 것이다.

> 어느 날 다른 선생님이 수업 시간에 소란하게 떠들어 문제를 일으킨 학생을 Belinda Small 교사에게 보냈다. Belinda Small 교사는 이 학생과 함께 부정적 가지를 그렸다. 첫 번째 단계는 학생이 맨 처음 어떤 행동으로 문제가 생겼는지 그 행동을 쓰게 하고 그 후, 계속해서 '다음에는 무슨 일이 일어났지?' 물으면서 가지를 그려나가도록 안내하였다. Belinda Small 교사가 수업을 위해 자리를 뜬 사이에 이 학생이 나머지 가지를 완성하였다. 그 가지 그림이 다음과 같다.

20) http://www.tocforeducation.com/branch-b/bb01.html

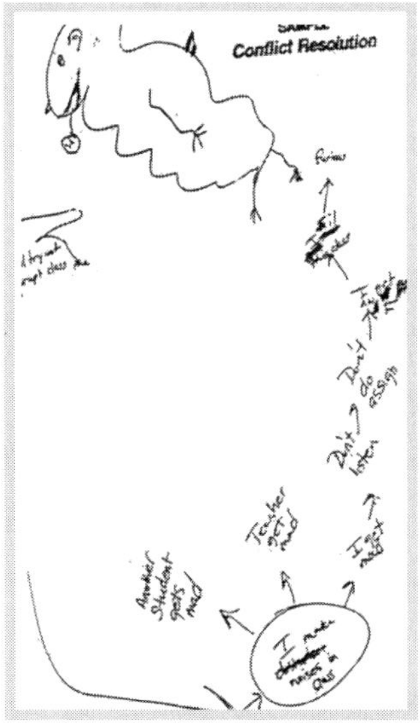

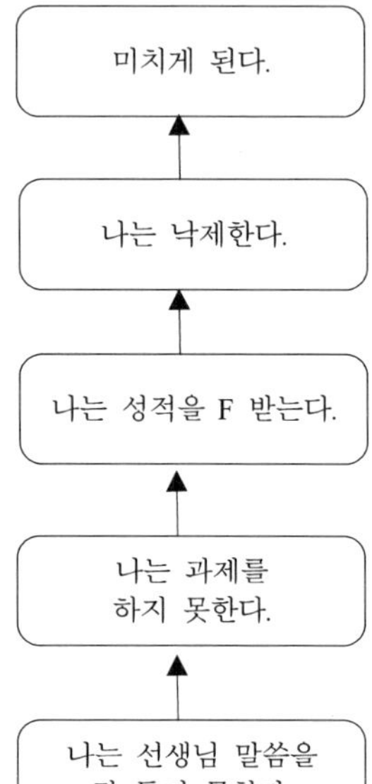
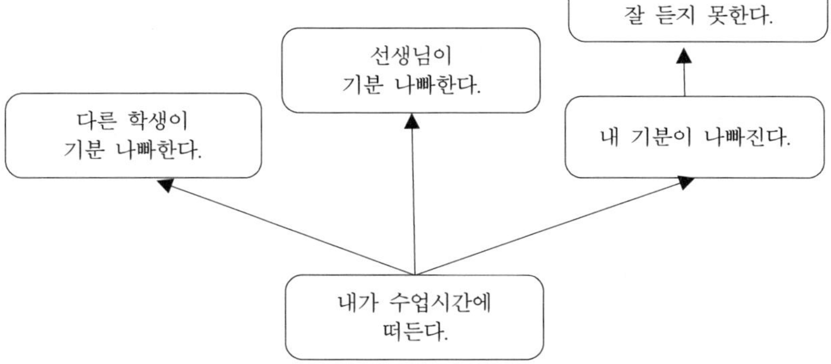

그전에 이 학생은 학생지도실에 40번 정도 불려 갔었다. 그러나 이 부정적 가지를 그린 이후 남은 학년 기간 동안 이 학생으로 인한 문제가 다시 생기지 않았다.

Belinda Small 교사에 따르면 "놀랄 만한 일은 학생들이 실제 그들 자신의 문제점을 고친다는 점이다. 나는 그들에게 가지를 어떻게 그리는지를 가르쳤다. 첫 번째 단계는 학생이 맨 처음 어떤 행동으로 문제가 생겼는지 그 행동을 쓰게 한다. 그 후, 나는 단지 '다음에는 무슨 일이 일어났지?' 물으면서 가지를 그려나가도록 안내한다. 이러한 과정을 통해 학생들은 인과원리를 배우게 된다."

이 학생이 그린 가지 그림을 보면 논리적으로 완벽하지는 않다. 그렇지만 문제를 겪고 있는 당사자가 자기의 행동과 그 결과에 대하여 스스로 생각하여 본다는 경험만으로도 자기의 행동 변화를 가져올 수 있었다는 것은 가지 도구가 갖는 잠재력이라고 할 수 있다.

다음은 California 주 Lancaster의 중학교 교사인 Pat St. Pierre가 보고한 사례[21]이다:

> "내가 맡고 있던 반에는 낙제 위험에 처해 있는 학생들이 있었다. 나는 그들에게 부정적 가지에 대하여 가르쳤다. 이 학생들로 먼저 지금 하려고 하는 행동 계획에 관해 쓰게 했다. 이것은 불완전한 해결책으로서 만약 시행하면 여러 문제를 여러 문제를 일으킬 소지가 있는 것이다. 그리고 이 행동계획을 실행하면 일어날 수 있는 부정적 결과를 쓰도록 했다.
>
> Michael은 첫 번째 상자에 '운전면허증이 없는 무면허 운전자와 함께 나는 LA를 간다.'고 썼다. (그의 친구가 그의 아버지의 차를 훔쳐 LA에 가자고 제안했다. Michael과 친구들은 모두 13살이었다.) 학생들이 쓰고 있는 동안 나는 교실 안을 걸으면서 학생들을 살펴보고 있었다.
>
> Michael은 내가 3~4번 지나갈 때까지 맨 위에 있는 상자에 아무것도 쓰지 못하고 있었다. 다음에 내가 옆을 지나가다가 그에게 쓰고 있는 것에 관해 물었다. 'Michael, 좀 도와줄까?' '저는 위의 상자에 무엇을 써야 할지 모르겠어요.' 그래서 내가 밑에 있는 상자를 읽고, 그에게 물었다. '네가 네 친구와 장난삼아 운전을 하는데, 운전 면허증을 아무도 가지고 있지 않다면 어떤 일이 일어날 거라고 생각하지?' 그가 깊이 생각하고 나서, 한숨을 쉬면서 천천히 말했다. '아직 잘은 모르겠는데요, 그렇지만 이건 알겠어요. 내가 무엇을 하면 어떤 일이 일어날지에 대하여 생각해 본 게 이번이 난생처음이에요.'
>
> 결국 Michael은 부정적 가지를 완성했다. 그리고는 그는 차를 훔쳐서 LA로 가는 계획을 하지 않기로 스스로 결정했다."

---

21) http://www.tocforeducation.com/branch-b/bb05.html

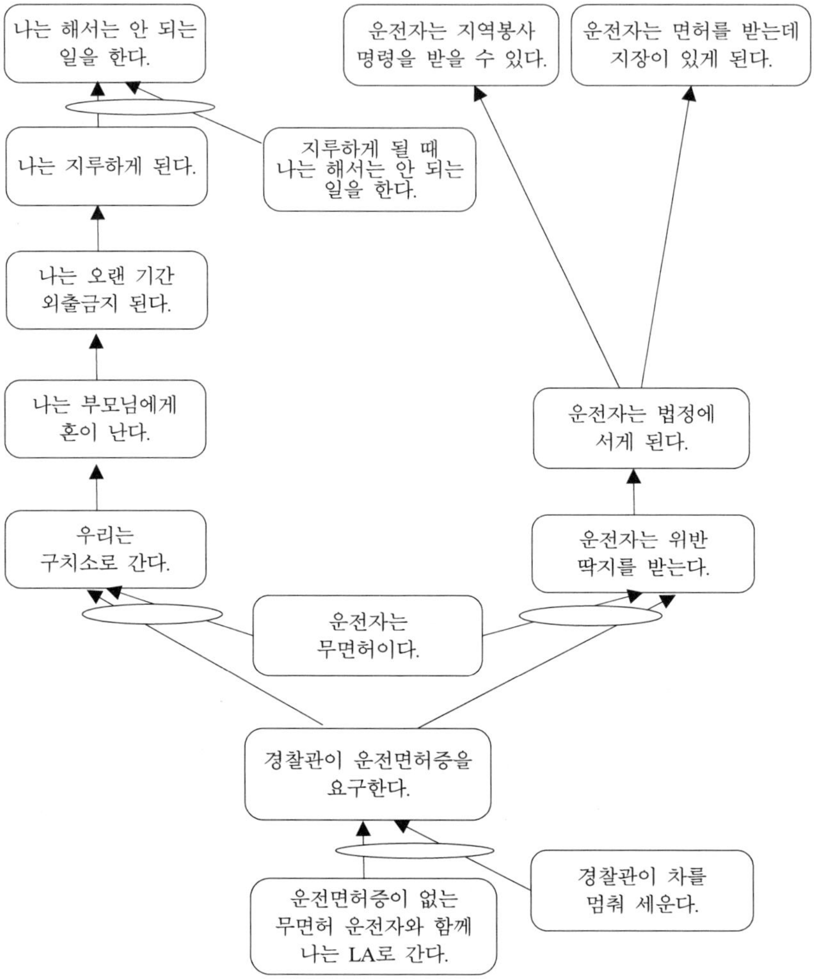

다음은 남아프리카공화국 유치원 교사인 Louise Huddy가 보고한 사례이다.[22)]

"아론은 우리 유치원에 다니는 4세 남자아이이다. 아침마다 엄마가 유치원에 아론을 데려다주고 출근을 한다. 아론은 엄마와 떨어지기 싫어 소리

22) http://www.tocforeducation.com/branch-b/bb06.html

내 울곤 했다. 그런 아들을 보고 발걸음을 돌리는 엄마의 마음도 무거워 보였다. 어느 날 나는 아론과 함께 부정적 가지를 그려 보기로 했다. 아론에게 내가 물어보면 아론이 답을 했는데 이를 그림으로 그려보았다.

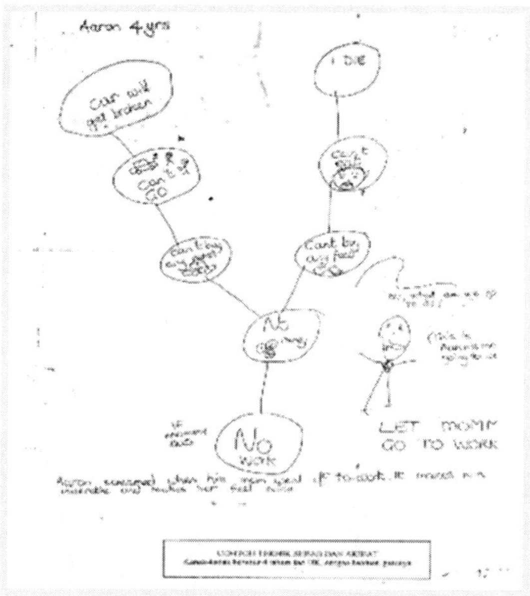

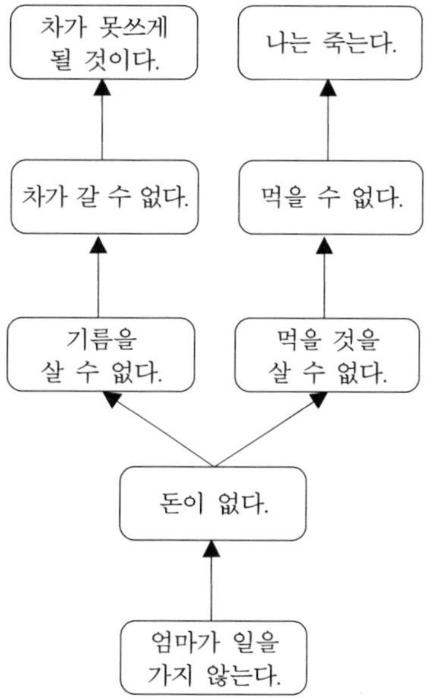

그런 후에 아론에게 어떻게 하면 좋을지를 물어보았다. 아론은 바로 '엄마가 일을 가게 하여야죠.'라고 답을 하였다. 그러고는 일을 가는 엄마의 모습을 그렸다. 아론이 이 부정적 가지를 그린 후에는 아침마다 엄마와 헤어질 때 잘 가라고 인사하게 되었다."

가지를 활용한 상담 시 유의할 점

위의 사례들에서 알 수 있듯이 가지를 이용하여 상담이나 행동지도를 할 경우에, 상담자가 피상담자에게 취하는 자세는 시작행동을 찾아 쓰고 "그래서 어떻게 될까?" 질문을 던지고, 그에 대해 피상담자가 답을 하면 그에 대해 마찬가지로 "그래서 어떻게 될까?" 질문을 계속해서 던져서 시작행동의 결과 발생할 수 있는 상황에 대해 충분히 파악될 수 있도록 돕는다. 그리고 필요한 곳에 "그것은 왜 그럴까?"라는 질문을 던져 원인-결과 사이의 근거를 생각해 볼 수 있도록 돕는다. 이러한 과정을 통해 피상담자는 시작행동을 했을 때 발생할 미래 상황에 대해 충분하게 이해하게 될 것이다. 또한, 피상담자 스스로 새로운 대안을 찾을 수 있는 마음 자세의 변화와 함께 실제 대안을 찾을 수 있게 될 가능성이 커진다.

|연습|

문제1.

당신이 앞으로 하려고 계획하는 어떤 행동을 하나 정하라. 이 행동에 대해 간략하게 언급하고 이 행동을 했을 때 어떠한 결과가 발생할 것인지를 가지 도구를 이용하여 보이라.

이야기 줄거리:

____

____

____

____

____

가지:

문제2.

앞의 예에서 그린 가지를 당신을 잘 이해하고 있는 사람에게 설명하고 내가 계획하고 있는 행동에 어떠한 문제점이 있을지 솔직하게 이야기해달라고 요청하라. 그 문제점을 반영하여 부정적 가지를 그리고 가지치기를 시도해보라.

문제3.

다음 상황에서 따돌림을 주는 학생들에게 가지를 이용하여 행동 지도를 한다면 어떻게 할 수 있을까?

> "김 아무개 군은 어머니에게 학교에서 무료 급식을 받지 않도록 해달라고 졸랐다. 친구들이 "거지밥"을 먹는다고 놀리는 것을 견딜 수 없었기 때문이다. 친구들의 따돌림은 무료 급식 사실이 알려지면서 시작 되었다. 담임 선생님은 김군 등 5명의 이름을 부르며 무료 급식을 받으라고 말해 반 친구들이 알게 되었다.
>
> 그 뒤로 아이들은 김 군을 집단 따돌림의 대상인 "왕따"로 정한 듯 심심하면 괴롭혔다. 같은 반의 한 남자아이는 점심시간에 "거지밥을 먹으니 이것도 먹으라."며 밥을 만 국을 무료 급식을 받는 여학생의 밥에 부었다. 김 군은 "왕따로 찍혀 괴롭힘을 당하는 것보다 차라리 굶는 게 낫다"고 말했다." (출처: 한겨레신문 1998.12.3)

2. 교과 영역에서의 활용

교과 학습 영역에서 가지는 교실 수업을 효과적으로 진행하고 학생들의 학습 능력을 키우는 데 활용할 수 있다. 여러 교과 과목에서 학습의 중심 내용을 기본 줄기로 이해하고 설명문을 통하여 근거를 이해하게 함으로써 학생들의 논리적 사고력을 키울 수 있다. 또한, 가지치기를 통하여 고정관념에서 벗어나 새로운 대안을 찾아보도록 훈련함으로써 창의적 사고력과 자주적 학습능력을 키우는 데에도 효과적이다.

이러한 방식으로 학생들이 학습을 접하게 되면 교과 내용의 핵심을 이해할 수 있게 되고, 그래서 암기식 학습 방법에서 벗어나 주도적 학습법을 비교적 쉽게 익힐 수 있다. 또한, 사고력을 키우는 것과 함께 가지를 통한 학습 프로세스의 내용을 문장으로 표현하게 함으로써 자기의 생각을 글로 전달하는 논술력을 키우는 데 사용될 수 있다.

1) 국어

가지는 국어 교과에서 사고력 및 의사소통 능력을 키우는 데 활용될 수 있다. 활용 가능한 항목을 몇 가지 소개하면 다음과 같다.

글 줄거리 요약하기:

문단이나 글 전체를 읽은 후에 중심 내용을 찾아 기본 줄기로 나타내고 여기에 설명문을 추가하여 어떻게 이야기가 전개되고 있는지를 요약한다. 가지를 그리면서 지문에는 없지만 인과 관계 논리상 있어야 할 내용은 가지에 추가한다. 학생들은 가지 그림을 그림으로써 글 줄거리의 중심 내용을 쉽게 이해할 수 있게 된다.

이야기에 나오는 내용을 가지를 이용하여 정리할 때 다음의 과정을 따르면 쉽다:

① 지문에서 중요하게 보이는 문장을 상자에 적어 넣는다.
② 지문에서 나오는 순서대로 문장 상자들을 일단 배치한다.
③ 문장 상자 중에서 시작점을 찾는다.
④ 시작점에서 출발한다. (현재 위치는 시작점)
⑤ 현재 위치에 있는 문장의 결과로 나타날 문장을 찾는다.
  · 이때 논리의 비약이 있으면 체크해 놓는다.
⑥ 그 다음 문장에 대해서도 위 단계 5를 적용한다.
⑦ 기본줄기가 완성될 때까지 앞 5~6 과정을 반복한다.
⑧ 기본줄기에 논리의 비약이 있는 곳이 보이면 그 사이에 문장을 추가한다.
⑨ 설명문 또는 다른 원인을 추가한다.
⑩ 지금까지 가지에 포함되지 못한 문장들을 검토한다.
  · 중요도가 떨어지는 것은 없앤다.
  · 기존 가지 안에 있는 상자의 근거가 되는 문장들은 별도로 부차적 가지를 만든다.
  · 아직 남아 있는 중요한 것이 있으면 이것들을 가지고 기존 가지와 다른 별도의 가지를 만들어 본다.

글 줄거리 예측하기:

가지를 그리다가 어느 지점에서 멈춘 다음 그다음에 어떠한 내용이 전개될 것인지를 예상하여 나머지 가지 그름을 완성하여 보도록 한다. 그러면 학생들은 학습 주제의 흐름에 대해 논리적으로 생각하게 되어 학습 목표를 더욱더 잘 이해할 수 있게 된다.

문장 작성하기:

가지 그림을 문장으로 다시 표현하는 훈련을 통하여 학생들이 논리적인 문장 표현력을 키울 수 있다. (이에 대해서는 5.2.6절 논술 부분에서 상세하게 다룬다.)

다음은 국어 교과에서 가지를 활용하는 예를 소개한다.

동화 이해하기

이솝 우화 '여우와 까마귀'

> "까마귀가 치즈를 물고 나뭇가지에 앉아 있었다. 먹이를 찾던 여우가 까마귀를 보았다. 여우는 치즈를 먹고 싶었다. 여우는 까마귀를 바라보며 칭찬의 말을 한다. "오, 고귀한 새이시여. 너무나 아름다우세요. 목소리도 너무나 예쁠 것 같아요."
>
> 까마귀는 여우의 칭찬에 우쭐해, "고운" 목소리를 뽐낸다. 그 순간, 까마귀가 물고 있던 치즈는 땅바닥에 떨어진다. 여우가 잽싸게 치즈를 낚아챈다."

아동들에게 동화를 소개하고 중심 내용을 이해하도록 하는 데 가지 도구가 유용하게 사용될 수 있다. 우선 글의 내용을 단문으로 쪼개 상자 안에 적어 넣어 보면 다음과 같다. 포스트잇을 사용하는 것도 효과적이다.

까마귀가 치즈를 물고 나뭇가지에 앉아 있다	여우가 먹이를 찾는다.	여우가 까마귀를 본다.
여우는 까마귀에게 칭찬의 말을 한다.	까마귀는 여우의 칭찬에 우쭐해진다.	까마귀는 "고운" 목소리를 뽐낸다.
까마귀가 물고 있던 치즈는 땅바닥에 떨어진다.	여우가 잽싸게 치즈를 낚아챈다.	여우는 치즈를 먹고 싶어 한다.

여기에서 '까마귀가 치즈를 물고 나뭇가지에 앉아 있다.'를 시작점을 정하고 그다음에 발생하는 상황의 상자들을 나열한 후에 연결하여 기본줄기를 만들어 보면 다음과 같다. 이때 묻는 질문은 "그다음은 어떻게 되었지?"가 되겠다.

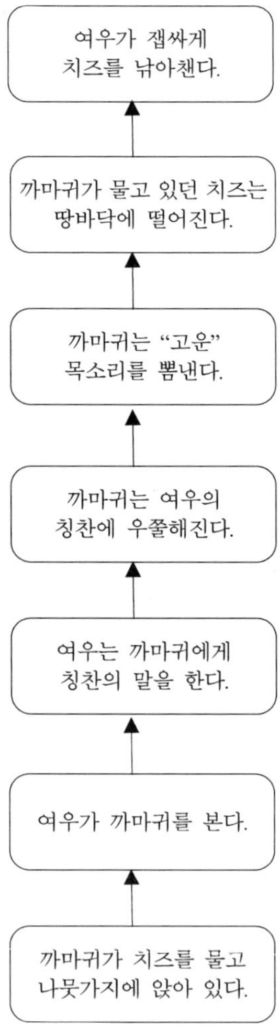

이 기본줄기에 "왜냐하면"을 더 추가하여 가지 그림을 완성한다.

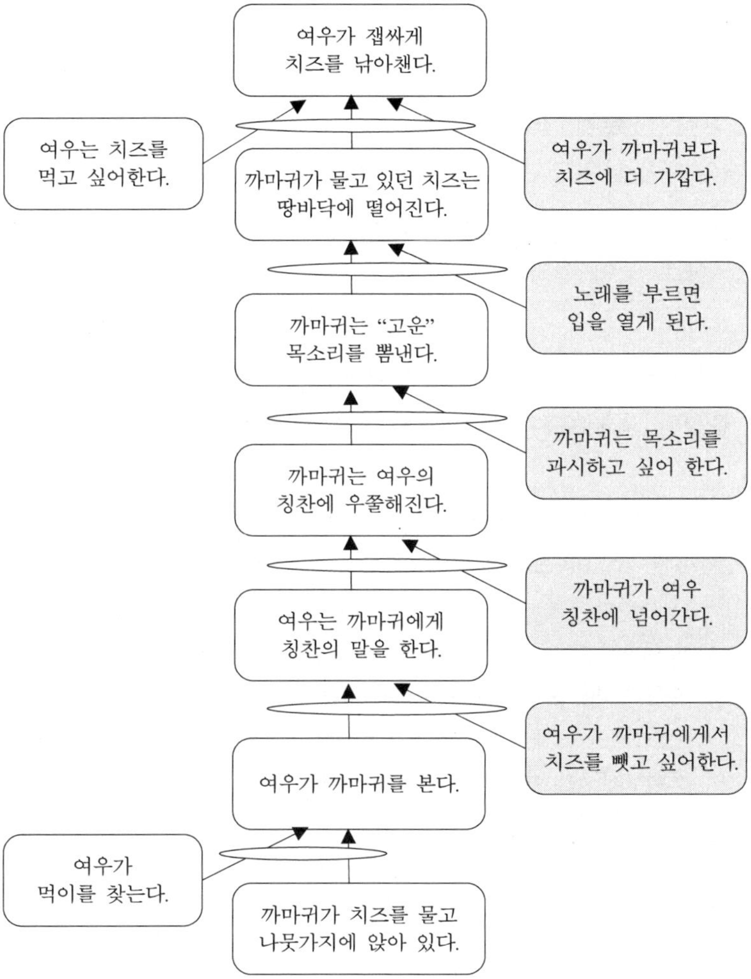

위의 가지 그림에서 색상으로 표시된 상자들은 원래의 이야기에는 없었다. 원인-결과 사고를 통해 '왜냐하면?'을 생각하면서 추가된 문장들이다. 아동들은 이러한 사고 과정을 통해서 이야기에 대해 더 깊이 있게 이해할 수 있게 된다. 또한, 까마귀의 입장이 되어 까마귀가 치즈를 빼앗기는 부정적 결과를 피하려면 까마귀는 무엇을 해야 할지 가지 그림을 보면서 가지치기를 시도해 보면 아동들이 주도적으로 학습 목표를 파악할 수 있게 된다.

<u>국어 · 말하기 · 듣기 · 쓰기</u>

교재의 내용을 읽고 자기의 의견을 글이나 말로 상대방에게 전달하는 능력을 키우는 데 가지를 활용할 수 있다. 다음의 초등 4학년 교과 내용을 예로 들어 설명한다.

왕이 무엇에 대하여 고민하는지 생각하며 '이렇게 하면 되겠군'을 읽어 봅시다.(초등 4-1 국어 · 말하기 · 듣기 · 쓰기)

> "옛날, 어떤 왕이 있었습니다. 그 왕은 법을 어기면 자기 아들일지라도 감옥에 보낼 정도로 법을 엄격하게 지키는 왕이었습니다.
>
> 그 나라의 귀족들은 사치가 매우 심하였습니다. 귀족들은 목걸이, 팔찌, 반지, 귀고리 할 것 없이 황금과 보석을 온몸에 두르다시피 하고 다녔습니다.
>
> 왕은 이것을 보고, 귀족들의 사치 때문에 나라가 망할지도 모른다고 생각하였습니다. 그래서 왕은 사치를 금지하는 법을 만들어 공포하였습니다.
>
> **보석장신구를 하고 다니는 것을 금지한다.**
>
> 그러나 귀족들의 사치는 조금도 수그러들지 않았습니다. 워낙 권세가 있는 귀족들이라서, 사치스러운 장신구를 하고 다니다 들켜도 그리 큰 벌을 받지 않았습니다. 기껏해야 벌금을 내는 정도였으므로, 돈이 많은 귀족들은 '그쯤이야…….'하며 법을 아주 우습게 여겼습니다.
>
> 왕은 얼마 가지 않아 이런 법이 별로 쓸모가 없다는 사실을 알게 되었습니다.
>
> '어찌하면 좋을까? 무슨 좋은 방법이 없을까?'
>
> 왕은 오랫동안 고민한 끝에 좋은 꾀를 하나 생각해 냈습니다.
>
> '옳지, 좋은 수가 있어! 이렇게 하면 되겠군!'"

위의 지문의 내용을 어떻게 학생들에게 가르칠 수 있을까? 다음은 가지를 활용하여 지문의 내용을 우선 이해하고 새로운 아이디어를 찾아내는 과정의 한 가지 예이다.

지문에 있는 내용 중 의미 있다고 보이는 것을 뽑아 상자에 표시하고 나열한다.

그리고 학생들로 하여금 이 상자들을 기초로 하여 가지를 작성하도록 한다.

귀족들은 법을
아주 우습게 여긴다.

법을 위반할 때 기껏해야
벌금을 내는 정도이다.

귀족들의 사치는 조금도
수그러들지 않는다.

왕은 사치를 금지하는
법을 만들어 공포한다.

왕은 나라가 망할지도
모른다고 생각한다.

귀족들은 사치가
매우 심하다.

왕은 법을
엄격하게 지킨다.

여기에서의 가지는 부정적 가지가 될 것이다. 가지의 모양은 지문의 내용을 어떻게 이해하는가에 따라 달라질 수 있다. 왜냐하면, 지문에는 모든 정보가 다 나와 있지 않기 때문이다. 학생들은 가지를 완성하는 과정 중에 인과 관계 사고를 적용하여 추론함으로써 이야기 속의 상황을 암기하는 대신에 이해할 수 있게 된다. 다음은 작성된 가지의 한 가지 예이다.

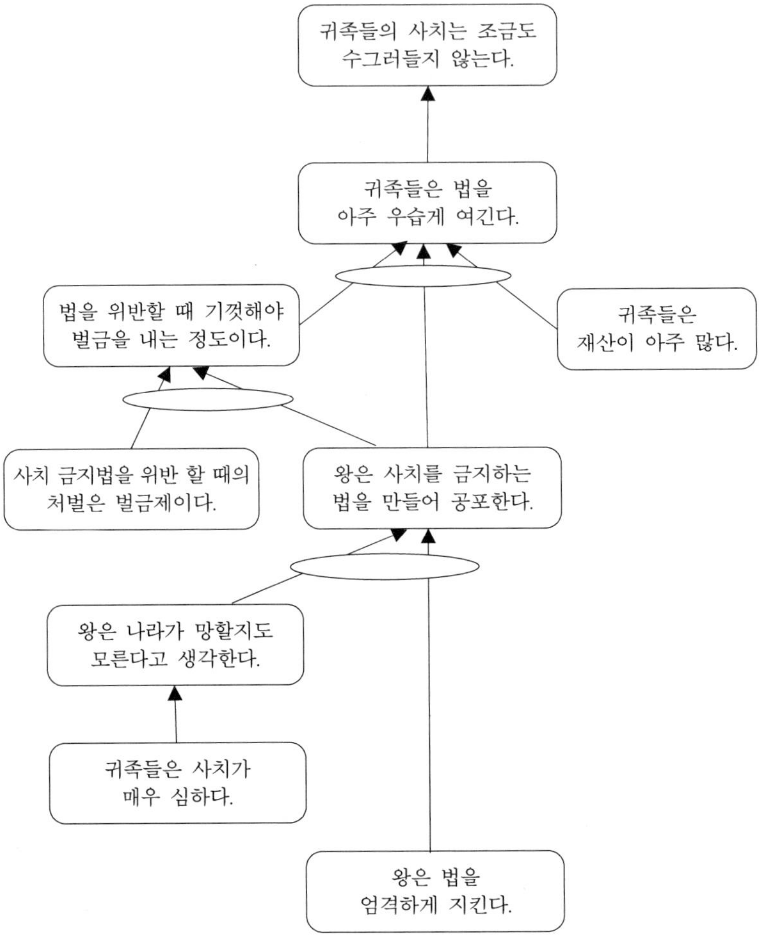

부정적 결과를 예방하기 위한 아이디어를 찾기 위해서 가지치기의 방법을 적용해 볼 수 있다.

가지에 표현되어 있는 설명문을 무력화하거나 아니면 아직 표현되어 있지 않은 가정을 추가로 노출시킨 후 무력화함으로써 새로운 아이디어를 얻어낼 수 있다. 아래의 가지 그림에서는 두 가지 가능한 가지치기의 예를 보이고 있다.

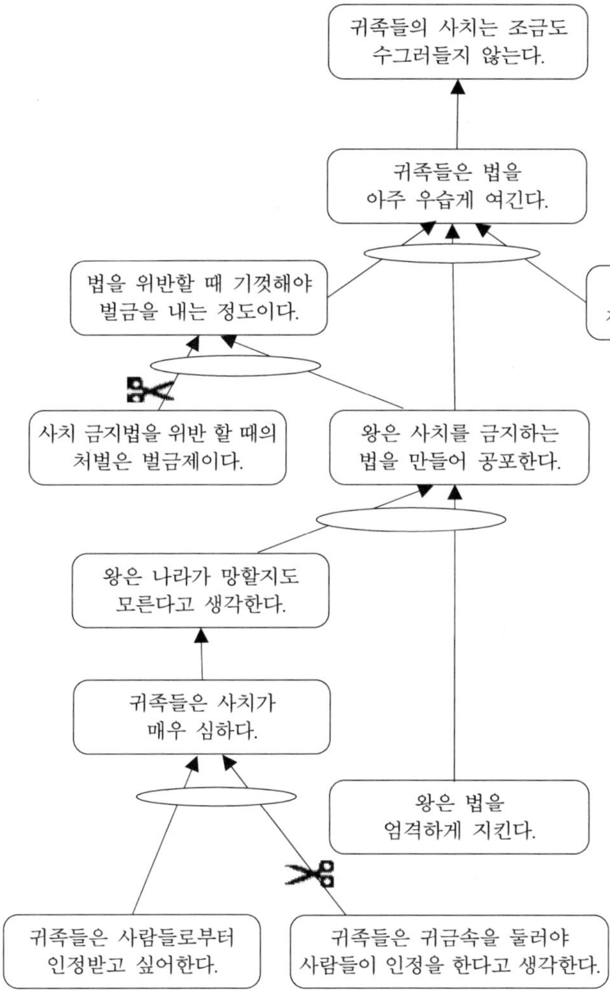

아이디어 1:

"사치금지법을 위반할 때의 처벌은 벌금제이다."를 무력화하는 대안으로서 "사치금지법을 위반할 때마다 재산의 1/2을 몰수한다."는 조항을 두거나 아니면 "사치금지법을 위반할 때 귀족의 지위를 박탈한다."는 조항을 둠으로써 귀족들이 법을 우습게 여기는 상황이 일어나지 않도록 한다.

아이디어 2:

"귀족들은 귀금속을 둘러야 사람들이 인정한다고 생각한다."는 것을 무력화하는 대안으로서 "바보만이 귀금속을 지닐 수 있다는 법을 공포한다." 또는 "올해의 검소한 백성 경진대회를 실행한다."를 통하여 귀족들이 인정받으려는 필요를 귀금속이 아닌 다른 것으로써 충족시킬 수 있는 길을 열어 놓는다.

물론 위의 아이디어들은 가능한 대안의 예일 뿐이다. 여러 가지 가정을 노출하여 이를 무력화하는 대안을 찾아봄으로써 창의적 발상 능력을 키울 수 있다. 또한, 이러한 아이디어들이 가지 그림의 어느 곳을 가지치기하여 얻은 것인지를 보임으로써 상대방에게 아이디어를 분명하고 설득력 있게 전달할 수 있게 된다.

2) 사회, 도덕, 윤리

사회, 도덕, 윤리과 교육의 궁극적 목표는 학생으로 하여금 시민적 자질을 갖추도록 하는 데 있으며, 이를 위해서는 학생들로 하여금 단순한 지식의 암기나 이해보다는 비판적 사고, 창의적 사고, 문제 해결 능력을 키울 수 있도록 하는 것이 필요하다.

가지 생각도구는 사회 현실, 인간관계의 문제에서 현상으로 보이는 여러 문제의 원인이 어디에 있는지를 찾는 데 아주 유용하며, 또한 어떠한 행동이나 의사결정으로 인하여 어떠한 결과들이 발생하게 되는지 그 과정을 이해하는 데에도 효과적이다. 학생들은 가지 생각도구를 활용함으로써 인과 관계 기반의 논리적 사고를 할 수 있다. 부정적 가지와 가지치기의 방법을 적용함으로써 사회의 부정적 현상을 예방하기 위한 창의적 대안을 어떻게 찾을 수 있는지 훈련할 수 있다. 또한, 이러한 과정을 통하여 학생들이 스스로 문제를 인식하고 해결해

나가는 자기 주도적 탐구 학습을 실천할 수 있다.

예를 들어 설명하기로 하자.

시장 경제 체제의 등장 배경 (중학교 사회 3 (교학사))

> "중세 사회에 도시가 성장하고, 신항로 개척으로 외국과의 교역이 활발해지면서 상업 발달이 촉진되었다. 사람들은 자급자족 생활에서 벗어나 필요한 재화를 시장에서 구하게 되었고, 내다 팔기 위한 생산을 하기 시작하였다. 돈을 모은 상인들은 공장을 설립하여 수공업자와 농노들에게 임금을 주고 일을 시키는 자본가로 성장하였다.
>
> 부를 축적한 상공업자들은 시민 혁명을 일으켜 경제 활동의 자유가 보장되는 새로운 사회를 건설하였다."

위의 지문을 가지 그림으로 표현하면 다음 그림과 같이 될 것이다. 그림으로 표현하는 것이 하나의 학습 과제가 될 수 있다. 그리고 더욱 중요한 것은 그림에서 한 단계가 다음 단계로 발전해 갈 때 어떠한 사실을 근거로 하고 있는지를 알아보게 하는 것이다. 그것은 가지 그림에서 '왜냐하면?'라고 표현된 설명문 상자를 채워보는 것이다. 이런 과정을 통하여 학생들은 사회 교과를 암기하는 과목이 아닌 과학적 사고를 기반으로 하는 과목임을 이해하게 된다.

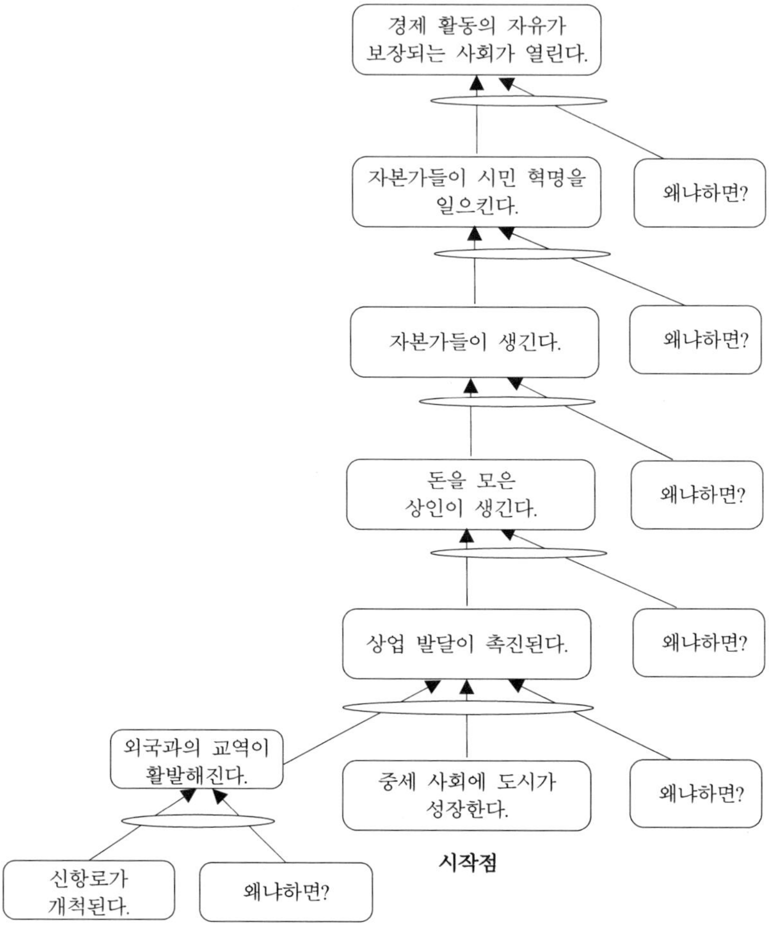

교통난을 해결하기 위한 토론회 - 주행세 도입 (중학교 사회 3 (교학사))

"최근 자동차 보유 대수의 급격한 증가에 따라 교통난이 심각한 사회적 문제로 등장하였다. 다음 자료를 바탕으로 교통난을 해결하기 위한 방안으로 주행세 도입의 장단점을 따져 보자.

서울시 정책 기획실장: "외국의 경우를 살펴보면 환경과 교통문제를 해결하기 위해 주행세를 도입하여 자가용 이용을 억제하였습니다. 그리고 주행세를 받으면 재원이 확보되므로 교통 개선 사업에 투입할 수 있습니다."

OOO 교수: "주행세를 휘발유 가격에 부과하면 세금 부담을 가볍게 여기는 고소득층에게는 효과를 주지 못하여 사회적 형평성 문제를 야기할 수 있습니다."

교통 개발 연구원: "휘발유와 경유에 각각 3.2%씩 주행세를 부과한다면 상대적으로 가격이 낮은 경유의 이용이 높아질 것입니다. 그러면 배기가스를 많이 배출하는 경유의 사용으로 대기 오염이 악화될 것입니다.

녹색 운동 사무처장: "소득이 높은 계층이 유류 소비가 높기 때문에 자가용의 사용을 줄일 뿐 아니라 소득 재분배의 효과도 얻을 수 있습니다."

[주행세] 자동차의 동력 원료가 되는 휘발유, 경유, LPG에 세금을 부과하여 승용차를 많이 사용하는 사람에게 그만큼의 비용을 부담하게 하는 세금 제도이다."

위의 토론에서의 토론자들 주장의 대부분을 가지로써 표현할 수 있다. 우선 기본 줄기를 완성한다. 기본 줄기의 작성에는 시작점에서부터 "만약…이면, …이다"의 인과 관계 논리를 적용한다.

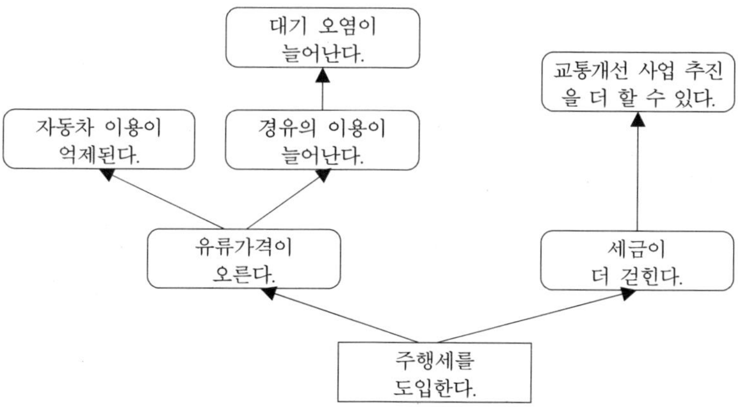

그러고 나서 설명문을 첨가하여 가지를 완성한다. 이를 위해 각 토론자의 역할 연기를 학생들에게 요구하여 각자 자기주장을 그림으로 그린 후에 이것들을 통합하든가 아니면 전체 학급이 함께 가지를 그려볼 수 있다.

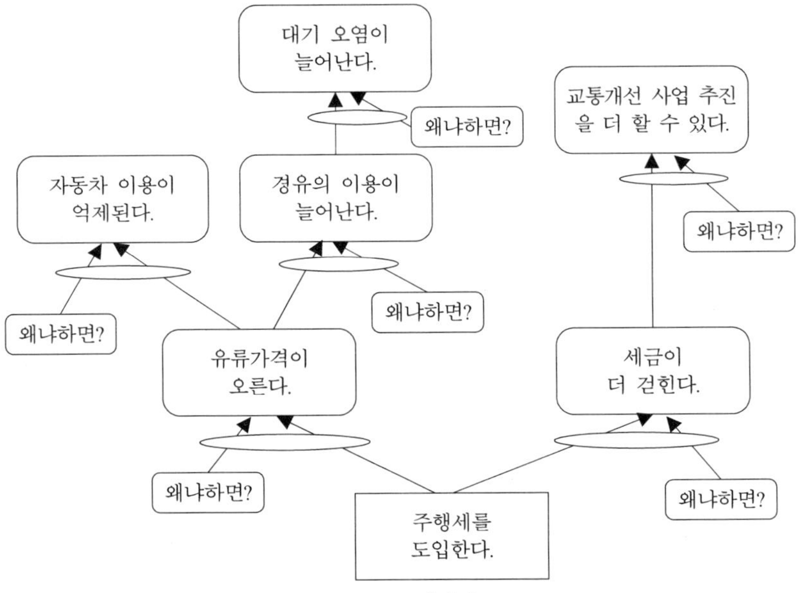
대기 오염이 늘어난다.
왜냐하면?
교통개선 사업 추진을 더 할 수 있다.
자동차 이용이 억제된다.
경유의 이용이 늘어난다.
왜냐하면?
왜냐하면?
왜냐하면?
유류가격이 오른다.
세금이 더 걷힌다.
왜냐하면?
왜냐하면?
주행세를 도입한다.
시작점

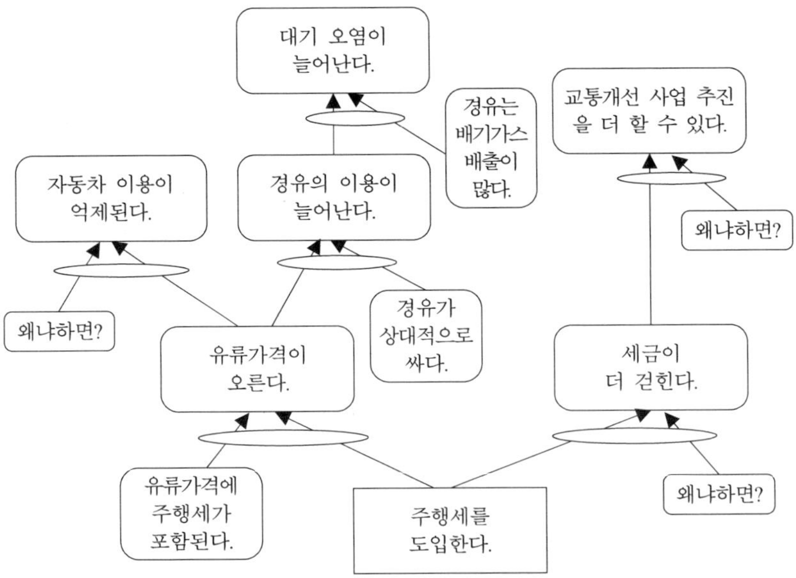
대기 오염이 늘어난다.
경유는 배기가스 배출이 많다.
교통개선 사업 추진을 더 할 수 있다.
자동차 이용이 억제된다.
경유의 이용이 늘어난다.
왜냐하면?
왜냐하면?
경유가 상대적으로 싸다.
유류가격이 오른다.
세금이 더 걷힌다.
유류가격에 주행세가 포함된다.
주행세를 도입한다.
왜냐하면?
시작점

그리고 위의 가지 그림의 논리를 검증하고 보완하도록 한다.

또한, 위의 가지 그림에 포함되어 있는 부정적 결과인 "대기 오염이 늘어난다."를 예방하기 위한 가지치기를 시도해 본다. 이를 위해서 숨어있는 가정들을 노출하는 것이 필요할 수 있다.

만약 부정적 가지의 가지치기가 성공하지 못한 경우에는 가지에 나타난 긍정적 결과들과 부정적 결과들을 평가하여 종합적으로 판단하여 주행세 도입 여부를 결정하는 과정을 실습하여 보는 것도 또 하나의 학습과제가 될 수 있다.

3) 역사

역사 속에 나오는 사건의 전개는 인과 관계에 따라 이루어짐을 학생들이 이해하는 것이 필요하다. 이것이 역사의식의 기초를 형성하는 것이다. 인과 관계의 논리로 역사를 이해하면 역사 속의 사건들을 통해 앞으로 우리가 어떠한 역사관을 갖추고 살아야 할지, 비슷한 상황에서 우리는 어떠한 의사결정을 내려야 할 것인지에 대하여 분명한 의식을 갖게 된다. 그렇게 되면 역사 교과가 단순히 암기해야 하는 재미없는 과목이 아니라 학생들이 사고력을 발휘하는 흥미 있는 과목이 될 것이다. 학생들은 역사적 사실을 해석하고 이해하는 데 인과관계의 논리에 기초한 합리적 추론의 과정을 스스로 행사하게 될 것이다. 가지 생각도구는 학생들로 하여금 인과 관계의 논리로써 역사적 사실을 분석하고 통합하는 능력을 갖추도록 하는 데 도움을 줄 수 있다.

구석기 시대와 신석기 시대의 생활 모습의 차이는? (중학교 국사 (교육인적자원부))

> "구석기 시대 사람들은 짐승과 물고기를 잡아먹었으며, 식물의 열매나 뿌리도 채취하며 먹었다. 또, 계절에 따라 이동하는 생활을 하면서 동굴에

서 살거나 강가에 막집을 짓고 살았다.

기원전 8000년경부터 신석기 시대가 시작되었다. 신석기 시대 유적은 한반도 전역에 고루 퍼져 있으며, 주로 큰 강 유역이나 해안 지역에서 발견된다. 연대가 가장 이른 곳이 제주도 고산리 유적이다.

신석기 시대 유적에서 발굴된 유물에는 간석기와 낚시, 바늘 등의 뼈 도구가 있다. 그리고 빗살무늬 토기가 널리 사용되었다.

신석기 시대 사람들은 강가나 바닷가에 살면서 뼈낚시, 그물 등을 가지고 물고기를 잡거나 조개를 캐었고, 돌창, 돌화살 등으로 사냥을 하였다. 한편, 식물의 열매나 뿌리를 채취하며, 먹는 생활을 하다가, 뒤에는 농사를 짓고 가축도 기르게 되었다…"

위 지문을 바탕으로 다음 세 개의 상자로 가지를 그려본다.

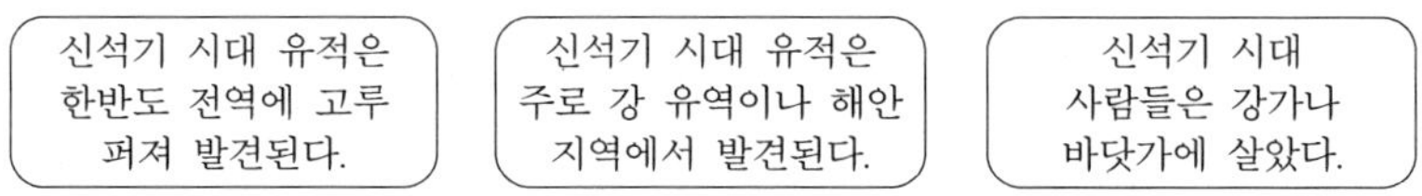

그러면 다음과 같은 기본 줄기가 얻어질 것이다.

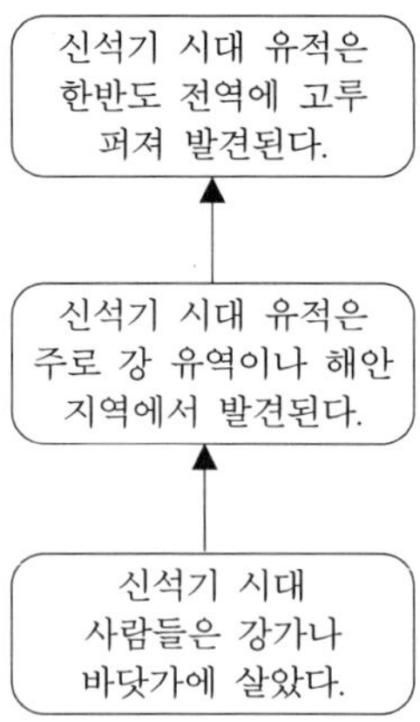

그 근거를 더 알아보도록 한다.

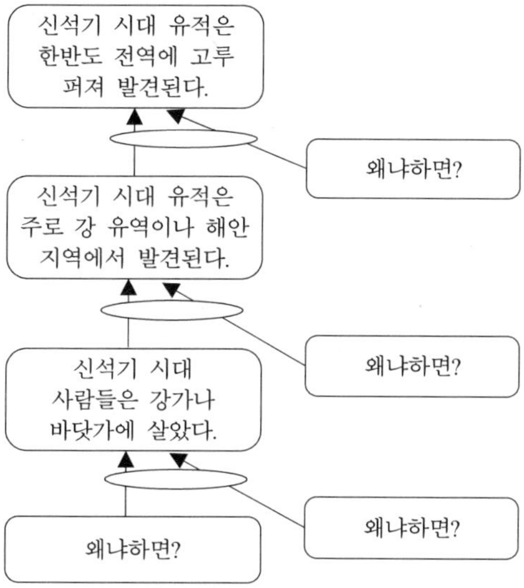

근거는 우선 교과서의 지문에서 찾아본다. 그런데 교과서의 지문에 그 근거가 모두 나와 있는 것은 아니다. 이럴 때는 배경지식을 찾고 인과 관계의 논리 적용하여 근거를 확인하도록 한다. 이 과정이 통하여 논리적 사고 훈련을 할 수 있고 새로운 학습 과제에 대한 동기를 얻어 낼 수 있다.

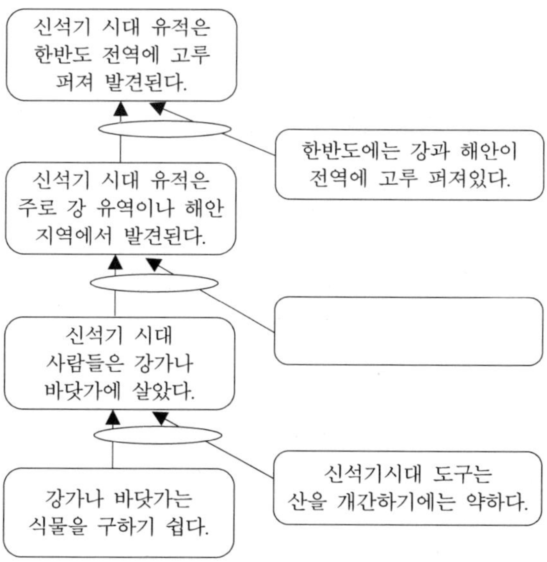

4) 수학

수학은 기본적으로 인과관계의 논리에 기초하고 있다. 학생들이 수학에서 논리 전개 과정을 이해하는 것을 도와주기 위해 가지 그림을 이용할 수 있다. 가지 생각도구는 논리 전개의 과정을 눈에 보이게 하여 논리적 사고를 하는 데 효과적인 도구로 사용될 수 있다.

논리 전개의 한 단계의 상태에서 다음 단계의 상태로 나아가는 데 어떠한 근거를 바탕으로 하는지를 명확하게 밝히는 훈련을 통해서 논리적 사고력을 키울 수 있다.

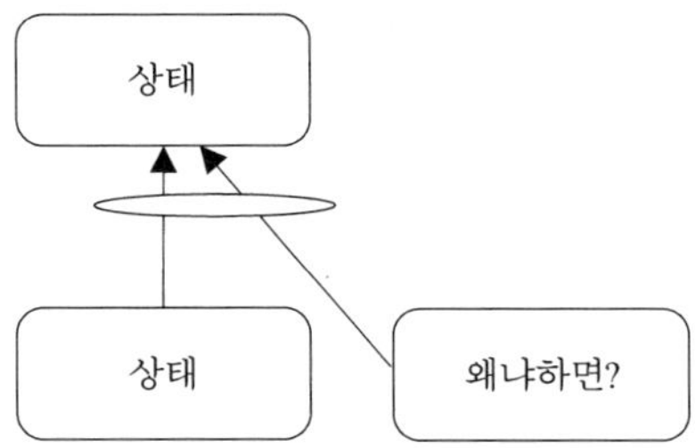

다음의 예를 보자.

문제: $X^2 - Y^2 = (X-Y)(X+Y)$ 임을 보이라.

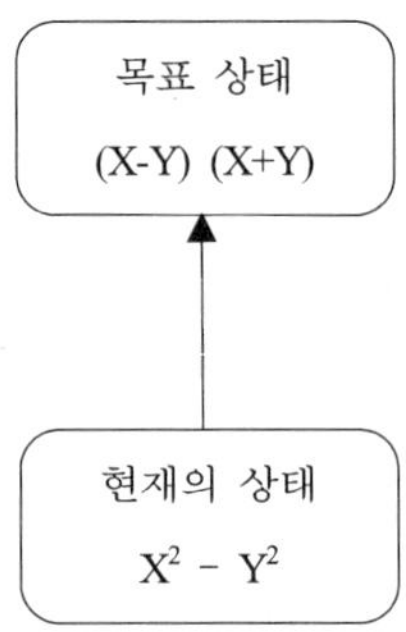

현재의 상태 $X^2 - Y^2$에서 목표 상태 (X-Y) (X+Y)로 변환하기 위해 어떠한 단계를 거쳐야 하는지를 근거와 함께 기술할 수 있다.

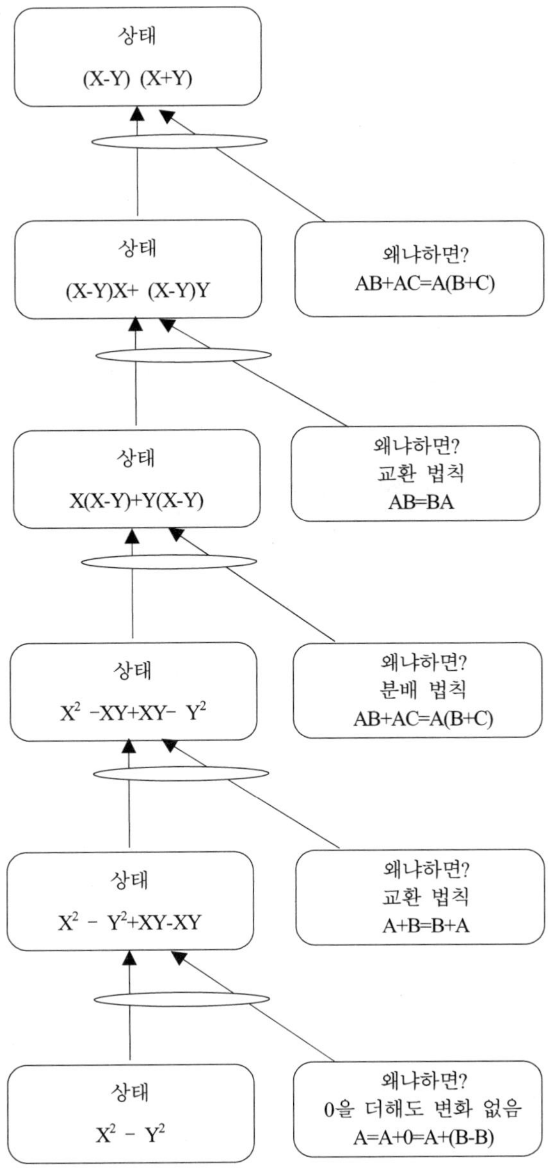

학생들은 이 가지 그림을 그려보면서 아니면 이미 작성된 가지 그림을 읽어 보면서 혹시 이해가 되지 않을 때가 있을 수 있다. 그러면 자기가 어느 단계에서 이해가 되지 않는지를 구체적으로 알 수 있게 되어 이해도를 높이기가 수월해진다.

또 다른 예를 알아보자.

예제: 5명의 작업자가 하나의 작업을 8일에 끝낼 수 있다면, 7일 이내에 3개의 작업을 끝내려면 몇 명의 작업자가 필요한가?

전통적인 방식으로는 이 문제를 다음과 같이 풀 수 있다.

x: 작업자 수, y: 작업의 수, d: 작업 일수, r: 작업자 1인이 하루에 처리하는 작업의 수라고 하자.

그러면 $r = \frac{y}{x \cdot d}$이다. 이 경우 r = 1/(5*8) = 1/40.

$x = \frac{y}{r \cdot d}$ 이므로 $x = \frac{3}{1/40 \cdot 7} = 17\frac{1}{7}$인이다.

위의 과정을 가지를 이용하여 다음과 같이 표현할 수 있다. 한 단계에서 다음 단계로의 넘어가는 근거를 별도의 상자에 표시함으로써 이해하기에 쉽고 또한 이해가 되지 않을 경우에 자신이 어느 곳을 이해하지 못하는지 찾아내기 수월하다.

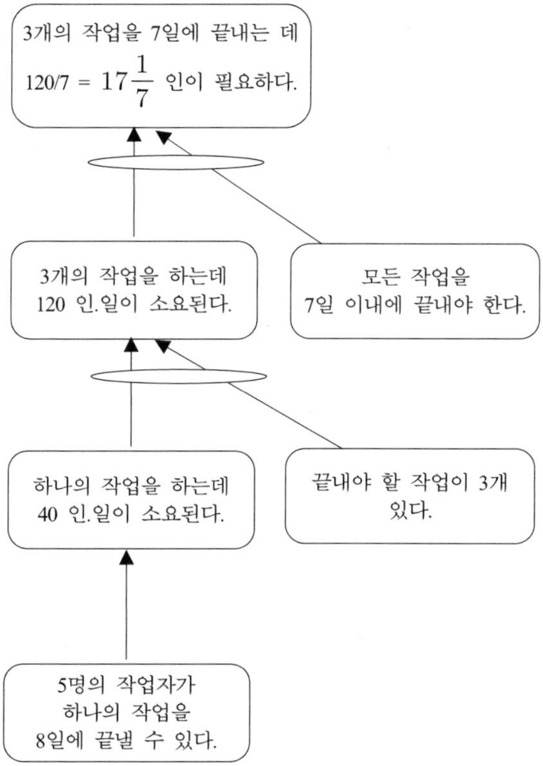

5) 과학

모든 과학적 현상이나 실험 뒤에는 “이유”가 있다. 그 이유를 이해하지 못할 때 과학 교과는 학생들에게 지겹거나 어려운 과목이 된다. 가지를 통하여 과학적 현상이나 실험 뒤의 근거를 찾아보는 것을 도와줄 수 있다. 가지 도구와 병행하여 실험이 진행되면 학생들의 과학에 대한 친밀도를 높여 줄 수 있을 것이다. 더욱이 가지 그림에서 설명문의 내용을 실험을 통해서 이해하도록 한다면 과학에 대한 동기 부여를 하기에 수월하다.

여름철에 연못의 물고기들이 수면 위로 올라와서 숨을 쉬는 이유는 무엇인가?[23] 기체의 용해도는 온도와 반비례한다. 그런데 더운 여름철이 되면 호숫물의 온도가 올라가고 물에 녹아 있는 산소의 양이 줄어들게 된다. 물속의 산소의 양이 줄어들게 되어 물고기들은 수면 위로 올라와 숨을 쉬게 된다. 다음은 그 과정을 가지로 표현한 것이다.

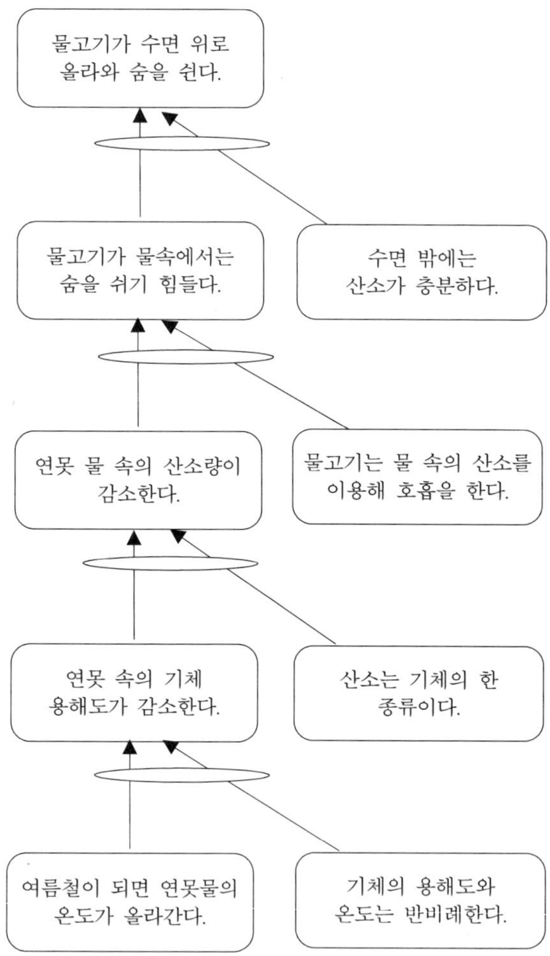

23) 2011년 인천TOCfE 직무연수, 인천송도중 이용웅 교사 자료

6) 논술

논술에는 쟁점, 주장, 근거라고 하는 세 가지 요소가 있다. 3.2절에서 언급하였듯이 구름 생각도구는 쟁점의 핵심을 간결하게 표현하는 데에 효과적이다. 반면에 가지 생각도구는 인과관계를 표현하는 도구이므로 주장의 근거를 상세하고 명확하게 보이는 데 효과적이다. 주어진 문제의 쟁점이 분명할 때 가지를 적용하면 자기주장에 대해 그 근거를 명확하게 보이고 상대방에게 전달하여 설득하기 수월해진다.

지금부터는 어느 쟁점에 대해 자기가 제시하는 주장이 있을 경우, 가지를 이용하여 논술문으로 작성하는 과정에 관해 설명하여 본다. 쟁점에 대해 주장이 있다는 것은 주장이 갖는 긍정적 면이 있다는 것이다. 그 근거를 긍정적 가지로 표현할 수 있다. 한편 자기주장이 갖는 염려되는 점이 예상된다면 이 부분은 부정적 가지로 표현할 수 있을 것이다. 더 나아가 부정적 면을 예방할 수 있는 보완 아이디어를 가지치기로 구하고 이를 제시한다면 자기주장의 설득력은 더 높아질 것이다. 이렇게 표시된 가지들을 문장화한다면 논술문의 초안이 얻어지는 것이다. 이 논술문 초안에 대해 윤문의 과정을 거치면 훌륭한 논술문을 얻을 수 있을 것이다.

이상의 과정을 단계적으로 서술하면 다음과 같다.

가지를 활용한 논술문 쓰기 단계

· 쟁점에 대해 소개한다.

· 자기주장을 제시한다.

· 주장을 시작 사건으로 하고, 긍정적 가지를 만든다:

　① 긍정적 결과들을 찾는다.

　② 긍정적 결과들이 어떻게 발생하는지 긍정적 가지의 골격을 그린다.

③ 긍정적 가지의 골격에 설명문을 추가하여 긍정적 가지를 얻는다.

· 주장을 시작 사건으로 하고, 부정적 가지를 만들고 가지치기를 한다.

① 부정적 결과들을 찾는다.

② 부정적 결과들이 어떻게 발생하는지 부정적 가지의 골격을 그린다.

③ 부정적 가지의 골격에 설명문을 추가하여 부정적 가지를 얻는다.

④ 부정적 가지에 대해 가지치기를 시도한다.

⑤ 가지치기를 통해 부정적 결과를 예방하는 방안을 찾는다.

⑥ 예방 방안을 시행했을 경우 예상되는 (긍정적) 가지를 얻는다.

· 지금까지 얻어진 긍정적 가지와 부정적 가지를 글로 옮겨 논술문의 초안을 만든다.

· 윤문의 과정을 거쳐 논술문을 얻는다.

예를 들어 설명하기로 한다.

2010년 3월에 발생한 천안함 침몰 사건에서 천안함 절단면을 공개할 것인가 말 것인가에 대해 의견이 나뉘었었다. 다음은 이에 관한 모 신문의 사설 일부분이다.

[사설] 천안함 절단면 있는 대로 보여주는 것이 낫다[24)]

"... (중략)

절단면 공개를 놓고도 말이 많다. 군 일각에선 장병들 시신이 카메라에 노출되면 가족들 가슴에 한 번 더 못을 박는 일이 되고, 피격 부위의 처참한 모습이 공개되는 것은 군 사기(士氣)에 좋지 않다며 반대하고 있다고 한다. 함체 내부 약점이 노출돼선 안 된다는 우려도 있다. 그러나 최대한 정성을 다해 실종자들을 수습하고 나서 절단면을 공개하는 것이 바람직

24) http://news.chosun.com/site/data/html_dir/2010/04/13/2010041302241.html

하다. 천안함의 내부 구조도까지 공개된 판에 절단면이 노출된다고 군사 기밀이 새나가는 듯이 말하는 것은 무리다.

천안함 침몰을 놓고 숱한 유언비어와 가설이 나돌았지만 구조된 장병들이 지난 7일 회견에서 생생한 증언을 한 후 대부분의 의혹이 해소됐다. 마찬가지로 국민에게 천안함의 절단면을 있는 그대로 보여줘야 불필요한 뒷말이 사라진다. 이명박 대통령은 "조사 결과가 나오면 단호한 조치를 취하겠다"고 말해 왔다. 정부가 단호한 대응을 할 수 있으려면 국민적 단합이 전제돼야 한다. 국민 단합은 국민이 정부와 군이 하는 일에 전폭적인 신뢰를 보내줄 때 가능하다. 공연히 정부가 뭘 감추고 싶어 하는 것처럼 행동할 이유가 없다."

위의 내용을 참고하여 가지를 활용한 논술문을 작성하는 과정을 설명하여 보기로 한다.[25)]

여기에서의 주요 쟁점은 천안함 절단면을 공개할 것인가 말 것인가이다. 이때 논술자의 주장은 천안함의 절단면을 있는 그대로 보여주자는 것이다.

절단면을 있는 그대로 보여줄 때의 긍정적 가지는 다음과 같이 구할 수 있다.

① 긍정적 결과들을 찾는다.

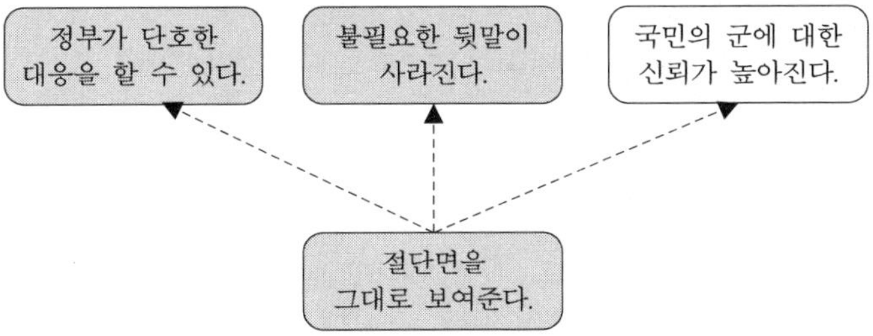

25) 예로 든 '천암함 침몰 사건'과 관련해서 주장의 객관적 진실성을 보증하는 것이 여기에서의 주된 관심사가 아니라, 가지를 활용하여 논술문을 어떻게 쓸 것인가를 소개하는 하는 것이 주된 관심사임을 밝혀둔다.

② 긍정적 결과들이 어떻게 발생하는지 긍정적 가지의 골격을 그린다.

여기에서 가지의 골격이라고 함은 설명문이 아직 들어가지 않은 가지를 말한다. 일단 긍정적 결과와 시작사건만으로 가지의 골격을 만들어 보면 다음과 같다.

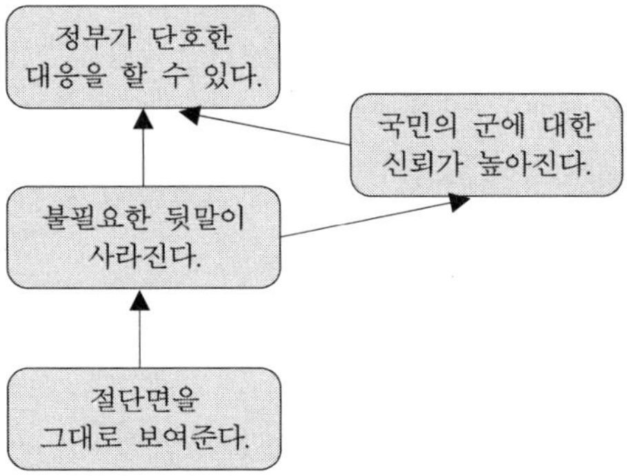

여기에 필요하면 인과관계의 비약을 메꾸어 줄 징검다리 문장을 추가한다.

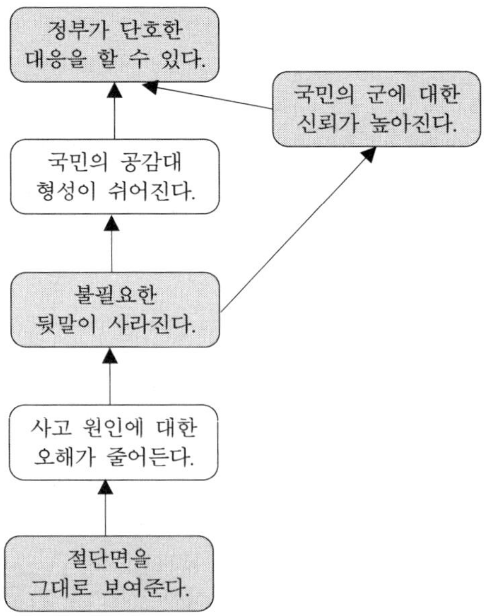

③ 긍정적 가지의 골격에 설명문을 추가하여 긍정적 가지를 구한다.

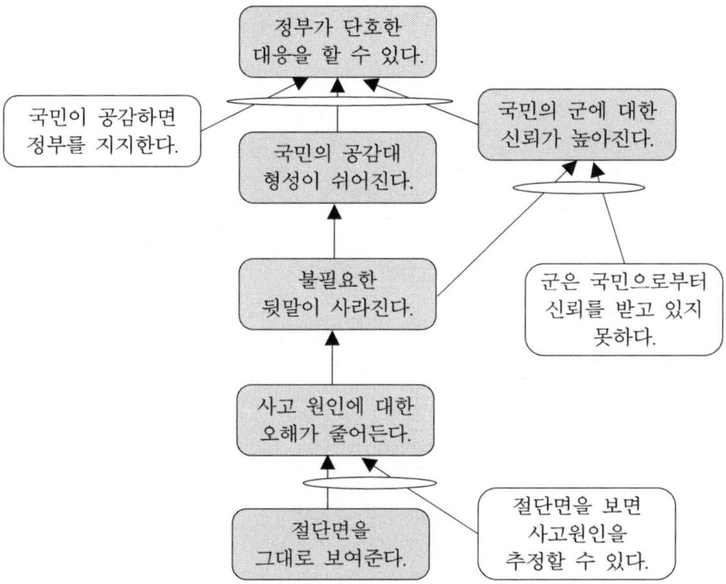

한편 절단면을 있는 그대로 보여줄 때의 부정적 가지와 가지치기는 다음과 같이 구할 수 있다.

① 부정적 결과들을 찾는다.

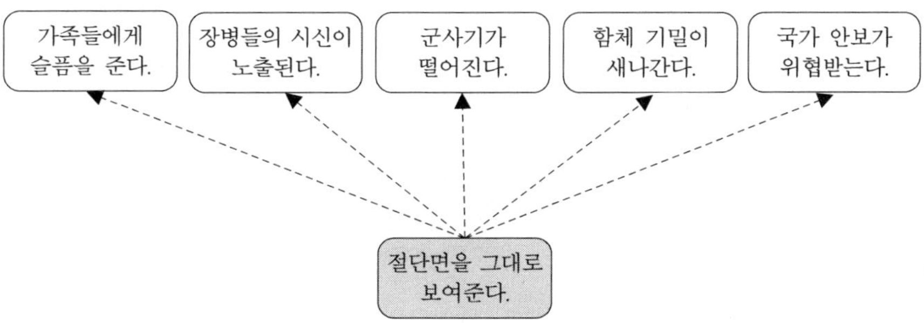

② 부정적 결과들이 어떻게 발생하는지 부정적 가지의 골격을 그린다.

일단 부정적 결과와 시작사건만으로 가지의 골격을 만들어 보면 다음과 같다.

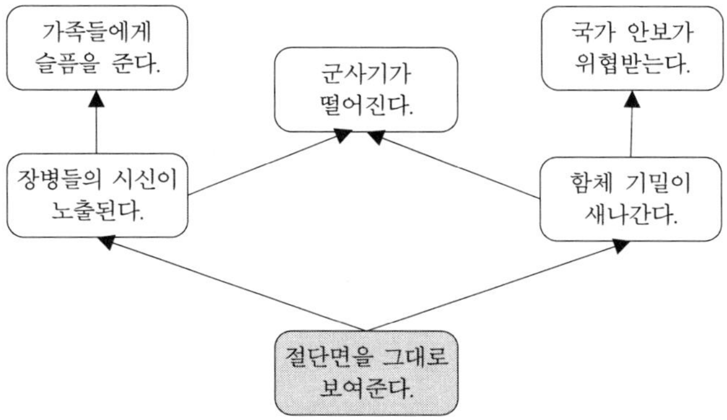

여기에 필요하면 인과관계의 비약을 메꾸어 줄 징검다리 문장을 추가한다.

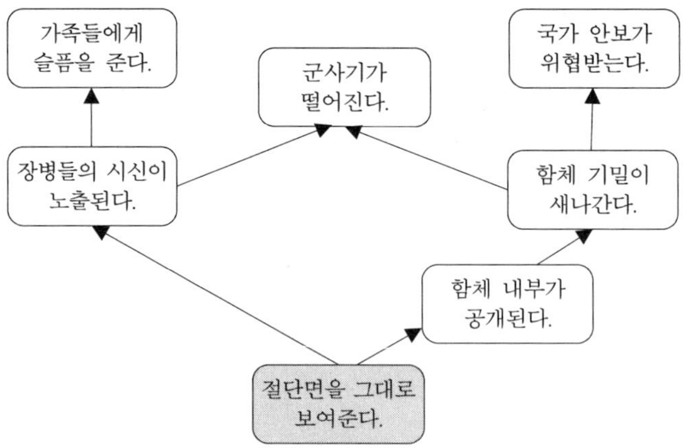

③ 부정적 가지의 골격에 설명문을 추가하여 부정적 가지를 얻는다.

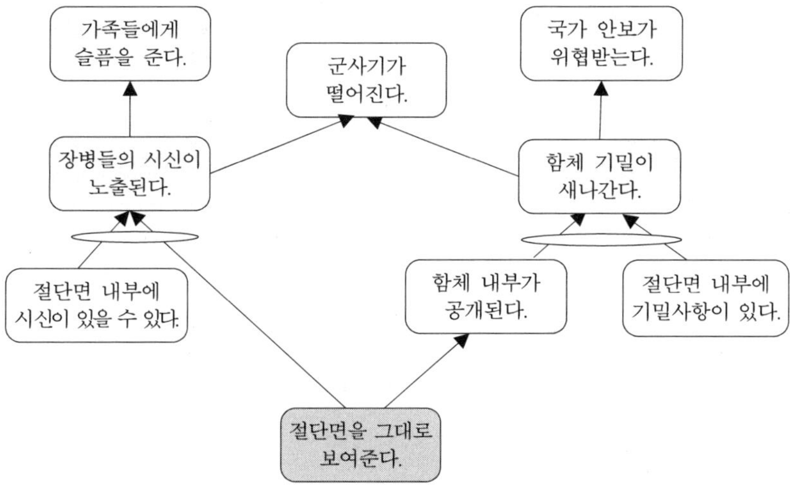

④ 부정적 가지에 대해 가지치기를 시도한다.

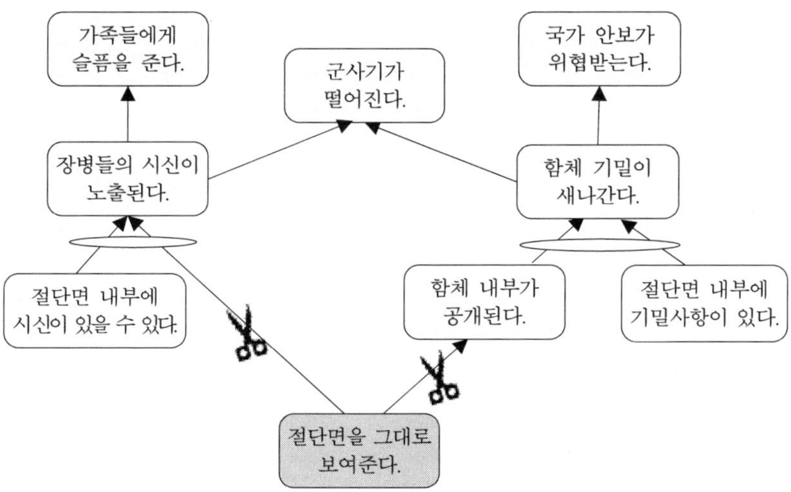

⑤ 가지치기를 통해 부정적 결과를 예방하는 방안을 찾는다.

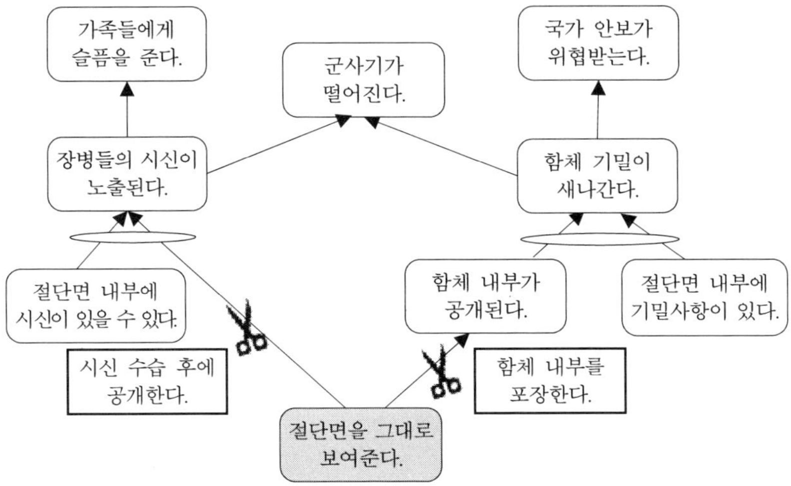

⑥ 예방 방안을 시행했을 경우 예상되는 (긍정적)가지를 얻는다.

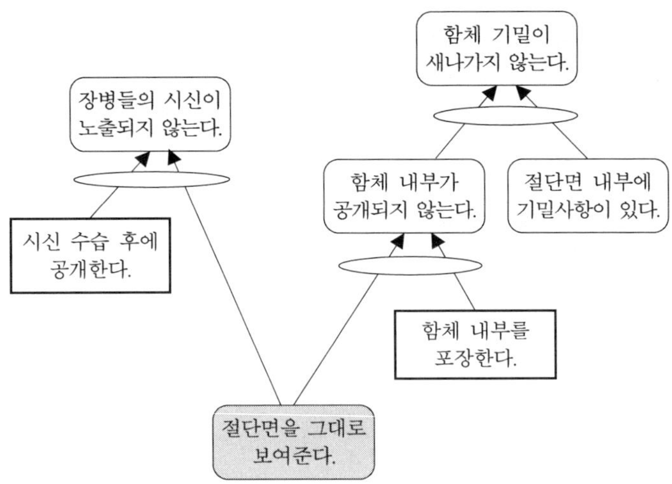

그러면 지금까지 얻어진 긍정적 가지와 부정적 가지를 문장화하는 방법에 대해 알아보자.

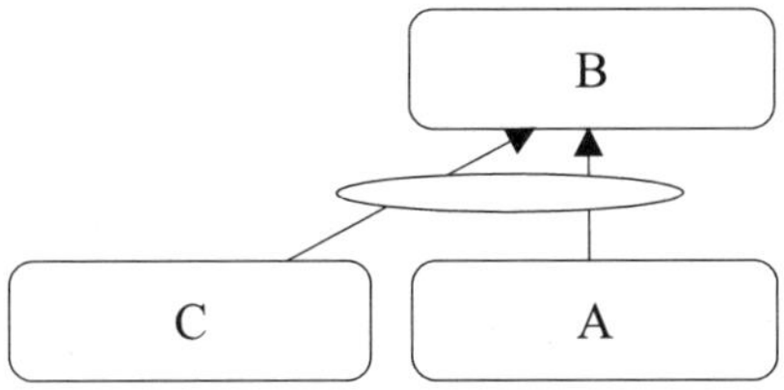

위와 같은 가지의 한 마디를 문장화하는 방법은 다양하다. 몇 가지 예를 보이면 다음과 같다.

A이고 C이면 B이다.

A이면 B이다. 왜냐하면 C이기 때문이다.

A는 B를 초래한다. 왜냐하면 C이기 때문이다.

C이므로, A의 결과 B가 발생한다.

문장화할 때는 표현이 자연스러운 것을 택하면 된다.

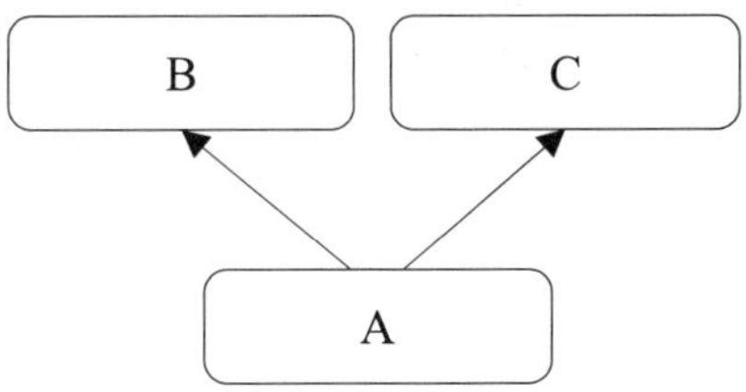

또한, 위와 같은 가지의 한 마디를 문장화할 때의 예는 다음과 같다.

A이면 B이다. 또한 A이면 B이다.

A이면 B이고 C이다.

그리고 문장화할 때의 일반적인 유의점은 다음과 같다:

· 1대1로 옮기면 문장을 읽기에 어색하게 될 경우가 있다.

· 필요하면 적절한 접속사를 넣거나 순서를 바꾸어 문장 표현을 자연스럽게 한다.
· 간결한 문장을 사용한다. 만약 문장이 길면 쪼개는 것이 좋다.

앞에서 구한 긍정적 가지, 부정적 가지와 가지치기를 문장화하여 논술문의 초안을 구한 예를 보인다. 최종적인 논술문은 이 초안에 대해 윤문을 한 후 얻을 수 있다.

[실제 논술문에서 [ ]부분은 빠짐.]

제목 : 천안함 절단면 공개에 대하여

[쟁점에 대해 소개]

천안함 절단면 공개를 두고 말들이 많다.

[주장을 시작사건으로 한 긍정적 가지]

절단면을 그대로 보여주면 사고 원인을 더 정확하게 추정할 수 있어 사고 원인에 대한 오해가 줄어든다. 그러면 불필요한 뒷말이 사라지게 되어 국민 공감대 형성이 쉬워진다. 또한, 현재 군은 국민으로부터 신뢰를 그리 많이 받지 못하는데 사고원인에 대한 불필요한 뒷말이 사라지면 군에 대한 신뢰가 높아질 것이다. 국민의 공감대가 형성되고 국민에 대한 군의 신뢰가 회복되면 정부가 단호한 대응을 할 수 있을 것이다.

[주장을 시작사건으로 한 부정적 가지]

반면에 절단면을 그대로 보여주면 혹시 절단면 내부에 시신이 있을 경우 장병들의 시신이 노출되어 가족들에게 슬픔을 줄 수 있을 것이다. 또한 절단면 공개로 인하여 함체 내부가 공개되면 절단면 내부의 기밀사항이 새나갈 수 있다. 장병들의 시신이 노출되고 함체 기밀이 새나가게 되면 군사기가 떨어지게 되어 이는 국가 안보에 좋지 않은 결과를 초래하게 될 것이라는 우려가 있다.

[가지치기와 예상되는 긍정적 가지]

위와 같은 우려는 다음과 같이 하면 해소될 수 있다. 만약 시신이 있을 경우 시신 수습 후에 절단면을 공개하면 장병들의 시신이 노출되지 않을 것이다. 또한 함체 내부를 포장한 후에 공개하면 함체 내부가 공개되지 않아 함체기밀이 새어나가지 않을 것이다.

[맺음말]

이러한 보완책과 함께 절단면을 공개한다면 사고원인에 대한 불필요한 뒷말을 줄이고 사후 처리에 대한 국민의 공감대 형성을 이루어 낼 수 있을 것이다.

|연습|

문제1.

① 다음 이야기를 가지로 표현하여 보자.

> "어린 소년이 테이블에 놓인 호두 항아리를 발견했습니다. "호두 좀 먹어야지. 엄마가 계셨으면 내게 호두를 주셨을 거야. 딱 한 줌만 꺼내야지."라고 생각했습니다.
>
> 그래서 소년은 항아리에 손을 집어넣고 한 줌 가득 호두를 쥐었습니다. 그런데 항아리의 목이 좁아 손이 빠지지 않는 것이었습니다. 주먹 쥔 손을 펴면 되지만, 소년은 호두를 놓치고 싶지 않았습니다.
>
> 소년은 혼자 별별 궁리를 다 해 봤지만 호두를 가득 쥔 손은 빠지지 않았습니다. 소년은 결국 울음보를 터뜨렸습니다."

② 소년의 행동 중 어떤 부분을 어떻게 바꾸면 될지를 가지치기 방법을 적용하여 알아보라.

문제2.

주행세 도입을 도입하면 나타날 부정적 결과 '대기오염이 늘어난다.'를 예방하려면 어떠한 조치를 취해야 하는지를 논의해 보자.

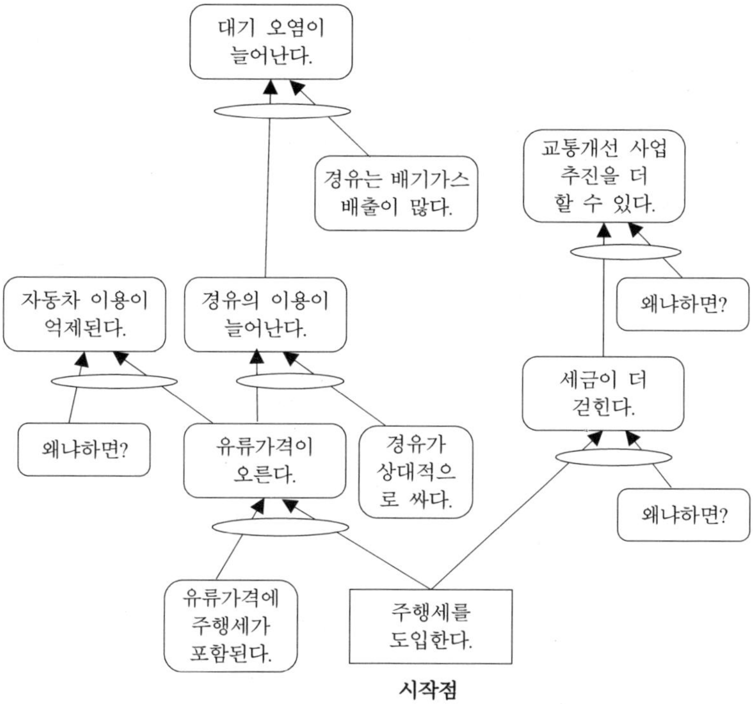

문제3.

① 다음의 지문의 내용을 가지로 정리하여 보라.

"광개토 대왕의 뒤를 이은 장수왕은 왕권을 강화하여 국내성의 귀족 세력을 약화하고, 평양으로 천도하였다(427). 장수왕은 중국의 남북조가 대립하는 상황에서 강화된 국력을 바탕으로 실리를 추구하는 외교 정책을 폈다.

중국과의 관계를 안정시킨 장수왕은 남하 정책을 추진하여 백제와 신라를 압박하였다. 이에 따라 백제의 수도인 위례성(서울)을 함락하고, 신라를 공격하여 한강 하류와 남한강 상류 일대를 차지하였다. 충주 고구려비는 이 시기에 세워진 것으로 보인다.

광개토 대왕과 장수왕을 거치면서 고구려는 한반도의 중부 지방과 요동을 포함한 만주 지역을 차지하여 동아시아의 최강국으로 성장하였다.

당시 고구려는 자신이 천하의 중심이라는 인식을 갖게 되었다." (출처: 중학교 역사 1, 지학사)

② 위의 지문의 주요 내용을 다음과 같은 가지로 정리하였다고 할 때 설명문으로 들어갈 내용을 추론하라.

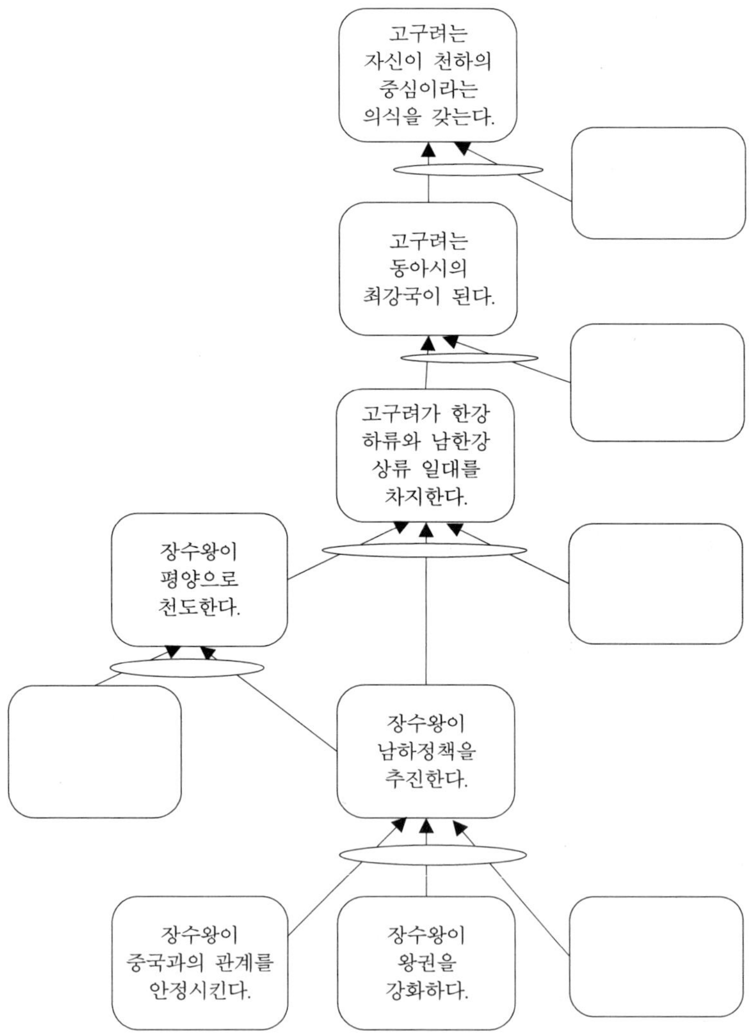

문제4.

어느 농장에서 소와 닭을 키우고 있다. 소와 닭의 머리를 세어보았더니 총 35개이고 다리는 총 78개이었다. 그러면 소와 닭은 각각 몇 마리이겠는가? 가지를 이용하여 그 값을 알아내어 보자. 다음 가지 그림의 빈 상자를 채우라.

X: 소의 마리수, Y: 닭의 마리수

$머리_X$: 소 머리수, $머리_Y$: 닭 머리수

$다리_X$: 소 다리수, $다리_Y$: 닭 다리수

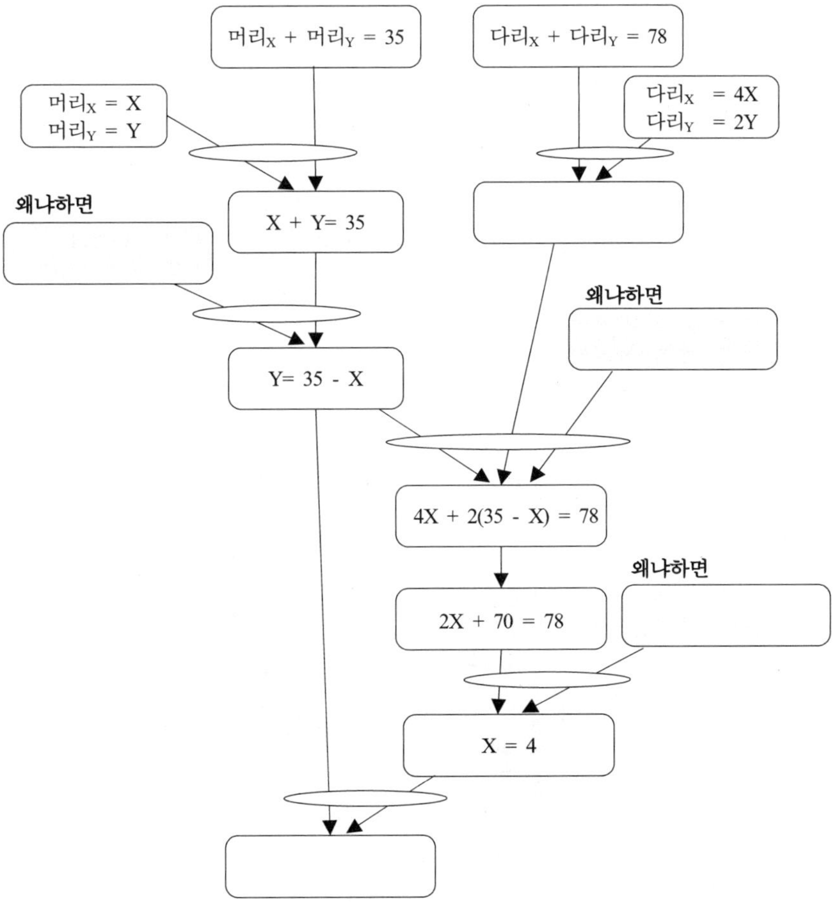

문제5.

지구의 물 순환이라는 내용의 글을 가지로 표현하여 보자.

"당신은 우리가 지구상의 같은 물을 반복해서 사용해 왔다는 것을 알고 있습니까? 우리는 같은 물을 계속 사용하고 있으며 지금까지 그래왔습니다. 어떻게 해서 그럴까요?

당신이 수영하길 좋아하는 호수를 들어 봅시다. 태양이 솟아 그 호수의 물을 데웁니다. 물이 데워지면 어떠한 일이 발생할까요? 그렇지요. 물은 수증기로 변하여 공기 속으로 올라갑니다. 이 물이 올라감에 따라 공기는 식게 되고 그래서 수증기는 차가워집니다.

이제 수증기가 차가워지면 수증기는 물로 다시 변합니다. 그래서 수증기는 작은 물방울이 됩니다. 당신은 이러한 작은 물방울이 무엇을 만드는지 아십니까? 맞습니다. 구름이지요. 구름 속에서 이러한 물방울들은 서로 결합하기 시작합니다. 그것들은 점점 무거워집니다. 그래서 결국은 너무 무거워져 그것들은 비, 눈 또는 진눈깨비로 땅에 다시 떨어지게 됩니다.

그래서 어떻게 될까요. 물의 순환이 다시 반복되게 됩니다."

문제6.

기압의 작용 원리를 이해하기 위한 과학 실습의 과정이 다음과 같다.

단원명: 제9학년 과학, 4. 물의 순환과 날씨 변화[26)]

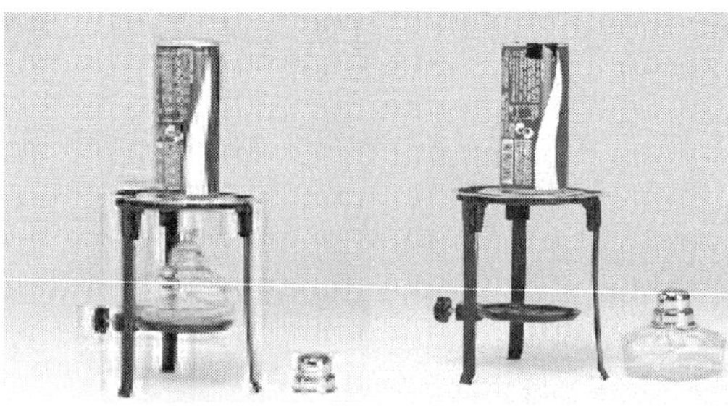

26) 신방학중 윤병육 교사 발표 자료에서 발췌, 편집

ㄱ. 깡통에 물을 조금 넣고 김이 많이 나올 때까지 가열한다.

ㄴ. 김이 많이 나오면 접착테이프로 입구를 단단히 막는다.

ㄷ. 깡통을 식힌다.

ㄹ. 깡통이 왜 찌그러지는가?

이 과정을 다음과 같이 가지로 그려보았다. 다음 가지 그림에서 빈 상자를 채우라.

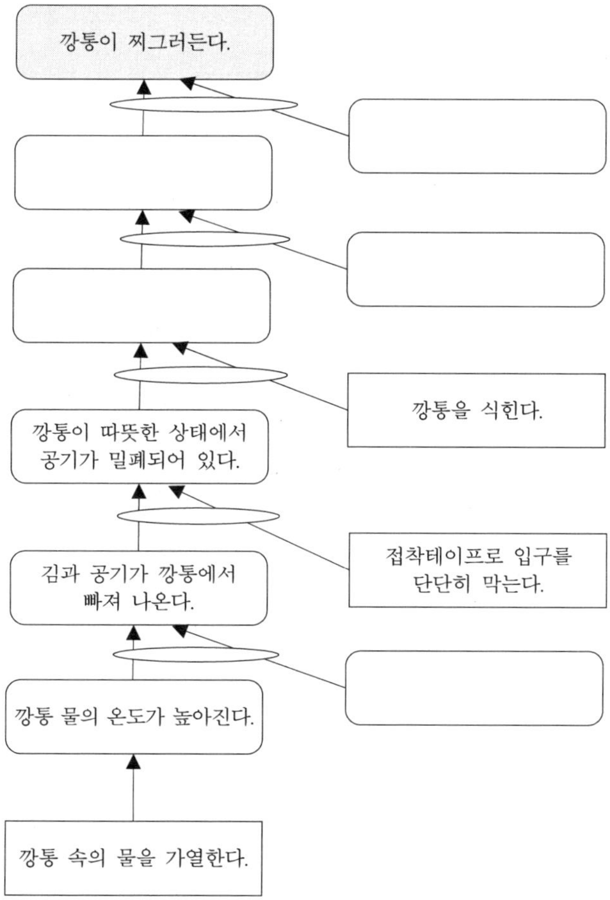

문제7.

사형제도 폐지와 관련해 아랫글을 기초로 논술문을 가지를 이용하여 작성하여 보라. 논리 전개에 필요한 근거는 추가하여도 된다.

> "사형은 인간으로부터 생명을 빼앗는 가장 무거운 형벌인 까닭에 문명화된 사회에서 형벌의 본질과 기능 등을 논거로 그 존폐에 관하여 폐지론자와 존치론자 사이에 결렬한 논쟁이 있어왔고 그 논쟁은 끝이 나질 않고 있다. 사형제도의 폐지론자는 사형은 개인의 인권을 침해하기 때문에 폐지되어야 한다고 하며, 존치론자는 사형제도가 있으므로 범죄 예방을 할 수 있다고 한다."

문제8.

문제7.의 가지 그림을 근거로 논술문을 작성하여 보라.

3. 경영 영역에서의 활용

가지 생각도구는 경영 영역에서 여러 가지 방식으로 활용되고 있다.

문제증상들을 보고 그 근본 원인이 무엇일까를 원인-결과 논리를 적용하여 찾아가는 데 가지를 사용한다. 근본 원인으로부터 문제증상이 파생되는 것을 보이는 전체 그림을 TOC 생각프로세스에서는 CRT(Current Reality Tree, 현재상황나무)라고 부르고 있다.

앞에서도 언급하였듯이 근본문제에는 반드시 딜레마가 관계되어 있고 이는 구름으로 표현할 수 있다. 근본문제를 해결하는 아이디어를 찾는 방법은 2.3절에서 이미 설명하였다. 구름에서 얻은 해결 아이디어를 적용하였을 때 앞으로 상황이 바람직한 상태로 변화한다는 것을 원인-결과 논리를 적용하여 보여주는 전체 그림을 FRT(Future Reality Tree, 미래상황나무)라고 부르고 있다. 만약 해결 아이디어를 적용할 때 앞으로 부정적 결과가 예상된다면 이는 부정적 가지로 표현할 수 있고, 또한 부정적 결과를 예방하기 위한 아이디어를 가지치기를 통하여 찾아낸다.

또한, 해결 아이디어를 구체적으로 실행하기 위해 해야 할 세부 활동들이 무엇이고 그 세부 활동들을 왜 해야 하고 그 세부 활동들을 하면 어떤 상태로 변화하는가를 단계적으로 보여주는 그림을 TrT(Transition Tree, 이행나무)라고 부르고 있다.

기업 경영에서는 CRT, FRT, TrT가 많이 사용되고 있다.[27] (논리 가지의 규모가 큰 것을 Tree, 작은 것을 Branch라고 부르는데, 인과관계 사고면에서는 차이가 없다.) 반면에 학교기관의 경영에서 이러한 논리 도구의 사용은 기업 경영보다는 적은 편이다. 그러나 뉴욕 시립대 Medgar Evers College의 운영에 생각도구들을 적용하여 학생 등록률을 대폭 개

---

27) Kim, S, Mabin, V. J. and Davies, J. "The theory of constraints thinking processes: retrospect and prospect", *International Journal of Operations & Production Management*, Vol. 28 Issue: 2, pp.155-184, 2008.

선한 사례는 괄목할만하다.[28] 아래에 그 사례의 일부를 소개한다.

Medgar Evers College는 뉴욕 시립대학의 Brooklyn에 있는 캠퍼스로 재학생 수가 6,000명 정도 되었는데 이중 전일제 학생이 54%, 소수민족 학생이 98%, 여학생이 78%를 차지한다. 64% 학생이 쓰기, 84%가 수학, 60%가 읽기 기초 역량이 부족하다. 학생들은 보충 과정을 통해 이러한 기초 역량을 올리는데 단지 일 년이 주어져 있다.

대학의 주요 관심사는 학생들의 중도 이탈률을 최소화하는 것이었다. 대학 교수회에서 학생들의 중도 이탈과 관련된 중요한 문제증상들을 조사하여 정리했다. 많은 문제증상들이 나왔다. 너무 많은 문제 증상 하나하나를 별개로 푸는 것은 불가능해 보였다.

학생이 보는 문제 증상

① 강사의 강의 속도가 너무 빠르다.
② 강사가 알기는 하는데 잘 가르치는 못한다.
③ 나는 수학을 할 능력이 없다.
④ 나는 수업을 받을 준비(선수 과목 이수)가 되어 있지 않다.
⑤ 나는 숙제를 할 시간이 없다.
⑥ 나는 수학이 중요한지 어디에 써먹을 수 있을지 모르겠다.
⑦ 나는 개근을 하거나 제시간에 출석할 수 없다.
⑧ 학생들/나는 시험을 잘못 치른다.
⑨ 나는 집안 문제나 개인 문제를 처리해야만 한다.
⑩ 나(다른 일부의 학생)는 시험 답안지를 백지로 낸다.
⑪ 강사는 나에 대해 신경 쓰지 않는다.
⑫ 교실 밖에서 도움을 받을 데가 없다.
⑬ 나는 어떻게 대학 졸업을 할 수 있는지 모르겠다.

---

28) Nagarkatte, U.P and Oley, N., *Theory of Constraints: Creative Problem Solving*, Productivity Press, 2017.

⑭ 나의 수업 부하가 너무 무겁다. (학자금 융자를 받기 위해서는 전일제 학생이어야만 한다.)
⑮ 나는 중요 과목에서 좋은 성적을 받는 방법을 모른다.
⑯ 나는 학자금 융자에 문제를 일으키지 않고 수업 취소를 할 수 없다.
⑰ 나는 어쩔 수 없이 I(Incomplete)학점을 요청하게 된다.

교수가 보는 문제 증상
① 학생들은 수업 준비를 하지 않는다.
② 학생들은 수업에 정시 출석하지 않는다.
③ 학생들은 시험을 잘 못 본다.
④ 수업에서 필수 교과 내용을 다루기에 시간이 충분하지 않다.
⑤ 학생들은 등록을 늦게 하고 학기 초에 시작하지 못한다.
⑥ 학생들은 수업의 선행요건을 갖추지 못한다.
⑦ 내가 아무리 잘 가르쳐도, 학생들은 제대로 학습하지 않는다.
⑧ 나는 내 일의 만족감이 매우 낮다.
⑨ 우리는 다음 과목에 제대로 준비되어 있지 못한 학생에 학점을 주어야 할 압력을 느낀다.
⑩ 학생들은 내 수업을 듣는 데 필요한 모든 선수 내용을 이해하지 못하고 있다.

이러한 문제 증상에 대해 근본적 원인을 찾기 위해 CRT를 작성하였다.

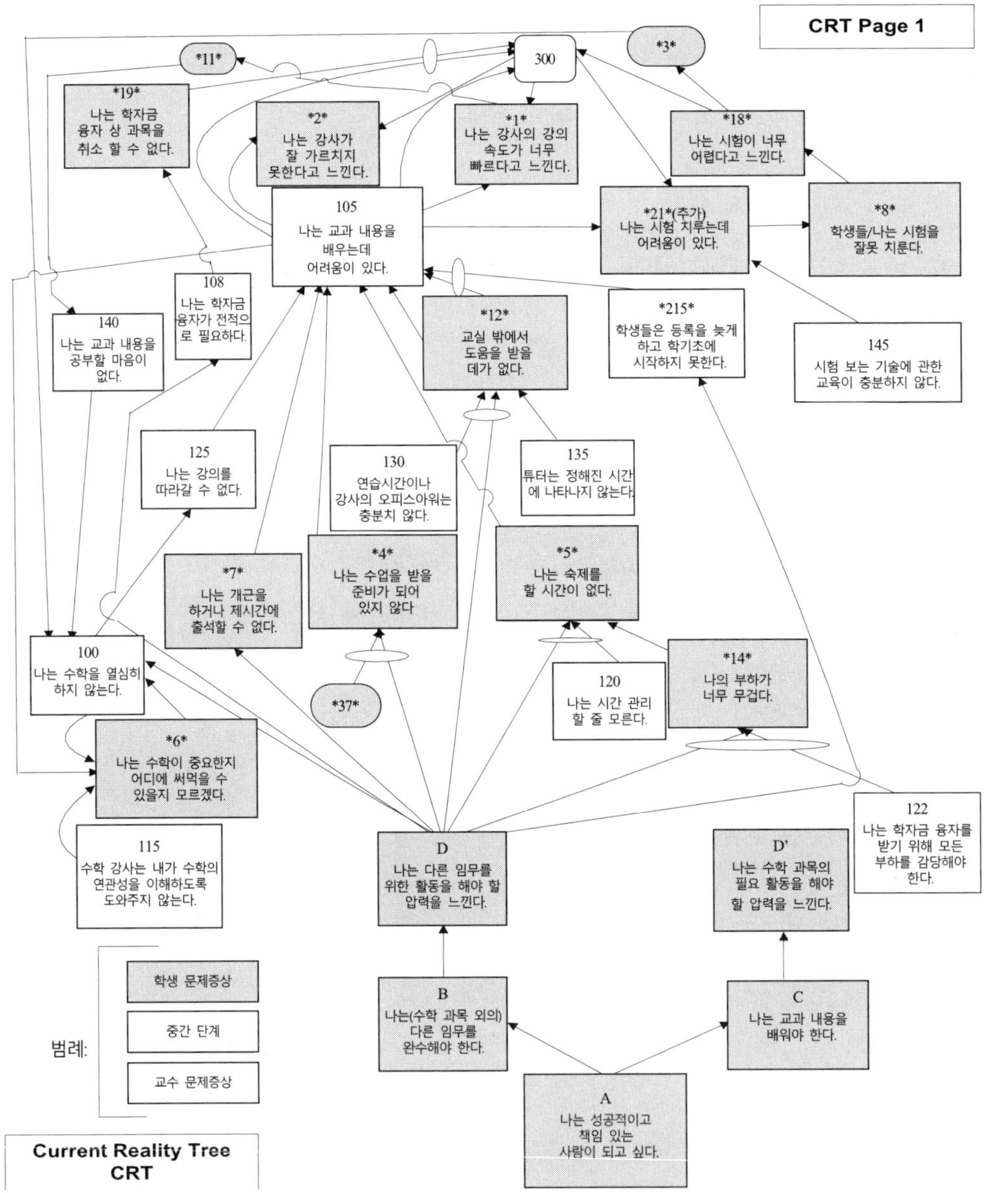
CRT Page 1
11
300
3
19 나는 학자금 융자 상 과목을 취소 할 수 없다.
2 나는 강사가 잘 가르치지 못한다고 느낀다.
1 나는 강사의 강의 속도가 너무 빠르다고 느낀다.
18 나는 시험이 너무 어렵다고 느낀다.
105 나는 교과 내용을 배우는데 어려움이 있다.
21(추가) 나는 시험 치루는데 어려움이 있다.
8 학생들/나는 시험을 잘못 치룬다.
108 나는 학자금 융자가 전적으로 필요하다.
140 나는 교과 내용을 공부할 마음이 없다.
12 교실 밖에서 도움을 받을 데가 없다.
215 학생들은 등록을 늦게 하고 학기초에 시작하지 못한다.
145 시험 보는 기술에 관한 교육이 충분하지 않다.
125 나는 강의를 따라갈 수 없다.
130 연습시간이나 강사의 오피스아워는 충분치 않다.
135 튜터는 정해진 시간에 나타나지 않는다.
7 나는 개근을 하거나 제시간에 출석할 수 없다.
4 나는 수업을 받을 준비가 되어 있지 않다
5 나는 숙제를 할 시간이 없다.
100 나는 수학을 열심히 하지 않는다.
37
120 나는 시간 관리 할 줄 모른다.
14 나의 부하가 너무 무겁다.
6 나는 수학이 중요한지 어디에 써먹을 수 있을지 모르겠다.
122 나는 학자금 융자를 받기 위해 모든 부하를 감당해야 한다.
115 수학 강사는 내가 수학의 연관성을 이해하도록 도와주지 않는다.
D 나는 다른 임무를 위한 활동을 해야 할 압력을 느낀다.
D' 나는 수학 과목의 필요 활동을 해야 할 압력을 느낀다.
학생 문제증상
중간 단계
교수 문제증상
범례:
B 나는(수학 과목 외의) 다른 임무를 완수해야 한다.
C 나는 교과 내용을 배워야 한다.
A 나는 성공적이고 책임 있는 사람이 되고 싶다.
Current Reality Tree CRT

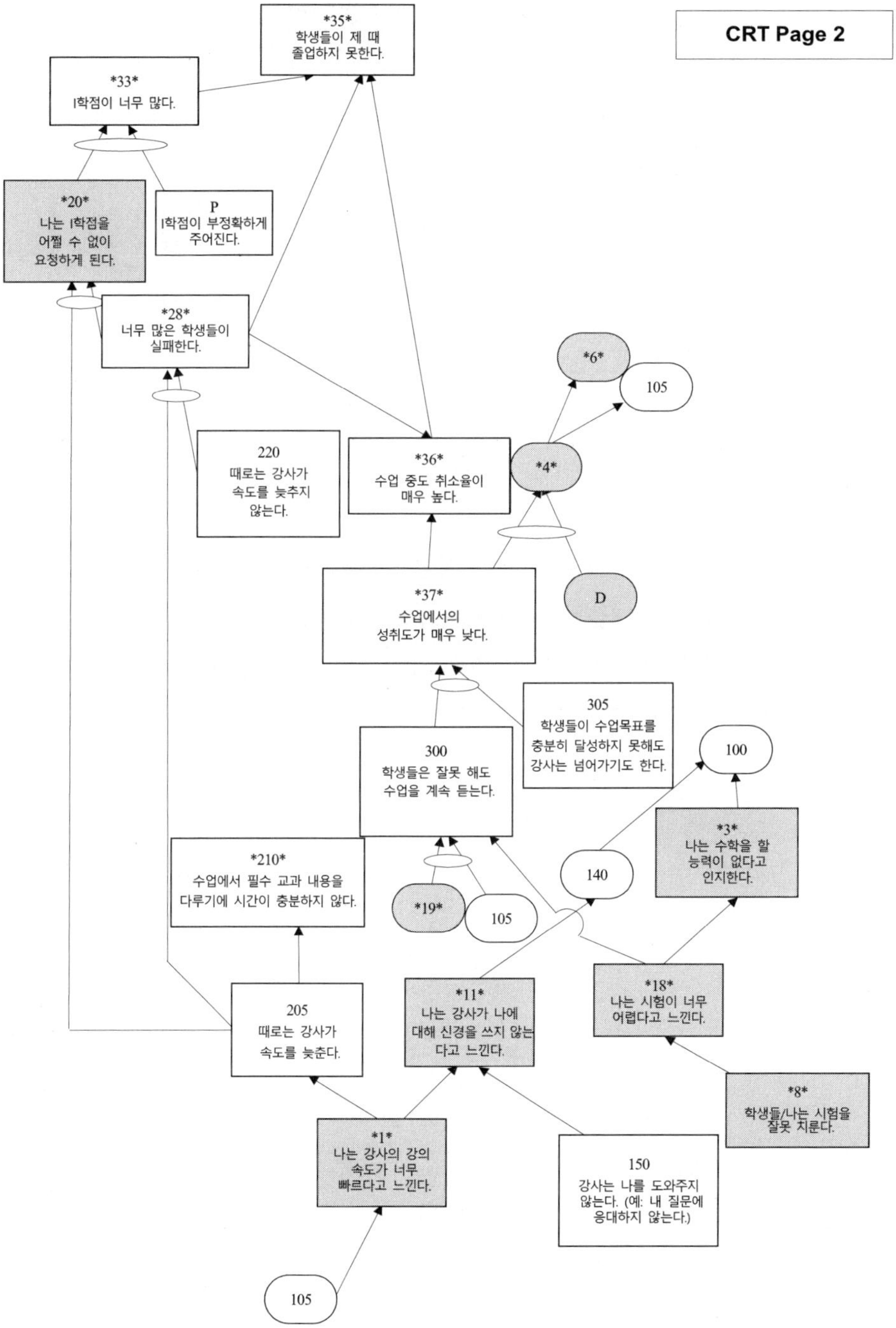
CRT Page 2
35
학생들이 제 때 졸업하지 못한다.
33
I학점이 너무 많다.
20
나는 I학점을 어쩔 수 없이 요청하게 된다.
P
I학점이 부정확하게 주어진다.
28
너무 많은 학생들이 실패한다.
6
105
220
때로는 강사가 속도를 늦추지 않는다.
36
수업 중도 취소율이 매우 높다.
4
D
37
수업에서의 성취도가 매우 낮다.
305
학생들이 수업목표를 충분히 달성하지 못해도 강사는 넘어가기도 한다.
300
학생들은 잘못 해도 수업을 계속 듣는다.
100
3
나는 수학을 할 능력이 없다고 인지한다.
210
수업에서 필수 교과 내용을 다루기에 시간이 충분하지 않다.
140
19
105
205
때로는 강사가 속도를 늦춘다.
11
나는 강사가 나에 대해 신경을 쓰지 않는다고 느낀다.
18
나는 시험이 너무 어렵다고 느낀다.
8
학생들/나는 시험을 잘못 치른다.
1
나는 강사의 강의 속도가 너무 빠르다고 느낀다.
150
강사는 나를 도와주지 않는다. (예: 내 질문에 응대하지 않는다.)
105

CRT를 보면 맨 아래에 핵심 원인과 관련된 딜레마가 표현되어 있음을 알 수 있다. 그것은,

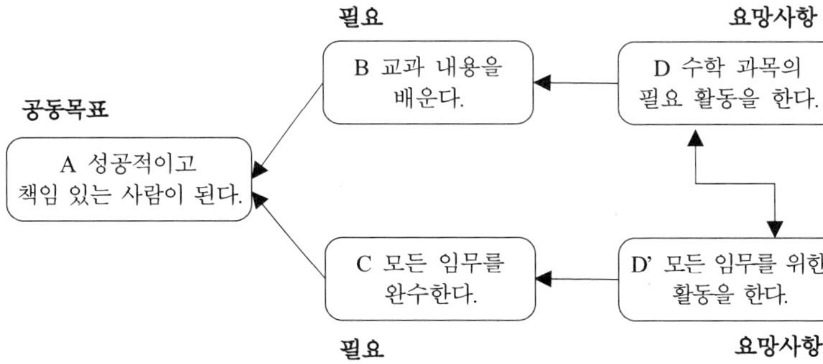

Medgar Evers College는 이 핵심 딜레마를 깨는 해결책을 찾아 실행에 옮겼다. 그 결과 등록학생 수의 증가, 학점취득 학생 비율의 증가, 중도 이탈률의 감소 등 많은 성과를 거두었다. 상세한 과정과 결과는 참고자료를 참고하기 바란다.

제6장

『야심찬 목표나무 (Ambitious Target Tree)』

야심찬 목표나무 생각도구는 야심찬 목표를 달성하기 위해 체계적으로 기획하고, 목표와 현재 상태 사이에 상세한 중간 단계의 활동 계획을 만드는 TOCfE 생각도구이다.

야심찬 목표란 긍정적이고 바람직한 목표이지만, 처음 볼 때는 달성하기 어려워 보이는 것이다. 많은 사람은 실패를 두려워하여 '야심찬 목표'를 시도해 보려고 하지 않는다. 특히 부모의 과보호를 받고 자라나는 우리의 교육 문화 속에서 젊은이들이 야심찬 목표에 대한 도전의식을 갖추기 쉽지 않다는 점을 고려하면 더욱 그렇다.

사소한 목표는 달성하는 것이 어렵지 않다. 그러나 야심찬 목표는 그렇지 않다. 야심찬 목표를 효과적으로 성취할 수 있는 역량을 키울 수 있다면 우리는 긍정적 자세를 갖고 또한 삶에서 의미 있는 성공을 많이 거둘 것이다.

야심찬 목표를 달성하기 위해서 어떻게 계획을 세워야 할 것인가? 이것을 다루는 TOCfE 생각도구가 야심찬 목표나무이다. (야심찬 목표나무를 줄여서 목표나무라고 부르기도 한다.)

1. 야심찬 목표나무 만들기

야심찬 목표에 대해 많은 사람은 우선 보기에 달성하기에 어렵다는 두려움을 느낀다. 그 이유는 목표를 달성하는 과정상에 예상되는 어려움이 감당할 수 있는 수준보다 클 것이라고 보이기 때문이다. 그래서 어떤 사람들은 목표에 도전하는 것을 아예 포기하거나 혹은 계획 없이 그때그때 되는 대로 진행하다가 결국 목표에 이르지 못하기도 한다.

야심찬 목표나무 생각도구에서는 우선 야심찬 목표 달성을 하는 데 나타날 걸림돌들이 무엇인지를 조사하고, 이 걸림돌들 각각에 대하여 이를 극복할 수 있는 선행요건을 찾아본다. 그리고 이러한 선행요건을 이룰 수 있는 구체적인 실행 계획을 세운다. 이렇게 단계적으로 접근함으로써 처음에 달성하기 어렵게 느껴졌던 야심찬 목표가 나중에는 실현 가능성이 높게 되고 당사자들 또한 도전해 보고자 하는 마음이 생기게 되는 것이다.

야심찬 목표나무의 작성 단계

야심찬 목표나무의 작성과정은 다음과 같다:

단계 1 달성하려는 야심찬 목표를 정한다.

단계 2 목표달성 도중에 나타나는 걸림돌들을 확인한다.

단계 3 이 걸림돌들을 디딤돌(중간목표)로 바꾸거나 긍정적인 상황으로 바꾼다.

(단계 2, 3을 반복하여 충분한 걸림돌과 이에 대응되는 디딤

돌의 목록을 구한다.)

단계 4 디딤돌(중간목표)을 열거한 후 실행할 우선순위에 따라 목표 나무를 그린다.

단계 5 순서대로 배열된 각 디딤돌(중간목표)에 대해 세부 활동 계획을 정한다.

1) 야심찬 목표 정하기

야심찬 목표란 긍정적이고 바람직한 목표이지만, 처음 볼 때는 달성하기 어려워 보이는 것이다. 목표 달성을 위한 계획을 세우기 전에 분명히 할 점은 목표 설정을 명확히 하여야 한다는 것이다.

목표를 설정할 때 목표는 다음의 속성을 갖추는 것이 좋다.

· 명확하다.
· 측정할 수 있다.
· 다른 사람에게 쉽게 설명할 수 있다.
· 달성 기한이 있다.
· 달성했는지 분명히 알 수 있다.

잘못된 표현 (수정 전)	바람직한 표현의 예 (수정 후)
고래 보러 가기	8월까지 바다 속 귀신고래를 보러 간다.
다이어트를 한다.	3개월 이내에 체중을 15kg 감량한다.
일본 여행을 간다.	올해 여름 방학 동안 일본 여행을 간다.

설정한 목표의 내용이 명확하지 않다면 다음과 같은 상황이 나타나기 쉽다.

· 계획을 어떻게 세워야 할지에 대해 의견이 분분해진다.
· 계획 실행 시 진도관리를 하기 어려워진다.
· 계획 실행 후 과연 목표가 달성되었는지 판단하기 어려워진다.
· 계획 달성이 만족스럽지 못하게 되기 쉽다.

그런데 이러한 야심찬 목표를 접하고 흔히 경험하는 것이 막연한 두려움이다. 다음 단계는 이러한 두려움을 구체적인 것으로 바꾸는 것이다.

2) 걸림돌 목록 작성

걸림돌(Obstacle)은 목표 달성을 가로막는 장애물을 말한다. 야심찬 목표는 그 목표가 야심찰수록 큰 걸림돌이 있기 마련이다. 이러한 걸림돌을 극복하지 않으면 목표를 성취하기가 어렵게 된다.

목표 달성에 필요한 자원들이 대부분 준비되어 있더라도 목표 달성을 심각하게 저해하는 요소를 극복하지 못한다면 목표 달성은 어렵게 된다. 그렇기 때문에 목표달성을 저해하는 주요한 걸림돌을 제대로 파악하는 것이 중요해진다. 이것은 마치 세로막대들로 구성된 물통에서 물통에 담을 수 있는 물의 높이는 높이가 가장 작은 세로막대에 의해 결정되는 것과 유사하다. 높이가 가장 작은 세로막대를 우리가 원하는 수준 이상으로 높이지 않고서는 물통 물의 목표치를 달성할 수 없을 것이다.

대표적인 걸림돌의 예는 다음과 같다:

· 목표 달성에 필요한 자원이 부족하다.
· 목표 달성하는 데 필요한 지식이 없다.
· 법적인 규제나 규정이 갖추어져 있지 않다.
· 결재권자의 승인을 얻기 어렵다.
· 관련 당사자들이 목표 추진에 대하여 불안해한다.

예를 들어 설명하여 보자.

<u>이야기 줄거리 (해외 배낭여행)</u>

해외여행을 다녀본 적이 없던 어느 대학생이 여름방학에 해외 배낭여행을 가고 싶어 한다. 이 목표를 성취하려고 하는데 그 학생은 다음과 같은 어려움을 느끼고 있었다.

- 목적지와 일정이 불분명하다.
- 여행국가에 대한 정보가 충분하지 못하다.
- 여행경비가 없다.
- 나는 외국어를 잘 구사하지 못한다.
- 나는 혼자 배낭여행 가기가 두렵다.

- 나는 여권이 없다.
- 나는 항공권이 없다.

이러한 것들이 "여름방학에 해외 배낭여행을 간다."는 목표에 대한 걸림돌이 된다. 이러한 걸림돌들을 극복하지 않고는 해외 배낭여행을 간다는 목표 달성은 어렵다.

걸림돌 문장 표현의 유의 사항

걸림돌의 문장 표현에서 지켜야 할 사항은 다음과 같다.

· 걸림돌의 표현은 명확하여야 한다.
· 걸림돌은 명사만으로 표현하지 말고 가급적 주어와 동사가 들어간 완전한 문장으로 적는 것이 좋다.
· 자연적 사실과 같이 어떻게 바꿀 수 없는 것은 걸림돌로 올리지 않는다.
· 현재의 걸림돌을 반대로 표현한 상태가 과연 우리가 바라는 상태인가를 확인한다. 그렇지 않다면, 현재 걸림돌이 어떤 점에 좋지 않은가를 질문하여 그 답변 중에서 걸림돌을 찾는 것이 좋다.
· 걸림돌의 내용에 상대방의 인격을 모독하는 내용이 들어가서는 안 된다.[29] 상대방의 인격이 나빠서 문제해결이 어렵다고 보는 대신에, 상대방과의 관계에서 어떠한 점이 해결되고 있지 않은지를 따져 미흡한 점을 적는 것이 좋다.

---

29) TOC의 근본 믿음의 하나는 "사람은 선하다"라는 것이다. 사람 동기를 계속 찾아 내려가면 그 밑에는 선한 동기가 있다는 것이다. 인격모독적 내용의 걸림돌은 피하여야 한다.

아래에 걸림돌 표현의 몇 가지 예를 나타내었다.

잘못된 표현	왜 잘못된 표현인가?	올바른 표현의 예
자금	명확하지 않은 (불완전한) 문장임. 주어와 동사가 들어간 완전한 문장으로 표현하는 것이 좋다.	목표 추진을 하는 데 필요한 자금이 부족하다.
전문인력이 필요하다.	걸림돌로 표현되지 못함.	전문인력이 충분하지 하다.
남미 지사와는 10시간 시차가 난다.	없앨 수 있는 것인가? (자연적 현상이다.) 아니라면 왜 이것이 안 좋은가?	남미 지사와 의사소통이 어렵다.
사장이 외국인이다.	이것을 없애는 것이 바람직한 것인가? 아니라면 왜 이것이 안좋은가?	사장과 의사소통이 어렵다.
상사는 고집불통이다.	인격모독적 표현임. 타인의 인격을 부정적으로 가정하는 것은 피하여야 한다.	프로젝트 타당성에 관해 상사의 승인을 받지 못하고 있다.

그리고 걸림돌이 제대로 찾아졌는지 검증하려면, "(걸림돌)때문에 (목표)를 추진하기 어렵다"고 소리 내 읽어 보아 어색함이 없어야 한다.

3) 디딤돌 찾아내기

디딤돌(Stepping Stone)은 걸림돌이 극복하는 데 선행되어야 할 요건이나 상태를 뜻한다. 그래서 디딤돌을 갖춘다면 걸림돌은 더 이상 목표 달성에 별다른 장애가 되지 않게 되는 것이다.

배낭여행 예에서 "나는 혼자 배낭여행 가기가 두렵다."는 걸림돌에 대해 "배낭여행에 같이 갈 사람이 있다."면 이 걸림돌은 더 이상 목표 달성에 별다른 장애가 되지 않는 것이다. “배낭여행에 같이 갈 사람이 있다.”를 구체적으로 확보할 수 있는 ‘방법’ 자체는 여러 가지가 있을 수 있는데 어떻게 확보할 것인지는 나중에 단계 5에서 다룰 것이다. 여기에서는 단지 걸림돌을 극복하는 데 갖추면 될 상태를 찾아 적어 놓으면 된다.

그러면 디딤돌은 최종 목표인 야심찬 목표를 달성하는 과정에서 중간에 성취하여야 할 중간 단계의 목표로 볼 수 있을 것이다. 그래서 디딤돌을 중간목표(Intermediate Objective)라고 부르기도 한다. 중간목표는 최종목표에 다다르는 과정에서 거쳐 가야 할 말 그대로 ‘디딤돌’이 되는 것이다.

걸림돌은 반드시 제거해야만 할 필요는 없다. 단지 극복할 수 있으면 된다. 예를 들어 어디를 가려고 하는데 다리가 없는 강을 만났다고 했을 때, 강이란 걸림돌을 제거할 필요는 없다. 강이란 걸림돌이 더 이상 문제가 되지 않도록 디딤돌을 찾으면 된다. 예를 들어 강을 건너는 수단(예를 들어 배나 다리)이 확보되어 있거나 상류에 있는 대체경로가 확보되어 있으면 되는 것이다. 디딤돌을 찾아내기 위해 Brainstorming을 실시하는 것도 좋은 방법이다

디딤돌을 찾을 때 다음과 같은 점을 고려한다.

- 이 디딤돌을 확보하면 걸림돌이 극복될 가능성이 커야 한다.
- 이 디딤돌 확보가 현실적으로 가능해야 한다.
- 이 디딤돌 확보의 결과 큰 부정적 결과가 일어나지 않아야 한다.

하나의 걸림돌에 대하여 여러 가지의 디딤돌 대안이 있을 수 있다. 가능한 디딤돌이 여럿 있을 경우에 어떤 것을 선택하는 것이 좋은가? 일반적으로 자원을 많이 필요로 하지 않고 걸림돌 극복에 효과적인 것을 선택한다.

때로는 하나의 걸림돌을 극복하는데 두 가지 이상의 디딤돌이 동시에 필요한 경우도 있다.

어느 걸림돌에 대한 디딤돌을 찾아 놓고 보면, 이전까지는 몰랐는데 이 디딤돌 확보를 방해하는 의미 있는 걸림돌이 드러나는 경우도 있다. (여기에서 의미 있다는 뜻은 사소하지 않다는 것이다.) 그러면 이 걸림돌을 걸림돌 목록에 추가하고 이 걸림돌에 대한 또 다른 디딤돌을 찾아서 디딤돌 목록에 넣는다.

이상의 점을 고려하여 걸림돌 각각에 대하여 관련된 디딤돌들을 정리한다.

만약 디딤돌의 내용이 잘 생각나지 않으면 일단은 걸림돌의 반대되는 상태로 표현해 두고 진행한다. 과연 그것을 어떻게 성취할 것인가는 단계 5 활동 계획을 작성할 때 다루게 될 것이다.

앞의 배낭여행 예를 다시 들어 설명한다.

걸림돌	디딤돌
1. 목적지와 일정이 불분명하다.	1. 여행할 국가와 일정을 정한다.
2. 여행국가에 대한 정보가 충분하지 못하다.	2. 다양한 매체를 통하여 여행정보를 얻는다.
3. 여행경비가 없다.	3. 여행경비가 마련되어 있다.
4. 나는 외국어를 잘 구사하지 못한다.	4. 해당 국가 언어를 잘 구사한다.
5. 나는 혼자 배낭여행 가기가 두렵다.	5. 배낭여행에 같이 갈 사람이 있다.
6. 나는 여권이 없다.	6. 여권을 발급받는다.
7. 나는 항공권이 없다.	7. 항공권이 구매되어 있다.

디딤돌은 상태인가 행동인가?

디딤돌은 앞에서 언급하였듯이 걸림돌 극복에 필요한 선행 요건을 말하므로 '상태(condition)'로 정의하는 것이 원칙이다. 이것은 그 상태를 이루기 위해 어떤 행동(활동[30], action)을 하는 것과는 엄밀히 말하면 다르다. 어떠한 행동들이 필요할 것인가는 앞으로 단계 6에서 다루게 된다.

상태는 행동의 결과로 나타나는 상황을 말하고 행동은 거기에 도달하기 위해 행하는 과업을 말한다. 따라서 행동에는 소요시간이 (또한, 대부분의 경우 자원도 들어간다.) 들어가나 상태는 그렇지 않다는 점에서 차이가 난다. 앞에서 예를 든 "배낭여행에 같이 갈 사람이 있다."는 상태이고, "배낭여행에 같이 갈 사람을 구한다."는 행동이라고 할 수 있다. '구한다'라는 과정에는 시간이 소요된다는 점에서 '있다'라는 상태와는 구분이 된다. 디딤돌이 최종목표에 이르는 중간단계의 목표라고 본다면 디딤돌은 최종목표와 마찬가지로 상태로 정의되어야 논리적으로 맞다.

그러나 관행적으로 디딤돌을 행동으로 제시하기도 한다. 디딤돌을 행동으로 제시할 경우 엄밀한 의미에서 디딤돌은 그 행동이 완료된 결과로 나타나는 상태[31]로 이해하면 될 것이다. 보통 목표나무 활용 시에 양쪽의 방법을 혼용하기도 한다. (위의 해외 배낭여행 예의 디딤돌 표현에서도 그러하다.)

4) 목표나무 그리기

야심찬 목표를 이루려면 앞에서 제시된 중간목표들을 모두 이루어야만 가능하다. 그런데 중간목표들을 성취하는 데에도 요령이 있다.

---

30) 여기에서 행동과 활동을 혼용해 쓰기로 한다. 관련 영어 단어는 action이다.
31) 이는 영어 시제에서 완료형으로 해석하면 된다.

결론을 먼저 말하면, 중간 목표들을 효율적으로 성취하기 위해서는 그들 사이에 있을 수 있는 선후 관계를 고려하여야 한다는 것이다. 이에 대해 알아보기로 하자.

디딤돌은 중간에 성취해야 할 중간목표의 상태를 말한다. 그런데 중간목표의 상태들 사이에는 선후 관계가 있을 수 있다. 즉 어떤 디딤돌이 달성되기 전에 앞서서 달성되어야 할 디딤돌이 있을 수 있다. 이것을 명시적으로 나타내기 위해서 앞서서 달성해야 할 디딤돌을 아래에 놓고 두 디딤돌 사이를 화살표로 연결한다.

디딤돌 A가 디딤돌 B보다 먼저 달성되어야 한다면 다음과 같이 표시한다.

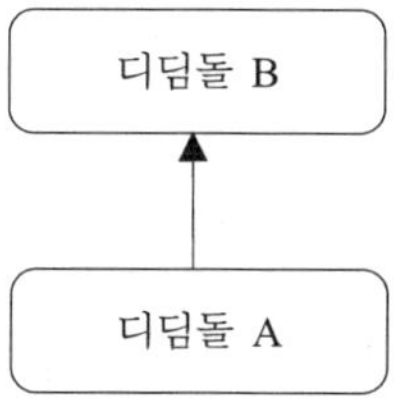

앞의 배낭여행의 예에서 디딤돌 1이 디딤돌 2보다 먼저 시행되어야 한다고 볼 수 있을 것이다. 여행할 국가와 일정을 정하지 않고서는 얻어야 할 여행 정보가 너무 광범위할 수 있기 때문이다. 그렇다면 디딤돌 1에서 디딤돌 2로 가는 화살표를 넣어 다음과 같이 표시할 수 있다.

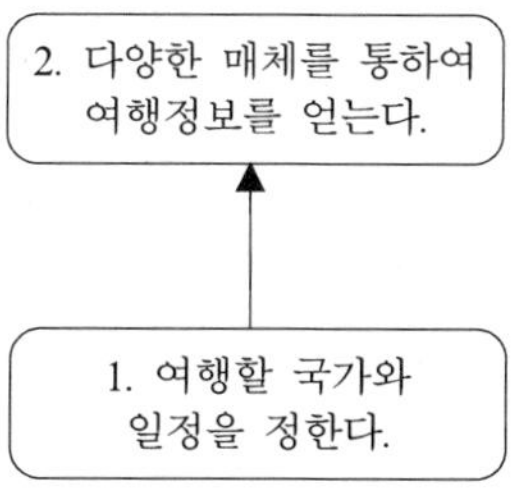

이렇게 모든 디딤돌 사이의 선후 관계를 검토하여 두 디딤돌 사이에 선후관계가 있을 때 그 사이를 화살표로 연결한다. 이렇게 만든 그림을 '야심찬 목표나무'라고 부른다. 이 나무의 꼭대기에는 '야심찬 목표'가 위치하고 있다.

이 나무는 디딤돌들이 선행 요구 순서에 따라 먼저 이루어져야 할 것이 아래에, 나중에 이루어져야 할 것이 위쪽에 배치되어 있다.

앞의 배낭여행 예제에 대하여 야심찬 목표나무를 그려 보았다.

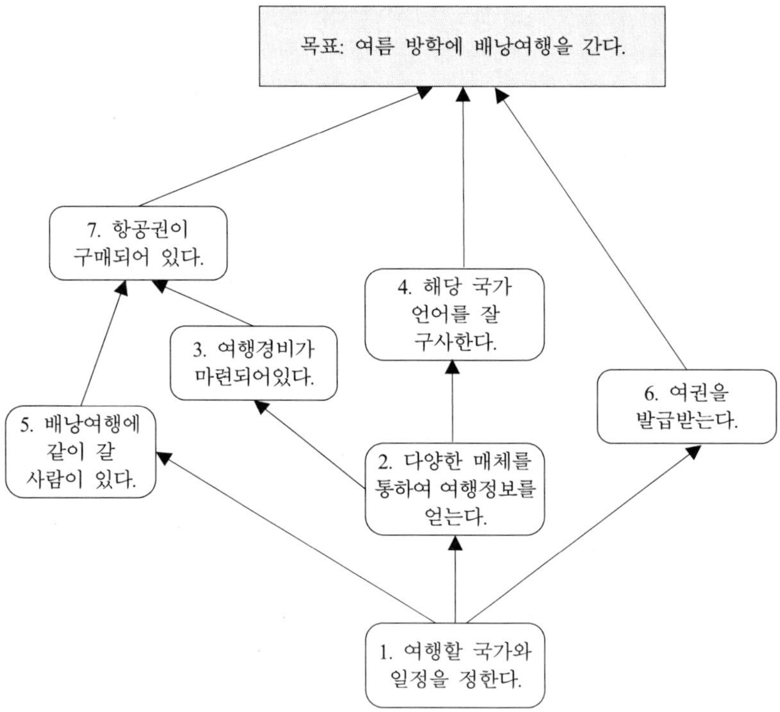

이 야심찬 목표나무에 나타나 있는 순서에 따라, 디딤돌들을 확보한다면 (그렇지 않게 진행할 때보다도 수월하게) 야심찬 목표는 달성될 수 있을 것이다.

목표나무 검증 방법

야심찬 목표나무가 잘 작성되었는지 어떻게 검증할 수 있을까? 서로 연결된 것들을 다음과 같은 두 가지 방법 중 하나에 따라 소리 내어 읽어 거슬림이 없어야 한다.

(1) 위에서 아래로 읽기:
"디딤돌 B를 하기 전에, 디딤돌 A를 해야만 한다(할 필요가 있다)."

(2) 아래에서 위로 읽기:
"디딤돌 A를 한 후에라야, 디딤돌 B를 할 수 있다."

예를 들어 다음의 그림을 읽어보자.

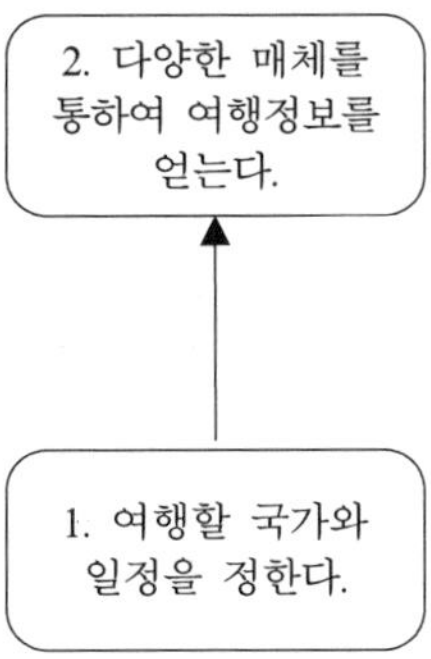

(1) 위에서 아래로 읽기:
"다양한 매체를 통하여 여행정보를 얻기 전에, 여행할 국가와 일정을 정해야만 한다."
(2) 아래에서 위로 읽기:
"여행할 국가와 일정을 정한 후에라야, 다양한 매체를 통하여 여행정보를 얻을 수 있다."

목표나무의 화살표를 읽는 방식은 가지의 화살표를 읽는 방법과는 다르다는 점에 유의하여야 한다.[32]

목표나무를 맨 밑에서부터 읽거나, 아니면 맨 위에서부터 읽어 보

32) 기본적으로 가지는 충분조건의 논리, 야심찬 목표나무는 필요조건의 논리에 의해 작성되어 있다.

면 목표나무가 제대로 작성이 되었는지를 검증할 수 있다. 읽어보아 귀에 거슬림이 없어야 한다.

목표나무를 검증하는 과정에서 필요하면 디딤돌을 추가하거나 보완할 수 있다. 이에 대해서는 6.2절에서 상세하게 다룬다.

앞에서 목표나무를 그릴 때는 각 디딤돌 사이의 선후 관계를 따졌다. 그런데 목표나무를 그리기에 시간이 없다든가 또는 어린 학생들을 상대로 목표나무를 가르칠 때는 간편법으로 목표나무 그리는 것을 대신하기도 한다. 구체적으로 말하면, 목표나무의 그림을 그리는 대신에 각 디딤돌을 처리할 단계를 아래의 표와 같이 숫자로 표시하는 정도로 그치는 것이다. 1단계가 먼저 성취된 후에 2단계를 성취하는 등 처리 단계의 순서대로 디딤돌을 이루어 나가는 것으로 해석한다.

걸림돌	디딤돌	처리 단계
목적지와 일정이 불분명하다.	여행할 국가와 일정을 정한다.	1
여행국가에 대한 정보가 충분하지 못하다.	다양한 매체를 통하여 여행정보를 얻는다.	2
여행경비가 없다.	여행경비가 마련되어 있다.	3
나는 외국어를 잘 구사하지 못한다.	해당 국가 언어를 잘 구사한다.	2
나는 혼자 배낭여행 가기가 두렵다.	배낭여행에 같이 갈 사람이 있다.	2
나는 여권이 없다.	여권을 발급받는다.	2
나는 항공권이 없다.	항공권이 구매되어 있다.	4

지금까지의 과정을 일반화하여 그림으로 나타내면 다음과 같다. (위의 배낭여행 예제와는 직접 관련은 없다.)

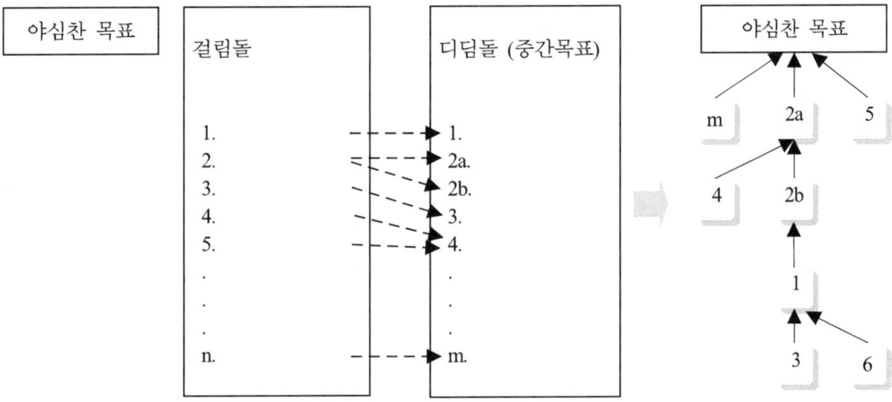

5) 활동 계획 수립

디딤돌이 어떠한 순서에 따라 수행되어야 야심찬 목표가 달성될 수 있는지에 대한 전체 지도는 앞에서 완성되었다. 그런데 각각의 디딤돌은 저절로 성취되는 것이 아니다. 어떠한 구체적 활동(행동)들이 실행되어야 디딤돌이 성취될 것이다. 그래서 하나의 디딤돌에서 다음 디딤돌을 성취하기 위해서 구체적으로 어떠한 세부 활동(들)이 진행되어야 하는지 활동 계획(action plan)을 세울 필요가 있다.

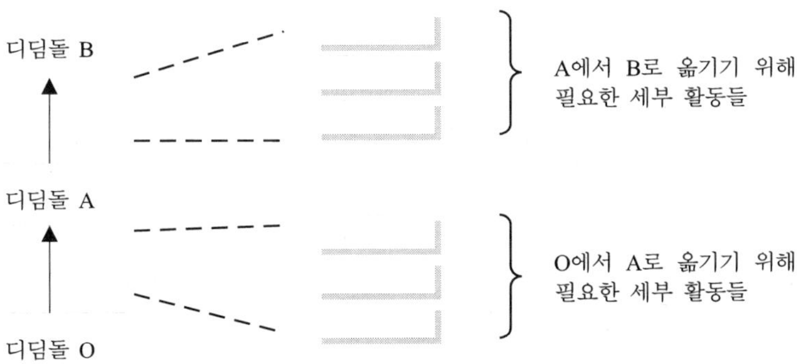

이를 위해서 한 디딤돌에서 다른 디딤돌 사이의 화살에 대하여 다음을 검토한다.

· (무엇?) 한 디딤돌의 상태에서 다른 디딤돌로 옮겨가기 위해서는 필요한 구체적 세부 활동들은 어떠한 것들이 있는가?
· 각 세부 활동에 대하여
  - (누가?) 누가 이 활동을 책임지도록 할 것인가?
  - (언제?) 이 활동이 실행되는 시기는 언제인가?

이때 들어오는 화살이 없는 디딤돌에 대해서는 아래 그림처럼 맨 아래에 현재 상태를 의미하는 가상의 디딤돌이 있다고 생각하고 세부 활동을 찾으면 된다.

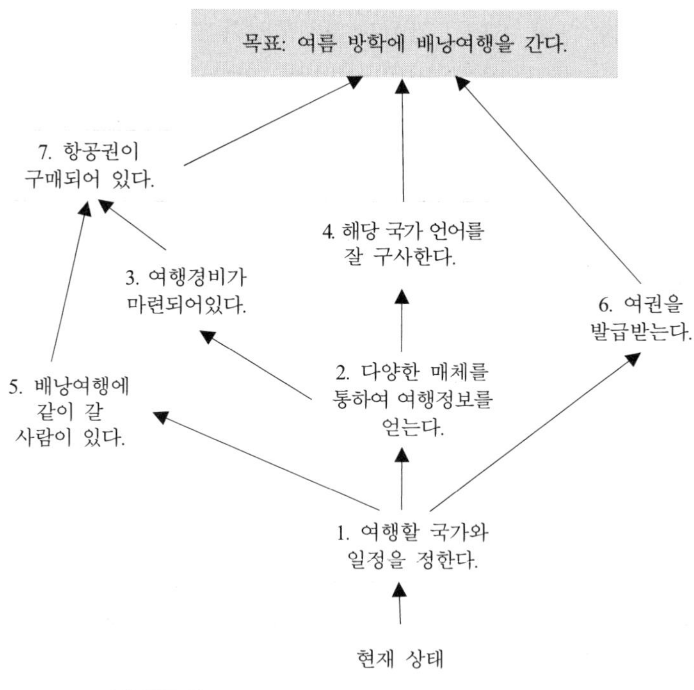

앞의 배낭여행 예제에 대하여 세운 활동 계획의 예이다.

순서	디딤돌	세부 활동	누가	언제
1	여행할 국가와 일정을 정한다.	경험자들에게 여행지를 자문한다.	나	1월~2월
		여행 일정을 정한다.	나	2월
2	다양한 매체를 통하여 여행정보를 얻는다.	인터넷을 통하여 여행정보를 구한다.	나	2월~3월
		여행사를 알아본다.	나	2월~3월
		여행 동호회에 가입한다.	나	2월
3	배낭여행에 같이 갈 사람이 있다.	친구나 인터넷 동호회에서 같이 갈 사람을 찾는다.	나	3월~4월
		배낭여행에 같이 가기로 한 사람과 교제한다.	나, 동행인	3월~5월
4	해당 국가 언어를 잘 구사한다.	해당 국가 언어 관련 서적을 산다.	나	3월
		해당 국가 언어 학원에 다닌다.	나	3월~5월
5	여권을 발급받는다.	여권 발행 기관을 알아본다.	나	5월
		발행기관에 여권을 신청한다.	나	5월
6	여행 경비가 마련되어 있다.	아르바이트 할 곳을 알아본다.	나	3월
		아르바이트를 한다.	나	3월~5월
		부모님에게 도움을 청한다.	나	5월
7	항공권이 구매되어 있다.	동행할 사람과 협의한다.	나	5월
		여행사에 문의한다.	나	5월
		여행사를 통해 예약한다.	나, 동행인	5월

앞에서 이야기하였지만, 세부 활동은 디딤돌을 수행하는 데 필요한 구체적이고 세밀한 활동을 말한다. 하나의 디딤돌에 대하여 필요한 세부 활동은 여럿이 될 수 있다. 각 세부 활동에 대하여 누가 언제 할 것인가를 계획하면 활동 계획표가 나오게 된다.

야심찬 목표나무에 활동들을 디딤돌과 함께 표시할 수 있다. 다음은 한 예이다. 이렇게 함께 표시하면 어떠한 활동들이 어떠한 디딤돌을 이루기 위해 실행되어야 하는지 또한 활동 사이의 관계를 함축적으로 파악할 수 있어 좋다.

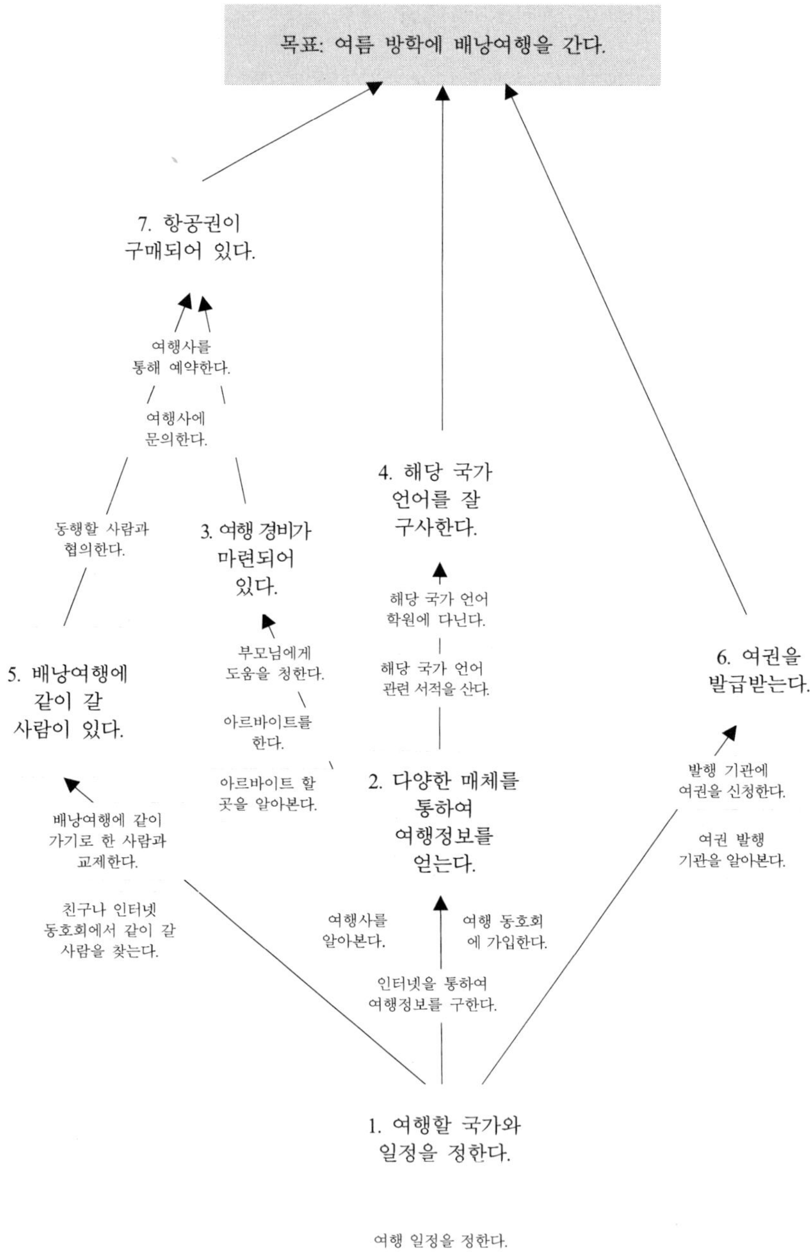
목표: 여름 방학에 배낭여행을 간다.
7. 항공권이 구매되어 있다.
여행사를 통해 예약한다.
여행사에 문의한다.
동행할 사람과 협의한다.
3. 여행 경비가 마련되어 있다.
4. 해당 국가 언어를 잘 구사한다.
해당 국가 언어 학원에 다닌다.
해당 국가 언어 관련 서적을 산다.
5. 배낭여행에 같이 갈 사람이 있다.
부모님에게 도움을 청한다.
아르바이트를 한다.
아르바이트 할 곳을 알아본다.
6. 여권을 발급받는다.
발행 기관에 여권을 신청한다.
여권 발행 기관을 알아본다.
2. 다양한 매체를 통하여 여행정보를 얻는다.
배낭여행에 같이 가기로 한 사람과 교제한다.
친구나 인터넷 동호회에서 같이 갈 사람을 찾는다.
여행사를 알아본다.
여행 동호회에 가입한다.
인터넷을 통하여 여행정보를 구한다.
1. 여행할 국가와 일정을 정한다.
여행 일정을 정한다.
경험자들에게 여행지를 자문한다.

디딤돌을 찾고 나서 세부 활동을 정하는 이유는?

야심찬 목표나무 생각도구에서 디딤돌을 먼저 찾고 그 이후에 세부 활동들을 정하는 2단계 과정을 거치는 이유는 무엇일까? 어떠한 야심찬 목표에 대해 수행해야 할 세부 활동의 개수는 무척 많을 수도 있다. 디딤돌은 세부 활동보다는 상대적으로 적다. 디딤돌들을 찾고 디딤돌 사이의 선후관계를 파악함으로써 야심찬 목표 달성의 전체 지도가 그려지는 것이다. 그런데 만약 처음부터 세부 활동을 찾고 이들 사이의 선후관계를 따진다면 선후관계 비교하는 횟수가 많아져서 계획 작성에 혼란이 많이 일어나게 된다. 이는 마치 숲을 보지 못하고 나무만 보는 우를 범하는 것과 비슷하다.

야심찬 목표나무 생각도구는 전체적이고 개략적인 전략 지도를 먼저 그린 후에 세부적인 부분은 뒤에 찾아내는 단계적 접근을 하고 있다. 이러한 접근법이 실행 가능성이 높은 계획을 작성하는 데 효과적이다.

걸림돌에서 디딤돌을 찾고 이 디딤돌들을 선후관계를 따져 그린 그림을 협의의 야심찬 목표라고 부르고, 디딤돌을 이루는 데 필요한 세부 활동들을 정리한 표를 활동 계획이라고 한다. 이 활동 계획을 포함한 목표나무를 광의의 목표나무라고 부른다. 그냥 목표나무라고 부를 때 어떠한 수준의 목표나무를 말하는 것인지는 맥락을 보고 판단한다.

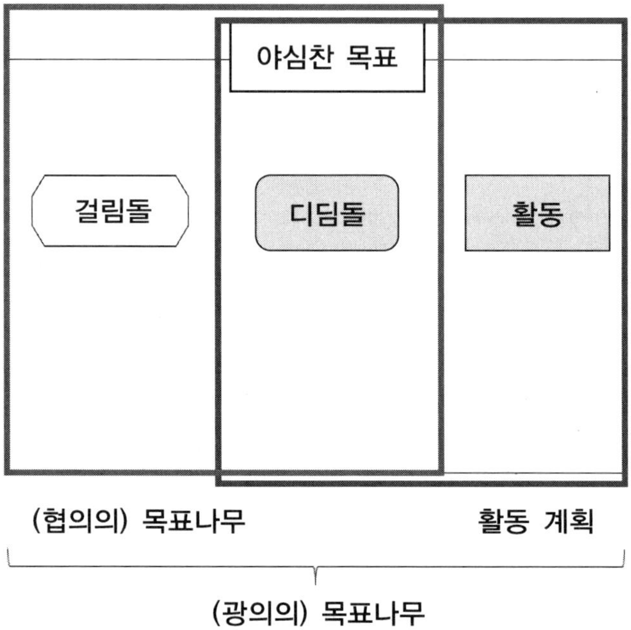
야심찬 목표
걸림돌
디딤돌
활동
(협의의) 목표나무
활동 계획
(광의의) 목표나무

|연습|

문제1.

다음 목표들은 명확한가? 더 명확하도록 각 목표의 표현을 바꾸어 보자.

① 영어 실력을 높인다.
② 사고능력을 키운다.
③ 결혼을 한다.

문제2.

다음 걸림돌 표현을 바로 잡아 보자.

① 핵심기술
② 우리에게 새로운 정보시스템이 필요하다.
③ 한국에는 강수량이 여름에 집중된다.

문제3.

우리 고장의 시장을 견학해 보고, 우리 생활과의 관계를 알아보자. 이 과제를 성공적으로 수행하기 위한 계획을 작성해 보자.

① 그룹을 짓는다. 그룹별로 '우리 고장의 시장 견학'을 야심찬 목표로 택한다. 이 목표를 백지의 상단에 적어 넣는다.
② 걸림돌들을 포스트잇에 적어 넣고 백지 왼편에 붙여놓는다.
③ 걸림돌에 대응하는 디딤돌을 걸림돌 아래에 붙여 넣는다.
④ (걸림돌) 디딤돌들을 실행 순서에 맞추어 배치하고 목표나무를 그린다.
⑤ 목표나무를 소리 내 읽어 검증한다.

⑥ 필요하면 디딤돌을 추가 또는 보완한다.

⑦ 활동계획표를 작성한다.

문제4.

평화통일을 이루기 위하여 준비해야 할 일들을 찾아보자.

이 과제 보고서의 내용을 발표해 보자.

문제5.

> "연지네 반에서는 도덕 시간에 '나의 미래'라는 주제로 이야기를 나누었습니다. 미래에 가지고 싶은 직업과 그 직업으로 성공한 사람 중에서 본받고 싶은 사람, 그리고 그 꿈을 이루기 위하여 자신이 노력할 일에 대해 발표했습니다."
>
> [초등 생활의 길잡이 4-1]

자신이 노력할 일에 대해 발표해 보자.

문제6.

나의 야심찬 장래 희망을 찾아내고, 이를 달성하기 위한 목표나무와 활동 계획을 작성해 보자.

문제7.

입사시험 준비를 하는 대학교 3학년 성운이는 5월 토익점수가 720점이 나왔다. 다음 학기까지 900점 이상으로 만들고 싶다. 어떻게 하여야 할지 고민이다. 내가 성운이라면 어떻게 할 수 있을까?

2. 야심찬 목표나무 활용 시 고려 사항

1) 걸림돌과 디딤돌의 관계

디딤돌은 정의에 의하여 자신과 대응되는 걸림돌이 있다.

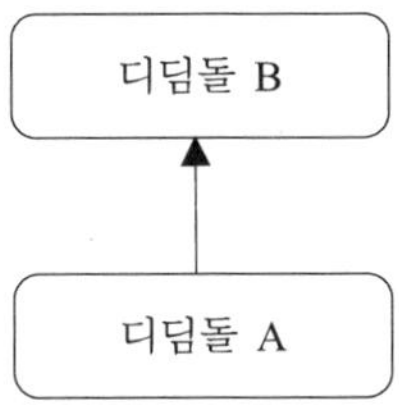

위 그림은 디딤돌 A를 디딤돌 B보다 먼저 해야 한다는 것을 의미한다. 그런데 디딤돌 A를 디딤돌 B보다 먼저 해야 한다면 그 이유는 어디에 있을까? 디딤돌 A는 어느 걸림돌을 극복하는 데 필요한 것이다. 이 걸림돌을 걸림돌 A라고 하자. 디딤돌 A를 디딤돌 B보다 먼저 해야 한다면, 그것은 디딤돌 B를 성취하려는 데 걸림돌 A가 가로막고 있고 디딤돌 A가 이 걸림돌 A를 극복할 수 있도록 해주기 때문이다.

(디딤돌 A가 디딤돌 B에 선행되어야 한다고 판단되는데, 만약 걸림돌 A가 디딤돌 B 성취를 방해하는 것이 아니라면 디딤돌 B의 성취를 방해하는 걸림돌을 추가로 찾아본다. 추가로 찾아지는 걸림돌은 디딤돌 A가 극복할 수 있는 것이어야 한다. 그렇지 않으면 디딤돌 A가 디딤돌 B에 선행되어야 한다는 판단은 착각이고, 둘 사이의 화살은 없애는 것이 맞다.)

걸림돌과 디딤돌을 그림에 함께 표현한다면 다음과 같이 할 수 있다. 왼쪽은 걸림돌을 화살에 연결해 표현한 것이고, 오른쪽은 걸림돌을 디딤돌에 붙여 표현한 것이다. 두 가지 다 통용되는 표현 방법

이다.[33]

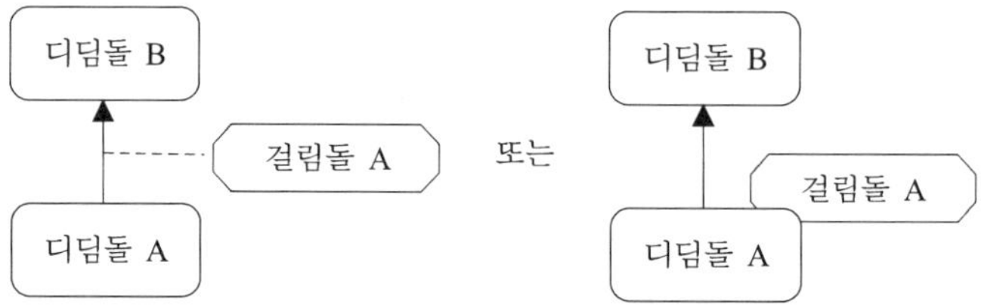

걸림돌과 디딤돌을 함께 읽는 방법

목표나무를 검증할 때에 다음과 같이 걸림돌과 디딤돌을 함께 읽을 수도 있다:

"디딤돌 B를 하기 전에, 걸림돌 A를 극복하기 위해 디딤돌 A를 하여야만 한다."

또는 "디딤돌 A를 한 후에라야 걸림돌 A가 극복되므로, 디딤돌 B를 할 수 있다."

또한 여기에서 "걸림돌 A를 극복하기 위해" 또는 "걸림돌 A가 극복되므로"를 읽을 때는 표현을 부드럽게 하기 위해서 "**걸림돌 A가 극복된 상황**을 얻기 위해" 또는 "**걸림돌 A가 극복된 상황**이 이루어지므로"와 같이 융통성 있게 변형하여 읽어도 좋다.

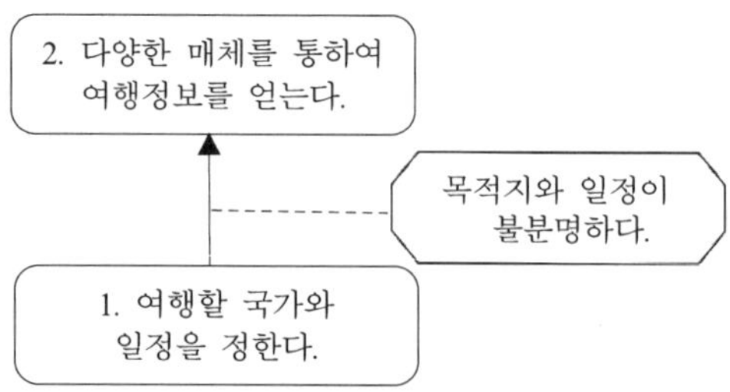

---

33) 걸림돌의 위치를 화살의 오른편에 둘지 왼편에 둘지는 아무런 상관이 없다.

예를 들어 위의 그림은 "다양한 매체를 통하여 여행정보를 얻기 전에, 목적지와 일정을 분명하게 하기 위하여 여행할 국가와 일정을 정해야만 한다." 또는 "여행할 국가와 일정을 정한 후에라야 목적지와 일정이 분명해지므로, 다양한 매체를 통하여 여행정보를 얻을 수 있다."라고 읽을 수 있다.

다음 그림은 야심찬 목표나무에 걸림돌을 디딤돌과 함께 표시한 예이다. 한 가지 조심하여야 할 점은 화살은 디딤돌과 디딤돌 사이에만 그릴 수 있다는 것이다. 그 이유는 화살이 의미하는 바를 생각하면 자명하다.

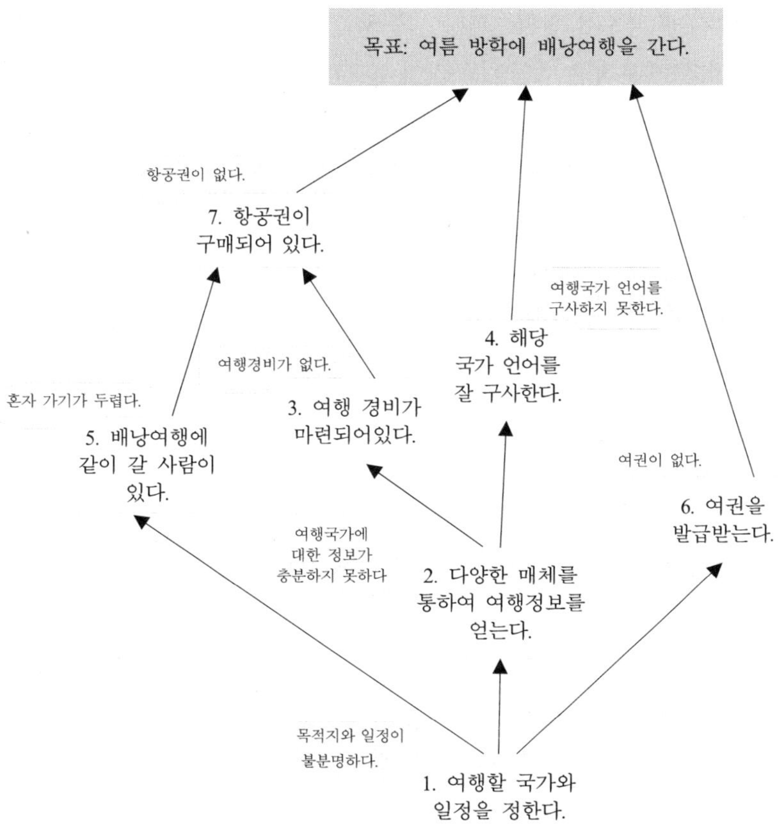

2) 목표나무의 보완

목표나무를 검증하는 과정에서 필요하면 디딤돌을 추가하거나 변경하여 목표나무를 보완한다. 걸림돌과 디딤돌의 관계에서 목표나무를 보완할 수 있다. 이때 다음의 질문을 하여 답을 하여본다.

"걸림돌 A가 디딤돌 B의 달성을 방해하는 유일한 걸림돌인가?"

"걸림돌 A 말고 디딤돌 B의 달성을 방해하는 주요한 걸림돌은 없는가?"

만약 디딤돌 B의 달성을 방해하는 주요한 걸림돌이 또 있다면 이를 극복할 수 있는 디딤돌이 추가될 필요가 있다. 단, 여기에서 조심할 부분은 지나치게 사소한 걸림돌이나 세부적인 디딤돌은 고려할 필요가 없다는 점이다. 세부적인 디딤돌을 많이 목표나무에 포함시키면 목표나무가 복잡하게 되어 주요한 일의 순서를 파악하는 것이 어렵게 될 수 있기 때문이다. 세부적인 디딤돌은 활동계획 작성 단계에서 다루는 것이 좋다.

다음을 확인하여 본다:

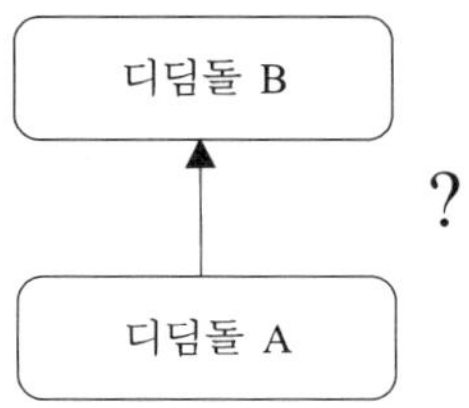

위 디딤돌(디딤돌 B)을 달성하기 전에 아래 디딤돌(디딤돌 A)을 달성해야 하는가?

(1) 그 사이에는 의미 있는 다른 디딤돌이 없어도 되는가?

만약 그 사이에 성취하여야 할 의미 있는 디딤돌이 있다면 추가한다.

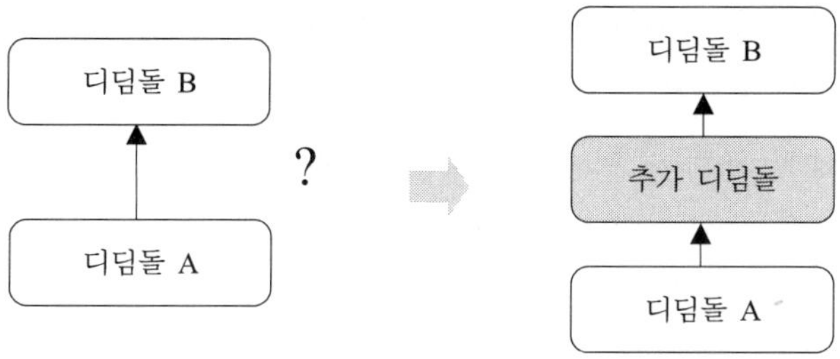

예)

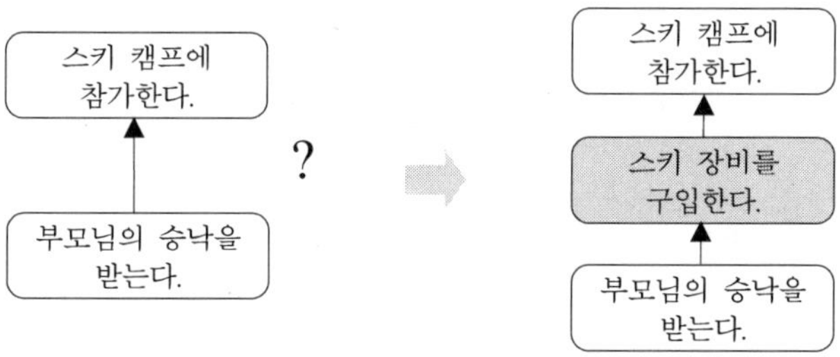

위 예에서 스키 캠프에 참가하기 전에 부모님의 승낙을 받아야 하는데, 스키캠프에 참가하기 전에 선행되어야 할 주요한 사항이 스키 장비를 구입하는 것이라고 하자. 그런데 스키 장비를 구입하려면 역시 부모님의 승낙을 받는 것이 선행되어야 한다면, 스키 장비를 구입한다는 디딤돌을 기존의 디딤돌 사이에 추가한다.

(2) 위 디딤돌(디딤돌 B)을 달성하기 전에 현재의 아래 디딤돌(디딤돌 A) 말고 다른 디딤돌이 달성되어야 할 필요가 있는가? 만약 또 다른 의미 있는 디딤돌이 있다면 추가한다.

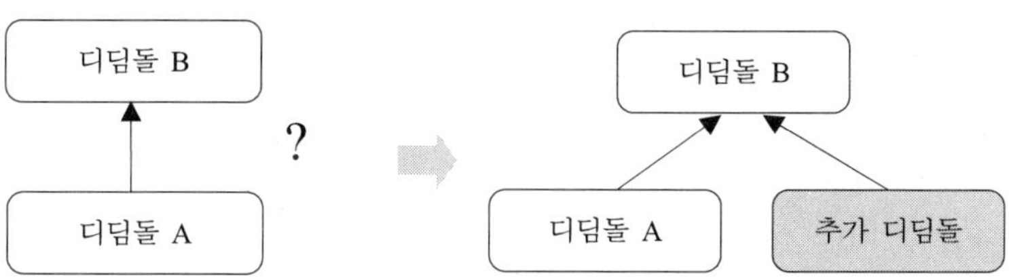

이 경우는 디딤돌 A에 의하여 걸림돌 A가 극복되지만, 이것만으로는 디딤돌 B를 실행할 수 있는 조건이 마련되지 못한다. 왜냐하면 또 다른 걸림돌이 있어 디딤돌 B의 실행을 방해하기 때문이다. 이때 또 다른 걸림돌을 극복하기 위해서는 디딤돌을 추가할 필요가 있는 것이다.

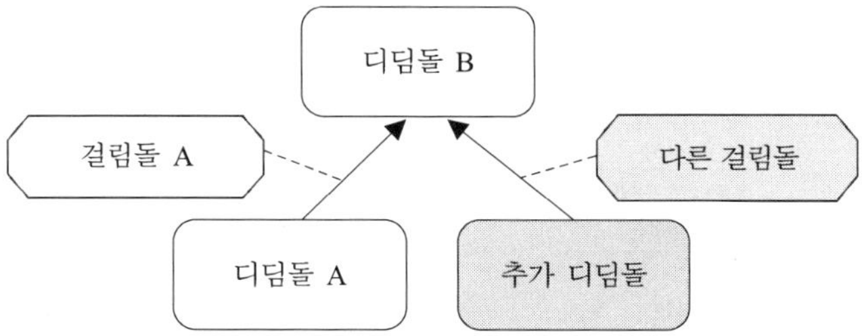

예)

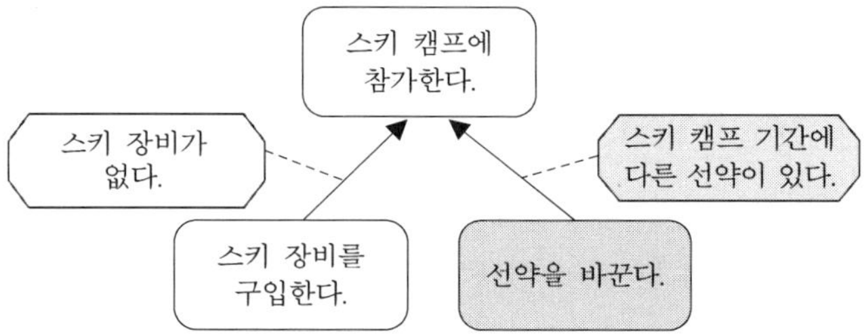

이 예에서 스키 장비를 구입함으로써 스키 장비가 없다는 걸림돌은 극복되겠지만, 이것만으로 스키 캠프 참가가 가능하지 않다고 하자. 그 이유를 알아보았더니 스키 캠프 기간에 다른 선약이 있기 때문이라고 한다. 그러면 "스키 캠프에 참가한다."는 디딤돌의 선행 디딤돌로 "스키 장비를 구입한다."는 디딤돌만으로는 부족하고 이 새로운 걸림돌을 극복하기 위해 "선약을 바꾼다."는 디딤돌을 추가할 필요가 있다.

다음은 디딤돌이 추가되는 모습을 상징적으로 표현하고 있다.

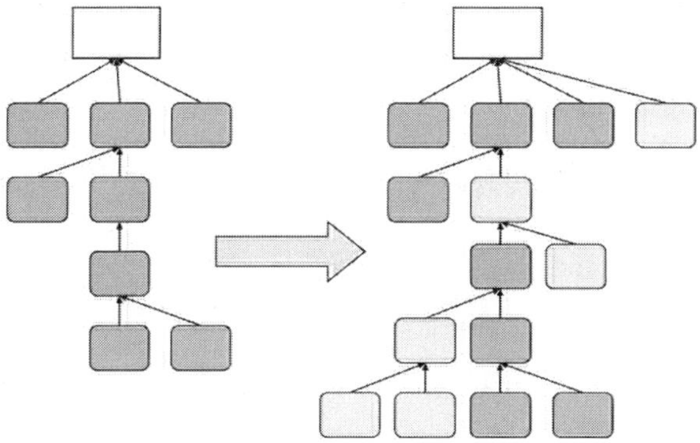

걸림돌과 부정적 결과와의 차이점:

걸림돌과 부정적 결과는 다르다. 걸림돌은 어떠한 목표나 행동을 달성하려고 하는데 실행 자체를 어렵게 만드는 장애물이다. 반면에 부정적 가지에서 다루는 부정적 결과는 어떤 행동을 실행하였을 때 나타날 부정적인 결과(부작용)를 말한다. 걸림돌을 만나면 실행 자체가 어렵게 되는 데 반하여, 부정적 결과는 실행 후의 결과이니 이는 실행이 되는 것을 전제하고 있다.

예를 들어 어떤 병의 특효약이 있는데, 이 약을 먹어 병을 낫고자 하려 한다고 하자. 만약 이 약이 커서 삼키기 어렵다고 한다면 이는 걸림돌에 해당하고, 이 약을 먹었을 때 부작용으로 위점막에 자극을 줄 수 있다면 이는 부정적 결과에 해당한다.

|연습|

문제1.

배낭여행 예제에서 필요하다고 판단되는 디딤돌들을 추가하여 보라.

문제2.

311쪽의 문제3에서 구한 목표나무에 필요한 경우 디딤돌들을 추가하여 보라.

문제3.

312쪽의 문제4에서 구한 목표나무에 필요한 경우 디딤돌들을 추가하여 보라.

문제4.

312쪽의 문제5에서 구한 목표나무에 필요한 경우 디딤돌들을 추가하여 보라.

문제5.

312쪽의 문제6에서 구한 목표나무에 필요한 경우 디딤돌들을 추가하여 보라.

문제6.

312쪽의 문제7에서 구한 목표나무에 필요한 경우 디딤돌들을 추가하여 보라.

3. 야심찬 목표나무의 활용 영역

야심찬 목표는 행동 영역, 교과학습 영역, 경영 영역 모두에 활용되고 있다.

1) 행동 영역에서의 활용

많은 젊은 학생들이 스스로 문제를 해결하고 책임 있는 의사결정을 하고 계획을 작성하며 자기 아이디어를 소통하는 데 어려움을 겪고 있다. 부모나 선생님과 같은 어른들이 미리 준비해 놓은 목표와 계획에 따라 학생들이 수동적으로 행동하는 것에 익숙하다 보면 학생들이 성숙한 시민으로 성장하는 것을 기대하기 어렵다. 이와 반대로 삶의 계획이 전혀 없이 되는대로 살아가는 것도 성숙한 시민 육성과는 거리가 멀다.

어떻게 하면 자기 삶의 야심찬 목표에 대해 능동적인 자세를 갖고 성취능력이 높은 시민으로 키울 수 있을 것인가? 야심찬 목표는 당연히 달성하는 과정에서 여러 가지 난관이 있다. 이러한 난관들을 막연하게 두렵게 생각하고 아예 도전하려고 하는 시도도 하지 않는다면 자신감을 더욱 상실하게 될 우려가 있다. 야심찬 목표나무를 활용하면 어려워 보이는 난관을 관리 가능한 수준으로 쪼개고 각 걸림돌을 극복할 수 있는 중간단계의 징검다리 목표, 즉 디딤돌을 찾아 나감으로써 목표를 달성할 가능성을 높일 수 있다. 따라서 야심찬 목표나무로 훈련을 시키면, 당사자들의 마음가짐이 소극적 자세에서 능동적 자세로 변화하게 될 것이다.

또한, 야심찬 목표나무는 개인적인 목표를 달성하기 위한 계획을 작성하는 데 이용될 수 있지만, 그룹이 당면하고 있는 과제나 행사에 대한 계획을 공동으로 준비하는 데에도 이용할 수 있어 팀워크와 책임감을 신장시키는 데도 효과적이다. 여러 나라에서 야심찬 목표나무는 리더십 훈련의 도구로 활용되고 있다.

유치원에서의 활용 사례[34)]

영국 Alderman Pounder 유치원에서는 TOCfE 생각도구를 다양한 용도로 활용하였는데 이 사례는 목표나무 활용에 관한 것이다. 이 유치원에서 인근 공원에 소풍을 가기로 하였다. 이 소풍의 목표가 무엇인지 원아들에게 물어보아 그 답변을 목표로 삼았다. 목표는 "공원에서 멋진 시간을 보낸다."로 결정되었다. 원아들은 이 목표 달성을 어렵게 만드는 걸림돌들이 무엇인지 찾아냈다. 그리고 이러한 걸림돌들을 어떻게 극복할 수 있는지 디딤돌들도 찾아냈다. 그들은 어렸지만, 이 주제에 대해 놀랄만한 직관을 갖고 있음이 드러났다. 아래 표는 그 결과를 정리한 것이다.

목표: 공원에서 멋진 시간을 보낸다.	
걸림돌	**디딤돌**
공원이 예약되어 있지 않다.	공원에 예약 신청을 한다.
버스가 예약되어 있지 않다.	버스를 예약한다.
소풍 일자가 정해져 있지 않다.	소풍 일자를 정한다.
얼마나 비용이 들지 모른다.	비용을 계산한다.
부모님은 소풍에 대해 모르고 있다.	부모님에게 편지를 보낸다.
날씨가 어떨지 모른다.	일기예보를 체크한다.
무엇을 입을지 모른다.	알맞은 옷을 준비한다.
점심이 준비되어 있지 않다.	식당에 점심 준비 요청을 한다.
도우미가 없다.	도우미들을 조직한다.
장비가 준비되어 있지 않다.	장비를 준비한다.
선생님들은 우리가 무엇을 할지 계획이 없다.	선생님들이 소풍 활동 계획을 마련한다.

34) http://tocforeducation.com/att-c/attcø4.html

그리고는 원아들은 디딤돌들을 포스트잇에 쓴 다음 처리해야 할 순서대로 나열하였다. 거기에 각 디딤돌을 언제까지 해야 할지를 정했다.

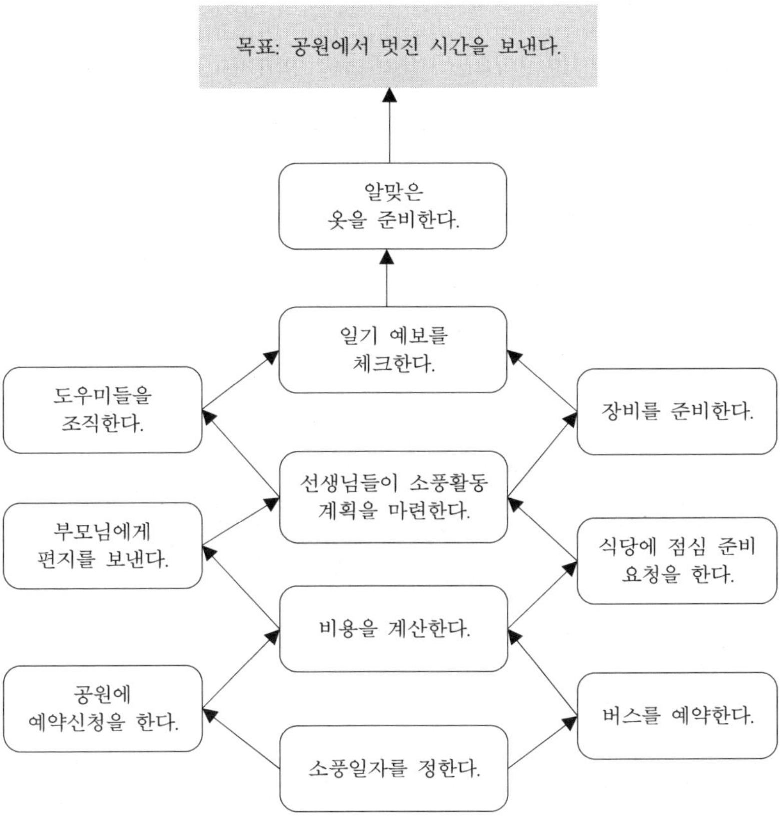

이러한 목표나무를 만든 후에 소풍이 다가옴에 따라 디딤돌이 제날짜에 실행되는지를 원아들이 확인하였다. 원아들은 이 도구를 통해 계획성이 있는 것이 얼마나 중요한지를 이해하게 되었다. 이 도구는 행사, 파티를 계획하는 데 사용되었고, 장래의 꿈을 이루는 계획을 마련하는 데에도 사용되었다.

또한, 그 즈음 에드워드 왕자가 결혼식을 앞두고 있어 이것이 사회적으로 커다란 관심을 끌고 있었다. 그래서 유치원 원아들에게 각자의 결혼 계획을 세워보도록 하는 과제를 주었다. 다음은 Becky라는 5세 어린이가 작성한 결혼의 야심찬 계획이다. 왼쪽에는 목표에 대한 걸림돌들이고 오른쪽은 걸림돌 극복을 위한 디딤돌들이다. 걸림돌로서 결혼할 파트너가 없다, 드레스가 준비되어 있지 않다, 하객이 없다, 혼인반지가 준비되어 있지 않다, 주례 선생님이 미정이다, 청첩장을 마련되어 있지 않다. 결혼 케이크가 준비되어 있지 않다, 피로연 장소가 없다 등이다. 이러한 걸림돌을 극복하기 위한 디딤돌은 오른편에 그림으로 표현하고 있다. 이 디딤돌들을 선후관계에 따라 배열하면 목표나무가 완성되는 것이다.

진로지도

학생들은 장래에 되고 싶은 인물상이 있다. 진로지도가 학생들의 특성을 어떤 직업 유형에 연결해주는 것으로 그치는 것이 아니라 그 일을 할 수 있는 역량을 키우고 도전할 수 있는 자신감을 길러 줄 수 있다면 성과가 더 좋을 것이다. 야심찬 목표나무를 진로지도에 활용하면 학생들은 자기가 성취하고 싶은 장래 목표를 효과적으로 이룰 수 있는 능력을 키울 수 있게 되고 그 결과 목표 자체를 더욱 야심찬 것으로 키워나갈 수 있게 된다.

다음의 사례35)는 어느 중학교 학생이 장래 희망으로 "베스트 연기자가 된다!"를 두고 이를 이루기 위한 계획을 세운 이야기이다. 이 목표 성취에 방해가 되는 걸림돌들과 이를 극복하는 데 필요한 요건인 디딤돌들을 찾은 결과 다음과 같았다.

목표: 베스트 연기자가 된다!	
걸림돌	**디딤돌**
연기력이 부족하다.	1. 연기력을 기른다.
교양 지식이 충분하지 않다.	2. 교양 지식을 많이 갖춘다.
연기학원에 다닐 돈이 없다.	3. 연기 학원 등록비가 마련되어 있다.
몸매가 좋지 않다.	4. 날씬한 몸매를 갖춘다.
아는 소속사가 없다.	5. 소속사를 많이 안다.
남 앞에 서면 떨린다.	6. 자신감을 갖춘다.

사이의 선후 관계를 따져 배열한 야심찬 목표나무는 다음과 같다.

---

35) 정성현, TACT 수행보고서, 2006 TOCfE 퍼실리테이터 워크샵의 내용을 일부 편집하였음.

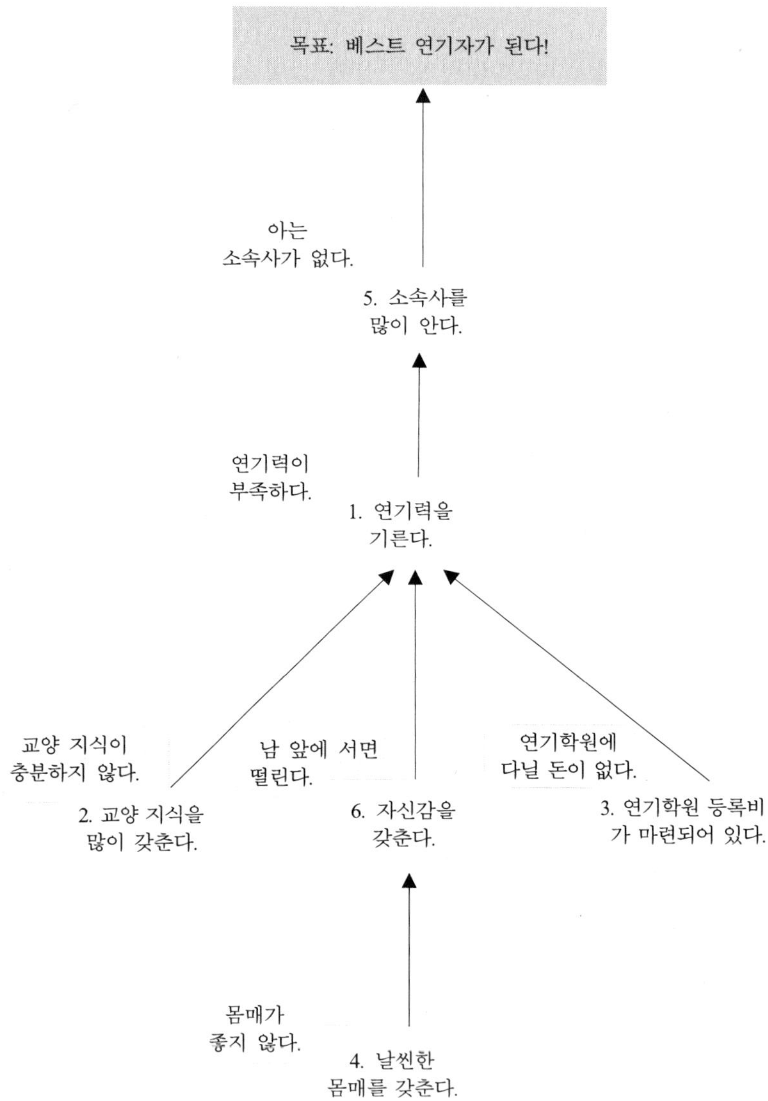

디딤돌을 성취하는 데 필요한 세부 활동들을 찾아 정리한 활동 계획표는 다음과 같다.

순서	디딤돌	세부 활동
1	날씬한 몸매를 갖춘다.	일주일에 3일 이상 1시간 뛴다.
		인스턴트 식품을 멀리한다.
2	자신감을 갖춘다.	발표기회를 많이 갖는다.
		의사 표현하기 훈련을 한다.
3	연기학원 등록비가 마련되어 있다.	용돈을 꼬박꼬박 모은다.
		부모님으로부터 도움을 받는다.
4	교양지식을 많이 갖춘다.	일주일에 교양서적을 한 권 이상 읽는다.
		영화를 자주 본다.
5	연기력을 갖춘다.	시간 날 때마다 표정 훈련을 한다.
		연기 학원에 다닌다.
6	소속사를 많이 안다.	연기학원을 통해 소속사를 알아본다.
		소속사를 접촉한다.

이상과 같이 자기 목표를 이루기 위한 계획을 작성한 후에 글로 옮겨 본 결과 다음을 얻었다.

"나의 야심찬 목표나무는 베스트 연기자가 되는 것이다.

첫 번째 걸림돌은 몸매가 영 아니다는 것이다. 디딤돌은 날씬한 몸매를 갖추는 것이다. 일주일에 3일 이상 1시간 뛰고 인스턴트식품을 멀리하여 몸을 만드는 것이다.

두 번째 걸림돌은 남 앞에 서면 떨리는 것이다. 디딤돌은 자신감을 갖추는 것이다. 항상 자신감 있고 발표할 때 부끄러워하지 않고 발표할 기회를 많이 만들겠다.

세 번째 걸림돌은 연기학원에 다닐 돈이 없다는 것이다. 이것의 디딤돌은 등록비를 마련하는 것이다. 용돈도 꼬박꼬박 모으고 부모님께 연기학원에 다녀야 할 필요성을 이야기해서 연기학원을 등록하겠다.

네 번째 걸림돌은 교양지식이 충분하지 않다는 것이다. 디딤돌은 교양

지식을 충분히 갖추는 것이다. 일주일에 교양서적을 한 권 이상 읽고 영화를 자주 봄으로써 교양지식을 충분히 갖출 것이다.

다섯 번째 걸림돌은 연기력이 부족하다는 점이다. 디딤돌은 연기력 기르기이다. 틈틈이 시간 날 때마다 표정 훈련을 하고 연기 학원에 다니는 것이 나의 활동 계획이다.

마지막 걸림돌은 아는 소속사가 없다는 것이다. 디딤돌은 소속사를 많이 아는 것이다. 연기학원을 통해 소속사를 알아보고, 소속사를 접촉하는 것이다.

나의 야심찬 목표를 세워보니 벌써 연기자가 된 느낌이다. 이제부터 이 목표나무를 가지고 무엇이든 이룰 수 있다는 자신감을 갖고 노력해서 내 목표를 이룰 것이다."

다음의 사례[36]는 어느 대학생들이 졸업 후 진로로 "H사 파이롯트 직무에 취업한다!"를 두고 이를 이루기 위한 계획을 세운 이야기이다. 이 목표 성취에 방해가 되는 걸림돌들과 이를 극복하는 데 필요한 요건인 디딤돌들을 찾은 결과 다음과 같았다.

목표: H사 파이롯트 직무에 취업한다!	
걸림돌	디딤돌
현재 학점이 입사 기준 학점에 미치지 못한다.	1. 학점이 3.7을 넘는다.
현재 토익성적이 입사 기준에 미치지 못한다.	2. 토익점수는 850점 이상이 넘는다.
남에게 자기 이야기를 할 수 있는 역량이 부족하다.	3. 남 앞에서 잘 말할 수 있는 역량이 있다.
요건에 맞는 자격증이 없다.	4. 품질관리 기사 등 관련 자격증을 취득한다.
영어면접에 대한 부담감이 있다.	5. 영어면접을 잘 할 수 있다.
공모전, 대외활동 실적이 부족하다.	6. 공모전, 대외활동에 참여한다.
직무에 대한 정보가 별로 없다.	7. 직무 관련 정보가 확보되어 있다.

36) 울산대 박동주, 정인제, 이동진, 홍인혁 학생들이 진로탐색세미나 과목에서 세운 진로계획

디딤돌 사이의 선후 관계를 따져 배열한 야심찬 목표나무는 다음과 같다.

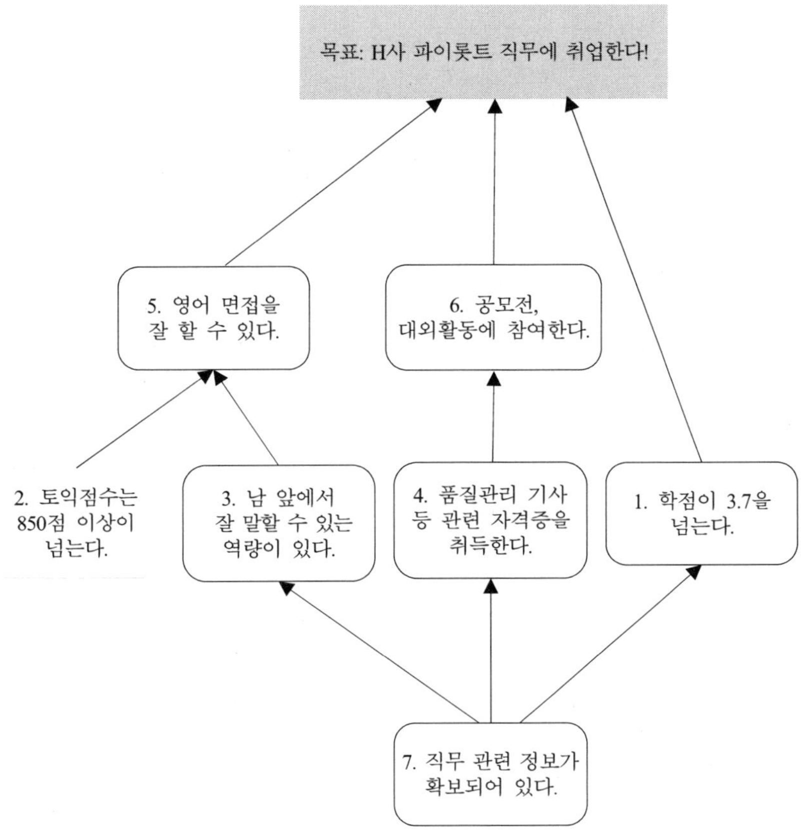

디딤돌을 성취하는데 필요한 세부 활동들을 찾아 정리한 활동 계획표는 다음과 같다.

디딤돌	세부 활동	누가	언제
7. 직무 관련 정보가 확보되어 있다.	직무에 종사 하고 있는 사람에게 자문한다.	나	올해12월~내년1월
	인터넷을 통하여 직무를 알아본다.	나	내년1월
2. 토익점수는 850점 이상이 넘는다.	나의 영어 실력에 따라 인터넷 강의를 수강한다.	나	올해12월~후년6월
	850점 이상을 받을수 있도록 토익 유형을 파악한다.	나	내년1월~3월
	학교 내에서 운영하는 토익강의를 수강한다.	나	내년1월~3월
3. 남 앞에서 잘 말할 수 있는 역량이 있다.	학교 내의 취업지원센터를 활용한다.	나	내년6월~8월
	학교 수업 중 발표 과제를 적극적으로 활용한다.	나, 동행인	내년3월~후년12월
4. 품질관리 기사 등 관련 자격증을 취득한다.	해당 자격증에 관련된 서적을 산다.	나	내년1월~후년5월
	해당 자격증에 맞는 학원에 다닌다.	나	내년1월~후년5월
1. 학점이 3.7을 넘는다.	이전에 망친 과목은 재수강을 통해 좋은 학점으로 받도록 한다.	나	내년3월~후년12월
	예습 복습을 열심히 한다.	나	올해11월~후년12월
5. 영어 면접을 잘 할 수 있다.	학교 내의 취업지원센터 프로그램을 듣는다.	나	내년6월~8월
	멘토에게 지도를 받는다.	나	내년6월~8월
6. 공모전, 대외활동에 참가한다.	H사 관련 공모전에 참가한다.	나	내년10월~후년6월
	해피무브에 참가한다.	나	내년10월~후년5월

다음은 이 과제에 참여한 한 학생 소감의 일부이다.

"저는 진로 탐색 세미나를 듣기 전에는 저의 꿈에 대해서 깊은 고민에 빠져 있었습니다. 하지만 이번 수업에서 만난 조원들과 모여 이야기하고 제삼자 입장에서 그들을 바라보면서 제가 이러한 고민에 빠지게 된 이유를 조금이나마 알게 되었고 제가 현재 생각해오던 꿈이 너무 충동적으로 생각했던 것임을 알게 되었습니다. 그리고 이전에 제가 생각했었던 품질관리, 생산 관리 분야를 다시 생각해보는 계기가 되었고, 그 꿈을 생각에서 끝나지 않고, 실제로 이룰 수 있게끔 도와주는 접근 방법을 만들기 위해서 조원들이 각자 조사해온 품질관리, 생산관리 내용들을 보여주고 이야기하면서 저에게 진짜로 필요한 것이 무엇인지 알게 되었고, 그것을 체계적, 효율적으로 정리할수 있는 시간이 되었습니다. 이번 수업에서 만든 야심찬 나무를 토대로 실천하여서 제가 원하는 기업, 원하는 직무에 취업 할 수 있도록 하겠습니다."

2) 교과 영역에서의 활용

야심찬 목표를 달성하기 위한 전략계획을 수립하는 생각도구를 활용해서 어떤 내용을 가르치고 배울 수 있을까?

역사 속에서 정치적 지도자가 어떤 어려움을 겪었고 이를 어떻게 극복하였는지에 대하여 학습을 할 때 야심찬 목표나무를 활용하는 것도 효과적이다. 예를 들어 임진왜란 당시 이순신 장군의 입장이 되어 왜군으로부터 나라를 지킬 수 있는 목표를 어떻게 달성할 수 있는지 야심찬 목표나무를 통하여 알아보는 것이다.

또는 교과서에 나오는 주제나 시사적인 문제에 대하여 프로젝트 학습을 할 때도 야심찬 목표나무를 이용할 수 있다. 프로젝트의 목표와 프로젝트의 진행 계획을 세우고 이에 따라 실행을 하여 볼 수 있다. 예를 들어 '우리 고장의 문화재를 견학해 보고, 역사에 대해 알아보자'는 과제를 수행하는 팀 프로젝트가 주어졌다고 했을 때, 어떠한 과업을 어떠한 순서로 수행하고 또 누가 담당해서 언제까지 할지를 목표나무를 이용하여 기획하여 볼 수 있을 것이다.

또한 사회적 문제 해결을 목표로 설정한 후 걸림돌과 이를 극복하기 위한 중간 단계들을 살펴서 전략계획을 수립해 봄으로써 개념 학습을 도와줄 수 있다. 예를 들어 오염, 미세먼지, 인플레이션, 도시집중 등의 사회적 문제에 대해 야심찬 목표나무를 적용하게 하면 학생들이 사회적 문제에 관해 관심을 많이 갖게 된다.

앞에서 배운 구름이나 가지에서 도출된 해결책이 있을 때 이 해결책을 어떻게 실행하여 성공시킬 수 있는지를 야심찬 목표나무를 이용하여 계획을 세워보는 것도 통합적 문제해결 능력을 키우는 데 도움이 된다. 통합적 문제해결에 대해서는 7장에서 조금 더 상세하게 다룰 것이다.

왕건의 고려 기반 갖추기 (중학교 역사)

왕건이 고려 왕조를 건국하고 왕조의 기반을 갖추기 위하여 노력하였다. 이와 관련한 상황과 왕건(태조)의 치적이 교과서에 다음과 같이 기술되어 있다.

- 태조는 새로운 왕조의 기반을 안정시키기 위하여 민심을 얻는 데 노력하였다.
- 그는 즉위 초부터 군대의 규율을 엄격하게 하여 백성을 보호하고, 세금 부담을 크게 줄이고자 하였다.
- 태조는 호족과 그 자제를 우대하는 호족 포섭 정책을 시행하였다. 그는 후삼국 통일 과정에서 공을 세운 호족에게 토지와 관직을 나누어 주었다. 또 유력한 지방 호족들과 혼인 관계를 맺고, 왕씨 성을 하사하였다.
- 한편 태조는 중앙의 고위 관리를 사심관으로 임명하여 출신 지역을 다스리게 하였다. 이와 함께 지방 호족의 자제를 중앙으로 불러 기인으로 삼아 지역 사정에 대해 자문하게 하였다.
- 태조는 국가의 기반을 굳건히 하고자 "정계"와 "계백료서"를 지어 관리가 지켜야 할 규범을 제시하였고, 후대의 왕들이 교훈으로 삼도록 '훈요 10조'를 지어 전하게 하였다.

왕건이 직면한 도전과 그의 대응을 야심찬 목표나무 생각도구로 찾아보자. 우선 왕건이 고려의 기반을 갖춘다는 야심찬 목표를 달성하는 데 방해가 되는 걸림돌들과 이를 극복하기 위한 디딤돌을 정리하면 다음과 같다. 이 표에는 디딤돌을 처리하는 순서를 간편법을 적용하여 1단계에서 5단계로 구분하여 표시하였다.

목표: 고려의 기반을 갖추다.		
걸림돌	**디딤돌**	**처리 단계**
1. 민심을 충분히 얻지 못하고 있다.	1. 군대의 규율을 엄격하게 하다.	1
	2. 세금 부담을 줄여주다.	1
2. 호족의 충성심을 확보하지 못하다.	3. 호족 포섭 정책을 시행한다.	2
3. 중앙의 통치력이 전국에 미치지 못한다.	4. 중앙 고위관리를 출신 지역에 보낸다.	4
	5. 지방 호족의 자제를 중앙으로 불러 자문하게 한다.	4
4. 관리들을 위한 규범이 없다.	6. 관리들의 규범을 만들어 제시하다.	3
5. 후대 왕들에 대한 지침이 없다.	7. 훈요 10조를 만들다.	5

디딤돌의 처리 단계 순서대로 이를 목표나무로 그리면 다음과 같다.

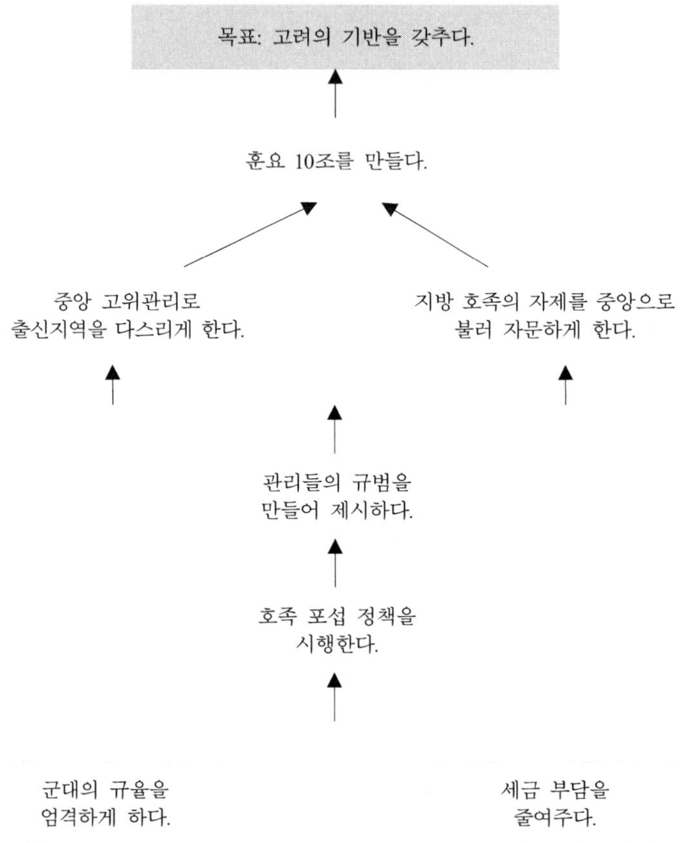

야심찬 목표나무를 만드는 과정을 통해 학생들은 단순 암기식으로 역사를 공부하는 것이 아니라 야심찬 목표를 달성하기 위해 어떠한 중간목표(디딤돌)를 달성해야 하며 그 중간목표 달성의 선후 관계가 어떻게 되는지 왜 그렇게 볼 수 있는지를 탐구하고 서로 토론함으로써 역사적 사건들을 충분히 이해할 수 있게 된다. 그리고 학생들은 이런 탐구와 토론의 과정을 통해서 교과서 지문에는 없는 사실이나 근거를 찾아내기도 한다. 결국, 학생들은 이런 과정을 거치면서 역사적 사건에 대해 흥미를 더욱더 갖게 되고 과거 사건의 분석 경험을 현재 상황에서도 적용할 수 있는 역량이 생기게 되는 것이다.

3) 경영 영역에서의 활용

야심찬 목표나무는 단독으로 주어져 있는 야심찬 목표에 대해 사용되기도 하고, 경영의 핵심문제를 해결하는 해결방안을 구한 후에 해결방안을 어떻게 실행에 옮길 것인가 그 실행 계획을 작성하는 데 사용되기도 한다.

기업경영에 사용되는 TOC 생각 프로세스에서는 TOCfE의 야심찬 목표나무에서 활동 계획을 세우기 이전의 단계를 선행조건 나무 (PreRequisite Tree, PRT) 작성이라고 부르고, 세부 활동의 계획을 세우는 단계를 이행 나무 (Transition Tree, TrT) 작성이라고 구분한다. PRT는 6.1.5절에서 말한 협의의 야심찬 목표나무와 같다고 할 수 있고, TrT는 활동 계획에 대응된다고 할 수 있다. TOCfE의 야심찬 목표나무의 활동 계획은 세부 활동을 누가 언제 하느냐를 보여주는 수준인 데 반하여, TrT는 세부 활동들을 왜 해야 하고 그 세부 활동들을 하면 어떤 상태로 변화하는가를 인과 관계 논리로 상세하게 설명해주는 생각도구이다. (TrT는 이책에서는 다루지 않는다.)

기업경영에서는 PRT와 TrT가 여러 상황에서 활용되고 있는 데[37] 반하여 교육계의 경영에서는 상대적으로 활용이 적은 편이다. 아래는 학교 경영에서 목표나무를 활용한 사례를 소개한다.

미시간주 디트로이트시에 있는 Joy 중학교는 TOCfE 생각도구들을 학교경영자, 교사, 학부모, 학생들과 함께 다양한 목적으로 사용하였다. 그중 학생들이 MEAP(Michigan Educational Assessment Program[38]), 미시간주 평가 테스트)를 어떻게 준비해야 할지 또한 시험을 어떻게

---

37) Kim, S, Mabin, V. J. and Davies, J. "The theory of constraints thinking processes: retrospect and prospect", *International Journal of Operations & Production Management*, Vol. 28 Issue: 2, pp.155-184, 2008.

38) MEAP는 미시간주 초중등 공립학교 학생에 대해 실시하는 표준 고사를 말한다.

관리해야 할지 개선안을 마련하기 위해 야심찬 목표나무를 적용했다. 교사, 학부모, 학생들의 관점에서 무엇을 해야 할지에 대한 계획을 세웠고 그 내용의 일부는 다음과 같다. 야심찬 목표는 'MEAP시험 점수를 61% 이상 개선한다.'로 정했고 이 목표 달성에 방해가 되는 걸림돌과 이를 극복하는 데 필요한 디딤돌을 찾아내었다.

목표: MEAP시험 점수를 61% 이상 개선한다.	
걸림돌	**디딤돌**
1. 출석률이 낮다.	출석률을 높인다. (세부 행동은 별도로 정리.)
2. 학생 역량이 부족하다.	방과 후 프로그램을 MEAP에 맞춘다. MEAP코칭을 한다. 가능한 한 빨리 예비검사를 한다. 시험 보는 기술을 가르친다.
3. 동기부여가 부족하다.	동기부여 하는 뉴스레터를 보낸다. 부모님과 하는 열린 수업을 한다. MEAP 축하 모임을 갖는다. 소풍을 간다.
4. 단계별 준비가 부족하다.	주제 단위 준비를 한다.(학년별) 학생들에게 MEAP을 위해 필요한 수업을 제공한다. 모든 가용 자원을 사용한다.
5. 추적이 안 된다.	같은 규모의 협동 학습 그룹을 만든다. 감수성 훈련을 한다. 학생 도우미를 둔다.
6. 전학생들이 힘들어한다.	부모님에게 다음 정보를 제공한다. -현재 목표 -숙제 이전 학교와 즉시 연락한다.
7. 시험 진행이 어수선하다.	부적절한 행동에 대해 TOCfE를 가르친다. 부모에게 시험 참관을 하도록 한다. 선생님이 시험을 사전 검토한다. 답안 작성 완료 후 학생들은 퇴실한다.

이와 더불어 학부모와 학생 관점에서 위 목표와 관련하여 자체적 목표를 정하고 이를 달성하기 위한 목표나무를 만들었다.

학부모-교사 목표: Joy 중학교에서 성공을 이루게 한다.	
걸림돌	**해결책**
1. 의사소통이 잘 안 된다.	1a. 부모와 교사는 일주일에 한 번 면담한다. 1b. 전화번호를 최신 것으로 유지한다. 1c. 모든 부모-교사 회의에 참석한다. 1d. T.V를 끈다. 1e. 결석 통보서를 쓴다.
2. 출석률이 낮다	2a. 젊은이에게 동기를 주는 혁신적 방법을 찾는다. 2b. 긍정적 보상방법을 개발한다.
3. 동기가 낮다.	3a. 학부모, 교사, 학생이 협력한다. 3b. 견학을 간다.

학생 목표: 더 좋은 나	
걸림돌	**해결책**
1. 학교 안에서의 지시를 어긴다.	1. 선생님의 이야기를 주의 깊게 듣는다.
2. 성질을 낸다.	2a. 갈등을 야기하는 사람을 무시한다. 2b. 가 버린다. 2c. 나의 카운셀러에게 간다.
3. 존중해 주지 않는다.	3a. 다른 사람이 말하는 것을 듣는다. 3b. 선생님의 지시를 따른다.
4. 좋은 성적을 받지 못한다.	4a. 숙제를 다 한다. 4b. 정시에 출석한다.
5. 싸움을 한다.	5a. 싸움을 일으킬 수 있는 상황을 피한다. 5b. 가 버린다.
6. 정시 출석하지 못한다.	6a. 학교 가다 놀지 않는다. 6b. 교실로 바로 간다. 6c. 이야기하기 위해 서지 않는다.
7. 다른 사람을 따라간다.	7a. 나쁜 무리에게서 떨어져 있다. 7b. 나쁜 행동을 따라 하지 않는다.

Joy 중학교에 2년에 걸친 적용 결과, 시험점수가 많이 향상되었다. 보통 성적 범주에 속했던 학생들의 읽기점수는 매년 20% 정도 개선되었다. 또한, 하위 성적 범주에 속한 학생들의 비율이 51.5%가 떨어지면서 그 결과 75%의 학생들이 보통 범주에 속하게 되었다. 수학점수는 2년 동안의 개선율이 17.7%였다. 하위계층 학생들의 비율은 22.4% 정도 감소하였다. 디트로이트 광역권에서 읽기점수에 있어 Joy 중학교가 가장 높은 개선율을 보였다.

|연습|

문제1.

순철이는 체중이 90kg에 도달하여 건강에 적신호가 켜졌다. 앞으로 3개월 이내에 15kg 감량하고자 하는 목표를 달성하려 한다. 이 야심찬 목표를 달성하려면 어떻게 하여야 하나? 야심찬 목표 나무를 그리고 활동계획을 수립하여 보라.

문제2.

자신이 10년 이내에 이루고 싶은 목표를 찾아 이를 달성하기 위한 계획을 야심찬 목표나무 생각도구를 적용하여 작성하여 보라.

문제3.

임진왜란 후 나라를 복구하기 위한 광해군의 노력을 야심찬 목표나무 생각도구로 정리하여 보라.

> "임진왜란이 끝난 후 즉위한 광해군은 전후 복구에 힘을 쏟았다. 토지 대장과 호적을 정리하여 국가 재정을 늘렸으며, 성곽을 수리하고 군사를 훈련시켜 국방력을 강화하였다. 그리고 질병으로 고통 받는 백성의 고통을 덜어 주고자 허준이 편찬한 '동의보감'을 간행하게 하였다." (중학교 역사 1, 교학사)

문제4.

미세먼지 문제가 심각하다. 미세먼지를 줄일 방안을 야심찬 목표나무를 적용하여 찾아보자.

제7장

『구름-가지-목표나무의 통합 활용』

지금까지 우리는 각 TOCfE 생각도구를 개별적으로 다루었다. 그런데 이 세 가지를 함께 사용하는 것은 문제 해결의 매우 강력한 접근법이 된다.

1. TOCfE 생각도구의 통합활용 프로세스

쟁점이 있거나 오랫동안 풀리지 않는 문제에는 주장의 대립이나 딜레마가 관련되어 있기 마련이다. 우선, 구름을 사용함으로써 대립 또는 문제점을 정의할 수 있다. 그리고 이 구름에서 가정을 노출한 후 가정을 무력화함으로써 해결방안을 얻을 수 있다.

그리고 가지는 앞에서 나온 해결방안을 검토하고 부작용이 있는지 찾아내는 데에 이용할 수 있다. 또한, 가지치기를 통해 예상되는 부작용을 예방하는 보완된 해결방안을 찾는 데 도움을 얻을 수 있다.

이제 보완된 해결방안은 이제 목표가 되고, 이 목표 실행 상의 걸림돌들을 찾아내어 이 걸림돌을 극복할 수 있는 디딤돌을 찾아낸다. 디딤돌 사이의 선후관계를 정리하고 목표에 이르기까지 실행 단계들을 그려나감으로써 목표나무를 만들 수 있다. 야심찬 목표나무를 통해서 목표의 전략적 실행이 가능하게 된다. 결국, 문제는 풀리게 되는 것이다.

문제가 풀리게 되면 개선이 이루어지고 그러면 다시 핵심 문제를 찾아 위와 같은 과정을 거치면 지속적 개선이 이루어지게 되는 것이다. 이것이 TOC 생각 프로세스의 기본 과정이다.

이러한 지속적 개선 프로세스를 3단계 질문 형식으로 표현하면 다음과 같다:

(1) 무엇을 변화시킬 것인가?(What to Change?)
- 시스템 성과 달성을 방해하는 핵심 문제를 정의한다.
  이 단계에서는 구름이 사용된다.

(2) 어떤 방향으로 변화시킬 것인가?(What to Change to?)
- 핵심 문제를 해소하는 해결 방안을 찾아낸다.
  이 단계에서는 구름과 가지가 사용된다.

(3) 어떻게 변화를 추진할 것인가?(How to Cause the Change?)
- 해결 방안의 실행과정에서 발생할 걸림돌을 찾아 이를 극복할 디딤돌과 활동 계획을 세운다.
  이 단계에서는 야심찬 목표나무가 사용된다.

변화를 추진한 후에 개선이 이루어지면, 다시 단계 1로 돌아가 새로운 개선을 위한 과정을 마찬가지로 밟는다.

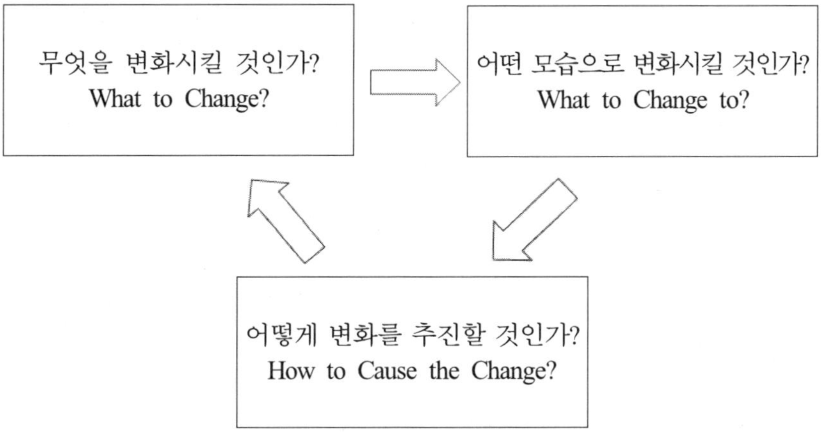

<지속적 개선 프로세스>

2. TOCfE 생각도구의 통합활용 예

앞 절에서 소개한 지속적 개선 프로세스에 세 가지 도구가 어떻게 구체적으로 활용될 수 있는지를 설명하기 위해 우리나라에서 한때 사회적으로 열띤 논쟁의 이슈가 되었던 한반도 대운하[39] 건설을 예로 들어보기로 한다. 3.2절의 논술에서 소개했던 내용과 일부 중복되는 부분이 있으나 이해를 돕기 위하여 반복한다. (단, '한반도 대운하 건설'에 대하여 앞으로 전개되는 내용 자체의 옳고 그름에 대하여 판단은 유보한다. 그 이유는 앞으로 나오는 여러 문장의 객관적 진실성에 대하여 입증이 충분하지 않은 것도 있기 때문이다. 여기에서는 생각도

39) 한반도 대운하(Grand Korean Waterway) 계획이란 남한강과 낙동강을 가로막는 소백산맥의 조령을 뚫어 인천에서 부산까지 이어지는 내륙운송 수로를 건설하겠다는 것으로 2007년 대한민국 대통령 선거를 맞아 이명박 후보가 내놓은 건설 공약이다. 대통령 당선 이후 본격적으로 추진되었으나 시민들의 반대에 부딪혀 계획이 변경되었다.

구의 통합적 활용 과정을 소개하는 것이 주된 관심사임을 밝혀둔다.)

1) 구름의 활용

한반도 대운하 계획과 관련하여 대표적으로 정부 측과 시민단체의 의견이 대립하고 있다. 정부 측은 한반도 대운하 건설이 필수적이라고 주장하고 있고 시민단체들은 대운하 건설을 해서는 안 된다고 정부와 대립하고 있다.

정부 측에 따르면 물류비용을 줄이기 위해서는 한반도 대운하 건설이 필수적이라고 주장하고 있다. 이에 반하여 시민단체들은 한반도 대운하를 건설하면 심각한 환경파괴가 발생하므로 환경을 보호하기 위해서는 대운하 건설을 해서는 안 된다고 한다.

양측은 상반된 주장을 하고 있어 한쪽의 주장을 내세우면 다른 쪽의 주장을 내려놓아야 하는 대립의 상황에 있다. 양측 의견의 대립을 구름으로 표현하여 볼 수 있다.

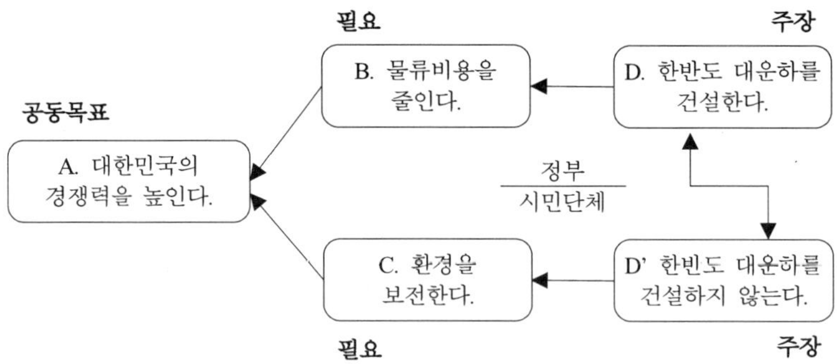

이러한 갈등을 해소하기 위해서 B-D 또는 C-D' 사이의 가정을 검토할 수 있는데 여기에서는 시민단체의 입장에 서서 정부 측 주장인 D

대신에 다른 대안을 제시하기 위해 B-D 사이의 가정을 검토하기로 한다. (물론 C-D' 사이의 가정을 검토해 볼 수도 있다. 아니면 또 다른 화살표의 가정을 검토할 수도 있을 것이다. 예를 들어 A-B 사이의 가정을 검토하여 A를 이루기 위해 반드시 B가 필요한가를 확인해 볼 수 있다. 경우에 따라 A를 위해 B가 반드시 필요한 것이 아닐 수도 있음이 밝혀질 수 있다.) '물류비용을 줄이기 위해서 한반도 대운하를 건설해야만 하는데, 왜냐하면 "무엇 무엇"이기 때문이다.'에서 '무엇 무엇'이 B-D 사이의 가정이라고 할 수 있다.

정부 측에서 대운하를 건설해야만 한다는 주장의 근거로 제시하는 것을 정리해 보니 '1) 경부선 도로는 물동량 처리능력이 곧 포화상태가 된다. 2) 경부선 도로 추가 건설은 비경제적이다. 3) 수출 화물은 주로 부산항을 이용한다. 4) 대운하만이 경제적인 대안이다.'들이 있다. 이러한 근거들을 B-D 사이의 가정이라고 볼 수 있다.

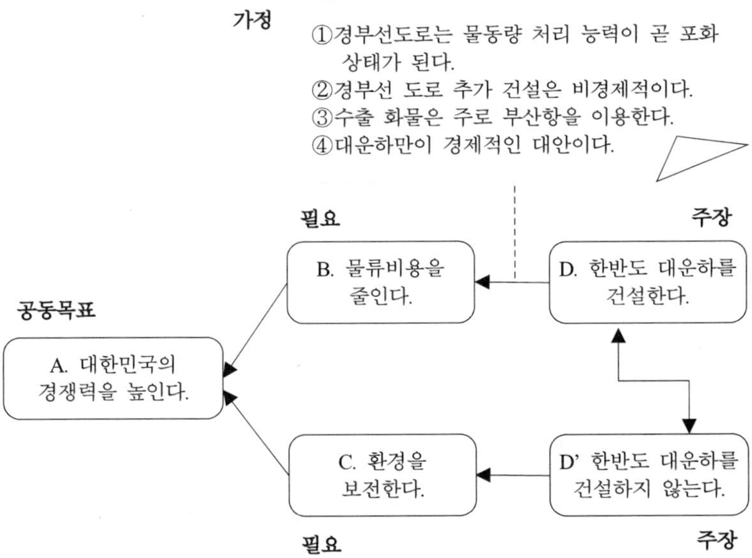

정부 측에서 필요 B를 이루기 위해 D를 해야 한다고 주장하는데, 그 근거인 가정을 무력화할 수 있다면, 필요 B를 이루기 위해 D대신에 다른 방안을 찾을 수 있게 된다. 이에 대해 알아보자. 가정 1)을 무력화하기 위해서는 경부선 도로 건설을 추가로 하든가 아니면 경부선 도로 교통량을 줄일 방안이 필요할 것으로 보이는데, 이러한 방안을 도출하는 것은 현실적으로 그리 쉽지 않아 보인다.

가정 3)은 수출 화물은 주로 부산항을 이용한다는 것인데 이는 수도권 근방에 이용할 수 있는 항만이 없다는 것을 전제한다. 그러면 한반도 대운하를 건설하지 않으면서도 물류비용을 줄일 방안은 무엇이 있을 수 있을까? 수도권 (근방)에 충분한 능력의 항만(예: 인천항, 평택항)과 항만과 수도권 사이의 운송체계가 구축되어 있다면 수도권에서 발생하는 화물은 앞으로 이러한 항만을 이용하는 것이 더 경제적일 수 있다. 따라서 한반도 대운하를 건설하는 것 대신에 새로운 대안으로서 '수도권(근방) 항만 물류시스템을 확장 개발하는 것'을 제시할 수 있다.

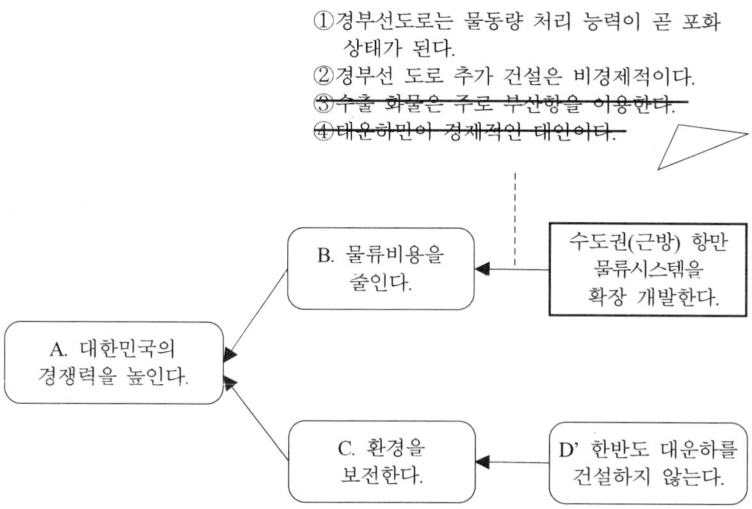

2) 가지의 활용

새롭게 제시된 방안이 과연 양쪽의 필요를 충분히 만족시키는지, 즉 한반도 대운하를 건설하지 않고 수도권(근방) 항만 물류시스템을 확장 개발한다면 물류비용을 줄이고 환경도 보전할 수 있는지를 확인하여 볼 필요가 있는데 이것은 가지를 그려봄으로써 가능하다.

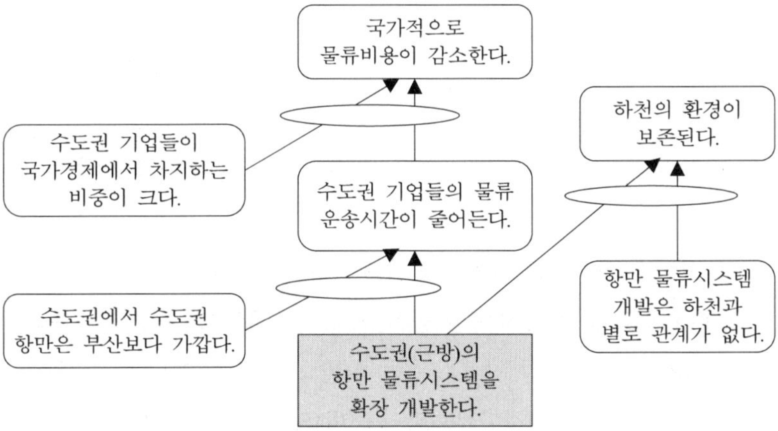

또한, 이 과정에서 나타날 수 있는 부정적 결과를 미리 확인하여 예방할 수 있는 방안을 '가지치기'를 통하여 마련하는 것도 필요하다. (여기에서는 가지치기는 생략하겠다.)

3) 목표나무의 활용

그러면 수도권(근방)의 항만 물류시스템을 확장 개발하는 해결 방안을 구체적으로 실행하기 위한 계획을 작성하여 보자. 이를 위해서 야심찬 목표나무를 그려본다. 해결 방안을 실행할 때 예상되는 걸림돌을 찾아보니 다음과 같다:

1. 수도권(근방)의 항만 중 어떠한 항만을 확장할 것인가에 대한 공감대가 부족하다.
2. 국제 정기 물동량이 부족하다.
3. 수도권 산업단지와 항만 사이의 운송망이 취약하다.

이러한 각 걸림돌을 극복하기 위해서 해야 선행될 사항, 즉 디딤돌을 조사한다:

1. 항만 후보지들에 대해 개발 시 경제적 효과에 대한 객관적 분석을 한다.
2. 국제 정기 항로를 확충한다.
3. 배후 운송망을 확충한다. 그리고 항만 지원 물류단지를 개발한다.

이 디딤돌들을 실행할 때 선후관계를 따져 먼저 실행되어야 할 것을 아래에 오도록 배치하는 야심찬 목표나무를 그려 본 결과 다음과 같이 얻었다. 이 야심찬 목표나무는 한반도 대운하 건설과 관련된 갈등을 해결하기 위해 제시된 "수도권(근방)의 항만 시스템을 확장 개발한다"는 아이디어의 구체적 실행 로드맵이 되는 것이다.

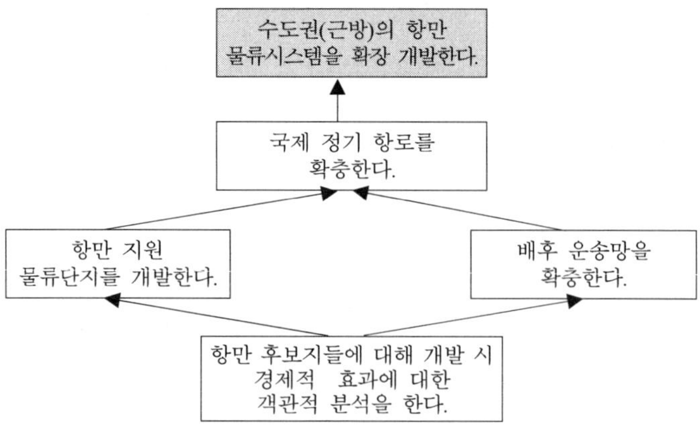

지금까지 구름, 가지, 야심찬 목표나무를 통합적으로 적용한 예를 보았다. 이는 지속적 개선 프로세스의 구현 사례라고 할 수 있다.

4) 논술

앞의 절에서 구름, 가지, 야심찬 목표나무의 세 가지 생각도구를 통합적으로 적용하여 사회적 대립 상황에 놓여 있는 문제에 대해 해결의 아이디어를 찾고 이의 실행 로드맵까지 작성하는 것을 알아보았다. 여기에서는 세 가지 생각도구를 이용하여 논술문을 작성하는 방법에 대해 알아보기로 한다. 내용이 앞에서 소개한 것과 중복되는 부분이 있으나 논술 활용을 찬찬히 설명하기 위해 일부 반복해 기술하기로 한다.

논술은 일정한 주제에 대해 자기 생각을 합당한 근거에 기초하여 말이나 글로써 진술함으로써 상대방을 설득하는 행위를 말한다.

논술에는 쟁점, 주장, 근거라고 하는 세 가지 요소가 있다. 주어진 문제에서 무엇이 옳은가를 따져 밝혀야 할 쟁점을 찾는 것으로부터 논술은 시작한다. 쟁점에 대하여 자기주장을 전개하고 이 주장을 뒷받침할 수 있는 근거를 제시함으로써 자기 생각을 상대방에게 전달하여 설득할 수 있는 것이다.

논술문의 작성에서 가장 중요한 것은 표현력이 아니라 사고력이다. 흔히 글을 쓸 때 가장 중요한 것이 문장력이라 생각하는 경향이 있다. 물론 문장력은 글을 쓸 때 매우 중요한 요소이긴 하다. 그러나 논술에서 가장 중요한 것은 얼마나 논제의 요구를 정확히 파악해서 독창적이고 합리적인 주장을 하는가에 있다. 논술문을 작성하기 위해서는 문제에 대한 분명한 분석과 함께 자기주장의 근거를 명백한 논리적 근거하에 제시하여야 한다. 좋은 논술을 진행하기 위해서는 비판적 사고에 의한 논리 전개의 얼개가 먼저 작성되어야만 한다. 논리 전개의 얼개를 구축하는 데에 TOCfE 생각도구를 활용하면 탁월한 성과를 낼 수 있다.

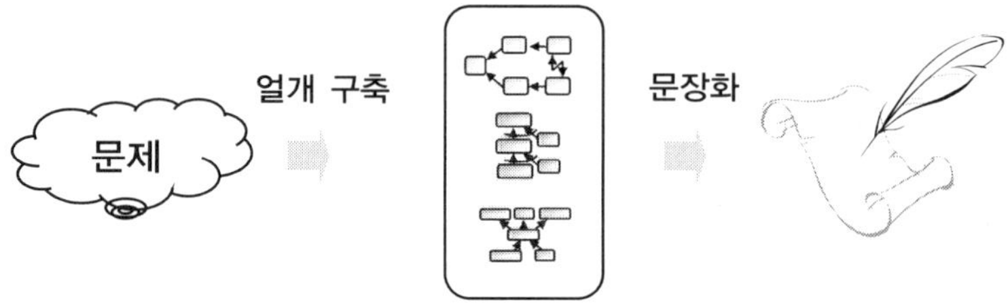

3.2.4절에서 구름을, 5.2.6절에서는 가지를 이용한 논술문 작성을 소개하였다. 여기에서는 구름, 가지, 야심찬 목표나무를 모두 이용하여 논술문을 작성하는 방법에 관해 설명하겠다.

(1) 논술문을 이루는 논리 문장의 구조 형식

논술문의 구조는 하나로 정형화할 수는 없다. 논리적 전개와 커뮤니케이션이 잘 될 수 있는 구조이면 어떤 것이라도 상관이 없다. 다음은 논술문 구조의 한 가지 유형이다.

(서론)
· 전체적 내용에 관한 관심 끌기
· 문제의 쟁점을 소개
· 본론에 대한 안내

(본론)
· 문제의 쟁점에 대하여 상세히 설명하기
· 문제의 해결방안 제시하기
· 해결방안 타당성을 점검하기
· 해결방안의 실행방법 파악하기

(결론)
· 지금까지의 전체 진행 과정 요약하기

· 중심 주장과 그 결과를 재강조하기

(2) TOCfE 생각도구의 전개

여기에서는 앞에서 소개된 논술문의 유형에 맞추어 TOCfE 생각도구들을 사용하는 방법을 보이도록 하겠다. 앞에서 소개한 한반도 대운하 건설과 관련된 갈등을 예를 들어 TOCfE 생각도구들을 어떻게 적용해서 논술문을 위한 얼개를 만들 수 있는지를 보이도록 한다.

① 서론

전체적 내용에 관한 관심 끌기

이 부분은 논술문의 주제에 관해 관심을 끌 수 있는 도입문장을 쓰는 것이다. 이에는 고정된 형식이 있는 것이 아니라, 주제를 함축적으로 시사하는 내용이 들어가면 되겠다. 다음은 하나의 예이다.

> "한반도 대운하 건설 여부를 둘러싸고 사회적으로 많은 갈등이 일어나고 있다."

문제의 쟁점을 소개 – 구름 활용

쟁점이 되는 문제에는 반드시 갈등이 있게 마련이고 그 갈등의 내용은 구름을 이용하여 핵심 내용을 표현할 수 있다.

한반도 대운하 건설과 관련된 갈등을 다음과 같이 구름으로 표현하였다고 하자.

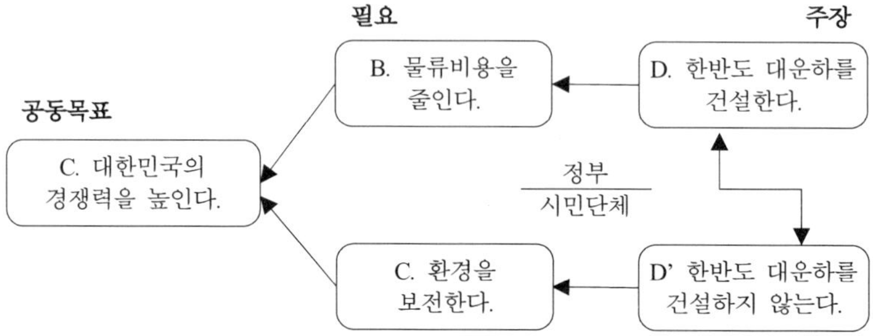

일반적으로 구름의 논리 점검을 위해 읽는 표준 방식은 다음과 같다.

A이기 위해서는 B이어야만 한다. B이기 위해서는 D이어야만 한다. 한편,

A이기 위해서는 C이어야만 한다. C이기 위해서는 D'이어야만 한다.

D와 D'은 양립할 수 없다.

즉, 위의 구름은

대한민국의 경쟁력을 높이기 위해서는 물류비용을 줄여야만 한다. 물류비용을 줄이기 위해서는 한반도 대운하를 건설하여야 한다. 한편, 대한민국경쟁력을 높이기 위해서는 환경을 보존해야만 한다. 환경을 보존하기 위해서는 한반도 대운하를 건설해서는 안 된다. 한반도 대운하를 건설하는 것과 한반도 대운하를 건설하지 않는 것은 양립할 수 없다.

구름을 읽는 다양한 방법은 3.2.4절에서 더 상세히 설명하고 있다.

그런데 문장으로 표현할 때에는 논술자의 뜻이 분명하게 전달되는 범위 내에서 표현을 자연스럽게 하기 위해 위의 구름의 내용에 표현을 가감할 수 있다. 다음은 위 구름을 문장으로 표현할 때의 한 가지 예이다.

> "대한민국 경쟁력을 높이기 위해서는 물류비용을 줄여야만 하고 그러기 위해서는 한반도 대운하를 건설해야만 한다. 한편 한반도 대운하를 건설하면 환경이 파괴되기 때문에 환경보존을 위해서는 한반도 대운하를

건설해서는 안 된다."

본론에 대한 안내

본론에 대한 안내는 서론과 본론을 연결해 주는 간단한 문장이면 되겠다. 한 가지 예를 들어 보면 다음과 같다.

> "그러면 한반도 대운하 건설의 갈등 문제를 어떻게 해결할 수 있는지를 알아보도록 하자."

② 본론

본론에서는 세 가지 도구를 모두 활용하여 문제의 쟁점에 대해 더 깊이 이해하고, 해결책을 찾고 이를 실행하기 위한 계획을 소개한다. 서론에서 소개한 문제의 쟁점이 풀릴 수 있음을 논리적으로 설명하는 것이 본론의 주된 부분을 차지한다.

문제의 쟁점에 대하여 상세히 설명하기 - 가지 활용

문제 상황에 대한 더 깊은 이해를 위해 가지를 이용하는 것이 많은 도움이 된다. 어떠한 주장을 실행했을 때 구체적으로 어떠한 결과가 나타나는지를 알아보기 위하여 가지를 활용할 수 있다. 어떤 주장의 실행 결과에는 긍정적인 면이 있기도 하고 부정적인 면이 있기도 한다. 보통 갈등은 주장의 긍정적인 면과 부정적인 면 중 어느 것을 더 강조하는가 관점 차이에서 비롯될 때가 많다.

구름의 D 또는 D'를 시행했을 때 어떠한 결과가 나타날 것인가를 알아본다고 하자. D와 D' 각각 시행했을 때의 긍정적 가지, 부정적 가지를 각각 모두 그려볼 수 있기는 하나, 그러면 내용이 중복되어 혼란스럽게 보일 수 있다. (예를 들어 D의 부정적 가지의 내용이 D'의 긍정적 가지의 내용과 상당 부분 중복된다.) 그래서 D 또는 D' 중에서 하나만을 택하여 긍정적 가지와 부정적 가지를 그려보는 것만으로도 문제 상황에 대한 이해를 충분히 할 수 있다.

그런데 D와 D' 중 어떤 것을 택하여 그 결과를 알아볼 것인가? 간단한 팁은 D와 D' 중 주장의 내용이 자체로서 성립할 수 있는 것을 택한다. 구름에서 D는 구체적인 주장인 데 반하여 D'은 독립적인 주장이 아니고 D의 실행을 반대하는 것일 때가 종종 있다. 예를 들어 위의 한반도 대운하 건설 갈등 문제에서처럼 D는 '한반도 대운하를 건설한다'와 같이 구체적 주장인데, D'은 '한반도 대운하를 건설하지 않는다'로 D와 반대되는 내용을 갖고 있다. 이런 경우에는 D를 택하여 가지 그림을 그려보는 것을 권한다.

그러면 다음과 같은 두 종류의 가지 그림을 그려본다.

D(대운하 건설)가 실행될 때의 긍정적 결과들을 긍정적 가지로써 서술함.

D(대운하 건설)가 실행될 때의 부정적 결과들을 부정적 가지로써 서술함.

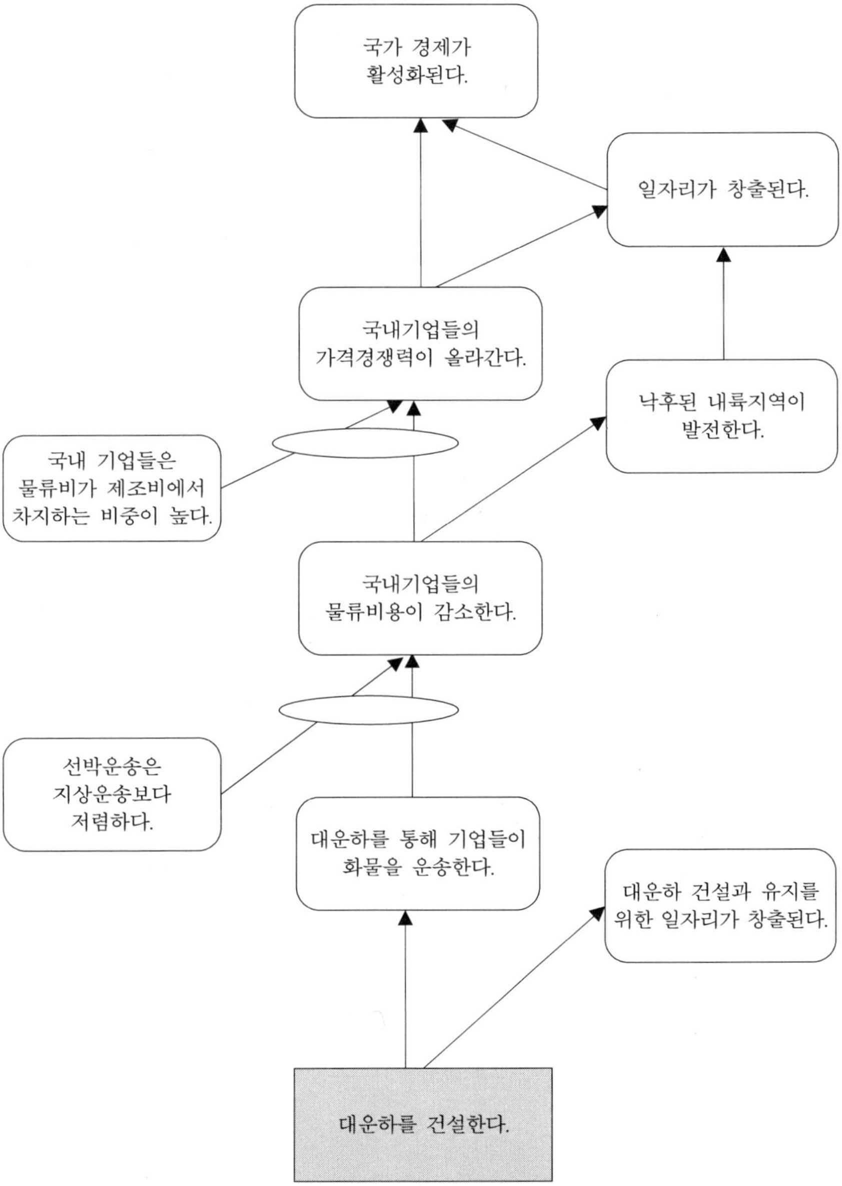

<D(대운하 건설)가 실행될 때의 긍정적 가지>

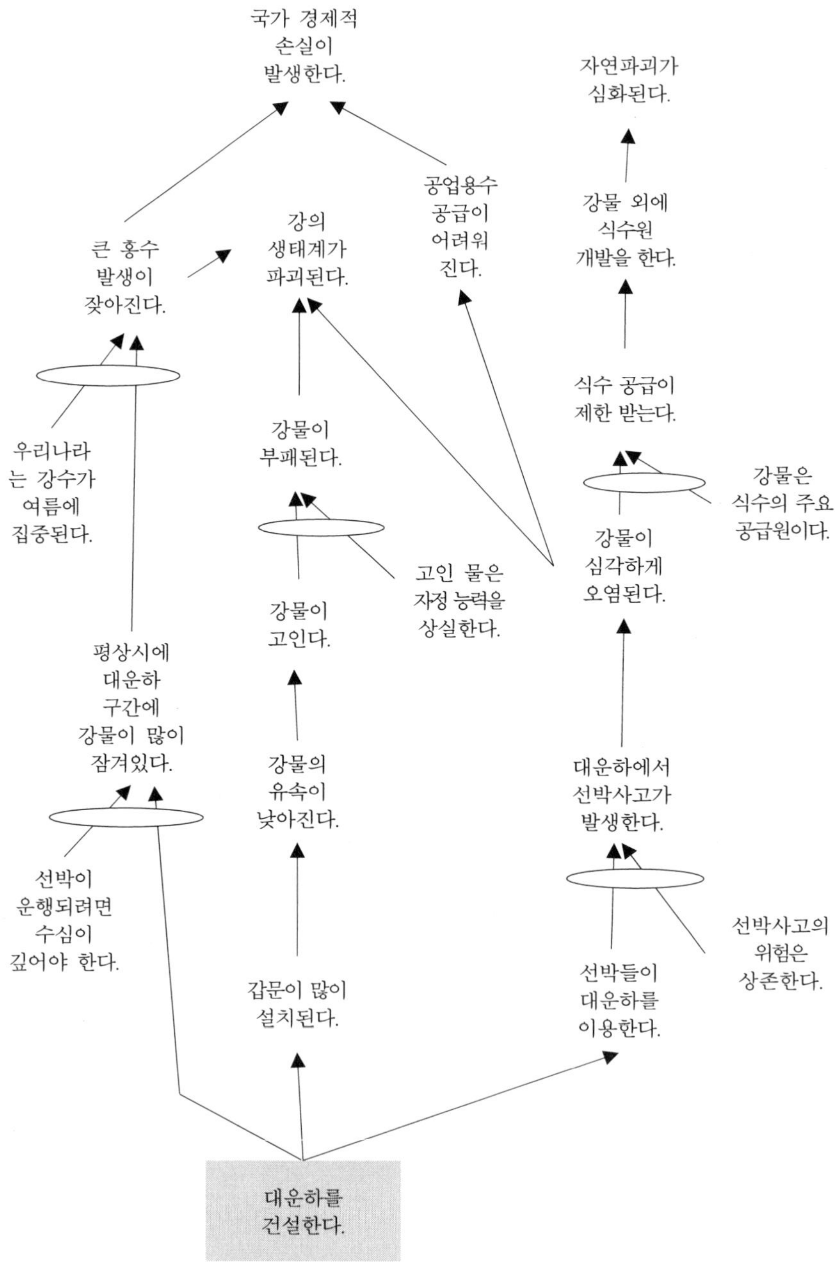

<D(대운하 건설)가 실행될 때의 부정적 가지>

이 두 가지 그림을 그려 봄으로써 '대운하 건설'을 할 때의 긍정적인 면과 부정적인 면에 대한 이해를 더 자세히 할 수 있게 된다.

가지 그림을 글로 표현하는 방법은 5.2.6절에 설명이 되어 있다. 다시 반복하여 설명하면 다음과 같다.

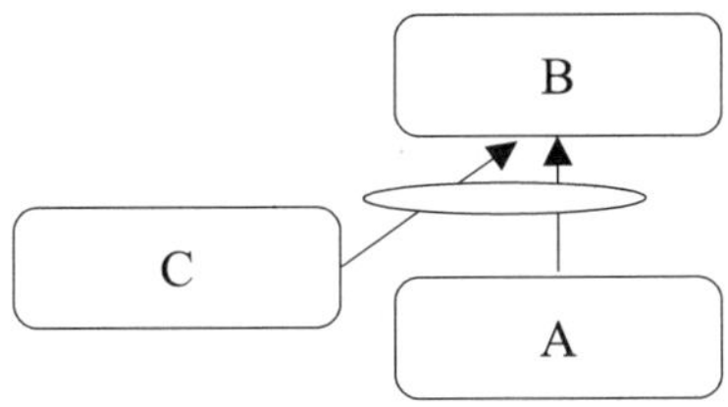

위와 같은 가지의 한 마디를 문장화하는 방법은 다양하다. 몇 가지 예를 보이면 다음과 같다.

A이고 C이면 B이다.

A이면 B이다. 왜냐하면 C이기 때문이다.

A는 B를 초래한다. 왜냐하면 C이기 때문이다.

C이므로, A의 결과 B가 발생한다.

문장화할 때는 표현이 자연스러운 것을 택하면 된다.

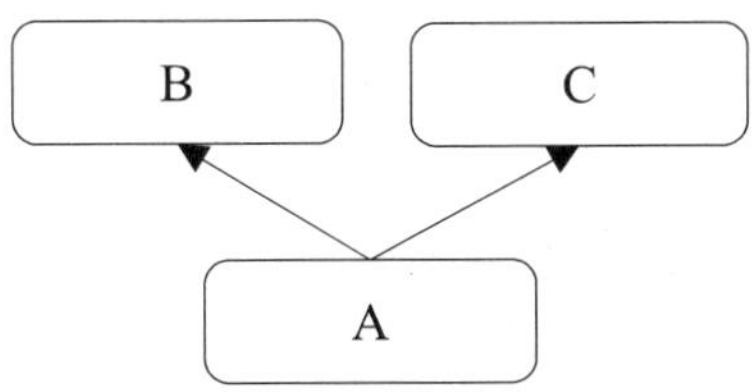

또한 위와 같은 가지의 한 마디를 문장화할 때의 예는 다음과 같다.

A이면 B이다. 또한 A이면 B이다.

A이면 B이고 C이다.

그리고 문장화할 때의 일반적인 유의점은 다음과 같다:

- 1대 1로 옮기면 문장을 읽기에 어색하게 될 경우가 있다.
- 필요하면 적절한 접속사를 넣거나 순서를 바꾸어 문장 표현을 자연스럽게 한다.
- 간결한 문장을 사용한다. 만약 문장이 길면 쪼개는 것이 좋다.

긍정적 가지를 문장으로 표현한 예는 다음과 같다.

> "정부 측에 따르면 대운하를 건설할 경우, 대운하를 통해 기업들이 화물을 운송하고 선박 운송은 지상 운송보다 저렴하므로 국내기업의 물류비용이 감소한다. 또한, 국내 기업들은 물류비의 비중이 높으므로 물류비용의 절감은 기업의 가격경쟁력 향상을 가져올 것이다. 한편, 대운하를 통해 운송이 되면 낙후된 내륙 지역이 발전하게 되며 이는 기업의 가격경쟁력 향상과 함께 일자리 창출에 기여하게 된다. 이에 따라 국가 경제가 활성화될 것이라고 한다."

또한, 부정적 가지도 다음과 같은 문장으로 표현할 수 있다.

> "시민단체들이 주장하는 바에 따르면 대운하가 건설될 경우, 갑문이 많이 설치되고 그에 따라 유속이 느려지게 된다. 그러면 강물이 고이게 되며 고인 물은 자정 능력을 상실하게 되므로 곧 강물이 부패하게 된다. 또한, 선박이 운행되려면 수심이 깊어야 하는데 이를 위해 평상시에 대운하 내에 많은 강물을 잡아 놓아야 한나. 우리나라는 강수가 여름에 집중하는 관계로 그 결과 큰 홍수 발생이 잦아지게 된다. 이는 강물이 부패하는 것과 함께 강의 생태계를 파괴하는 원인으로 작용하게 되며 국가 경제적으로 큰 손실이 발생할 것이다. 또한, 운하로 선박이 다닐 경우 선박사고의 위험이 존재하여 선박사고가 발생할 수 있으며 한 번의 사고는 강물의 심각한 오염을 가져오게 된다. 이로써 강의 생태계는 파괴되며 식수 공급과 공업용수의 공급이 어려워진다. 공업용수의 부족은 국가 경제적 손실

을 유발하며, 식수 공급의 부족은 강물 외의 또 다른 식수원 개발을 부추겨 이에 따른 자연 파괴가 심화된다고 주장한다."

문제의 해결방안 제시하기 - 구름 활용

긍정적 가지와 부정적 가지를 통하여 문제를 더 잘 이해하게 되었다. 문제의 쟁점에 대한 해결 방안을 찾기 위해서 문제 쟁점의 핵심을 표현하는 구름으로 다시 돌아간다.

구름에는 5개의 화살이 있고 각 화살에는 가정(또는 전제, 근거)이 깔려있다. 가정들을 노출하고 가정을 무력화하거나 더 이상 유효하지 않게 할 방안을 찾아낸다. 이러한 방안이 찾아지면 딜레마는 해소되게 된다.

7.2.1절에 다루었듯이 여기에서는 시민단체의 입장에 서서 B-D 사이의 가정을 노출하고 무력화의 과정을 거쳐 한반도 대운하를 건설하자는 정부 측의 주장 D 대신에 새로운 대안을 제시하기로 한다. 구체적으로는 '수도권(근방) 항만 물류시스템을 확장 개발하는 것'을 대안으로 제시한다고 하자. (자세한 것은 7.2.1절을 참조하라.)

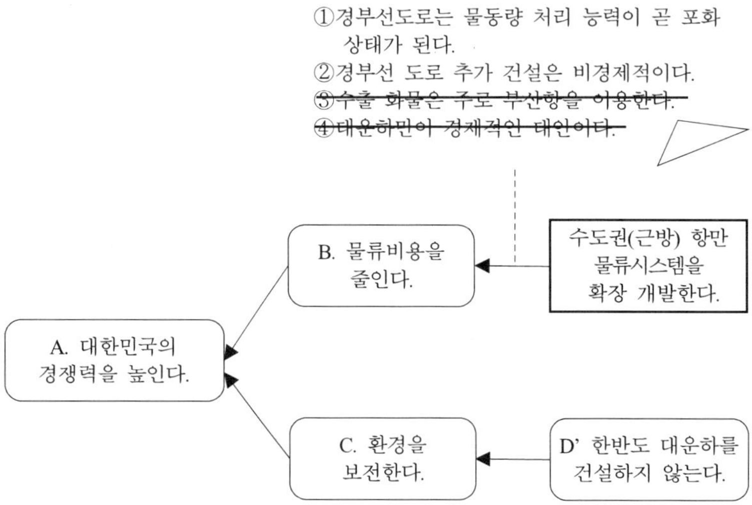

이상과 같이 문제해결 방안을 제시하는 과정을 문장으로 옮긴다. 그것은

· 문제 해결의 방향

· 가정 노출하기

. 해결방안 제시하기

에 해당하는 내용을 문장화하면 된다.

다음은 문장화의 한 예이다.

문제 해결의 방향 제시하기:

"정부 측에서는 물류비용을 줄이기 위해서는 반드시 한반도 대운하를 건설해야만 한다고 하는데, 과연 한반도 대운하를 건설하지 않으면서도 물류비용을 줄일 방안은 없는 것일까?"

가정 노출하기:

"물류비용을 줄이기 위해서 한반도 대운하 건설이 필요한 근거는 경부선 상의 화물 운송량이 많고 경부선도로는 물동량 처리 능력이 곧 포화상태가 되는데 경부선 도로의 추가 건설은 비경제적이고 대운하만이 경제적인 대안이라는 것이다. 그런데 이는 수도권 근방에 이용할 수 있는 항만이 없다는 것을 전제로 하고 있다."

해결방안 제시하기:

"수도권 (근방)에 충분한 능력의 항만과 수도권 사이의 운송체계가 구축되어 있다면 수도권에서 발생하는 화물은 앞으로 이러한 항만을 이용하는 것이 더 경제적일 수 있다. 따라서 한반도 대운하를 건설하는 것 대신에 새로운 대안으로서 '수도권(근방)의 항만 물류시스템을 확장 개발하는 것'을 생각해 볼 수 있다."

해결방안 타당성을 점검하기 – 가지 활용

앞에서 해결방안을 제시하였다. 이 해결방안을 실행하면 양측의 필요를 모두 충분히 만족하는지 그 타당성을 점검할 필요가 있다. 이때의 타당성 점검은 가지를 적용하면 효과적이다.

새롭게 제시된 방안이 과연 한반도 대운하를 건설하지 않으면서도(D'을 하면서도) 물류비용을 줄일 수 있는지(B를 만족시킬 수 있는지) 또 환경을 보존할 수 있는지(C를 만족시킬 수 있는지)를 확인하여 본다. 만약 확인하는 과정에서 부정적 결과가 나타난다면 이를 예방할 방안을 '가지치기'를 통하여 마련하는 것도 필요하다.

해결방안을 실행할 때의 나타날 미래의 결과에 대해 다음과 같이 가지 그림을 얻었다고 하자.

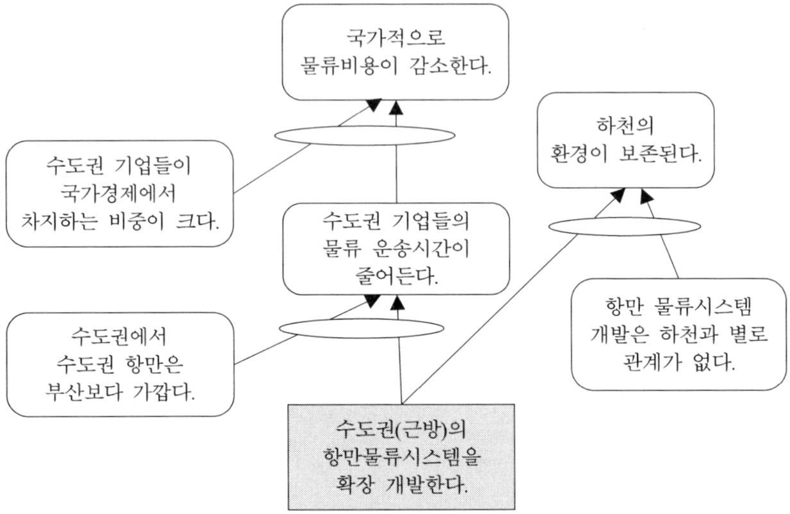

가지 그림을 문장화하는 방법은 앞에서 소개했다. 위의 가지는 다음과 같이 문장화할 수 있다.

> "수도권(근방)의 항만 물류 시스템을 확장하면 수도권에서 수도권 항만은 부산보다 가까우므로 수도권 기업들의 물류 운송시간이 줄어든다. 또한, 수도권 기업들이 국가 경제에서 차지하는 비중이 크므로 이는 국가적으로 물류비용의 감소를 가져오게 한다. 반면에 항만 물류시스템 개발은 하천과 별 관계가 없으므로 하천의 환경은 보존될 것이다."

해결방안의 실행방법 파악하기 - 목표나무 활용

본론에서 마지막으로 점검할 부분은 앞에서 제시된 해결방안을 실행에 옮기려면 구체적으로 어떻게 해야 하는지를 알아보는 것이다. 이를 위해서는 야심찬 목표나무를 이용한다.

수도권(근방)의 항만 물류시스템을 확장 개발하는 것은 저절로 되는 것은 아니다. 그것을 실행하는 데 따른 걸림돌과 이를 극복할 수 있는 디딤돌을 찾아본 결과 다음을 얻었다고 하자.

걸림돌	디딤돌
수도권(근방)의 항만 중 어떠한 항만을 확장할 것인가에 대한 공감대가 부족하다.	항만 후보지들에 대해 개발 시 경제적 효과에 대한 객관적 분석을 한다.
국제 정기 물동량이 부족하다.	국제 정기 항로를 확충한다.
수도권 산업단지와 항만 사이의 운송망이 취약하다.	- 배후 운송망을 확충한다. - 항만 지원 물류단지를 개발한다.

디딤돌 간 실행 상 선후관계를 따져 먼저 실행되어야 할 것을 아래에 오도록 배치하는 야심찬 목표나무를 그려본다. 야심찬 목표나무를 그려봄으로써 제안된 해결방안의 실행 상 장애를 예상하여 대비책을 마련함으로써 해결 방안의 실행력을 높일 수 있다. 야심찬 목표나무가 다음과 같이 그려졌다고 하자.

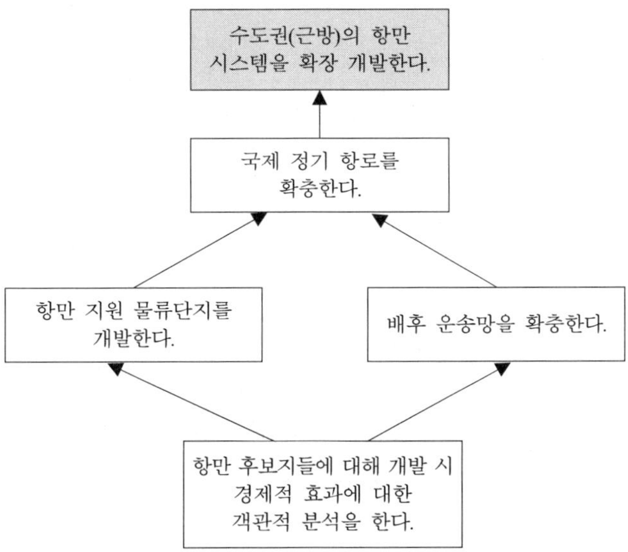

야심찬 목표나무를 문장화하는 것은 여러 방법이 있는데, 그중 가장 단순한 방법은 걸림돌을 모두 열거하고, 그 후에 각 걸림돌에 대해 이를 극복할 수 있는 디딤돌을 열거하는 것이다. 이때 디딤돌을 야심찬 목표나무에서 밑에서부터 배치되어 순서대로 소개하는 것이 디딤돌 사이의 선후관계를 고려한 일의 처리 방식이라 설득력 있게 보인다. 그래서 걸림돌, 디딤돌 목록을 야심찬 목표나무에서의 디딤돌의 순서에 때라 재배열을 한 후에 문장으로 표현하는 것이 효과적이다.

재배열 후의 걸림돌	디딤돌
수도권(근방)의 항만 중 어떠한 항만을 확장할 것인가에 대한 공감대가 부족하다.	항만 후보지들에 대해 개발 시 경제적 효과에 대한 객관적 분석을 한다.
수도권 산업단지와 항만 사이의 운송망이 취약하다.	- 배후 운송망을 확충한다. - 항만 지원 물류단지를 개발한다.
국제 정기 물동량이 부족하다.	국제 정기 항로를 확충한다.

다음은 해결방안의 실행방법 파악하기와 관련된 문장화의 한 예이다.

야심찬 목표나무의 걸림돌 부분 소개:

"그럼 수도권(근방)의 항만 물류시스템의 확장 개발에 대하여 생각해 보자.

이를 실행하기 위해서는 극복해야 할 과제들이 있다.

우선 수도권(근방)의 항만 중 어떠한 항만을 확장할 것인가에 대한 공감대가 아직 부족하고, 수도권 산업단지와 항만 사이의 운송망이 취약하며, 국제 정기 물동량이 부족하다는 점이다."

야심찬 목표나무의 디딤돌 부분 소개:

> "어떠한 항만을 확장할 것인가에 대한 공감대 형성을 위해서는 항만 후보지들에 대해 개발 시 경제적 효과에 대한 객관적 분석을 할 필요가 있으며, 수도권 산업단지와 항만 사이의 취약한 운송망의 문제는 선정된 항만에 항만 지원 물류단지를 개발하고 배후 운송망을 확충하여 해결할 수 있다. 또한, 국제 정기 물동량이 부족한 장애물은 이러한 개선된 인프라를 활용하여 국제 정기 항로를 확충함으로써 극복할 수 있을 것이다."

③ 결론

결론 부분에서는 새롭게 TOCfE 생각도구들을 작성하는 것은 없고 앞에서 진행되었던 내용을 요약하여 전달하고 중심 주장과 그 결과를 재강조하면서 정리하면 된다.

(3) TOCfE 생각도구를 이용한 논술문 작성의 표준 템플릿

지금까지의 TOCfE를 이용한 논술문 작성 과정을 정리하면 다음 표와 같다.

<TOCfE 생각도구를 이용한 논술문 작성의 표준 템플릿>

	항목	TOCfE 생각도구	논술문장 형식 예시
서론	1.1 전체 내용에 관한 관심 끌기		*[문제 쟁점]을 둘러싸고 많은 갈등이 일어나고 있다.*
	1.2 문제의 쟁점을 소개	구름	[문제 쟁점]을 나타내는 구름을 서술한다: *A이기 위해서는 B이어야만 하고 그러기 위해서는 D이어야만 한다. 한편,* *A이기 위해서는 C이어야만 하는데 그러기 위해서는 D'이어야만 한다.*
	1.3 본론에 대한 안내		*그러면 [문제 쟁점]의 갈등 문제를 어떻게 해결할 수 있는지를 알아보도록 하자.*
본론	2.1 문제의 쟁점에 대하여 상세히 설명하기	가지	D(또는 D')가 실행될 때의 긍정적 가지를 서술함. D(또는 D')가 실행될 때의 부정적 가지를 서술함.
	2.2 문제의 해결방안 제시하기	구름	구름의 가정을 노출하고 해결방안을 제시: *B이기 위해서 D를 해야만 하는데(또는 C이기 위해서 D'을 해야만 하는데),* *왜냐하면 가정들…이다. 가정x는 …을 전제하고 있다.* *해결방안으로서 …을 제시한다.*
	2.3 해결방안의 타당성 점검하기	가지	해결방안을 실시했을 때 나타나는 결과들을 나타내는 가지를 서술함.
	2.4 해결방안 실행방법 파악하기	야심찬 목표나무	*해결방안 실행 상 극복해야 할 걸림돌들은 다음과 같다.* … *이러한 걸림돌들을 극복하기 위해서는 …을 해야 한다.*
결론	3.1 지금까지의 전체 진행 과정 요약하기	구름	*지금까지 우리는 [문제 쟁점]과 관련된 원인과 그 해결책에 대하여 알아보았다.* *요약하면 …* [문제 쟁점]을 나타내는 구름을 서술한다.
	3.2 중심 주장과 그 결과를 재강조하기	구름 및 가지	해결방안을 소개하고 해결방안의 결과를 간략하게 설명한다.

(4) 논술문 예시

앞에서 설명한 TOCfE 생각도구를 이용한 논술문 작성과정에 따라 작성된 논술문의 예는 다음과 같다. 아래 논술문에서 [ ] 안에 있는 것은 논술문 작성의 이해를 돕기 위해 앞에서 소개된 항목 이름들을 붙인 것인데 실제 논술문에서는 포함시키지 않아야 한다.

논설문에서 [ ]안에 있는 것은 쓰지 않는다.

제목 : 대운하 건설의 갈등 문제 해결

[전체 내용에 관한 관심 끌기]

대운하 건설에 대해 사회적으로 많은 갈등이 일어나고 있다.

[문제의 쟁점을 소개]

정부 측은 한반도 대운하를 건설해야 한다고 주장하고 있다. 왜냐하면, 국가 경쟁력을 높이기 위해서는 물류비용을 줄여야 하고 이를 위해서는 한반도 대운하 건설이 필요하다고 한다. 반면에 시민단체들은 대운하 건설에 반대하고 있다. 왜냐하면, 운하건설을 통해 야기되는 각종 환경문제가 심각하다고 주장하기 때문이다.

[본론에 대한 안내]

대운하 건설의 갈등 문제를 어떻게 해결할 수 있을지 알아보도록 하자.

[문제의 쟁점에 대하여 상세히 설명하기: D가 실행될 때의 긍정적 가지]

정부 측에 따르면 대운하를 건설할 경우, 대운하를 통해 기업들이 화물을 운송하고 선박 운송은 지상 운송보다 저렴하므로 국내기업의 물류비용이 감소한다. 또한, 국내 기업들은 물류비의 비중이 높으므로 물류비용의 절감은 기업의 가격경쟁력 향상을 가져올 것이다. 한편, 대운하를 통해 운송이 되면 낙후된 내륙 지역이 발전하게 되며 이는 기업의 가격경쟁력 향상과 함께 일자리 창출에 기여하게 된다. 이에 따라 국가 경제가 활성화될 것이라고 한다.

[문제의 쟁점에 대하여 상세히 설명하기: D가 실행될 때의 부정적 가지]

그런데 시민단체들이 주장하는 바에 따르면 대운하가 건설될 경우, 갑문이 많이 설치되고 그에 따라 유속이 느려지게 된다. 그러면 강물이 고이게 되며 고인 물은 자정 능력을 상실하게 되므로 곧 강물이 부패하게 된다. 또한, 선박이 운행되려면 수심이 깊어야 하는데 이를 위해 평상시에 대운하 내에 많은 강물을 잡아 놓아야 한다. 우리나라는 강수가 여름에 집중하는 관계로 그 결과 큰 홍수 발생이 잦아지게 된다. 이는 강물이 부패하는 것과 함께 강의 생태계를 파괴하는 원인으로 작용하게 되며 국가 경제적으로 큰 손실이 발생할 것이다. 또한, 운하로 선박이 다닐 경우 선박사고의 위험이 존재하여 선박사고가 발생할 수 있으며 한 번의 사고는 강물의 심각한 오염을 가져오게 된다. 이로써 강의 생태계는 파괴되며 식수 공급과 공업용수의 공급이 어려워진다. 공업용수의 부족은 국가 경제적 손실을 유발하며, 식수 공급의 부족은 강물 외의 또 다른 식수원 개발을 부추겨 이에 따른 자연 파괴가 심화된다고 주장한다.

[문제의 해결방안 제시하기]

정부 측에서는 물류비용을 줄이기 위해서는 반드시 한반도 대운하를 건설해야만 한다고 하는데, 과연 한반도 대운하를 건설하지 않으면서도 물류비용을 줄일 방안은 없는 것일까?

[문제의 해결방안 제시하기: 구름에서 가정 노출하기]

물류비용을 줄이기 위해서 한반도 대운하 건설이 필요한 근거는 경부선 상의 화물 운송량이 많고 경부선도로는 물동량 처리 능력이 곧 포화상태가 되는데 경부선 도로의 추가 건설은 비경제적이고 대운하만이 경제적인 대안이라는 것이다. 그런데 이는 수도권 근방에 이용할 수 있는 항만이 없다는 것을 전제로 하고 있다.

[문제의 해결방안 제시하기: 구름에서 가정을 무력화하는 해결방안 제시하기]

수도권 (근방)에 충분한 능력의 항만과 또한 항만 및 수도권 간 운송체계가 구축되어 있다면 수도권에서 발생하는 화물은 앞으로 이러한 항만을 이용하는 것이 더 경제적일 수 있다. 따라서 한반도 대운하를 건설하는 것 대신에 새로운 대안으로서 '수도권(근방)의 항만 물류시스템을 확장 개발하는 것' 을 생각해 볼 수 있다.

[해결방안의 타당성 점검하기: 해결방안을 실시했을 때의 가치를 서술함]

수도권(근방)의 항만 물류 시스템을 확장하면 수도권에서 수도권 항만은 부산보다 가까우므로 수도권 기업들의 물류 운송시간이 줄어든다. 또한, 수도권 기업들이 국가 경제에서 차지하는 비중이 크므로 이는 국가적으로 물류비용의 감소를 가져오게 한다. 반면에 항만 물류시스템 개발은 하천과 별 관계가 없으므로 하천의 환경은 보존될 것이다.

[해결방안의 실행방법 파악하기]

[해결방안 실행 상의 걸림돌 파악: 야심찬 목표나무의 걸림돌 부분 소개]

그럼 수도권(근방)의 항만 물류시스템의 확장 개발에 대하여 생각해보자.
이를 실행하기 위해서는 극복해야 할 과제들이 있다.
우선 수도권(근방)의 항만 중 어떠한 항만을 확장할 것인가에 대한 공감대가 아직 부족하고, 수도권 산업단지와 항만 사이의 운송망이 취약하며, 국제 정기 물동량이 부족하다는 점이다.

[해결방안 실행 상의 걸림돌 극복하기: 야심찬 목표나무의 디딤돌 부분 소개]

어떠한 항만을 확장할 것인가에 대한 공감대 형성을 위해서는 항만 후보지들에 대해 개발 시 경제적 효과에 대한 객관적 분석을 할 필요가 있으며, 수도권 산업단지와 항만 사이의 취약한 운송망의 문제는 선정된 항만에 항만 지원 물류단지를 개발하고 배후 운송망을 확충하여 해결할 수 있다. 또한, 국제 정기 물동량이 부족한 장애물은 이러한 개선된 인프라를 활용하여 국제 정기 항로를 확충함으로써 극복할 수 있을 것이다.

[지금까지의 전체 진행 과정 요약하기]

지금까지 우리는 한반도 대운하 건설과 관련된 갈등의 원인과 그 해결책에 대하여 알아보았다.
요약하여 말하자면 정부 측은 대한민국의 경쟁력 향상을 위하여 물류비용을 줄여야 하고 이를 위해서는 한반도 대운하 건설이 필요하다고 하는 반면, 시민단체들은 대운하 건설을 통해 야기되는 각종 환경 파괴 문제로 인해 대운하 건설에 반대하고 있다.

[중심 주장과 그 결과를 재강조하기]

우리는 한반도 대운하 건설을 하지 않고 물류비용을 줄일 수 있는 대안으로서 수도권(근방)의 항만 물류시스템을 확장 개발하는 것을 제시하였다. 수도권(근방)의 항만 물류시스템을 확장 개발함으로써 환경을 보존할 수 있으며 동시에 물류비용도 줄일 수 있다. 이를 통하여 물류비용이 감소함으로써 기업의 경쟁력이 향상되어 일자리가 늘어날 뿐만 아니라 환경이 보존됨으로써 대한민국의 경쟁력은 크게 증진될 것이다.

(5) TOCfE 생각도구를 이용한 논술문 작성의 다양한 방법

논술문을 작성할 때 반드시 앞에서 소개한 표준 템플릿을 따라야 하는 것은 아니다. 논술문 작성의 목적과 논술문 작성의 분량에 따라 필요한 부분만을 취사선택하여 논술문을 작성할 수도 있다. 가능한 템플릿의 예를 아래 표에 보였다.

<TOCfE 생각도구를 이용한 논술문 작성의 다양한 방법>

	항목	TOCfE 생각도구	표준 템플릿	구름	가지	구름 & 가지	가지 목표나
서론	1.1 전체 내용에 관한 관심 끌기		○	○	○	○	○
	1.2 문제의 쟁점을 소개	구름	○	○		○	
	1.3 본론에 대한 안내		○	○		○	
본론	2.1 문제의 쟁점에 대하여 상세히 설명하기	가지	○		○	○	○
	2.2 문제의 해결방안 제시하기	구름	○	○	가지치기	○	가지치
	2.3 해결방안의 타당성 점검하기	가지	○		○	○	○
결론	2.4 해결방안 실행 상의 걸림돌 파악 및 뛰어넘기	야심찬 목표나무	○				○
	3.1 지금까지의 전체 진행 과정 요약하기	구름	○	○	○	○	○
	3.2 중심 주장과 그 결과를 재강조하기	구름 및 가지	○	○	○	○	○

|연습|

문제1.

다음 문제에 대하여 논술문을 작성하여 보라.

문제의 상황에 대해 아래에 제시된 논리 그림을 참고하고 또 제시된 논술문 작성 템플릿을 활용하여 보라. 템플릿을 활용하여 나온 논술문 초안을 다듬어서 최종 논술문을 만들라.

문제의 상황:

정부는 인터넷 실명제를 도입하려 하고 있다. 이 제도하에서는 인터넷 사용자는 온라인에 게시물을 올리려면 자신의 개인정보를 제공해야 한다. 이에 대해 일부 네티즌들은 이 제도가 헌법이 보장하는 표현의 자유를 침해하고 있다고 주장하고 있다.

논리 그림 예시

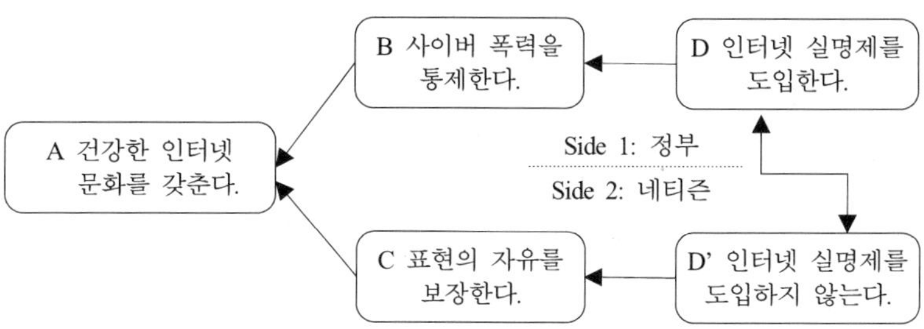

<그림 1> 구름

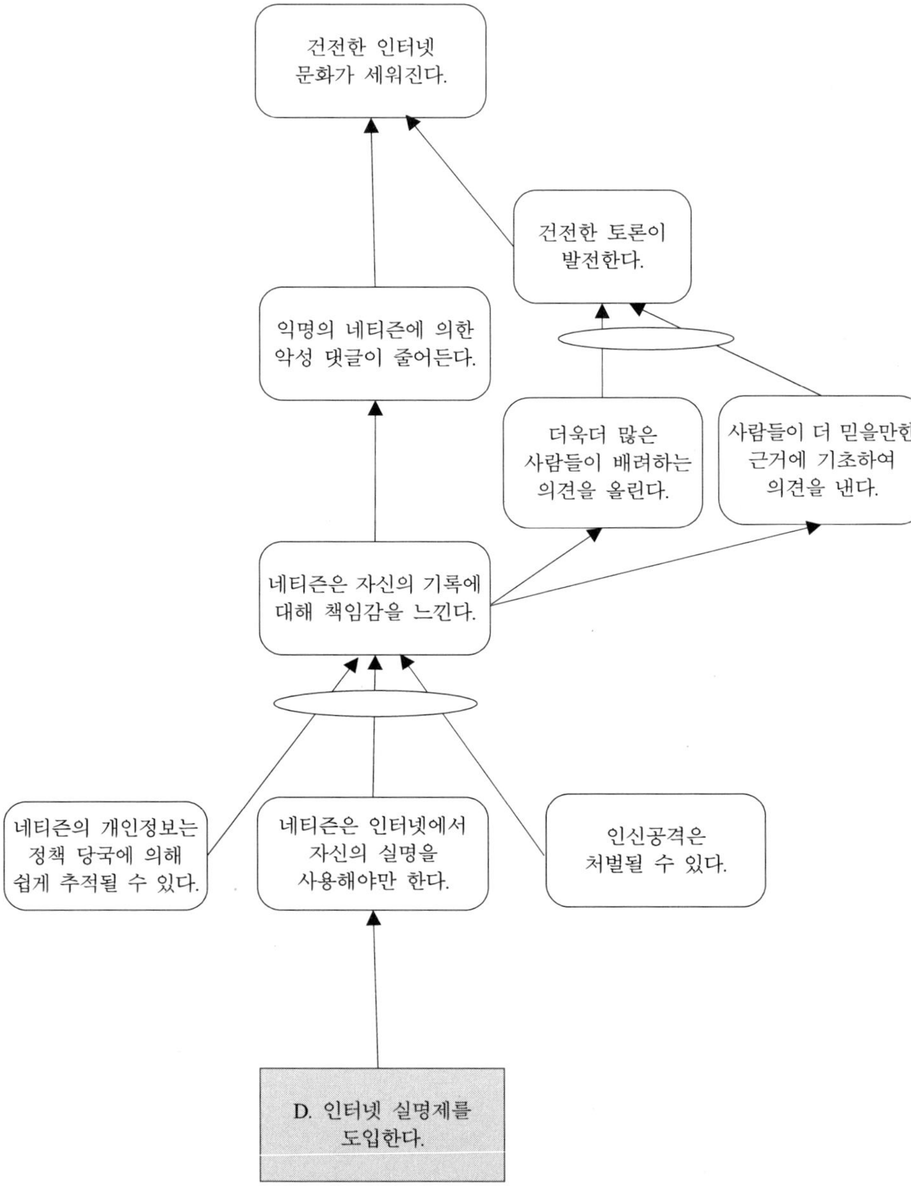
건전한 인터넷 문화가 세워진다.
건전한 토론이 발전한다.
익명의 네티즌에 의한 악성 댓글이 줄어든다.
더욱더 많은 사람들이 배려하는 의견을 올린다.
사람들이 더 믿을만한 근거에 기초하여 의견을 낸다.
네티즌은 자신의 기록에 대해 책임감을 느낀다.
네티즌의 개인정보는 정책 당국에 의해 쉽게 추적될 수 있다.
네티즌은 인터넷에서 자신의 실명을 사용해야만 한다.
인신공격은 처벌될 수 있다.
D. 인터넷 실명제를 도입한다.

<그림 2> D의 긍정적 가지

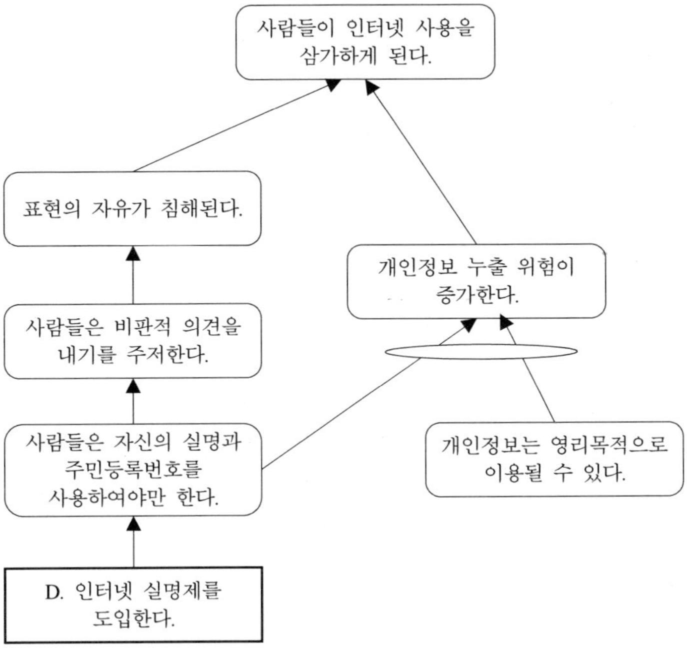

<그림 3> D의 부정적 가지

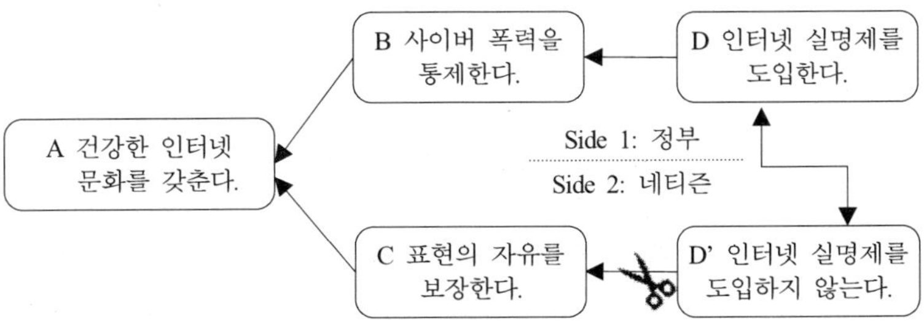

<그림 4> 해결책 찾기의 방향

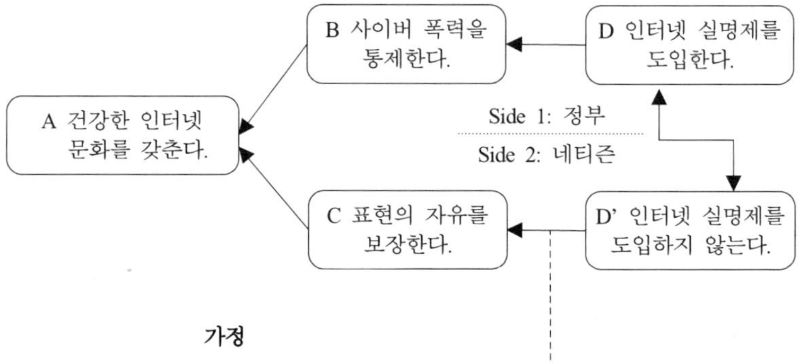

가정

왜냐하면
- 인터넷 실명제에서는 실명과 주민등록번호를 사용해야만 한다.
- 인터넷에서 개인정보는 쉽게 노출된다.
- 개인정보가 노출될 것이라는 두려움으로 사람들은 비판적 의견 표시하기를 주저한다.

<그림 5> 가정 노출

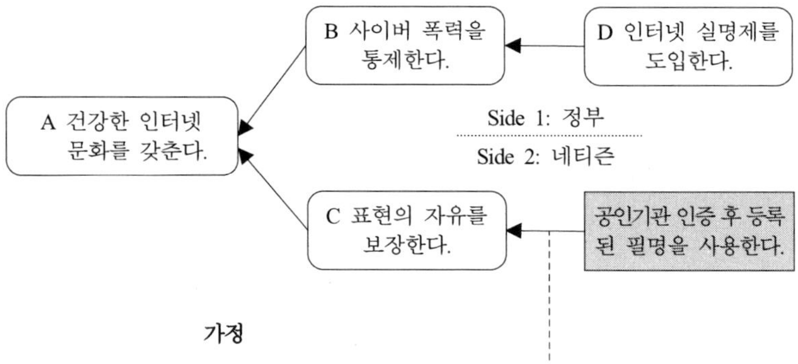

가정

왜냐하면
- ~~인터넷 실명제에서는 실명과 주민등록번호를 사용해야만 한다.~~
- 인터넷에서 개인정보는 쉽게 노출된다.
- 개인정보가 노출될 것이라는 두려움으로 사람들은 비판적 의견 표시하기를 주저한다.

<그림 6> 해결책 도출(Injection)

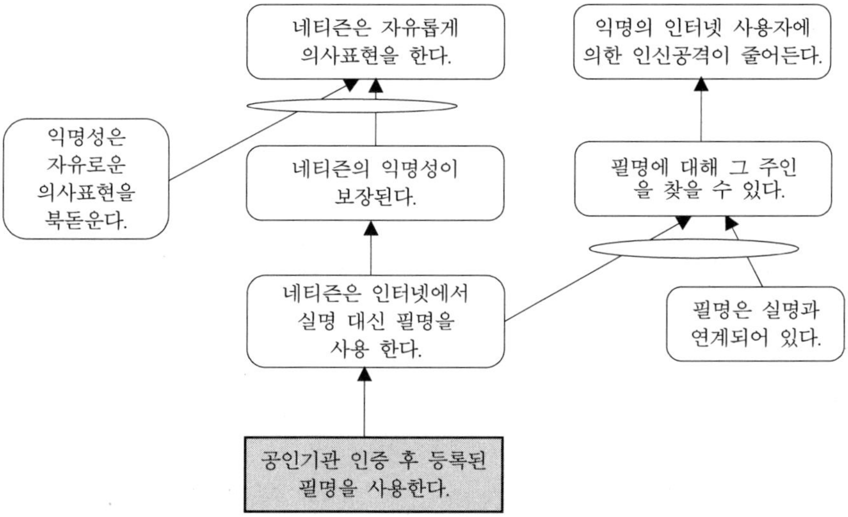

<그림 7> 해결책의 타당성을 검증하기 위한 가지 그림

걸림돌	디딤돌
예산이 배정되어 있지 않다.	예산을 확보한다.
필명 등록 업무를 어느 기관에서 다루어야할지 모른다.	필명 등록 업무를 어느 기관에서 다루어야할지 연구를 진행한다.
정보통신법이 미비하다.	정보통신법을 개정한다.

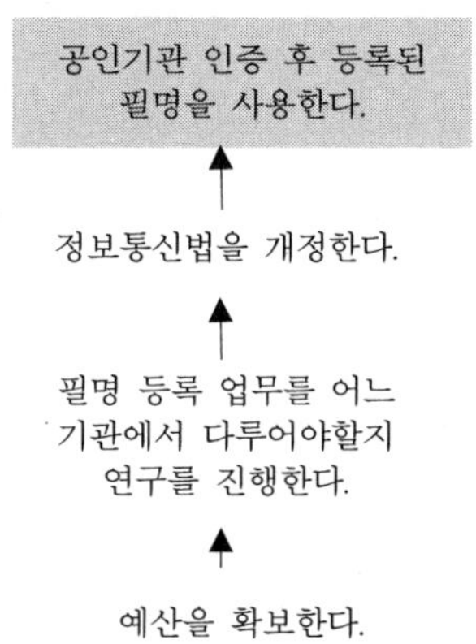

<그림 8> 걸림돌과 디딤돌, 목표나무

[논술문 작성 템플릿]

[실제 논술문에서 [ ]부분은 빠짐]

제목: ....

[1. 서론]

[(1.1) 전체 내용에 관한 관심 끌기]

.... 갈등이 일어나고 있다.

[(1.2) 문제의 쟁점을 소개] [그림 1 참조]

<Side 1> ....에 따르면,

<A> ....하기 위해서는,

<B> ....해야만 한다.

그러기 위해서는, <D> ....해야만 한다.

한편 <D>..이라면,

<C> ....하기 어렵다.

그래서 <C> ....위해서는,

<D'> ....해야만 한다.

[(1.3) 본론에 대한 안내]

그러면

....에 관한 갈등을 어떻게 해결할 수 있을지 알아보자.

[2. 본론]

[(2.1) ① 문제의 쟁점에 대하여 상세히 설명하기: D가 실행될 때의 긍정적 가지] [그림 2 참조]

<Side 1> ....에 따르면,

만약 <D> ....이라면

....

....

....

....

....

....

....

....

....

....

[(2.1) ② 문제의 쟁점에 대하여 상세히 설명하기: D가 실행될 때의 부정적 가지] [그림 3 참조]

한편 <Side 2> ....,에 따르면

만약 <D> ....이라면

....

....

....

....

....

....

....

....

....

....

[(2.2) 문제의 해결방안 제시하기]

[(2.2) ①해결방안 찾기의 방향을 언급] [그림 4 참조]

네티즌에 따르면 <C> ....를 하기 위해서는

<D'> ....해야만 한다고 한다.

<D> ....를 하면서도

<C> ....를 이룰 수 있는 길은 없는 걸까?

[(2.2) ②구름에서 가정 노출하기] [그림 5 참조]

<C> ....를 이루기 위해
<D'> ....을 해야만 하는 이유는

....

....

....

....

[(2.2) ③구름에서 가정을 무력화하는 해결방안 제시하기] [그림 6 참조]

그러나 만약 <I> ....
한다면 <무력화할 가정> .... 을
무력화시킬 수 있다.
따라서 <I> ....하는 대안을 생각해
볼 수 있다.

[(2.3) 해결방안의 타당성 점검하기: 해결방안을 실시했을 때의 가지를 서술함]
[그림 7 참조]

<I> ....를 한다면,

....

....

....

....

....

[(2.4) 해결책 실행 상의 이슈를 다룸]

그러면

<I> ....를 어떻게 실행시킬 것인가에 대해 알아보자.

[(2.4) ① 해결방안 실행 상의 걸림돌 파악: 야심찬 목표나무의 걸림돌 부분 소개] [그림 8 참조]

그것을 실행하기 위해서는 우리는 다음과 같은 걸림돌들을 극복해야만 한다.

....

....

....

....

....

....

[(2.4) ② 해결방안 실행 상의 걸림돌 극복하기: 야심찬 목표나무의 디딤돌 부분 소개] [그림 8 참조]

이러한 걸림돌들을 극복하기 위해서는,

....

....

....

....

....

할 필요가 있다.

[3. 결론]

[(3.1) 지금까지의 전체 진행 과정 요약하기] [그림 1 참조]

지금까지 우리는 ....와 그 해결책에 대하여 알아보았다.

요약하여 말하자면,

<Side 1> ....에 따르면,

<A> ....하기 위해서는,

<B> ....해야만 하고

그러기 위해서는 <D> ....해야만 한다.

한편 <D>...한다면

<C> ....를 이루기 어렵다.

그래서 <C> ....를 이루기 위해서는

<D'> ....을 해야만 한다.

[(3.2) 중심 주장과 그 결과를 재강조하기]

[그림 6 참조]

우리는 <I> ....라는 아이디어를 제시하였다.

[그림 7 참조]

이로써 ....

....

....

....

………………………………………………………………………………………………

………………………………………………………………………………………………

………………………………………………………………………………………………

문제2.

문제 1에 대하여 구름과 가지만을 활용하여 논술문을 작성하여 보라.

문제3.

개인 삶의 문제, 사회적 문제, 또는 조직의 문제 중에서 하나를 택하여 TOCfE생각도구의 통합 활용 프로세스를 적용하여 보라.

3. TOCfE 생각도구의 통합 활용의 추가 용도

TOCfE 생각도구는 세 가지를 모두 함께 사용하여 핵심 문제가 풀리게 되면 개선이 이루어지게 된다. 앞에서는 세 가지 도구를 어떻게 통합하여 사용할 수 있는지의 예를 보였다.

이 세 가지 도구를 함께 사용하면 하나만을 사용할 때보다 더 큰 효과를 얻을 수 있다. 그런데 이 세 가지 모두 통합하여 사용할 수 있고, 때에 따라서는 생각도구 두 가지만을 함께 사용할 수도 있다.

1) 가지치기가 잘 되지 않을 때에

가지치기가 잘 되지 않을 때에는 가지치기를 해야 할 부분의 화살표와 연관된 딜레마를 파악한다. 그리고 딜레마 타개의 방안을 도출한다. 이 방안이 가지치기의 출발점이 될 수 있다.

예를 들어 경유의 이용이 늘어나면 대기오염이 늘어나는 문제를 살펴보자. 경유의 이용이 늘어나더라도 대기 오염이 늘어나는 현상이 발생하지 않게 하려고 다음과 같은 가지 그림을 그렸다고 하자.

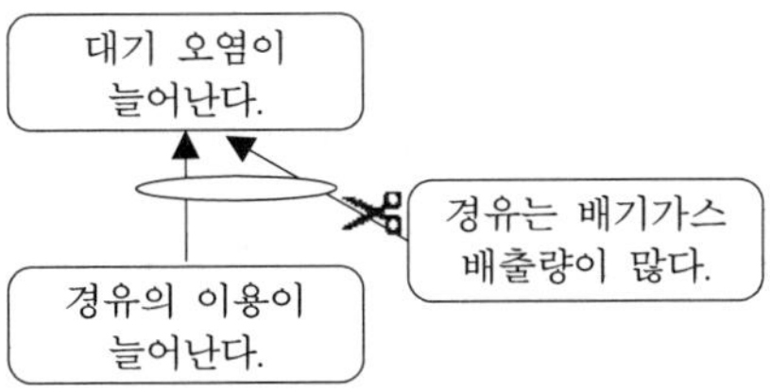

경유의 이용이 늘어나면 대기 오염이 늘어나는 이유를 알아보니 “경유는 배기가스 배출이 많기” 때문이라고 하자. 그러면 경유의 이용이 늘어나더라도 대기오염이 늘어나는 현상을 막으려면 “경유를 사용

하더라도 배기가스 배출이 많지 않도록" 하는 길을 찾으면 될 것이다. 그런데 그 방안을 찾는 것이 쉽게 보이지 않으면 경유의 배출가스 배출량을 줄이는 것과 관련된 갈등을 구름으로 표현하여 본다. 다음과 같은 구름을 얻었다고 하자.

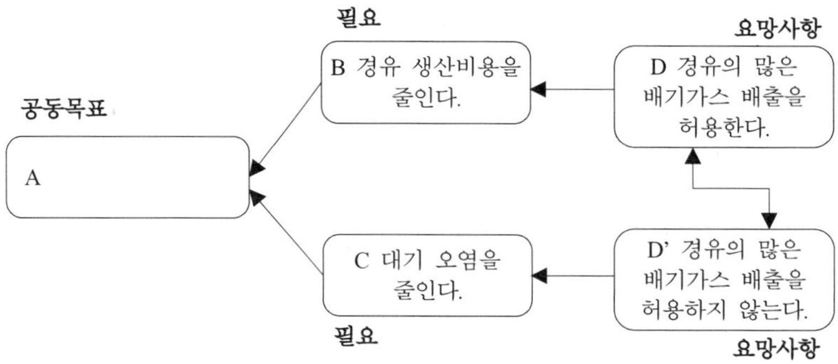

그렇다면, D'을 하면서도 B를 이룰 수 있는 길이 있는지 (즉 B-D 화살을 깨는 길이 있는지) 찾아보아 그 가능한 방안을 "경유는 배출가스 배출이 많다"는 것을 가지치기하는 방안으로 제시할 수 있겠다.

2) 목표나무 작성 중에 디딤돌 파악이 애매할 때에

목표나무 작성 시에 어느 걸림돌에 대한 디딤돌을 찾는 것이 어렵거나 혹은 찾은 디딤돌이 너무 뜬구름 잡는 것처럼 실행하기 어려워 보일 때가 있다.

예를 들어 어떤 학생이 "여름 방학 동안 멋진 몸매 만들기"라는 야심찬 목표를 이루기 위해 걸림돌을 찾았는데 그중 하나가 "친구들과의 술자리가 많다"였다. 이 걸림돌을 극복하기 위한 디딤돌로 "친구들과 술자리를 적게 갖는다."라고 일단 찾았는데, 이 디딤돌이 실행하기 몹시 어렵게 느껴진다고 하자. 그러면 이 디딤돌과 관련된 딜레마가 무엇인지 그 딜레마를 구름으로 파악하여 이 구름의 딜레마를 타개하는 해결방안을 디딤돌로 제시할 수 있다.

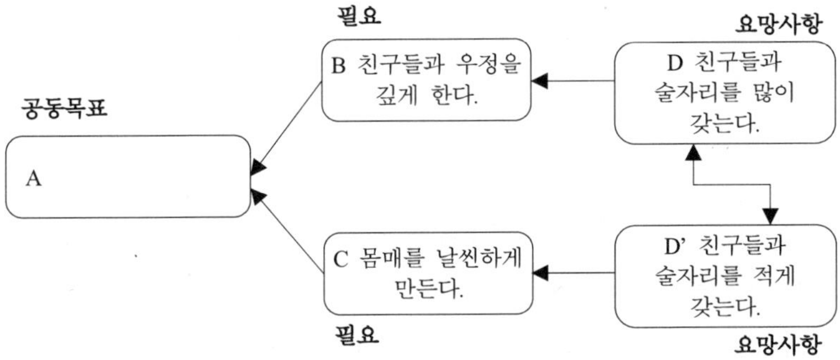

친구들과의 술자리를 갖는 것과 관련된 딜레마를 위와 같은 구름으로 표현했다고 하면, D'을 하면서도 B를 이룰 수 있는 길이 있는지 (즉 B-D 화살을 깨는 길이 있는지) 찾아보아 그 가능한 방안을 "친구들과 술자리가 많다"라는 걸림돌의 디딤돌로 제시할 수 있겠다.

혹은 또 다른 예로서 "프로젝트 X를 실행한다."라는 야심찬 목표가 있는데, 이의 걸림돌의 하나가 "사장이 반대한다."라고 하자. 그러면 이의 디딤돌로 "사장이 프로젝트 X 실행을 찬성한다."라고 하기에 이 디딤돌이 마치 고양이 목에 방울을 다는 것과 같이 실행에 옮기기 몹시 어렵게 느껴지는 경우가 있다. 그러면 이런 경우 사장이 반대하는 것과 사장이 찬성하는 것 사이의 갈등을 구름으로 표현하여 이 갈등을 해소하는 해결방안을 디딤돌로 제시할 수 있다.

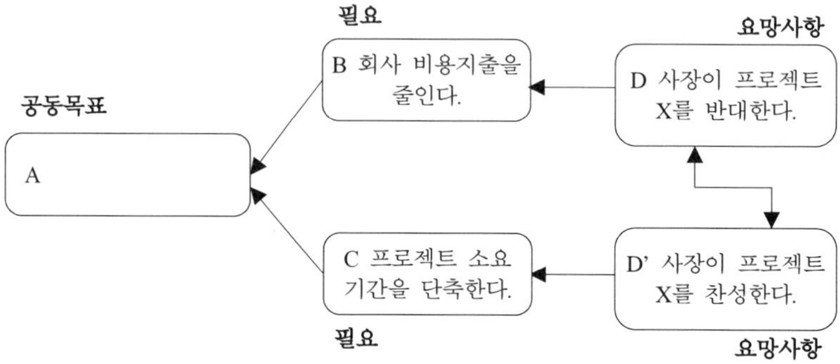

사장이 프로젝트 X 실행을 반대하는 이유를 구름으로 이해할 수 있다면, D'을 하면서도 B를 이룰 수 있는 길이 있는지 (즉 B-D 화살을 깨는 길이 있는지) 찾아보아 그 가능한 방안을 "사장이 반대한다."라는 걸림돌의 디딤돌로 제시할 수 있겠다.

3) 구름 작성 중에 어떤 요망사항과 연관된 필요 파악이 애매할 때에

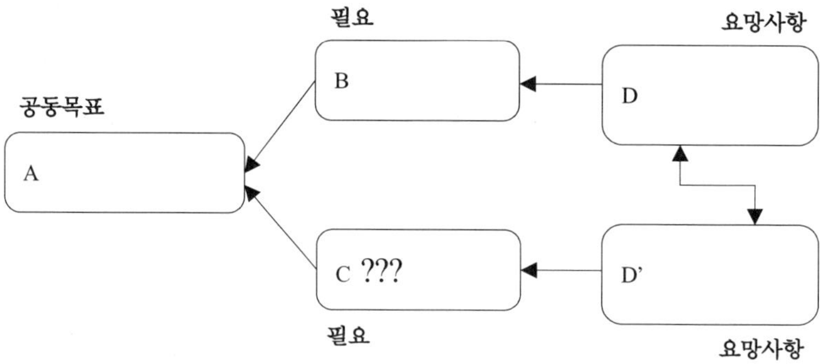

C 상자의 필요가 무엇인지 애매하게 보일 때 C 상자의 필요를 찾아내는 방법에 대하여 알아보자.

C 상자의 필요를 찾기 위해서는 우선 D' 요망사항을 수행하면 어떻

게 되는지를 가지를 이용하여 알아본다. 가지를 그려본 다음에 가장 긍정적인 결과 중 중요하다고 판단되는 것을 C 상자의 필요가 아닌가 검토해본다.

또는 D' 요망사항과 대립하는 상대 쪽의 요망사항(즉 D)을 시행하면 어떻게 되는지를 가지를 이용하여 알아본다. 가지를 그려본 다음에 가장 부정적인 결과 중 중요하다고 판단되는 것을 찾아 반대로 표현한 후 이것이 C 상자의 필요가 아닌가 검토해본다.

참고문헌

Choi, W., "Using Thinking Tools to Write a Logical Argumentative Essay," 12th TOCfE International Conference, Lima, Peru, 2010

Choi, W. "How to Write Effective Discourse through 3 TOCfE Thinking and Communication Tools – A Workshop," 15th TOCfE International Conference, Destin, Florida, 2017

Copi, I.M., Cohen, C. and McMahon, K., *Introduction to Logic* (14th Ed.), Pearson India, 2015

Corpuz, J. R., *Theory of Constraints for Education (TOCfE) Tools in Selected Technology and Livelihood Education Components,* Ph.D. Dissertation, University of the Philippines, 2004

Cox III, J. F. and Schleier, J, *Theory of Constraints Handbook*, McGraw-Hill Education, 2010

Dettmer, H. William, *The Logical Thinking Process*, ASQ, 2007

Edwards, C. and Suerken, K., *The Never Ending Story*, TOC for Education, Inc., 2000

Goldratt, E.M., *It's Not Luck* ,North River Press, 1994 ("더골2", 강승덕 외 역, 동양문고, 2002)

Goldratt, E.M., *The Choice*, North River Press, 2008 ("초이스", 최원준 역, 웅진윙스, 2010)

Goldratt, R. and Weiss, N., "Significant enhancement of academic achievement through application of the Theory of Constraints (TOC)," *Human Systems Management* 24, pp. 13–19, 2005

Grienberg, M., Goldratt, R., and Glatter, G., *The Rainbow in the Cloud*, TOCfE Israel, 2002

Kallir-Meyav, M. and Kallir, R., "Teaching Science Using the TOC Thinking Tools," 11th TOCfE International Conference, Warsaw, Poland, 2008

Khaw, Choon Ean, *Thinking Smart: Applying the Theory of Constraints in Development Thinking Skills*, Pelanduk Publications, 2005 ("TOCfE 사고력 혁명", 고제석 외 역, 동양문고, 2006)

Kim, S, Mabin, V. J. and Davies J. "The theory of constraints thinking processes: retrospect and prospect", *International Journal of Operations & Production Management*, Vol. 28 Issue: 2, pp.155-184, 2008

Leader, A.H., "A TOC Guide to Facilitative Mediation," TOCICO 2010 Conference, Las Vegas, Nevada, June 19-22, 2010

Meyer, D., *The Why and How of Thinking in School*, Lulu, 2012

Nagarkatte U. and Oley, N., *Theory of Constraints: Creative Problem Solving*, Productivity Press, 2017

Round, M., "A Mathematical Journey through TOC," 6th TOCfE International Conference, Ft. Walton Beach, Florida, USA, 2003

Scheinkopf, Lisa J., *Thinking for a Change*, CRC, 1999

Semeister, A., "Using TOC to Make the Invisible Visible in Mathematics," 9th TOCfE International Conference, Leon, Mexico, 2006

Sirias, D., *Problem Solving Maps Workbook*, Lulu, 2013

Suerken, K., *TOC Learning Connection*, 3rd ed., TOC for Education, Inc., 2014

Taylor, A. G., *An Empirical Investigation of the Change Agents and Performance Measurements Effective in the Diffusion of the Theory of Constraints for Education (TOCfE) and Implications for Business Entities*, Ph.D. Dissertation, Wayne State University, 2002

Trappnell, L., *Use Clouds for Decision Making Conflict Resolution Problem Solving*, Learning with Linden, 2001

Trappnell, L., "Developing Planning Skills in Young Children," www.teachingexpertise.com, Issue 3, Spring 2004

http://www.tocforeducation.com

http://www.tocfekorea.org

김세곤, "초등학생의 논증적 글 쓰기 지도 방법 연구," 홍익대학교 박사학위논문, 2005

백현흠, "TOCfE 사고 도구를 활용한 학생 사고 교육 사례, 2007 한국TOC 경영컨퍼런스, 서울, 2007년 10월 18일
안명숙, "TOCfE사고도구의활용을통한 독해능력 신장," 2011 한국TOC경영컨퍼런스, 서울, 2011년 10월 20일
윤병육, "학부모들을 위한 TOCfE 사고도구 교육 사례," , 2007 한국TOC 경영컨퍼런스, 서울, 2009년 10월 22일
윤병육, "평화를 만드는 크라우드 특공대: 또래중재반 운영 사례," 2017 한국TOC경영컨퍼런스, 서울, 2017년 11월 8일
이삼우, "TOCfE 가지 도구를 통한 학생 상담사례," 2015 한국TOC경영컨퍼런스, 서울, 2015년 10월 23일
이용웅, "가지 적용 사례," 인천광역시 교육청 학교단위 맞춤형 직무연수 – TOCfE 사고도구 활용, 인천대정초등학교, 2011년 7월
정남기, "TOCfE/NCS 문제해결 워크북," 진한엠앤비,| 2018
정인숙, "TOCfE의 '가지'와 '구름' 생각도구를 활용한 논술문 쓰기 지도 효과 연구," 경인교대 교육전문대학원 석사학위논문, 2014
조병희, "TOCfE 사고 도구를 활용한 학생 사고 교육 사례," 2006 한국TOC 경영컨퍼런스, 서울, 2006년10월19일
정성현, "TOCfE 도구를 이용한 청소년 논술 능력 향상 사례," 2007 한국TOC경영컨퍼런스, 서울, 2007년10월 18일
최원준, "TOCfE 사고도구를 이용한 논술 교육," 2008 한국TOC경영컨퍼런스, 서울, 2008년 10월 23일
최원준, "TOCfE 사고도구 가지를 이용한 논술문 작성," 2010 한국TOC경영컨퍼런스, 서울, 2010년 10월 21일
최원준, "단순화된 Change Matrix Cloud 방법론," 2016 한국TOC경영컨퍼런스, 서울, 2016년 10월 20일
최원준, "구름(Cloud) 사고도구 활용 극대화 방법- 구름 사용상의 오류와 예방;" 2017 한국TOC경영 컨퍼런스, 서울, 2017년 11월 8일
최창희 외 5인, TOCfE 적용을 통한 창의적이고 논리적인 문제 해결력 신장, 2009학년도 교육방법혁신연구팀 최종보고서, 장위초등학교, 2009
키시라 유지, "考える力をつける３つの道具", 다이어몬드 사, 2014 ("생각 천재가 되는 단 세 가지 도구", 정은지 역, 인플루엔셜, 2016)

토비타 모토이, "世界で800万人が実践! 考える力の育て方", 다이어몬드사, 2017 ("현명한 엄마의 생각 수업", 장현주 역, 오리진하우스, 2018)

황중숙, TOCfE 사고도구 활용학습을 통한 고급사고력 신장, 국어 · 사회 분과 현장교육연구보고서, 2010

황중숙, "TOCfE 사고도구 활용수업을 통한 창의·인성 함양," 2012한국 TOC경영컨퍼런스, 서울, 2012년 10월 23일

황중숙, "사고력에 날개 달기," 2015 한국TOC경영컨퍼런스, 서울, 2015년 10월 23일